华澳语系同源词根研究

国家社会科学基金结项成果

郑张尚芳——著

上海教育出版社

序

　　《华澳语系同源词根研究》，是郑张尚芳半个多世纪以来汉藏语言学的收官之作，是对东亚语言和中华文明探源的奠基性建树。

　　古代中华文明有两个最重要的文化圈，一是黄河流域的汉藏文化，一是长江流域的百越文化。这两个文化圈所对应的是两个语言集团，一个是汉语、藏语所代表的语言集团，一个是侗台语、南岛语所代表的语言集团。

　　白保罗的汉藏语系，只包括汉语和藏缅语。他把侗台、苗瑶、南岛归于澳泰语系，这是大部分西方学者的见解。以李方桂为代表的大部分中国学者则认为，汉藏语系包括汉语族、藏缅语族、侗台语族和苗瑶语族。

　　语言是文化的最重要载体，东亚语言的这两种谱系分类，关系到中华文明的根本。这两种分类的争论，是一场世纪之争。

　　在这种争论前面，一些语言学家开始认识到两个语系之间的必然联系。

　　1976 年，马提索夫提出，澳泰语系和汉藏语系的一些身体部分名称相似，似乎是反映了某种发生学上的亲缘关系。

　　1990 年，沙加尔和邢公畹提出了南岛语和汉语的发生学关系。

　　侗台语在上面两个语系中起着纽带的作用。白保罗通过大量的历史比较，证明侗台与南岛有难以争辩的同源事实。中科院付巧妹团队在 *Science* 上论证了南岛人群起源于中国南方大陆。中国的语言学家也用大量的核心材料，证明汉语和侗台语之间有着发生学关系。这只能说明，这两个语系本来就联系在一起。

　　多年来，郑张尚芳研究过许多东亚语言，他早就意识到李方桂的汉藏语系和白保罗的澳泰语系互有关联，所以把它们合起来叫作华澳语系，包括汉语族、藏缅语族、侗台语族、苗瑶语族，还有南岛语系和南亚语系。

　　1995 年，王士元在香港召开"汉语祖先"国际研讨会，邀请郑张尚芳与我参加会议，郑张尚芳在会上宣读了《汉语与亲属语同源根词及附缀成分比较上的择对问题》一文，我报告的文章是《对华澳语系假说的若干支持材料》。这是我们首次在国际会议上提出华澳语系。1998 年，我在《文汇报》上看到陈竺关于金力东亚人群起源的报道，当时真的没有想到两个学科会在一起汇合，我们关于东亚语言谱系的假设在东亚人群的起源上得到有力的支持。大概就在同年，金力在上海师范大学会见了我，此后我们多次在复旦展开讨论。他从分子人类学的角度告诉我，侗台与南岛是非常接近的人群，他们是汉藏人群大家庭的一员。

2010 年，孙宏开的《汉藏语语音和词汇》一书也明确地把汉、藏缅、侗台、苗瑶、南岛、南亚六者合叫汉藏语系。去年的 11 月 1 日，我在微信上与孙宏开通话，他再次提到这六者之间的发生学关系。

华澳语系，很多时候又被学者称为华澳大语系。郑张尚芳将它译成英文 Pan-Sino-Austric Family，实际上就是东亚语言中两个最重要的语言集团。一是汉藏语系 Sino-Tibetan，一是澳泰语系 Austro-Thai，分别对应于中华文明中的中原和百越两个文化圈。汉藏与澳泰语系合称为 Sino-Austric。Sino 可以译作"汉"，又译作"华"，我认为译作"华"更好。Austric 译作"澳"不太好，容易与澳洲的名称混淆，它的意义应该是南方语系。如果译作"南"也不太好，与"华"字相拼作"华南"，当然不合适。所以，我们不妨把它译作"奥"。"奥"本就有南义，大多文献中西南隅叫作"奥"，但是东南隅也叫作"奥"。《后汉书·周磐传》"与我讲于阴堂之奥"，李贤注"东南隅谓之奥"。这个意义又写作"突"，与"奥"同是影母觉部字。可见，"奥"笼统地说就是南方。它也训作幽也，深也，内也，远也，从正室而言对南就是"奥"。中原地区，相对于深远之地的南方不妨也叫作"奥"，所以我们把 Sino-Austric 叫作"华奥语系"更好。

《华澳语系同源词根研究》是国家社会科学基金的结项成果，下编为《汉藏缅泰同源字总谱》。这个字谱是汉语上古音（词）和以藏、缅、泰为主的其他语言的同源词对照表。

郑张尚芳去世已四年有余，华澳一语也已过三十年了，涔涔热泪，能与好友细说否？

是为序。

潘悟云

上海师大宿舍

2022 年 10 月 10 日

目　　录

上编　汉语与同语系语言的同源词根研究

下编　汉藏缅泰同源字总谱

上编

汉语与同语系语言的
同源词根研究

一 绪 论

1 语系范围

我们赞同李方桂、罗常培、傅懋勣先生"汉藏语系"的设想。并认为汉藏语系下面应包含汉白、藏缅、苗瑶、侗台四语族(汉语族改为汉白语族,下分汉、白两语支),而且还与较远些的南岛、南亚两语系在发生学上相关,可共同构成"华澳大语系"(Pan-Sino-Austric Family),作为汉藏语系的上位语系。汉语与这些语言间丰富的同源词,可以作为它们具有发生学关系的基本根据。本书是在这一范围内进行词根比较研究。

下表是我们所提的华澳大语系属系表。

华澳大语系属系表

汉藏语系
汉白语族: 　　汉语支(含九大方言,分官话与非官话两类) 　　　官话(其牙喉二等有腭介音,有 *kr→kj 史,依入声今读特点分五大官话) 　　　　北部官话(晋语,入声独立带喉塞大半分阴阳入,二等部分唇音入声也有腭介音) 　　　　东部官话(京燕、胶辽、冀鲁,入派三声) 　　　　西部官话(中原、蓝银,入派二声) 　　　　西南官话(入并阳平) 　　　　南部官话(淮语,入声独立带喉塞) 　　　吴语 　　　徽语 　　　湘语 　　　赣语 　　　客话 　　　闽语 　　　粤语 　　　平话(桂北、湘南、粤北土话) 　　白语支 　　　白语 　　　蔡家话 藏缅语族: 　　藏语支(门巴、珞巴、达让、格曼僜语) 　　羌语支(羌、普米、嘉戎、道孚、景颇、独龙) 　　缅语支(缅、阿昌、仙岛、载瓦、浪速、波拉、勒期) 　　彝语支(彝、傈僳、哈尼、拉祜、纳西、基诺、嘎卓、土家)

汉藏语系
苗瑶语族： 　　苗语支 　　瑶语支（勉瑶、标敏、布努） 侗台语族： 　　壮傣语支（壮语、布依、临高、傣语、泰语、石家） 　　侗水语支（侗语、仫佬、水语、毛南、佯黄、锦语、莫语、拉珈） 　　黎语支（黎语、村语） 　　仡央语支（仡佬、木佬、普标、拉基、布央、耶容）
南岛语系（马来-印度尼西亚语族_{含高山语、占语}、波利尼西亚语族等）
南亚语系（越芒语族、孟高棉语族_{含佤德昂语支}、扪达语族等）

2　同源单音词根的比较

亲属语言的语言比较，包含同源词根、附缀成分、语法范畴反映形式等各个不同方面的比较，其中同源词根比较总是最主要的，对汉藏语系尤为重要，南岛南亚语言与汉藏语言有发生关系所依据的也正是成批同源词根的发现。汉字历史悠久，其音义可视为能反映同语系语言的最古代表形式，因而汉藏语言词根比较，最方便的是依音义变化规则在同语族语言中择选与汉字古音义相对应的词根来进行。因此可以用郑张尚芳上古汉语新拟音体系与词根理念，依据汉字古音义来比较兄弟语言的单音节词根（也相当于字），择选出成批同源对应词根，列成同源字总谱，并由分析同源字音义变化规则来论证各语与汉语的亲缘关系。

词根是词的根本基础部分，构造复杂的词每每要剥除所有附缀成分方能求得其核心的词根形式。汉藏语言的同源比较，主要就是以在单音节词根中寻觅亲属语言间语音对应、语义相关的词根形式为目标。从语音比较看，词根音节的核心语音成分中，最重要的是声干辅音、韵核元音，其次是可选的韵尾、流音性垫介音，而不包括附缀的冠音、通音性垫介音和后附尾（再后置尾）。古代汉语的"通假、谐声"等现象并非立足于整个音节的"音同或近"（例外太多），而是都立足于词根同音的基础上，"转注"也是同一词根派生变形为同源异式词的表现。它们的共同立足点都是：词根的声干、韵核元音相同。亲属语同源比较也一样。一般说来，语音规则对应，只要求声干同部位而不求喉部特征全同（汉语全清声母字藏文常读浊或次清送气，仍属合规），韵核符合元音三角（前、后、低）同部位即可。若逢声干不同部位的，则多涉及复辅音声母，所以关键是，要对古代汉语复声母结构作出复原，才能避免误判。汉字声符常能透露词根声干信息，比如心母字里，"岁戌"其词根声母并非是音节开头的 s，"岁（歲）"s-qhwads 声符是喉牙音"戉"gwad（与"越"字同词根，闽南"岁"音 hue，岁声字"列秽翙"皆读喉牙声母，故可对当藏 kjod 移动、skjod 移行，道孚 kvo、缅 khu、彝 khu 年），"戌"s-mid 词根是灭 med，与"威"hmed 同根（指戌时阳光灭，对藏文 med 消灭、无有），这两字 s- 都只是冠音或词头，而不是词根基辅音，在汉字通谐关系上是不起作用的，在亲属语言词根比较上当然也同样不起作用（"躯"kho 与藏文 sku 对，同样不须理会 s-）。"岁戌"后世读 s 声母，属于前冠夺位语例，那不过是前冠影响声干的四种变化之一。理解了这一词根理论，就不至于错拿它们和词根真属 s 声母的词进行语言比较。

汉藏语中一些复声母较发达的语言,尤其有古文字将古复声母结构历史记录较好的语言(如藏文),可为我们认识汉藏语言原始结构提供真实的历史证据,更值得重视。在藏文书写结构中,由于有基字和下加字、上加字、前加字,及元音后的后加字、再后加字的结构方式,比如首尾都有复辅音的词如 bsgrogs("宣告"或"铐扣"的已行式,分别对当汉语"告"kuugs、"梏"kruug),人们在藏文中找字根时就比较方便,取基字和元音即可。但是也要注意,藏文也有部分基字来自后起的语音成分,从同语族语言比较观察,"基字"只代表了藏文创制时的字根,不一定是原本的共同词根。比如"八"brgjad、"百"brgja 都以 g 为基字,但缅文"八"hrac、"百"raa,嘉戎"八"wə-rjat、"百"pə-rjɛ 却都以 r 为基辅音。以 r 为基辅音去比较苗语"八" za⁸、瑶语"八"jat⁸,也更能显示同源关系。看嘉戎语日部方言"八"vrɟjɛ,可知ɟj 及藏文 gj 一样只是垫音 j 的强调型插入增音形式,有如藏文"四"bzji 来自 blji,日部话 vldi 中的 d 也是 l 的强调型插入增音,都属于后起的增音成分,是不应列入词根语音结构比较的。"八""百"汉语声母为 pr-,藏文显示 p- 来自冠音,也不是词根成分。

"百"在古汉语为入声字,有-g 韵尾,但藏语、缅语都无尾,"八"的古-d 尾在藏文保持、缅文变作 c 尾,可见韵尾地位虽较前冠重要,但也非词根必具成分,而是次要的可选成分,是可以替换的成分。

所以语言的语音比较,首先要鉴别词根的语音结构,需先对比其单音节结构与声韵调系统。

3 单音节结构及附缀音对声母的影响

语言比较要求对古代汉语单音节结构作出复原,它应与其他汉藏语言尤其是古藏文具有共同音节结构:

$$前冠音-(声干基辅音+垫音)+(韵核元音+韵尾)-后附尾$$

我们把词根的核心部分与次要部分放在括号里,构成声基及韵基,前冠音与后附尾不算在词根范围内,垫音与韵尾作为次要部分算一半(它们可以交替,也可变零)。

汉藏共同声干有 p、t、k 三系,更早还有 q 系(汉语后来转为喉音),ts 系等塞擦音后起。

垫音也称垫介音,包含半元音 j、w 及流音 r、l(在亲属语言中 j 有 ʑ,r 有 ʐ、ʂ 等擦化变式),流音也或可作声基一部分。

韵尾包含 j、w 及塞、鼻音。两类同时出现时,半元音多在流音或塞、鼻音前。后附尾包括紧喉尾-ʔ 与擦尾-s-、-h。最初没有声调、只分韵尾舒促时,它们与塞尾同是促声一部分,当促声中的后附尾转化产生出上声去声时,才和入声一起与平声对立,变出超音段的四声来。

虽然亲属语言比较以词根为主,但要注意在语言演变中,前冠音及垫音都会对声干发生影响,使后面声干起变化。

冠音有噝冠 s-、喉冠 ʔ-、h-、ɦ-、鼻冠 m-、N-、流冠 r-、l-、塞冠 p-、t-、k-等多种,它们对声干可能发生的影响主要有三:

1) 前冠夺位。有些冠音会喧宾夺主,盖灭后边浊声母或喉音声母声干,而上升为主辅音。例如前述汉语心母"岁戌"例。又如"灰"谐明母"脄＝脢","灰"读晓母 hw 应由 hm 变来;明母"袂"从夬声,应为*m-gweds("袂"《集韵》又与"襘"*kweed同字。沙加尔《古代汉语词根》拟 k-met,则误以 m 为根不合声符),"袂"字正可对苗瑶语"袖"声母二分:词根可对畲语 khwa⁴,而勉瑶 mwei⁴、黔东苗 mu⁴ 及中古汉语"弥弊切"变明母,则属前冠夺位变化。

"八""百"在藏语中 b-只是个冠音,在汉语、白语、侗台语中则都提升为词根声母,这成为它们一种共同的发展创新方向,与藏缅、苗瑶方向不同(注意白语方向全同汉台而不同缅彝)。

2)前冠挟消。有些前冠影响声干浊弱化而消失,如汉语"禀廪"对藏语 brim、ḥbrim(分配)。前式可对"禀"prɯm,后式可对"廪"hprɯm',ḥp>b 后消失。"蓝"ram、"盐"lam 皆以"监"kraam 为声符,高本汉说是前面原有不送气 g 脱落了,从谐声看声干原是清 k,它的浊化可能也是 ḥk>g 而后脱落的(泰文"蓝"graam 作 g 母,贵州毕节苗语"蓝靛"ŋkan 表明 k 前正带冠音),声干消失也使得其后置垫音的流音夺位提升。

3)前冠喉化。非喉冠音转为喉冠,多因弱化而形成的。"四"藏文 bzji<blji,独龙 abli,门巴 pli,勉瑶 pjei¹,说明原有 p 冠。缅文 leih 冠音全消,夏河藏语 hʐə 冠音喉化。汉语从借用"四(呬)"字形表示时,即反映其冠音趋向喉化,后从 hljids*>sis。"鼠""升"对藏文 bra、bre 变汉语书母 hl,藏文"绳"ḥbreng、"蛇"sbrul、"麝"gla 变汉语船母 ɧl,"舌"长坪瑶语 blet、宗地苗语 mple⁸、格曼僜语 blai(门巴 le)对汉语船母 ɧl,也都属喉冠化(独龙 p-lai 表明 p 是前冠,许思莱拟 m-l 变船母,与"睦万尾文"ml-不协)。

4)前冠易垫。有些藏语前冠到汉语变成垫音 r 或 j,如二等"撞"rdooŋ>drooŋ 对藏文 rdung,"氓"mraaŋ 对藏文 dmang,重三"银"ŋrɯn 对藏文 dngul,"贫"brɯn 对藏文 dbul,"眉"mril 对藏文 smin,这是 d、s 变 r 然后移位的结果,即 dm>rm>mr。而腭音日母"耳"njɯ、"壤"njaŋ' 对藏文 rna、rnang,乃 rn>nr>nj。

垫音对声干演变的影响,除 j、w 的腭化唇化外,主要是 cl 结构中流音所起的变化,也有三种情况:

1)流音夺位。声干因前冠挟消,流音上升为主辅音,"蓝"(蓝靛)汉语读来母、藏语 rams,而泰文还是 graam。三江瑶语 klan² 说明苗瑶声母也是带流音的复声母,贵州毕节苗语 ŋkan² 显示 k 前原带前冠音。

2)流音塞化。藏文 l、r 声母可转化 ld、rd,更广泛的是 pl、kl>t,变成与 l 同部位的端知 t 组字,如藏文 gru 对汉语"肘"、珞巴 du(嘉戎是 t-kru)。又如"芳"phlang 对拉珈 plaaŋ、壮语 pjaaŋ>侗语 taŋ、勉瑶 daaŋ 香。

3)流音擦化。kr>s,这是从 r>ʐ 清化来的,如"江"kroong>勉瑶 swaŋ,"嫁"kraas>勉瑶 sa⁵。

cr 形成卷舌塞擦音是藏文到今藏语方言的重要声母变化,这在 kr、pr、sr 三型都普遍可见。

半元音 j、w 的对当却不太严格。腭化 j 曾起过重要作用,藏语汉语都先使 t 组声母变成舌面音,k 组、p 组随后跟上,这是一致的。但并非双方同源词都有同样的 j、w。

汉语"右"gwɯ'/s、"犬"khwiin'、"卧"ŋwaals 都为合口字,唇化带 w,藏文"右"g-jas、"犬"khji、"卧"njal 则一律不唇化而改带 j。僜语"右"-jau、"犬"kui、"卧"ŋui 有 j 有 u,缅文"右"jaa、"犬"khweih 也有 j 有 w;泰文"右"khwaa 也有 w。说明原始祖语可能是有 w 的。但

藏文不作 w,除了瓜声的"觚""狐"藏文作 gwra、wa,留 w 的佳例不多,藏文"鹿"sjwa、"盐"tshwa、"草"rtswa 等今皆不发音,只作书写辨字之用还是原含音位意义,还须进一步研究。

藏文 tj 组与汉语 tj 组是对得上的,如"饘"tjan 对藏文 thjan 米粥,"咮"tjo 对藏文 mthju 唇、鸟喙,"主"tjo' 对藏文 djo 主人、主宰;"二"njis、"日"nji、"孺"njos 对藏文 gnjis、nji、njog。字不少,但也有汉语 tj 组字藏文明显无 j 的,如"织"tjɯɡ 对藏文 thags,"雠"dju 对藏文 do 双,"乳""耳"对藏文 nu、rna。还有汉语无 j 而藏文舌面化的,如汉语"沱"daal(《易·离》以"涕沱若"表泪如雨下)对藏文 thjar 雨,汉语"念"nɯɯms 对藏文 njams 思想观念。可见腭化唇化不是原始都已定型的。

龚煌城《古藏文的 y 及其相关问题》把 tj 组转写为 c 组,但认为来自 t 和 ts 两组的 j 化。我们也一向认准 tj 组来自 t 组腭化,那肯定不错,但 ts 组难以肯定,因为我们认为上古汉语没有塞擦音,精母是后起的,孙宏开先生认为藏缅语塞擦音也是后起的。而龚文所列三组塞擦音例,其相对比的"c 组"后字,经比较分析并非来自齿擦,仍对当汉语舌音,还不一定为腭化音:

brtse——gce 爱,实际前字对汉语"慈"zɯ,后字 gtje 对"悌"diils。

htshir——hchir 挤,前字对汉语"挤"ʔsiils,后字 hthjir 对"抵"tiil',《说文》:"抵,挤也。"

htshud——chud 置入,前字对汉语"椊"zuud 以柄内孔,后字 thjud 对"窋"tud 物在穴中。

当然,齿擦音是藏汉原来都有的,并且都来自啞音和流音。

4 流音 r、l 的音韵定位靠语言比较

流音在上古音韵中有特殊地位,它不但既能独立作声母又能作垫音,而且上节已指出,在声干演变中,流音垫音起着多种影响和作用。

但各兄弟语言的 r、l 音韵地位不一定相同,现代汉语的 r 所对的日母,原非流音而来自鼻音 nj(也含 ŋj 儿和 mj 柔,《诗·商颂·长发》"不柔"马王堆帛书《五行》引作"不矛"),日母是唐后期才向流音转化的;l 所对的"来"母现是边音,从高本汉到王力多家上古音也都拟作 l。其系统都只一个流音,成为唯一数千年古今不变的声母。这是由于,高氏中古音所综合的现代方音统统是 l,其上古拟音又是从中古音上推的。蒲立本(1962)注意到在藏缅语同源词中来母对 r、以母才对 l 的现象,但他仍还是把来母拟为 l,把以母拟为 ð。其后经过海内外学者三十来年的艰难探索才论定上古音来母应为 r,以母当对 l,这一共识真是来之不易。还有,以流音作垫音的 cl 型复声母,雅洪托夫考论洪音主要分布二等,李方桂改之为 cr。cr 的细音白一平、俞敏、郑张尚芳定为重纽三等,皆与"来"母通谐。郑张尚芳还指出另有 cl 如 kl-谷、盅,pl-飙、蝠、风,皆与"以"母通谐异读。cl 是和 cr 相对立的,它分布于一四等、一般三等与重纽四等(即与零垫音共存)。所以"谷"kloog 分出又读"余蜀切"(也转注写作"峪")loog>jok,对壮语 luuk 山谷;"胳"klaag 分化为"亦腋"laag>jak,对藏文 lag 手(犹如汉语以胳膊指臂),同样变嘉戎 jak(其声母过渡形式是迫乎语 ʐa)。"谷盅姬熙"皆有同韵以母又读,而《集韵》"盅"读马韵"以者切"laa' 是与姥韵 klaa' 保存同样的长元音。

雅洪托夫指出"来母"越语、壮语早期借词皆为 r 不同于后期的 l,极有说服力。如越南"龙 rong—long,帘 rɛm—liem",壮语"六 rok—luk,笼 roong—long"。由于 r 在上古汉语声母中地位的确定,我们才能在汉藏语比较中自如地建立以下的对比(方括内为同源汉字及拟音):

声母 r——[吕 ra']对藏 rag 铜,[篱 ral]对藏 ra,[郎 rang]对藏 rang 未婚男,[蓝 raam]对藏

rams，［礼 ri］对藏 ri 供神，［理 rɯ'］对藏 ri 花纹，［垅 rong'］对藏 rong 农地，［绿 rog］对藏 rog

二等——［甲 kraab］对藏 khrab 盔甲，［巷 groong］对藏 grong 村，［虹古巷切 kroongs］对藏 hkhrungs，［胞 pruu］对藏 phru 子宫，［颍 prɯɯn］对藏 dpral 额

重三——［泣 khrɯb］对藏 khrab-khrab（参见"立"rɯb 对缅 rap），［禁 krɯms］对藏 khrims 法律，［几 kril'］对藏 khri 桌座，［变 prons］对藏 hphrul、［钹 phral］对藏 phra 针、双刃兵器

应特别指出，如果没有汉藏语言比较、没有同源词古借词研究，光凭汉语方言来推论，是怎么也得不到这一结论的。高本汉运用历史比较法从方言构拟中古音系，取得了激动人心的成功，但是，他却漠视其局限性而试图延展到上古，r 母出不来这一事实就说明其研究方法行不通，缺-r 垫音还使得高氏拟的上古元音数因按等分拟而成倍增加，走极端的做法还激励了古音拟构中"方言综合至上论"的倾向。由此，有人把《切韵》音系的复杂，汉字通谐异读、古诗合韵通叶的丰富，统统诿之于方言，并推出《切韵》为南北方言综合说、方言的最小公倍数说（"长安论韵"的八人竟能在"夜永酒阑"的小半宿时间里论定一个南北各方言综合音系出来，真是令人难以置信。其实"南北是非"只指金陵和洛阳南北两派读书音正读审选，跟当时的地方方言并无关系）。

正因为如此，后来有学者主张构拟汉语古音须从今方言起步，先构拟好吴闽粤客赣湘各方言的祖语音系，再一层层向上综合构拟出共同汉语的古音。这颇似符合历史比较法的正途，不过流于想当然罢了，实际效果不佳。实践出真知，真要花时费力地照做，预计结果会跟高本汉构拟上古音的结局差不多。在数量占多数的方言流变形式的干扰下，往往只会拟出较晚的语音形式，很难得到真正古老的原始形式，肯定拟不出 r，拟不出复辅音。因方言底层、渗透层的音读干扰，还可能引起别的误导。从保留古老成分最多的闽语来说，来母以母白读 s，可否定为 lh 或 sl？"水叔书"读 ts，是否书母古读 tɕ？闽北第九调是否要如罗杰瑞所想的，引出其他方言都没有唯独此处另有一套的"弱浊声母"构拟来（还是吴语渗透影响）？斯塔罗斯金引闽读于上古声母拟音也并不见成功。

强调方言至上说者，不信复辅音，就因现在方言里不存在复辅音，说那些疑似复辅音的现象全都是方言变化造成的。看来天幸唐时已经创有藏文了，否则光从现在的藏语方言［tʂa］［tɕa］，也拟不出"头发"为 skra，对不了汉语"鬑"r-；凭方言今读 ta、da、dza 也拟不出"月"［da］原形 zla，也就对不了汉语"夕"lj-，藏文 gla 雇、bla 上师，光从今方言都读 la（如 bla-ma 读"喇嘛"），不能反溯 g-、b-，就不能对汉语"雇 k-、傅 p-"了。同样，更拟不出藏语原有过-ld、-nd 这类复韵尾。若无老傣文，光从今傣文，也不知"马"ma 旧音竟是 mla。没有这些铁证，也无法说服那些先生相信，藏语傣语里古代原来真的有复辅音，在历史变化中有的音素是会消失的，方言并不保留所有已经消失的成分。

要着重提防方言后起增变成分的干扰，从藏语方言"升子"tʂe、pe、ptʂe 中只能重拟出 ptʂe，不可能恢复到藏文的 bre。其实卷舌塞擦音明显只是 cr 的后起变式，不可以出现于原始语。王辅世先生《苗语方言声韵母比较》原拟 pr 系列，其后受方言综合说影响，在《苗语古音构拟》改拟 ptʂe 系列，从藏文音变实例看来，显然原拟更优胜（陈其光的构拟就正确地采用 pr 式）。

5 元音三角比较与古音构拟

单音节的元音系统中，重要的是元音三角 a、i、u。它们是舌面元音的三个端点，可构成

语言元音系统最基本的构架。韵母的元音三角对应,在数词里最明显,比较藏文与上古汉语就非常整齐("三"上古在侵部,中古才变谈韵):

	藏 文	上 古 汉 语
前元音	一 gtjig 二 gnjis 四 bzji	一 qlig 二 njis 四 hljids
后元音	三 gsum 六 drug 九 dgu	三 suum 六 rug 九 ku'
低元音	五 lnga 百 brgja	五 ŋaa' 百 praag

("七"藏文另有来源,也许借苗语、南岛语。"八"brgjad 是促尾前 e>ja,故对汉语前元音 preed。"三"上古汉语在侵部 suum,后变 soom 转 saam 入中古谈韵)

藏文数词中"四二一"为 i 元音,"九六三"为 u 元音,"五百"为 a 元音,跟上古汉语这些字的元音正好都相合无间,可说是汉语藏语间亲缘关系的一项明证。这说明藏文虽创制于唐代,但其发展较汉语慢,反映的语音阶段乃与上古汉语相当。并表明最佳对比都须从古音出发,如果想从今藏语方言出发来拟其古音,依瞿霭堂《藏语韵母研究》,则藏文的 i 韵夏河、阿力克读 ə、u 韵夏河、甘孜读 ə,泽库读 ə 及 o 以至开 ɔ,a 韵多数方言读 a 而舟曲则也读 ə,如果据此用所谓方言最小公倍数法来拟构古音,显然做不到重现藏文形式的结果而陷于失败。汉语方言的变化更厉害,无法据之重建古音,比如说很难从方言复原出上古鱼部的[a]音来,更别说来母的[r-]、以母的[l]音了。所以我们庆幸汉藏语系有藏文这样的保存古文字的古老语言形式,作为工作基础。当然汉语也须以上古拟音系统来比较,幸好高本汉以来上古音系研究已有长足进步。本书即使用作者自拟上古音体系,此体系也已出有专著与字典。

元音三角在具体语言的比较中,常见高元音低化,i、u 各对邻位 e、o 为通例:例如"屎"*hli' 对泰文 khii' 也对缅文 khjeh,以及它们的裂化式 i>ai,如壮语 hai³;e>ia 如藏文 skjag(与"八"变-jad 同)。"育"*lug 对泰文 rok、藏文 rog 胎胞,"九"*ku' 对藏文 dgu,而缅文 kouh、泰文 kau' 为裂化式。复杂些的藏文 thu 涎沫、缅文 thueih、泰文 thuj 唾,都对汉语"唾"*thools > thuajh,也有 u、o 互转的关系。

6 基数词的比较意义

在其他语系语言比较中,因数词是成组的基本词,使用它们来比对关系,对应情况一目了然,一向都备受重视。上节表明,在汉藏语系的汉白、藏缅、苗瑶、侗台四个语族里,数词的同源就很明显。有人却咬定苗瑶、侗台数词是借汉语的,的确,他们的数词系统不止一个层次,确有后起的汉语借词层次的读法,但其原本固有数词层次只能说是同源,"借自汉语"是说不通的。因为苗瑶语"八"za⁸、(h)jat⁸ 并没有 p 母,瑶语"九"用 d 声母,泰语"五、六"则用 h 声母,像这类声母读法是任何汉语方言都不可能有的(这些变化实际上都起源于原始汉藏前冠的变化)。说这些数词"借自汉语",是相当可笑的,他们从哪个汉语可以借到具备这样声母的基数词呢?

下面将汉白、藏缅、侗台、苗瑶四大语族的基本数词列表比较如下(表中">"后为上古后期汉代音,"<"表所列各该语的前期音,"/"表又音或可供参考的同语族的同源词形式,"—"表该词因出于异源而未列入表中):

	今汉语	上古汉语 (周>汉)	藏 文	缅 文	泰 文	勉瑶语
一	i	qlig >ʔid	gtjig	tac<tet/tek	ʔed/壮语 let	jet[8]
二	ɚ	njis >njih	gnjis	hnac<hnes	jiih	i[1]
三	san	suum >soom	gsum	sum̃h	saam	一(用越孟语)
四	sʅ	pljids/hljids*>sis	bzji<b-lji	leih	siih	pjei[1]
五	wu	ŋaaʔ	lŋa(独龙 p-ŋa)	ŋaah	haa'<hŋaa'	pja[1]/pa[1]
六	liu	rug	drug(独龙 kru')	khrok	hok<hrok	tçu[7]/ku[7]
七	tçʰi	snʰid >tsʰid	一/(独龙 snit)	khu nac<net	ced	sje[6]
八	pa	preed	brgjad<b-red	hrac<hret	pɛɛd	h-jet[8]
九	tçiu	kuʔ	dgu	kouh	kau'	d-wo[2]
十	sʅ	gjub >djub	btju	—	sib	tsiep[8]/湘苗 ku[8]

＊ 汉字"四"的古字形与"鼻呬"同源共形,既假借其字形,古音应也差不多。

从上表可以看出,参用上古汉语拟音形式,显然对作同源比较非常有利。它显示出各语言元音前期基本一致,主要差异在原始汉藏语复声母的冠音变化上,冠音或者弱化为h,或者强化夺位等,这在四大语族语言的历史演变里都出现过。如此,不但它们的声基韵基对应,附缀冠音也可对应,其演变过程也就更具体、更清晰地显现在我们面前。汉语演化进程和规则,也能与各亲属语言的演化融和在一起,彼此互相补充、映射,这对汉藏语言史的研究是非常重要的。

7　声调起源的四声模式及三声、二声亚型

汉藏语系语言多数有声调,但藏语没有声调,今藏语安多方言也还没有声调,有人怀疑藏语今声调发展与汉语不是一个路子,这牵涉到声调发生最初是基于韵尾舒促,还是声母清浊的争议,值得探究。

汉语等声调的发展一般是最初分为"平上去入"(或 ABCD)四声,然后依声母清浊分化为"阴阳八调"(1、3、5、7;2、4、6、8);还可依声母送气与否,元音长短等再分化,直分为十余调之多。关键性特征是平仄仄声对立,起源于舒声与"促声"(韵尾-ʔ、-s>h、-p -t -k)的对立。汉语方言、苗瑶诸语言、壮侗诸语言,都是如此。张琨(1947),李永燧等(1959),王辅世(1994),王辅世、毛宗武(1995),陈其光(2001),李方桂(1965)、(1977)(李氏的 B 对去、C对上,乃据泰傣文标调顺序改定),梁敏、张均如(1996),邢公畹(1999)等论著都作了充分论证。

这一声调起源理论还可涵盖南亚语系的越南语,南岛语系占语的回辉话。

奥德里古(1954)就是在研究越南语时提出著名的声调起于韵尾转化的理论的。越南语除开尾鼻尾变平声 1 平、2 玄调,塞尾变入声 7 锐、8 重调外,还有许多固有词来自南亚语带

-s/h 和带 -ʔ 的形式,它们在越南语中依韵尾分别转化为不同声调:

-s/h 尾对 3"问声"、4"跌声"调——如墨侬语 ries、佤语 riah 及孟语的 rəh 根对越南语 rê³,孟语的 tpah 七、muh 鼻分别对越南语 bay³、mui⁴;

-ʔ 尾对 5"锐声"、6"重声"调——如佤语梁语 laʔ 叶、soʔ 狗、siʔ 虱对越南语 la⁵、cho⁵、châу⁵,佤语 gɔʔ[ŋkɔʔ](米)、佤语 meʔ、格木语 maʔ 母对越南语 gao⁶、me⁶。

同时这些声调又分别对应汉语的去声和上声字,所以他提出 -s>h>去声,-x>ʔ>上声的演化公式(x 表示某类喉音,从南岛语看当是 q)。这种韵尾转化为声调的推论,是根据越南与南亚语言及跟汉语比较实例作出的,而这正与汉语史平仄与舒促关系的推论结果相合。不过,越南语塞尾与-ʔ 尾合调未分化,所以不是四声而实是三声模式。

占语是越南一种古老的大陆南岛语,多音节词发达,本无声调,宋时一部分讲占语的人迁至我国海南岛,他们的语言发展为单音节有声调的回辉话,其变化格局也与奥氏所说相似。

回辉话七调来源分析[阳调来自浊塞类声母,材料据郑贻青(1997)]

舒尾	开尾鼻尾	阴 33	占语开尾鼻尾字	tico>tso 孙, aŋin>ŋin 风
		阳 11		bebe>phe 羊, bilaan>phian 月
	短元音鼻尾 i、u 尾	阴 ʔ32	占语短元音的鼻尾、i、u 尾字	masam>san 酸, padai>thai 稻
		阳 ʔ21		sidom>than 蚁, nau>nau 去
促尾	塞尾	阴 24	占语-k、-t、-p、-ʔ 尾	ʔbuuk>ʔbu 头发, akɔʔ>ko 头
		阳 43		dook>tho 坐, goʔ>kho 锅
	擦尾	55	占语 h 尾	alah>la 舌, pasah>sa 湿

回辉话七调的形成当分三阶段,从韵尾舒促来的原是三声,促声再依塞尾擦尾分为二声,舒声本为一声,次后由于短元音增生了 ʔ 也分为二调(故其调值皆为所对应的长调之短降调),各声分阴阳调则是最后又依声母清浊再分化的。由于短元音增生的喉塞音是短音的一种发声状态,在孟语、傣语等语言中都有发现,只是一种再分化形式,它与作为塞尾音位发音的 ʔ 也不同质,注意占语的原生韵尾-ʔ 是归塞尾类的,跟短元音增生的喉塞不同声调,所以依据塞尾与-ʔ 尾合调,它本质上是跟越南语一样的三声模式。

黔东苗语标准点养蒿话是四声八调,以 a 韵(王辅世"借"韵)为例:

1	阴平 33	粗	sha	2	阳平 55	葫大蒜	qa
3	阴上 35	父公的	pa	4	阳上 11	下矮	ka
5	阴去 44	价	qa	6	阳去 13	杖拄	nja
7	阴入 53	梳	sja	8	阳入 31	列绅	za

但湘西苗语腊乙坪则只有三声 6 调,也是上入合调。喉塞尾与塞尾合并是合理的,所以这是一种常见的三声亚型模式。此外贵州威宁石门坎分 7 调,湖南龙山吴家寨分 4 调,则出现另一类近似去入合调的三声亚型模式,后者去入声不分,阴阳都读 11 调。

要注意的是,"四声"是平仄声调模式的发展完备型,有些汉藏语言则是仄声发展不完备的三声、二声亚型,它们反映的是更早的声调发展阶段方向途径则是一致。

藏缅语族的声调,不同语支有不同表现,以致有人认为它们不是跟汉、苗瑶、壮侗同类型的,有着不同的多元起源。其实缅文 4 调,据古碑文看原来也是从韵尾转化来的。汪大年(1983)依据妙齐提古碑文,说明韵尾-0 零发展为 0 调 11,韵尾-ʔ 发展为".."调 53,韵尾-h 发展为":"调 55,塞擦韵尾-p、-t、-k、-c/s 发展为促调 4 或 5。这个四声格局,骤看像极了汉台苗发生类型,但一比较同源词,则可见-h、-ʔ 两调都对上声字,并以-h 调为主:

耳 naa、辅頬 paa、疤 phei、屎 khjei、手-hnjou 食指、虎 kjaa<klaa、犬 khwei、马 mraŋ、尾 mrii、焜火 mii、户 khaa、伴友 pwan、主 cou、荐 hnam、缕 krou、咀 caa 吃、贾 kaa、市 jhei、洗 chei、负背 pou、宄偷 khou、迩 nii、苦 khaa、满 hmwan、五 ŋaa、九 kou

-ʔ 调词不多,如:

乳 nou、父公的-pha、母母的-ma

而-s 尾的汉语去声字除小部分列-h(如"细箪附迓",尤其鼻尾的"雁巷洞问闷键变亮"等),多数还列于促调(擦尾、塞尾不等),如"二 hnac、帽 mok、裕 lok、闭 pit",甚至"梦蜉"也转为塞尾 mak、mrak。

李永燧(2010)对此有详细的比较(他同样认为根于韵尾,-o 平气 A 调,-h 送气 B 调":",-ʔ 煞气 C 调".",-p、-t、-k、-s 塞尾、擦尾 D 调)。这一巨著还以大量语例论证了缅彝诸语的声调系统与这一模式的对合关系。

也有汉语入声字反而列于缅文擦尾的,如"弹射 pac、节 chac、捏 hnjac、一 tac、七 khu-nac、八 hrac(碑文是 het)"。但这主要对汉语古质部字,这与平声真部字"新 sac、薪树 sac、年 hnac"缅文也变 ac,是同一类特殊变化,这些字藏文"薪树"sjiŋ、门巴"年"niŋ 仍是-ŋ 尾,汉语变-n 尾,缅文变-c 尾,都是原始高元音引起的特殊变化。

因此缅语实质上也属于一种"去入合调"的三声亚型。去入未分,而它的-h 调相当于汉语上声,而-ʔ 调则是其后起的分化形式〔白保罗(1972)、瑟古德(1981)也指出"."调后起〕。

郑张尚芳(1999)曾强调白语固有的 6—7 调,也属于去入未充分分化的声调模式("气、四、肺、二、外"读 7 调,"大、吠、画、胃"读 8 调),这是否是表明它近于缅语的特征呢? 不然,去入未充分分化同样是汉语发展史的一个重要的阶段表现。

藏语声调起源较迟,藏文没有声调标记,有的藏语至今也还没有声调。已经发生声调的藏语,调位处理也有争议,光是拉萨就有 4 调、6 调的分歧。这是金鹏先生在《藏语简志》所作音位处理的结果。《简志》第 13 页把应为高促调的 52 并入高舒调 54,应为低促调的 132 并入低舒调 12,把六调合为 4 调。这不免给人一种印象,使人认为藏语是只分阴阳(高低),而不辨舒促的,若真是这样,与汉台苗声调先分舒促后分阴阳就方向大异了。

52、132 两调除大量辅音尾字外也包含了一些"鼻化元音韵"语例,怎么能说是促调呢? 原来,金鹏先生所列举的鼻韵语例在古藏文原都是带促音尾的:

tɕʰĩ52 去(过),古藏文是 phjind

kam 52 晒干(过),古藏文是 bskams

tã 132 声调,古藏文是 gdangs

kam 132 干咽,古藏文是 ḥgams

可见它们读促调正是其古读应有的最深层的反映形式,正说明分舒促是更早的现象。所以藏语也应是先分舒促后分阴阳的,这就与汉台苗声调发展模式基本上是平行的。至于舒声也长短分调,长短既可处理为一种次生变化,也可依短元音产生-ʔ,这是回辉话和好些台语中的常见变化,与上声形成一定的对比。从德格话的分调看也是如此。所以藏语可定为通用模式的二声或二声半亚型,去入合调而上声分化不全,这正好近于平仄模式最初的"舒促二分"型,而并非与之不同的另类。

郑张尚芳在《上古音系》中曾指出汉语上声的-ʔ,有三种不同来源,其中包括塞尾弱化。从汉藏比较看,藏文 g 尾对汉语上声的就有数十词,如"语 ŋag、许 sŋag 赞许、女 njag 妇女、吕 rag 金文表铜块,后亦作铝、武 dmag 军、苦 khag 困苦、怒 brnag、拒 bgag、舍 sjag 宅舍、举 kjag 抬、妇 bag、韭 sgog、后 hog 下、后、蚼 grog 蚂蚁、友 grog、阜 hbog、扰 rnjog、草 sog 草茎、搅 dkrog、镐 khog 砂锅、悔 mug 灾咎、偻 rug、纪 sgrig 理"。缅文和浪速语更有很多的-k 尾词对汉语上声,所以四声模式里上声的缺失不全,在同源研究上还不止一个原因。

藏语的-s 与塞尾同调,跟汉语变去声不同。但-s 尾促进元音锐化变 iʔ 或加带锐尾-i(前后藏曾合称 dbus-gtsang 汉译为"乌斯藏",-s 锐化变 iʔ 后改译"卫藏",雍正时再版的《四医学经》药名表把藏文 nas、gus、wes、kus、sjus、hus 汉译成"奈、桂、魏、鬼、水、灰",皆可证明),这跟上古汉语-s、-gs 汉代变-h 不锐化('暮窦豹'不带 i 尾),-bs、-ds 汉代变-s 后都变-ih('祭泰夬废至队'带-i 尾)相似,显示汉藏两语在-s 演化上也是服从同一演变规律的。

去入合调亚型在汉语史上也明显存在过。因去声字多来自塞声尾加-s,故去入合调在上古也很平常,段玉裁因此提出古无去声论,王力也主张去声来自长入。不仅上古,依丁邦新《魏晋音韵研究》去入通押统计,当时-k 尾通押已经趋零,-t 通押还达 86 次。注意去入合调现象甚至延续到《切韵》时代,虽然当时洛阳标准音是四声格式,但关中音却有"去声为入"现象。

陆法言《切韵序》一开头就批评当时南北各地方言之非,指出"吴楚则时伤轻浅,燕赵则多伤重浊;秦陇则去声为入,梁益则平声似去",这表明这些地区方言都是不标准的。虽然颜之推等人是相聚在长安论韵,并主张以帝王都邑为准绳,但还是独取金陵、洛下,因为书音传统在那儿(金陵书音本自洛下传入),并不如高本汉所认为的取当时国都长安音为正音标准,并没有因国都变更而引发的雅音基础变动问题。《切韵序》既然特别指明"秦陇则去声为入"为非,这分明是强调:关中的秦音不是标准音,而是应摒弃的方音。

注意秦陇"去声为入"涉及韵母结构的不同(因为入声是有塞尾的),而不仅是声调变异的问题。因此《切韵》《广韵》所摒弃不收,而在《集韵》入声里新增三处"去声为入"的字例,也都特别标明此为非标准的"关中音",而相对的去声一读则不提关中:

(1)质韵息七切:"四,关中谓四数为四"(下又列"驷、肆"),相对的去声为至韵息利切"四,《说文》阴数也,象四分之形"(及"驷、肆")。

(2)术韵劣成切:"淚,关中谓目汁曰淚",相对去声为至韵力遂切"淚,目液也"。

(3)术韵昨律切:"顇,关中谓癯弱为顇顇",相对去声为至韵秦醉切"顇,《说文》顦顇"(今憔悴)。

依我们构拟,这类与入声同根的去声字,其韵尾原是-ds。多数汉语方言变-s>-ih,进入一般去声演变链,还造成去声独有的"祭泰夬废"韵。关中则保留-d 并于入声,应是一种存古现象,却被《切韵》视为方音而非正音。在比《集韵》更早的韵书中,这种现象也已有记录:

(4)裴务齐正字本《匡谬补缺切韵》去声泰韵"襘"字注:"苦会反,麀糖(糠),秦音苦活反。"后音入声不见于王仁昫《匡谬补缺切韵》原本,《广韵》《集韵》也不收。

（5）玄应《众经音义》卷十八"狡狯"："《通俗文》：'小儿戏谓之狡狯。'今关中言狡刮，讹也。"按《广韵》去声泰韵古外切"狯：狡狯，小儿戏"，入声辖韵古颉切"刮削"。

可见"去声为入"确是关中秦音的方音特色。但例字集中于-ds 尾字，-gs、-bs 恐已并失。上列字例表明，"去入合调"这种亚型，直到中古，还在唐代首都一带的秦音方言中存在并发挥过重要作用。研究汉藏语言声调形成与发展应重视二声三声亚型，这对演化环节观察及认识平仄型声调共同模式的形成史很有意义。

8　古词的音义比较

由于汉语对其周边语言的影响重大，汉语兄弟语言中找到的同源词，很多人怀疑说它们可能都是汉语的借词。但各兄弟语言中有些词音义很古老，比如汉字部首字"页厂彡彭疋"分别对藏文 klad、rnag、（og）tshom、spu、njwa，"瀱、京、贯"分别对应泰文"水 num <rum、仓 klang'、先前 kɔɔn"，这类词，在汉语自己的文献中都很少见，后世更少使用，既不广泛流通，怎会借出去呢？汉字中一些只读来母的字从谐声看应是 r 型复声母，如"凉、谅、立、僚"分别对当藏文"grang 寒冷、该当、grub 成立、grogs 伙伴"。"蓝（从'监'声）、懒（异体右从'阑'）、林（作'禁'声符）、沦（与'纶'同谐声）"，可对泰文"蓝 graam、懒 graan'、林 grum、波浪 gluɯɯnh"，就正是 gl 型复声母，若说它们是借自汉语，可汉语字韵书中却找不到非来母读法，从何借起？只能认为是：同源词保持了更早的复辅音形式。它们也有力驳斥了借词的猜疑。

鱼部有"蘆謑摣楄"等一批字以"盧"为声，但"盧"却在歌部，我们认为这是鱼部古读 a 滞留至中古的现象，古读应为 zaa，也说明古代此字常用才滞留，是后来罕用了。《说文》"盧，虎不柔不信"是说虎野性十足，不如期望中的白虎那样仁。经比较，此对泰文 sɯa、藏文 bsa 或 gsa 草豹、雪豹，正是个常规鱼部字。

《说文》："羢，草木实羢羢也，从生稀省声，读若绥。"此为日母字（儒佳切），却读若心母读法的"绥"。经比较，此表草木垂实正对藏文 snje-ma 穗，原始确有 sn-声母，与"绥"同声母。

藏文红 dmar 可对汉语"璊藙"mɯɯn，两字皆为较冷僻的专名，《说文》："璊，玉經色也，禾之赤苗谓之虋，言璊玉色如之。"藏人作为颜色通用词，不会借自汉语不泛用的专名。

9　汉藏语同义替换词库

有人说，汉藏语系里四语族都能共同对应的词太少了，所以亲缘证据不充分。又说，所列对当词有的在语音、语义上不密合，有些词晚起也不该用于亲属语对比，故应遭"音隔、义隔、类隔"之讥。我们知道，汉藏诸语已经分离数千年，今天想要从比较来觅求其亲缘成分，当然不容易。就汉语自身核心词中的身体词来说，古汉语的五官"面、目、鼻、口、耳"、躯体"首、颈/亢（吭）、膺、乳、腹"、四肢"臂、手、股、胫、足/止疋"现代都换说成"脸、眼、鼻、嘴、耳 | 头、颈/脖、胸、奶、肚 | 胳膊、手、大腿、小腿、脚"了，15 个词里两千年不变的只留下"耳鼻颈手"（"颈"还有亢，只能算半个），大概才占百分之二十几。语词递变如此厉害，不同兄弟语言分家发展后，能保留共同成分的机会自然更少，所以一旦看到藏文还在用着"目 mig，口 kha，耳 rna，颈 ske、gre，膀（或膺）brang，乳 nu，腹 pho，臂 phjag，疋 njwa"相似音之词，自然会产生汉藏必有亲缘之感。

汉语这些词里有的古今语音大变,"耳、手"古为鼻音声基,现在没有鼻音踪迹("手、丑"同字分化,与"丑"同根的"杻扭狃"读 niu',同于泰文 niw'、缅文 hnouh 手指,战国秦汉以下因 h 冠后 hnj- 的鼻音消失,所留 hj- 与"首"hlj- 演变来的 hj- 混为同音了,所以逼得人们把"首"改说为"头");"嘴"本从开口"此"得声,今读合口。这和"尿"别读 sui 一样,原本来自动词小便的"私"si,为分化读了合口,这些都是由于语音相隔造成的。递变替换词有的是老词,可是出现了词义变易。如"嘴"词义本指鸟喙而今扩指人之口。甲骨文的"止"是表脚的,现代的"趾"却表脚趾,词义缩小了。"胳"本指腋下,"膊(髆)"本指肩甲,现在却指手臂,部位下移(所以藏文手说 lag,与汉语古音"腋亦 laag、胳 klaag"同源,是同样的词义变化)。因此,嘴、止、胳膊都属语义相隔。人颈为"亢"本见母,此词遗留到成语"引吭高歌"中,"吭"则读匣母字,匣母"吭"字晚起,难以说明怎么承继见母"亢"。这样,如若照那些先生的理论去推,岂非连古代汉语与现代汉语间的亲缘关系都要否定了?但是,所有这些递变替换词仍都源于汉语词库(后起字"脖"也来自"襮",段注:衣在颈之号),所有的语音变化都符合对应音轨,词义转移都符合训诂理论,所以我们只要能证明同义替换是在汉语藏语词库以内发生的就可以了,而不能要求汉藏各语言的同源比较要超越古今汉语的比较,那是一种不切实际的苛求。其实对应词之间语音、词义出现有理据的转变,反倒可作为它们是非借词标记的力证。

再举几例,人类很早就学会了用火,"火"是基本核心词,汉藏语系各语"火"有三词,汉 *hwɯɯl' / hwool',白 hui³,水、毛南 vi¹,壮 fei²,黎 fei¹,侗 pui¹,拉珈 puui¹,并可包括缅语支阿昌 poi,这些都是说"火"的;藏 me、缅、羌 mi 却是说"烸"(*hmɯl',此也包括泰文动词 hmai' 燃烧、着火)。而彝 atu、苗 tu⁴、瑶 tou⁴,则是说"炷"(本字为"主",《说文》"镫中火主也"。徐铉注:"今俗别作炷。"陈独秀解为灯炷烛炷,实际上"主炷烛"乃是同一根词的转注分化字)。这些字也都是汉语词。"炷"也可与下列藏文名词、动词相对当(彝语"点火"to̯ 同):

du-ba	火烟
gdu、已、命 gdus	烧、熬
gdug-pa,将 bdug,已 bdugs,命 thugs	熏、烧
dugs	温暖、热熨
zjugs	火(敬)

足见苗瑶、侗台语言的"火"也都见于汉藏词库。而且南岛 apui 是说"火",南亚 ŋu(佤)、ŋual(布朗)、ŋar(德昂)则是"烸"的变式(比较壮语"狗"ma 变水语 ŋwa¹'、古汉越语"蛾"ŋai 变温州文成话 ŋvai、鹿城话 mai),南亚"点火"说 to̯k(佤)、tɔk(布朗)、dot 烧(高棉)是"炷",也在这汉藏三词根范围内。

"火"上古同韵有"飞",汉藏各语圭要来自"飞、翾奋、翔",汉 *pul、白 fv¹、藏 hphur、彝 by 是"飞",墨脱门巴 phen、缅 pjam、壮傣 bin¹、黎 ben¹ 是"翾",或是"奋",如侗 pən³、拉珈 pon⁵。苗 zjaŋ⁵ 是"翔",瑶 dai⁵ 与"屎死利"同韵音近,是否来自"翅"(施智切 *hles)或"翊"(*lɯg《说文》"飞貌")可研究。南岛 maə-fər(阿眉斯)、mi-pərpər(排湾)、kus-bai(布嫩),南亚越南 bai¹、芒语 pal、布朗 phɤr、布兴、格木(南谦)pɯr 也都是"飞",佤(孟汞)pun、克篾 phɤn 是"奋",侎语 ljaŋ² 则说的是"翔 *ljaŋ"。

"狗"，主要说"犬、狗、莽、嗾"四词，汉 *khwiin'，白 khuã³，藏 khji，缅 khweih，景颇、格曼僜 kui，羌、木雅 khuə，彝 khɯ 都是"犬"（藏文"民"mi、"岭"ri 亦失鼻尾）。汉 koo'，苗 qwɯ³（吉卫）、qlei（复员），瑶 klo³，都是"狗"。侗 m̥a¹，水 ŋwa¹'，拉珈 khwõ<ŋhwõ'，壮、傣 ma¹，黎 pa¹ 则是"莽"（指猎犬，《说文》"南昌谓犬善逐菟草中为莽"）。南岛语中，占 asəu、布嫩 asu、阿眉斯 wa-tʃu，南亚语中佤、布朗 so' 和越南 co 都是"嗾"。孟 klə 是"狗"，高棉 ch-kaai 则是"犬"（比较：今浙南的闽东蛮话"犬"音 khai³）。

"雁"，汉人驯养成"鹅"*ŋaal，区别于野生的"雁"*ŋraans，但缅文 nganh、藏文 ngang 都混称雁、鹅，泰文也以 haanh<hŋaanh 称鹅，其音都仍为"雁"，这暗示了语言分化有可能早于鹅的驯化。

人类异于兽类是能用手劳动，"手"当然是基本词，高本汉以来的上古汉语拟音常依后世音把"手"与"首"拟成同音，这很不可信。看汉字古字形"手"与"丑"*nhɯɯw' 同源，谐声字"杽"＝"杻"，也音"扭"nɯw'，所以"手"当音 hnjɯw'。上面已指出对当泰文 niw' 手指，缅语 hnjouh 食指，又阿昌 hnjau 手指、勉瑶 njiu³ 爪、布努 njau³ 爪（厦门闽语"爪"白读 niãu³），手指正是发挥手功能的最重要的部件。土家语"手"说 tçe（南部 dʑe，又苏龙珞巴 gi/ge），也即说成"指"*kji'。

10 比较中择词的重要性

学界公认汉语属于汉藏语系。李方桂在 1937 年发表的《语言与方言》一文中提到汉藏语系包含了"汉、藏缅、苗瑶、侗台"四语族，此说在国内虽经 1954 年罗常培、傅懋勣在《国内少数民族语言文字概况》一文中再予完善，产生了深广的影响，但在国际上此四语族有亲缘关系的说法并没有取得共识。尤其是侗台、苗瑶和汉藏的同源关系受到美国白保罗的澳泰语系说的强烈冲击，他主张汉藏语系只包括汉白、藏缅，而侗台、苗瑶则与南岛语组成"澳泰语系"，此说影响极大。国内闻宥也著文否定了台汉的亲缘关系。闻宥 1957 年发表的《"台"语与汉语》一文列 142 组词，认为其中只有"鸡、血"是同源词，其余能对上的多为借词。我们来看，实际上，这些词中有 108 组可对上，依照语音变化规则及平行词系观察，闻氏否定"左屎"，认"风雾"为借词，是判断错误。陈保亚《从核心词分布看汉语和侗台语的语源关系》也从核心词的阶分布角度分析认为，核心一百词的一阶对应例数少于二阶，因此汉语和侗台语原无发生学关系。

我们则认为这类看法的盛行，是因为好多核心词或语音变化过大，或经过递变替换，采用了另外的近义词，跟汉语通常说法不同而没有被辨认出来造成的。比如身体词，闻宥对比台语列了 36 条，说"颊(脸)腰臆心尿"都是借词，只肯定一条"血 hluet"同源。而我们认为其中有 27 条同源，三等"腰"eu、"臆"ak 无介音不会是后世借词，核心词如（录其首音为代表）：头 rau—[首 *hlu']，颈 kho（本作 gɔ）—[喉 *goo]，下巴 gaŋ—[吭 *gaaŋ]，胸 ʔak—[臆 *ʔɯg]，颊 kem—[脸 *kramʔ，颊 kleeb]，眼 ra—[矑 *raa]，嘴 pak—[辅 *baʔ]（古云"口辅"，《易经》"辅"即指口、口边，而不仅指牙床，《艮六五》"艮其辅，言有序"，《咸上六》"咸其辅颊舌"，《象》"滕口说也"，"辅"若非口，哪能言说?），肩 ʔba—[髆 *paag]，臂 ken—[肩 *keen]（犹如汉语"臂"今称胳髆），手 mu—[拇 *mɯʔ]，指 niuʔ—[手 *hnjɯwʔ]，臀 kun—[髋 *khuun]，腿 kha—[股 *klaaʔ]，等等。比较显切的也有十几条，不能都一口否定。所以这种否定亲缘关系的论调,大抵由于选择同源词根时,错择漏择对当词根而造成。

郑张尚芳为此写了《汉语与亲属语同源根词及附缀成分比较上的择对问题》(《中国语言学报》(JCL)单刊 8 号 1995,王士元主编。又见李葆嘉译《汉语的祖先》,中华书局 2005:442—462。)一文,指出白保罗所列的主要一表,错择了对应词根。郑张尚芳又在《汉语与亲属语言比较的方法问题》(《南开语言学刊》2003 年第 1 期)中指出闻宥、陈保亚两位先生的失误也因漏择好些一阶对当词根之故。因此经过重比同源词根,郑张尚芳不但肯定"汉白、藏缅、苗瑶、侗台"四语族的同源关系,还提出把汉藏语系与南岛、南亚语系合为"华澳大语系"的主张(参加"汉语的祖先"国际讨论会的国内学者三人,潘悟云、游汝杰两位的论文也都是支持"华澳语系"主张的)。

11 同源词总谱的设想

经国内外学者共同努力,现在已经出现不少的同源词表或关系词表(如俞敏《汉藏同源字谱稿》,柯蔚南《汉藏语词汇比较手册》,全广镇《汉藏语同源词综探》,施向东《汉语和藏语同源体系的比较研究》,薛才德《汉语藏语同源字研究——语义比较法的证明》,吴安其《汉藏语同源研究》,黄树先《汉缅语比较研究》,邢公畹《汉台语比较手册》《汉藏语同源词初探》,龚群虎《汉泰关系词的时间层次》,曾晓渝《汉语水语关系词研究》,陈其光《汉语苗瑶语比较研究》等)。这些词表所用的方法不同,所采择的汉语拟音体系不同,所比的词根音韵规则也有粗严,取得很多成绩的同时,也会夹有某些不恰当的语例和某些重要词根漏对的现象。所以现有的同源字表都还有待作统一规格的审核,要圈选优胜佳例,删除音义对应不可靠的语例,补收漏对语例。

我们准备以汉语为中心,把"汉白、藏缅、苗瑶、侗台"同源词根汇为一谱,进行更大范围的观察比较,再对汉藏诸语的共同词根、附缀变化规则进行科学分析和论证,择出一批原始的共同词根(如"日、虱、屎、尔"等),这样就能把"汉藏语系"确立于坚实的无可怀疑的词根比较基础上,从而对汉藏语系内的亲缘关系研究取得突破,这无疑有重要的学术价值。确定汉语和几大民族语的亲缘关系,对民族团结也有重要意义。其中首先是要把古汉语与具有古老文字记录的藏、缅、泰文总谱搞出来。

本书主要是编列汉语相对各兄弟语的同源词根总谱,以本人所拟上古音为基础,以有古文字记录的藏文、缅文、泰文/傣文为比较的主体,又以现代调查的语言数据作为辅助材料。事实上,有些语言变化较慢,其现代语言形式可能比古文字还老(如壮语"六"rok、"溪水"rui 比泰文 hok、huai 老,门巴语"四"pli、"舌"le 要比藏文 bzji、ltje 老,以这些更老的形式比对古汉语"六"rug、"水"qhwli'、"四"hljis、"舌"filjed 就更为贴切)。总谱列出与同一词根有关的各种反映形式并显现语音变化规则,这要比简单的比词更有意义。

这一工作的创新之处是使用郑张尚芳构拟的上古音体系,和这一体系对词根的划分:认为谐声声符是反映词根的,它不包括冠音成分。比如清鼻音分二类,鼻音送气即属于词根本身变化,喉化鼻音则属前冠。利用这一拟构设想,能发现更多的同源词根,能发现择词是否有误。比如只有使用郑张尚芳"岂"声读清舌根鼻音 ŋh 的拟音设计,才能择到水语"开"ŋai 对汉语"闿"这样恰切的对当语例。《汉藏语同源词研究(二)》苗瑶语例 72"菜—蔬"以 rei、lai 对"蔬"srja,择词就不妥,因"蔬"从疋声,声母应是 *sŋr-,词根应以舌根鼻音为基辅音,s 是前冠,r 是后垫音,都不属词根。故苗瑶此例当对来母"莱"(从来声)或"藜",而非"蔬"。

12 词根比较的对象与方法

本书工作的要点是在词根比较中择词,选择合规则的恰当的词根,避免择错词根,这也是个难点。汉藏语言比较研究已出字表所对字词不少,审定其佳劣,是否适宜,也要费很大力气。其中重要的是不要受后起的现代形式的迷惑,最好能使用更早的古音形式,才能说明其同源分化条理。藏缅、壮泰有较早的古文字材料(包括以汉字记录的更古的《白狼歌》《越人歌》《勾践令》,郑张尚芳都已作了全文解读),而苗瑶只有现代方言,追溯其古音形式也是一大难点。已有的王辅世《苗语古音构拟》,王辅世、毛宗武《苗瑶语古音构拟》的古音构拟虽取得很大成就,建立了音韵框架,但在复辅音声母方面有重要缺陷,含过多的后起成分,陈其光拟音系统后出转精,同样尚须比较。梁敏、张均如《侗台语族概论》也作了古音构拟,建立了初步系统,但在复辅音声母方面问题也较多,拟置大量介音的设计不当。因此,现代苗瑶、壮侗方言的古音拟构都还待进一步研究,尚未达到列入总谱的要求。同样,原始南岛语也有谭波夫、戴恩、达赫尔、白乐思等人的构拟,做出很好的成绩,但有的词形系根据数十种形式来构拟,有的则只凭二三词形来构拟,对同一词,李壬癸、何大安所引就不同,所以难以复查核定,不能凭信,不如直举占语、马来语、印度尼西亚语还可以查验复查。

有人以为,语言比较中通常使用辞典词汇不好,应该从文献或活语言材料来归纳才好。其实同源词比较,本就在作历史形式比较,辞典往往收集了历史上使用过而后世放弃的词汇或语音形式,这是其具有的优点而非缺陷。汉语若非《说文》《尔雅》记载,有些古词就根本不为人所知了。"页、疒"若非说文列为部首,人们就想不到汉语身体词曾有过这两个重要的字词,只会视为"首、病疾"字的异读。不过使用辞典还需要特别注意辨认剔除来自译语的借词。

笔者曾几次提出自己的亲属语言同源关系的研究方法——音义关联的平行词系比较法,最初是在 1981 年《上古音系表解》"附录"中提出了同声符字群的亲属语比较,提出后,曾承王远新、陈保亚同志在其论著中介绍,并称之为"同族词比较法"(1993 年王远新《中国民族语言学史》绪论采列为同源词研究方法的一种)。2003 年,郑张尚芳在《南开语言学刊》第 2 期发表《汉语与亲属语言比较的方法问题》,以及在 2004 年《民族语文》第 1 期发表《谈音义关联的平行词系比较法》都对这一方法有所介绍,此方法主要强调以语言中同族词及共形词(原始同音词)的平行词系作为证据,判认亲缘关系,因为,音义关联词系是在语言发展中自行形成的,这类词系的平行对应,表明相关语言有过共同发展的历史。这跟邢公畹先生的"同源体系、深层比较"的思路有相似之处。本书在区别同源词与借词时也将利用这一方法,为检验本方法是否可行,下章还将予以较为详细的介绍。

此外,我们在比较中还强调了要参用历史层次分析、元音三角比较、音韵特征鉴别、核心词汇比较等诸多方法。

参考文献

奥德里古 1954 越南语声调的起源,JA:242,冯蒸译文载《民族语文研究情报资料集》第七集。

白保罗　1972　《汉藏语言概论》,剑桥大学出版社,乐赛月、罗美珍译本,中国社科院民族所,1984。

白一平　1992　*A Handbook of Old Chinese Phonology*(《汉语上古音手册》),Mouton de Gruyter。

包拟古　1980　《原始汉语与汉藏语》,CHL。潘悟云、冯蒸译本,中华书局。

陈其光　2001　汉语苗瑶语比较研究,丁邦新、孙宏开主编《汉藏语同源词研究(二)》,南宁:广西民族出版社。

陈其光　2013　《苗瑶语文》,北京:中央民族大学出版社。

丁邦新　1975　《魏晋音韵研究》,"中研院"史语所专刊之六十五。

丁邦新　1995　重纽的介音差异,第十三届声韵学研讨会论文,刊《声韵论丛》第六辑,台北:台湾学生书局,1997。

龚煌城　1990　从汉藏语的比较看上古若干声母的拟测,《西藏研究论文集》(3),台北:西藏研究委员会。

龚煌城　1995　从汉藏语的比较看重纽问题,第十三届声韵学研讨会论文,刊《声韵论丛》第六辑,台北:台湾学生书局,1997。

龚煌城　2002　《汉藏语研究论文集》,"中研院"语言学研究所。

河野六郎　1939　朝鲜汉字音之一特质,《言语研究》(3)。

黄布凡　1984　敦煌《藏汉对照词语》残卷考辨综录及遗留问题,《民族语文论丛》第一集,中央民族学院少数民族语言研究所。

金　鹏　1983　《藏语简志》,北京:民族出版社。

李方桂　1965　*The Tai and The Kam-Sui Language*(《侗傣族语言概论》),Lingua (14);《汉藏语系语言学论文选译》,中国社会科学院民族研究所语言室、中国民族语言学术讨论会秘书处,1980。

李方桂　1971　上古音研究,《清华学报》新9卷1-2期合刊,北京:商务印书馆,1980。

李方桂　1977　《台语比较手册》,火奴鲁鲁:夏威夷大学出版社。

李永燧　2010　《缅彝语音韵学》,北京:社会科学文献出版社。

李永燧等　1959　苗语声母和声调中的几个问题,《语言研究》(4),北京:科学出版社。

梁　敏、张均如　1996　《侗台语族概论》,北京:中国社会科学出版社。

梅祖麟　1981　古代楚方言中"夕(桼)"字的词义和语源,《方言》(3)。

潘悟云　1984　非喻四归定说,《温州师专学报》(1)。

潘悟云　1987　汉藏语历史比较中的几个声母问题,《语言研究集刊》,复旦大学。

蒲立本　1962　上古汉语的辅音系统,AM(9)。有潘悟云、徐文堪译本,北京:中华书局,1999。

蒲立本　1973　关于汉语词族一些新假设,JCL(1)。

瞿霭堂　1991　《藏语韵母研究》,西宁:青海民族出版社。

沙加尔　1999　*The Roots of Old Chinese*(《上古汉语词根》),John Benjamins Publishing Company。龚群虎译,上海:上海教育出版社,2004。

施向东　1983　玄奘译著中的梵汉对音和唐初中原方音,《语言研究》(1)。

斯塔罗斯金　1989　*Rekonstrukcija Drevnekitajskoj Fonologicheskoj Sistemy*(《古代汉语音系的构拟》),Moscow:Nauka。

藤堂明保　1957　《中国语音韵论》,东京:江南书院。

汪大年　1983　缅甸语中辅音韵尾的历史演变,《民族语文》(2)。

汪人牟　1986　妙齐提碑文研究(一)——十二世纪初缅甸语语音初探,《北京大学学报》(4)。

王辅世　1979　《苗语方言声韵母比较》,中国社会科学院民族研究所油印。

王辅世　1994　《苗语古音构拟》,东京:亚非语言文化研究所。

王辅世、毛宗武　1995　《苗瑶语古音构拟》,北京:中国社会科学出版社。

邢公畹　1999　《汉台语比较手册》,北京:商务印书馆。

徐时仪　2005　《玄应〈众经音义〉研究》,北京:中华书局。

许宝华、潘悟云　1984　释二等,《音韵学研究》第三辑,北京:中华书局。

薛斯勒　1974　上古汉语的 R 和 L 音,JCL(2-2)。

雅洪托夫　1976　上古汉语的起首辅音 L 和 R,《汉语史论集》,北京:北京大学出版社,1986。

有坂秀世　1935　万叶假名杂考,《国语研究》(3-7)。又见《国语音韵史研究》,三省堂,1957。

有坂秀世　1937　评高本汉之拗音说,《音声学协会会报》(49,51,53,58)。又见《国语音韵史研究》,三省堂,1957。

俞　敏　1983　北大上古音讨论会发言,刊《语言学论丛》第十四辑,北京:商务印书馆。

张　琨　1947　苗瑶语声调问题,《史语所集刊》第 16 本。

赵元任　1930　《广西瑶歌记音》,"中研院"史语所单刊甲种之一。

郑仁甲　1994　论三等韵的 γ 介音——兼论重纽,《音韵学研究》第三辑,北京:中华书局。

郑贻青　1997　《回辉话研究》,上海:上海远东出版社。

郑张尚芳　1987　上古韵母系统和四等、介音、声调的发源问题,《温州师院学报》(4)。

郑张尚芳　1995　重纽的来源及其反映,第十三届声韵学研讨会论文,刊《声韵论丛》第六辑,台北:台湾学生书局,1997。

郑张尚芳　1999　白语是汉白语族的一支独立语言,《中国语言学的新拓展》,香港:香港城市大学出版社。

郑张尚芳　2003　《上古音系》,上海:上海教育出版社。

郑张尚芳　2010　颜之推"南染吴越、北杂夷虏"谜题试由声母索解,《中国音韵学》,南昌:江西教育出版社。

周祖谟　1983　《唐五代韵书集存》,北京:中华书局。

二 亲属语言比较的方法

（一）论亲属语言比较的方法问题

真正要搞古汉语史的人不能不重视汉语的亲属语言比较,它可以为拟测原始汉语及上古汉语提供活的参照形式、结构模型和变化模式,并可借以研究亲属语言间共同的结构规则和发展规律。经过亲属语言比较的实践体验,习见汉语亲属语言中一些同源词所反映的古老形式后,对汉语史尤其上古汉语面貌很自然地就会产生新的观念。一些汉语史界曾争议过的热门话题,比如古汉语有无复辅音,在较为熟悉亲属语言比较的人看来,实际上是不应成为问题的。事实上,值得花力气探究的应在以下方面:古汉语到底有哪些复辅音,它们到底具有哪些结构形式和结构规则,其中有哪些可归为具有语法作用的结构成分,怎样分析它们的构形或构词作用,它们和后代音类及亲属语言音类的对应规律,等等。而对有些误以为承认了上古汉语有复辅音就是承认一个字读两个音节或三个音节,从而无法读《诗经》的四言诗的人,即使和他们争论,也没有什么意义。最好请他先了解一下兄弟语言怎么发复辅音,了解一个音节能负载多少个复辅音,等他有了共同的语言比较的观感体验后再来和他讨论,那时讨论才会有意义。

我们知道,历史比较语言学是在印欧语言比较的基础上产生的,因为印欧语言语法变化发达而且对应明显,因此西方学者在作亲属语言比较时除语音对应外更重视语法形式的对应。这在印欧语言比较中的确容易取得成效,而且产生了巨大影响。可是这不是适应一切语言的万应丹方,尤其对汉语亲属语言比较是不适合的。像学界大抵公认的汉语和藏语亲属关系,就不是在语法形式的对应上建立的。依藏文的语法,其语序的"宾动"结构更像朝鲜语、日语、阿尔泰语,"名形"结构更像苗语、侗台语;而且语法范畴上动词有三时一式的屈折变化,有格、祈令、方向等语法范畴的表现,都跟汉语大不一样。如果以语法标准为主来划定发生学上的亲缘关系,人们几乎能凭几点巨大的语法差异就否定汉藏两语有亲属关系。如果连藏语都不算汉语的亲属语,那么汉语几乎要成为没有亲属而孤独产生的怪胎了。相反,学界现在大抵是在承认汉藏两语是亲属语言的基础上建立汉藏语系的。汉藏同源关系的认定,主要是依据大量的同源词,尤其是根据两语核心词根、共形词根在语音上严密对应的事实作出的。所以对汉语跟别的亲属语言的比较和认定,都应该主要依照这个模式、这种方法来进行操作。对藏语这样具备多种前缀音、后缀音的语言,在比较研究中更期望能对这类附缀音的对应形式和语法功能也取得成果,那更说明了双方在词式变化上的一致。

1　同源词根的选择

比较同源词应怎样选择比较的词项呢？好些人强调要选基本词汇。这个精神当然对，可是在具体操作上，在选词时，仍会出很大的偏差。桥本万太郎的名著《语言地理类型学》在"基本词汇的差异"一节就认为汉语五大方言实际是汉化的语言，理由是各语抽象词和文明词相同，而基本词汇中好些实词"几乎可以说完全不同"，第一例是"母亲"："北语 mutshin，吴语 nian，闽语 laubu，粤语 loumu，客家语 oi-ei"。先不说用"母亲"书面读音代替北语口语"妈、娘"之不妥，粤闽语实际上同是"老母"，吴语说"娘"也说"姆妈"（是引称对称的不同），客家语对称也作"阿妈"，潮州闽语引称也说"阿娭"。"妈"本"母"古音之一读（《诗经》"母"叶之、鱼二韵部）。所以五个方言里该词的不同说法实际上可归为三个同义词根"母、娘、娭"①，各方言还是在汉语的同义词系内部选择用语的，而且都不限一种说法，怎么就完全不同了呢？李壬癸（1995）试图以比较原始南岛语与汉藏语基本词汇的差别来否定沙加尔的"南岛汉语同源说"，把南岛 *pipi 用汉语"阴户"去对而不对"牝（屄）"，把 *butuq 用"阴茎"去对而不写"鸟（屌）、涿（齺）"，这样怎能对得好呢（按沙氏已指出南岛和汉语的共同词根在南岛语末音节，要拿末一音节来比较）？*pintu 只对"户"，就不管至少汉语常见的还有"门、扉、窬"（且不提《尔雅》《说文》那些更多的特指门义的词）②，而此词正可对"窬"；*kupit 对"关"而不写"闭"，*mamis 对"甘"而不写"蜜"，*qumah 对"田"而不管"亩"，*inih 对"此"而不管"尔"……，照这样随意择词，最好的同根对应也是没法发现的。所以李氏列了 285 个基本词，就说比对起来"几乎没几个词项同源"（按，光就他所选列的南岛-汉藏对比词根看，末音节语音相近的大概也有十来条：*nunuH 对"乳"、*siku 对"肘"、*m-ari 对"来"、*e(m)bay 对"飞"、*tutuh 对"椓"、*TukTuk 对"啄"、*tələn 对"吞"、*nəmnəm 对"恁"、*dˊaNih 对"迩"、*səŋsəŋ 对"塞"）。的确，沙氏有好些择对也并不适当，但就李氏所举的285 词来看，如果另择一些汉藏同义词根去换他所对的那些汉藏词根，再进行比较，我们会发现实际有近百词是相关的，完全可作为同根对应的候选词项（详郑张尚芳 1999b）。所以择词不当的话，同样的材料会得出完全不同的结论。因此在语言比较中，我们要非常强调重视"择词"。

由上可见，我们强调的有两点。一是词项比较不是比单词，而应该选取词根来比。语言每个时代的基本词汇也是有变化的，我们跟兄弟语言分开的时代多数是在三四千年以前的原始社会，那个时代的词汇特点是以单音根词或词根为主，以反映质朴生活的具体实词为主，所以与现在的多音词相比较时，必须先把添加的词素剥离掉，分析出主词根来，再拿词根相比较。比如，假使我们没掌握古汉语的"目、耳、鼻、口、尻"，也不能直接拿"眼睛、耳朵、鼻子、嘴巴、屁股"去作亲属语言的比较，至少要剥取"眼、耳、鼻、嘴、股"这些词根来比，民族语言也同样要剥离前附、后附音以突出词根，才能使比较有相似的起点或基础。至于那些不属于原始口语的雅词"大便、小便、排泄物、阴户、阴茎、阳具、下体"，或没有特指词根的组合词

---

① 采用李如龙、张双庆《客赣方言调查报告》的写法。"娭"音同"哀"，与湘语祖母的"娭毑"同源。虽《说文》注"卑贱名也"，《广韵》引《仓颉篇》"妇人贱称也"，《广雅·释诂》"婢也"，但那不过如"妈"转称老妈子，及"母"转为"姥"，通称老妇或妇人之例。旧戏小说太后还自称"哀家"，贵贱不避俗辞。

② 《尔雅》有"閍、闱、闺、阁、闳"，《说文》有"闬、阓、闼、闉、阎、闯、阓"等特指门义的词。

"口水、脑袋、头毛、血管",在作身体词同源比较时是不好直接选用的,因为它们既然无词根比较的意义,那么摆上去也是白费工夫。二是要注意,不是比较一般的基本词汇,而必须是核心词根。它们是语言中借以产生词汇包括基本词汇的根本词素。语言如果有亲属关系,必然拥有一批共同的核心词根,尤其是反映身体、赖以生活的动植物、生活资料及技能方面的词根。而这些意义在语言里也并非以单一词根反映,往往形成意义相关的同义词系,在比对时要尽量穷尽式地全面搜集该系成员,排比其时代先后、应用广狭,选择尽可能早的普用词根,然后依其原始语音形式的对应程度来选择最合适的对当词。由于同义词系是积累形成的,其中混杂他源借词的可能性也是存在的。但核心词根的借用比例应该是最小的,选核心词根而不选一般词根已经包含这方面的考虑。许多语言已经有讨论语族内部变化规律的文章,其中选来相比较的词大多是语族内公用的根词,一般产生在语族形成之前,从它们中间择词,借词的可能性应会更小。

当然核心词内夹杂有个别借词还是免不了的。但是如果像有些人所说,某一个语言的大多数核心词根是"借词",这却是不成立的,站不住脚。我们判别语言属系既然主要是根据核心词根来定,核心词根的改变就意味着语言属系的改变。日语、韩语、越南语借用了大量汉语词,有人甚至说达到了百分之六七十,但因为其核心词根始终不变,其语言属系跟汉语就没有直接关系。海南岛的回辉话是宋代占城移民的遗语,比起古占语来,它已经受黎语、汉语的影响单音化、声调化了,语言类型形式上跟台语已非常接近,但其核心词根基本上仍同于占语,所以仍判定它是占语支语言(郑贻青 1997)。白语历史上一直在彝语而非汉语的包围影响下,但核心词根及词根形式却大多同于古汉语,故可确认它是"汉白语族"语言〔郑张尚芳(1999a)〕。假定有一种 B 语言原来跟 A 语言不同源,后因密切接触不断接受 A 的影响,直到大多数的词根已借用了 A 语言,出现了核心词根换用现象,那实际上就发生了更换语言的质变,表明实际它已被同化为一种 A 语言的分支语言,不再是原来属系的 B 语言了。少量 B 语言成分作为战败语言底层遗留下来,反而会成为异质成分。这时候,它不可再根据 B 的属系而只能根据 A 语言的属系来确定其词根的同源关系,那么 A 性质的词根就成为"本源",而非"他源"的借词了。历史上有多个民族更换了语言,比如,年代较晚近的像定居云南的蒙古族换说彝语支的嘎卓语,原说苗瑶语的畲族的多数换说接近汉语客家话的畲话,对其今语言的比较便只能依彝语支和汉语支来选择同源词根,假使留有少量蒙古语或苗瑶词根,则要作为异质的底层成分处理,是"他源"词根。颇有些人认为侗台语就是因为接触而加盟汉藏语系,我们认为照核心词根看,侗台语无疑属于汉藏语系。即使我们承认它本非由汉藏语分化,而是因换用核心词根而加盟汉藏语系,也应当确认它已经成为一种汉藏语了。既然承受汉藏语言历史传承的词根体系为其词汇基干,自然应依汉藏词根体系这一边来溯源,它跟汉藏同根的词根就是"本源"而不能说它们为他源的"借词",否则在理论上就是自相矛盾的(这不包括后世再借入的词,连北京话也有吴语、粤语借词呢)。

当然,在同源词比较中要尽量排除借词的干扰,这是个值得留意的问题。一般来说,现代的、近世的借词是容易辨认的,并且是应该排除和容易排除的,而古代借词跟固有词常常有共同的语音对应规律,不易区分,这是我们所面临的主要困难。我们认为,这类借词无疑是这两种语言里一种特殊的同源成分,它们同起于一源是可以肯定的,只是就起源来说双方都无法断定是"本源"词或是"他源"词。它对判定属系也许不便起主证作用,但它的古老形式对构拟古音的作用是一样的。其实有的最古的相关形式目前很难说清楚其本源，最终可能要借助别的学科来帮助辨认。像印度尼西亚语 labu"葫芦"，有认为是梵语借词的，有认为与古汉语"匏"*buu 同源。"匏"较早见于《易经》《诗经》，并与中国人传说的祖先"庖羲"（闻一多《伏羲考》认为"庖羲"即"匏桸"的谐音）及葫芦生人的古神话相联系，这应该不会是借词了吧？也许"匏"在中国和印度同样古老，它的真正发源地就有待生物学家查找和比较野生种的基因来判别了。又像汉语"牙"，罗杰瑞、梅祖麟（1976）认为是南亚语借词，但汉语"牙 *ŋraa、腭 *ŋaag①、咬 *ŋreew、啮 *ŋeed，芽 *ŋraa"是一族词，泰文"ŋaa 象牙、hŋɯak 牙龈、giaw 咬嚼、ŋab 咬，ŋɔk 发芽"也是可相对当的一族词，都不是孤立的单词，既难断定汉台间的源流关系的早晚，更不易说这些对汉台都是"他源"而非本源词（"牙"在《易·大畜》"豮豕之牙"已经指獠牙了，并且是表示华夏正音的"雅"字的声符）。而孟文 ŋek［ŋiak］牙齿也只相当于汉台"腭"的音，跟越南京语"象牙"ŋa 一样既少同族词，又不能解释汉语"牙"为何 ŋ 有后垫音 -r-，而这是"牙"字作以邪母"邪"*laa 字声符不可或缺的语音理据，也是跟京、佤等其他南亚语言"牙齿"raŋ 作同源比较的根据，所以即使 Bahnar 语有 ngo'la 獠牙，也不能判定那就是借源而非同源词）。该文又说汉语"江"是南亚借词，但不仅汉语和孟文中有该词，在藏文、缅文、泰文中也都有与之相应的对当词，并且还都有一组同根的同族词，如下表：

汉字	汉语古音	藏 文	缅 文	泰 文	孟 文
巷	*groongs	grong 村庄、市镇	krongh 路	glɔɔŋ 路道	glong［klɔŋ］道路
江	*kroong	klung 江河	khjongh 河溪	glɔɔŋ 河港、渠、路	krung［krɛŋ］河川
谷	*kloog	grog 深谷	khjok 山谷	glɔɔk 道路［古］	

　　大家可以清楚地看到，这是一组同族词（"谷"本指山间水道，"巷"是里居内通道），都具有 KL 型复声母、圆唇元音及舌根尾。"江"的水道义就是这个有关通道的共同词根的一个原始义，最初是河流，形成了河谷，再形成了道路和村镇的街巷。孟文比其他三语还少个对应词呢，怎么能确定它最早起源于南亚而非汉藏？单否定了"江"是不够的，还得同时否定"谷"和"巷"才行，这就不容易了。所以关于这类最古的"借词"是谁借谁，孰为本源孰为他源，目前是很难贸然下结论的，这类"结论"也不见得能得到普遍的认可。而我们以为，有词族联系的词根都不可贸然作借词予以排斥。它们很可能正是华澳语系的共同词根〔郑张尚芳和邢公畹都主张汉藏、南亚、南岛三语系合为"华澳大语系"，参邢公畹（1991）、郑张尚芳（1995a）。邢书原称"汉藏泰澳语系"，但已同时介绍了郑张尚芳"华澳语系"的称法〕。

　　就在核心词根的范围内，各个语言也并不是都只用单一的词根来表示一义，前面指出，语言常会积累形成同义词，来表示同一概念或有大同而小异的一组概念，例如汉语表示眼睛的有"目、眼、眸、矑、瞳、睛"等，表示嘴巴的有"口、嘴、喙、咮、吻、辅"等，表示脚的有"足、疋、止（趾）、脚、胫、腿、骹、股"等，即便是同一个语言在表达同一概念的时候，都可以选择不同的古今语和方言用词，更何况是不同的亲属语言。所以在比较时，应尽量考虑曾经在历史上

---

① 《字统》原从口"齗腭也"，又上腭义与"臄"*gag 同源。

使用过的同义词。但要注意,最好不要选择只在辞书上偶尔一见而没有文献使用例证的僻字(我就不怎么赞同我的朋友沙加尔先生找个"麒"跟印度尼西亚的"牙齿"gigi 比对,还不如直接拿"齿" *khjɯ' 来比对,这与今天闽语说 khi 还很相似。不必死求清浊一致,汉藏、汉台间都有大量的清浊互对:藏文"雇、价"gla,泰文"价"gaah、"贾"gaax 依文字都是浊的,汉语却都对清的见母字"雇价贾";藏文基本数词"九"dgu、"八"brgjad、"百"brgja 等同样是浊母,汉语也都对清音;藏文"他"kho,泰文"他"khau 都是清送气音,汉语"其"却是浊的)。也不要轻易拿表示某一种动植物的专称来跟"虫蛇鱼鸟兽草木"这类大名对比,除非这是该类最常见有代表性的物种。例如张元生、王伟《壮侗语族语言和汉语的关系》是主张汉台同源关系的专文,已着重指出亲属语言主要依据同源词来判断,并列举 72 组对当词。其中大多数的择对是可行的,有的还相当精彩。但找一个《说文·鸟部》从鸟臼声的僻字来对台语的rok、nok(鸟)的做法却不可取。像这类特指某一种具体鸟名的字,古字书里多了去了。《说文》本部就有 15 个"鸟也",绝大多数是大家不熟悉的鸟的名称,它们哪有丁点儿资格来对作为大类名的"鸟"呢?再说他们择出的这个字音也不合,"居玉切"属见系,而武鸣 yok 只是舌音 rok 的晚近音变,择对时先要注意双方都要追溯原始古音形式(以"沱"对 ta^6、"胡"对ho^2 也是误用中古音比对,离上古音反远了,应以"渡""喉"上古音对才合,因藏泰语发展较慢,a 多还处于对应汉语上古鱼部 *a 的阶段)。文中为狗吠找个"从吠交声"的僻字也实在没有必要,其实"号嗥哮"都是同源词,《楚辞·九章》有"鸟兽鸣以号群兮","号吠"常用,没必要找僻字。还有择词应理解其古义,如以"噊"对吃食的 kɯn^1,未弄明白该字"吃也"是"口吃"之义,这就对拧了。

2　共同词根的推定问题

郑张尚芳(1995a)曾提出,在亲属语言比较中最重要的是同源词根(根词是独立词根)的比较。语言有亲属关系,应会在核心词汇上拥有共同的词根系统。用历史比较法来阐明其系统的对应关系,就可对其发生学关系作出说明。

语言的词汇内部拥有大量根词和词根,它们有各自的语音形式和意义。从音义关系来分析,有的互不相关,有的可能在音义两方面或一个方面相关。其中虽然绝大部分是互不相干的异音异义词,但总有一部分彼此音义相关,并形成相关词词系。可分三类:第一是同族词词系,指音义都相关的,通常是从同一词根分化出来的同根词族,或者说是以一个母词的"同源异式词"为中心所形成的滋生词系统,如汉语的"舌舐""汤烫""江谷峪""局曲"。第二是共形词词系,音相关而义不相关,这是由原始同音关系产生的"异源共形词"所形成的系统,也即这些不同语义在该语言里习惯上采用共同的语音形式(语根同音或相近)。① 如"无舞""方芳房""五吾语""父斧釜"。第三是共义词词系,义相关而音不相关,这是由同义词、反义词、对义词、类义词等同义场词的词对所形成的系统,如"江河""关闭""远近""男女""咸甜""日月""春秋"。因为语言存在这些相关词系,所以在文字上才反映为"转注"("大太""句勾""谷峪""汤烫"是基于同根词族),"假借、谐声"("土"借为"杜"、"土"谐

---

① 蒙朝吉《畲语属苗语支补证》(《民族语文》1993 年第 3 期)说:"一对对意义不同而声韵相同、声调也相同或对应的词,我们称为'成对的语音相同语义不同的词'。"此即本文所说的"异源共形词"。

"杜吐肚"是基于共形词系),"合形、训读"("月夕""石担"是基于共义词系)。

这三个词系是语言词汇发展后,依内部音义关系形成的,每个语言中的相关词系系统自然不会一样。在不同语言中如发现相近相似的平行相关词系,就可肯定它们有共同的起源,是有过共同的词汇发展阶段的亲属语言。也就是说,语言如果同源,往往有相似的语词分化方式和相似的同音近音词。邢公畹先生所提的"深层对应"就以指语言间共形词系的对应为主。他把这种对应词系称为"同源体系",把查寻对应词系的方法称为"语义学比较法"。①

郑张尚芳(1981)《汉语上古音系表解》也曾举一群汉语"卖"(从古文"睦"得声,读若"育")声字"價续读黢棱睦",分别与藏文"lhugs 不保留、lhugs 续、lhogs 读、rog 黑、drog 包裹、rog 友助、rlug 信"作比较,承王远新、陈保亚同志在其论著中介绍了这种同声符字群的亲属语比较法,并称之为"同族词比较法"。但此称与同根词族比较法容易相混。其实,此即"共形词系"的谐声字群比较(同谐声的字具有无可怀疑的古共形词身份,它们之间的比较更是可以作为这类比较的有力证据)。实际上,这跟邢先生所说的方法大致相似,都立足于比较语言间是否有共同的词根音义关系系统。

所以我们在发生学研究上特别关注同族词系和共形词系的比较。比如在同族词系方面,汉语里有些同源异式词,在藏语中往往也有相当的同源异式词,就足以证明汉藏两语的亲缘关系。如("藏"为藏文字母转写,* 号后为笔者的上古汉语拟音):

(1)"量"平声 *raŋ 为动词,去声 *raŋs 为名词——藏"数"(b)grang 动词,grangs 名词。

(2)"汤" *lhaaŋ 为"热水","烫" *lhaaŋs 为"热水灼或热度高"(古也写作"汤",《山海经·西山经》"汤其酒百樽")——藏 rlangs 蒸汽,lhangs 热气。

(3)"舌" *filjed 名词,"舐" *filje? 动词——藏 ltje 舌,ldjag 舌(敬),ldag 舐。②

(4)"髆" *paag 为肩近臂处,"臂" *pegs——藏 phrag 肩,phjag←pheg 手(敬)。

(5)"迩" *nji? 表"近","昵" *nid 表"亲近","褻" *snjed 为"狎近"("袒" *nid 为近身衣)——藏 nje 近,snjen 亲近。

汉语有些异源共形词,在藏语中同样可以找到对当词,如:

(1)汉语"量""凉""谅"共形 *raŋ——藏文也都为共形的 grang,而分别表示"数""寒冷""应当"。根据"凉""谅"都从"京"声看,更古时汉语前面也应有 g·冠音,藏文形式比汉语要古。

(2)汉语"吾" *ŋaa、"五" *ŋaa?、"鱼" *ŋa 上古同属疑母鱼部——藏文"吾"nga、"五"lnga、"鱼"nja 词根也相似。缅文三者更一致,都说成 nga[ŋa]。

(3)汉语"田猎""田地"共形,都说"田" *fil'iiŋ——藏文亦为近形词:lings"狩猎、罗

---

① 邢公畹(1983)说:"一些字在意义上,或者在语音上(包括古文字的谐声关系上)相关联,我们就说它们有'同源关系',两个或两个以上的有同源关系的字,构成一个'同源体系'。"邢公畹(1993)说:"如果汉台两语中各有一群意义不相同的'同音字',都能在意义和音韵形式上互相对应,我们就管它叫'深层对应'(或'多层对应')。"

② 比较缅文 hlja 舌、ljak 舐,可知藏文声母的 ltj、ldj、ld 只是 lj、l 的塞音化的变式,藏文的 ldji 重、~ba 虿,缅文也只作 l 母:lei 重迟、hlei 虿。藏文 lt 在夏尔巴话尚读 lh-。闽语建阳话"舌"尚读 le^8,"舐"尚说 la^7,福州口语也说 lia?^{7}。

网",zjing←ljing"田地"（同语支的错那门巴语仍为 leŋ）。

（4）汉语"绩"*?seeg、"簀"?sreeg（《史记·范雎列传》"雎详死,即卷以簀置厕中"）、"碛"*sheg 共形——藏文 seg-ma 编的、sle-ba 织编, seg-ma 竹席, seg-ma 石子、沙砾。

（5）"九"（丁山说是肘的象形,本"肘"字,借为"九"）*ku?、"肘"*kl'u? 古音近,"九"又作"尻"*khuu 的声符——藏文分别为"肘"gru、"九"dgu、"尻"dku。

（6）汉语"房"*baŋ 对藏文 brang 居所,而苍龙星宿'房'指龙胁,说文作"膀,胁也"藏文也作 brang 胸部。粤语今音棚,肋骨。

近年我和邢公畹先生都提出将汉藏语系与美国学者白保罗所主张的澳泰语系合一为"华澳语系",也是根据两者间存在相对应的"同族词系"和"共形词系"。先举些同族词例:

（1）汉语"乳"*njo? 为"乳房、生孩子","孺"为"乳婴、幼儿"——藏文 nu-ma 乳, nu-bo 弟、nu-mo 妹;景颇族波拉语（缅语支）nau 乳, nauŋ 弟妹——泰文 nom 乳, nɔɔŋ' 弟妹;武鸣壮语 nau⁵ 乳, nuuŋ⁴ 弟妹;靖西壮语 nou⁴ 乳, nooŋ⁴ 弟妹——原始南岛语 nunuh 乳,印度尼西亚语 nung 昵称小孩。

（2）《释名》:"雾:冒也,气蒙乱覆冒物也。"说明"雾"*mogs 与"冒、帽"*muugs、"蒙"*moong 等同源——藏文 smug-pa 雾, rmog 头盔, rmongs 迷糊——泰文 hmɔɔk 雾, hmuak 帽, hmɔɔŋ 模糊的, muŋ 蒙盖亦同族。

（3）汉语"噣"*toogs,"咮"*tos／tuh,tjo、"啄"*rtoog、toog、"椓"*rtoog、toog 敲击——藏文 mthju 嘴唇、鸟嘴, fithu 啄, rdung 敲击——印度尼西亚语词根在后: patok 鸟嘴, patuk 啄, ketuk 敲击。

（4）汉语"壤"*njaŋ?、"洳"*nja 湿地——藏文 rnang 田地、na 水草地——印度尼西亚 tanah 地、ranah 洼地、沼泽地——泰文 naanh 地域、naa 水田;壮语 naam⁶ 土壤、na² 水田。

（5）汉语"腹"*plug,"包"*pruu（说文云象人怀孕）,"胞"*phruu、pruu 胞衣,"保"puu? 抚养,"褓"*puu?,"胚"*phlɯɯ,胎*lhɯɯ,"孕"*lɯŋ,"育、毓"*lug 产子——藏文 bru 腹（古）、pho 腹、胃（参:缅文 pouk 兼表肚子、怀孕）,phru 子宫, phrug、phru-gu 孩子, bu 儿子, rum, lhum 怀胎, rog 胞衣——泰文 buŋ 腹, phauh 族裔、子孙, luuk 孩子、子女, rok 胞衣;武鸣壮语-poŋ⁵ 小腹,-buk⁸ 褓, lɯɯk⁸ 子女, rok⁸ 胞衣。汉语"育"lug 与藏语 rog 胞衣,以及泰语、壮语 rok 胞衣明显同源,表明它们的确是同胞语言。

同族词系中词语之间的关系有亲有疏。有的关系特别亲,如一母同胞,由一个细胞分裂生成,这种一对一的词可称"孪生词"（如"夹峡、见现、迎逆、林森、小少、食饲、令命、墨黑"等）;有的则如同堂兄弟一家子,可称"孳生词"。而关系疏的则只能称"同族词"。像上面例（5）所列即为有关生育的孪孳词,从汉语说,其同族词还可加上"已 ljɯ?（胎儿,甲文干支表作"子"）、嗣 ljɯs、似 ljɯ?、子 ?ljɯ?／sl'ɯ?、息 slɯg、字 zlɯs 生养、孳 sl'ɯ、慈 zlɯ",甚至"抱 buu?、菢 buus、孵 phu、伏 bɯg"（"包、胞"转义还及"苞、匏、袍"）等。因为这些词的语根也都在"pru（包胞词根）、（ρ）lɯ（胚胎词根）"的音义变化范围之内。

词族研究是一项值得重视和费力的复杂研究领域,在我国,训诂学有深厚的基础,已有不少成果。但在继承传统成就时,必须注意防止前人有过的偏差,即在语根的声韵音变条件允许的范围之外无限制地牵连开去、任意扩大同源词的倾向。有人单凭双声或叠韵关系,就把不是同根的词掺和在一起,随便说是"一声之转",那是不科学的。对这种做法,王力先生就批评过,我们在利用前人相关成果时必须自己细加甄别。如今,古音研究取得了更大的进展,能帮助避免前人在这方面的缺陷,例如,知道上古汉语有 *hm-,"荒"是亡声的 *hmaaŋ,就可以知道不应与见系"广(廣)旷凶秽"列为同根(参《同源字典》),而应与"芜膴亡"同族了。

当然,并不能期望所有的同族词都能在亲属语言里找到对子。"雁" *ŋraans 驯化育成"鹅" *ŋaal,韵母"元歌"相转是汉语同源滋生词的好例,但藏文 ŋaŋ、缅文 ŋaanh,鹅雁不分,泰文 haanh、格木语 ŋan、甘塘布朗语 ŋaŋ 指鹅,音韵上却都是对当"雁"的,可见"鹅"是汉语独立发展出来的同根词,是汉白语族跟其他兄弟语族分离以后滋生的。

汉语的共形词也有成批的对应例:

(1)汉语同为"土"声的"土" *hl'aaʔ、"吐" *hl'aaʔ、"杜" *fil'aaʔ(根,《方言》"杜,根也。东齐曰杜",《诗·豳风·鸱鸮》作"土",传:"桑土,桑根也")——泰文分别为"土"hlaa' 大地、"吐"raak、"杜"raak 根——藏文"土"sa、"根"rtsa。由于同支的保留原始形式更多的错那门巴语"根"仍作 ra,可知藏文根的声母应为 sr-变音,其词根也是 ra。

(2)汉语"俞" *lo《说文》"空中木为舟"、"窬" *lo、fil'oo >doo《说文》"穿木户","俞""窬"二字应同源,"喻" *los/loh 知晓、"腴" *lo《说文》"腹下肥也"——泰文分别作"俞"rɯa 舟船,壮语作 ru、"窬"ruu 孔眼、"喻"ruu' 知晓、懂、"腴"roo 大腹便便。

(3)"旧"义鸺鹠,借为故旧义,两词共形——泰文 gau' 猫头鹰、kauh 故旧近音共形。

(4)"粝、疠" *rads——藏文 fibras 米,"疮、疠"——印度尼西亚 beras 米、baras 麻疯,词根皆共形。

(5)"女" *naʔ 声,谐"如、洳" *nja、"挐" *naa、"弩" *naaʔ——藏文 njag、nag 妇人、妻,na 如果、水草地、mna 儿媳——印度尼西亚 ranah 沼泽地、anak 孩子、panah 射箭——泰文 naa 水田、naa' 姨母、hnaa' 弩。

(6)郭沫若说"父"是"斧"的初文,同声符字有"父" *baʔ、"斧" *paʔ、"釜" *baʔ《说文》正体从鬲甫声、"咬" *paʔ、baʔ《说文》只作"哺",此与口辅的辅同源——印度尼西亚语"父" bapak、"斧" kapak、"釜" tapak、"咬"papak(咀嚼),词根都是 pak,正能说明其谐声关系。

又汉字"甫"也从父得声,故上引字常有从甫的别体。从"甫"声的又有"傅" *pags、"髆" *paag、"补(補)" *paaʔ、"辅" *baʔ 口辅,《易·咸》"咸其辅颊舌"——泰文分别作 ʔbaa 师傅、ʔbaah 肩、pa 补,paak 口(此字对"辅"可比较 ʔbaak 砍削对汉语"斧",也是 aak 对 *aʔ,《说文》"斧,斫也")。

像这类"父甫"声旁多例共形字的系统对应,应可说明双方的关系不是偶然相合的。

3 对应中的音义问题

上古复辅音研究取得的成果为亲属语比较提供了帮助,以前不易判别的同源词现在可以认定了。"芝麻、苏子"泰文作 ŋa,德昂语作 l-ŋa,以前难以肯定它与"苏"同源。现在明白汉语上古除基本的 pl、kl 型后垫式复辅音外,还有前加咝音、喉音、鼻流音、塞音的冠音结构,从"苏"从鱼 *ŋa 声,先秦又可与"瘏、迮、御"通假(《诗·郑风·女曰鸡鸣》"琴瑟在御"阜阳汉简《诗经》作"琴瑟在苏(蘇)",也借"苏"代疑母的"御"),"苏、稣"应有冠音 s- 读

*sŋaa，则"苏"《方言》郭注"江东人呼荏为䔧，音鱼*ŋa"，正是"苏"失 s-头的词根形式。在芝麻传入我国之前，苏子曾是重要的油料作物。藏文 snja 紫苏、snum 油（对汉语"荏"）也可能与之有关。

同样，了解藏泰文中的流音塞化现象后，我们对它们中的 d、t、n 声母字的本来面貌是 r、l 有了清楚认识，这样才知道泰文"眼 ta""鸟 nok"都不过是后起的形式，就不会相信白保罗把印度尼西亚的 mata、manuk 看作其始源形式了（参郑张尚芳 1995a）；了解原始的复辅音及可替换的韵尾情况后，就会理解泰文的"腹 buŋ""舌 lin"其实跟汉语的"腹 pug""舌 filed"两词同源。

比较工作确有难处：双方音义全合的，像汉语与泰文"马"常被人看作借词，音义一有小异，又会有人指责对应不严。其实有的未免作茧自缚，台语"马"ma⁴ 是语族内共有词（古傣文是 mlaa⁴），比较佤 brauŋ、布朗 brak、格木 hmbraŋ、缅 mraŋh、嘉戎 mbro、哈尼 mo、藏（古）rmaŋ、藏（今）rta（由 ra 塞化）、景颇 kumra、门巴 kurta、印度尼西亚 kuda 等形式，基本都同根，无非有无 ŋ 尾之别，看不出台语无尾就一定是从汉语 *mraaʔ 借来的。

闻宥（1957）比较了 142 组词，认为"左聋笑黄屎"只是貌似，"肥心屪薄马骑臆腰燕白酸沙颓"是借词或共同借词，连"尿熟风雾"都是古老借词，只有"鸡血"可定为同源词。既然同源词这样少，所以断言两语没有亲缘关系。

闻氏常要求台语与侗水、黎都合了才考虑与汉语的同源关系，但是他不考虑黎语等的不同形式也许是借别的语言而形成的（如黎语有明显受南亚南岛语影响的痕迹）。他说审母"屎"没有舌根音痕迹，而此字除《说文》古体外，古籍一般作"矢"，《庄子·知北游》作"屎"，而"屎"就有"喜夷切"一读，古音研究也表明审三的主要来源是 *qhj、hlj，所以双方古音正合。

依我们分析，闻文 142 组词中有 108 条是同源的，如第 1 组身体词 36 条中（各取首语例标目）：

"头"rau 对"首"*hluʔ，"脸"hna 对"顋"*snɯɯ，"眼"ra 对"矑"*raa，"颊"kem 对"脸"*kramʔ，"耳"rɯ 对"颐"*lɯ，"嘴"pak 对"辅"*baʔ，"齿"khriw 对"咬"*grewʔ，"舌"lin 对"舌"*filjed（参见"标敏瑶"blin 对"勉瑶"bjet），"颔下巴"gaŋ 对"吭"*gaaŋ，"颈"kho（本作gɔ）对"喉"*goo，"肩"ʔba 对"髆"*paag，"臂"ken 对"肩"*keen（类似汉语"臂"今称"胳髆"），"手"mu 对"拇"*mɯ，"指"niu 对"手"*hnjuʔ，"肝"tap 对"胆"*taamʔ，"肺"put 对"肺"*pods，"胸"ʔak 对"臆"*ʔɯg，"肠"zai 对"齊《广韵》疾移切"*ze，"腰"eu 对"腰"*ʔew，"腿"kha 对"股"*kaaʔ，"膝"khau 对"骹"*khreew，"脚"tin 对"底"*tilʔ，"臀"kun 对"髋"*khuun，"毛"khon 对"觳"*gaans，"骨"ʔduk 对"髑"*doog，"血"hluet 对"血"*hwiig，"肉"no 对"肉《集韵》儒遇切"*njogs 等 27 条。第 2 组 40 条可对上 34 条，现选几条："天"wa 对"宇"*fiwaʔ，"地"ʔdɪn 对"甸/田"*fil'iin，"雨"phən/fun/vɯn 对"霣"*fiwunʔ，"火"wai/foi 对"火"*hwooiʔ，"水"nam（ram）对"灆"*rɯm 或"饮"*ʔrɯmʔ（应取"溪水"rui、huai 对汉语"水"*hljuiʔ←qhwliʔ），"石"rin 对"磷"*rin，"木"maiʔ 对"卉"*hmɯiʔ，"叶"ʔbai 对"箁"*bɯ（像闽语以"箁"为"叶"），"黄牛"mo/vua 对"牛"*ŋwɯ，"水牛"guai 对"为（本义役象）"*fiwai←Gwal，"狗"hma 对"莽猎犬"*maaʔ，"蛇"ŋu 对"虺"*hŋuui，"鸭"pit 对"匹"

*phid，"鱼"pla 对"鮒"*pa（据《庄子》音义），"鸟"nuk/rok（当据拉珈 mlok、侗语 mok）对"鶩"mog，"虫"non 对"蠕"*njon?，"翅"pik 对"翼"*p-luuk。

其中"云雨"还可能互换相对，"颐辅吭颈肩臂手指肝"等意义都有偏移，"齿咬"是名动交替，"鮒"为古小鱼统称，"鶩"既为古人最常猎食的鸟——野鸭，又为雏鸟统称，故可转指大名。这些都是对应中可允许的意义差异，意义偏差正可表明这些词都不会是借词。语音上像"沙"zai/sai 对"沙"*sraai，跟同为歌部的"左"zai/saai 一样有 i 尾，正合于古音。"右"khua 对"右"*fiwuu←Gwuus，跟"牛"一样读如之部合口而带 w，都非后世借词可比。尤其"风"rum 如果是借词，怎么会没有了 p 声母，"雾"hmok 如果是借词，怎么又有 h-冠又带-k 尾？因为闻先生要维护否定汉台同源的曲说，这些都顾不得了，结果弄成核心词根有众多人为"借词"的局面，令人惋叹。

亲属语言比较中，我们非常珍视那些此无彼有的成分，它们既是非借词的标志，又是构拟原始共同语形式的宝贵根据。像"风降"汉语有复辅音，泰语只有流音，"蓝懒林铃"汉语只有流音声母而泰文为 gr-，都是最重要的语音增减信息，被忽视是不应当的。

陈保亚同志对有阶分析下了很大工夫，核心词再分阶是可行的，但是要凭一阶高于或低于二阶来判定同源与否却有困难。因为每个人辨识的同源词都有不同，他认为一阶低于二阶的，别人看来或许就高于二阶。所以先要把合适的核心词表选定，再据双方的古音把同源词根落实下来，才能有更好的推论结果。

（二）由"屎、舌"例说"音义关联的平行词系比较法"

汉语及其亲属语言关系的认定主要依据同源词比较，当然借词不应掺入亲属语同源词的历史比较中。近世的借词，辨别较易，从音义就能鉴别区分出来；可是要区分早期的古老借词和同源词却非常困难，有人就曾用一句"全是借词"，来抹杀由同源词显示的、汉语和汉藏语系中绝大多数语族间的亲缘关系。所以，在汉语及其亲属语言的历史比较上，如何择出真正的同源词而排除借词是一个非常紧要的问题。

语言的词根，异音异义虽居多数，但有一部分是音义相关联的：音义都相关的就是同根滋生的"同根异式词"以至"同族词"，音相关而义不相关的是具有共同语音形式的异源"共形词"，音不相关而义相关的是同义近义反义类词等组成的"共义词"。各个语言的音义关联词系是在语言发展中自行形成的，其中"同族、共形"两词系在亲属语言比较中特别有意义，如果在所比较的语言中发现存在这类词系的平行对应，就表明它们有过共同发展的历史，可以证明存在亲缘关系。这一分析是笔者词族共形词系比较，即音义平行词系比较法的立论基础，它与邢公畹先生的"同源体系"（1983）、"深层对应"（1993）、"语义学比较法"（1995b）非常相近，有着相似的思路。邢先生的"语义学比较法"的重点也是寻求平行的共形词系，而跟周法高先生的"语义比较法"不同。周法高（1972）的"比较语义"是讲平行的语义发展（引申），同族词的同源义、存古义、词义参差互换，同族词古音及加缀问题等，以讲同源词的共同词义特征的对应为主。邢先生则是注重共形词异义的平行对应。

1　丁、聂质疑所涉古音和择对问题

丁邦新(2000)、聂鸿音(2002)先后对"深层对应"提出质疑,这对廓清认识和完善这一比较方法非常有益。邢先生于 2002 年写了《说"深层对应"》答丁、聂两先生。由于我们的比较法与邢先生有相似之处,觉得邢文有些地方还可以作进一步说明,尤其在汉语古音方面可加以补苴。

丁先生指出汉台基本数词的深厚关系,邢先生用"三:掺糁""八:别"(按以上音义相关,应列为同族比较),"七:切""九:鸠""十:拾"(按以上各词义不相关,应列为共形比较)进一步肯定了它们的同源关系,这都是很好的。邢文并指出"八"是月部非质部,丁引的 prit 应作 *priat(此据李方桂祭部拟音)。① 照我们的看法,月祭部当分 a、e,李氏 iat 原应归 e 元音(切韵"八"读 *e、i、ɯ 来源的黠韵,不读 *a 来源的辖韵),"八"上古音为 *preed,跟泰文 pɛɛd 更相近。

借词中也会有同音词,这确是免不了的,问题是数量的控制。我们对共形词范围的限定,邢文在其对应公式中增添 Arc 和 pri 以限定双方用尽可能早的形式来对比,都可以避免如丁文所引陈保亚列举的那类晚起形式进入比较;古基本词根中的共形词根数量应大大少于后世同音词,前古时代借词少,故不会出现像朝、日、越所借有好多中古同音词的那种情况。对当词的选择倒是个重要问题。丁先生质问的"旧枭"究竟是哪个对泰文 khau',"垢喉"何以对泰文 ai 又对 ɔ、"装"又何以对泰文 ai,却是很有意义的,指出了松散的语音对应不易令人信服,反易让人疑惑。所以在比较中,应举语音变化对应谨严和条理显豁的例子,还有,既然要用更早的形式来比较,泰文就应当用保留浊音的拼式转写,不用今读。

邢文谨慎地表示目前未能回答汉泰对应上"枭""旧"两字孰优的问题。我们认为,"古旧"词既假借"鸺旧"词的字形写出,这一对共形词的关系自然密切,它们又同见于汉泰两语,正是音义平行词系比较的佳例。"旧"字以上二义同音,都属古之部合口,不宜牵涉到宵部的"枭"上去。而从泰汉比较看(以下泰文以 B 调加-h,C 调加-' 表示):kau' 对"九、kauh 对"旧古旧",khau 对"鸠鸽子、觟兽角、丘小山",khau' 对"究深入",gau' 对"旧本原、旧猫头鹰",lau' 对"酉地支第十位",hlau' 对"酉酒",泰文 au 韵以对汉语幽部 *u 为主,兼及之部合口 *wɯ"旧、丘"(汉语 *wɯ 后并 *u,随幽部变。这类词泰文虽也有非 au 的层次,如 wua 对"牛",khwaa 对"右"、khɯa 对"友",形式都更古,但韵母变式无一相同,缺乏规律,似为中断残留性变异),所以泰文的 gau' 还应对汉语"旧"而不宜对宵部的"枭"。宵部如 hɛɛw' 对"苟胡了切,茭荞",以及身体词 ʔeew 对"腰"、jiawh 对"尿/溺"、giaw' 对"咬"(与"齿"khiaw' 同族)都可相比证,倾向于以对-w 尾韵为主。gauh 如果对"枭",音既较远,还会造成"旧"字假借所反映的这一最佳共形词例被拆对的遗憾。

丁文所提泰文 ai 韵词邢文对应不妥,也可促使我们依音义另行择对。如"装"sauh 可能对汉语"载"。"垢、黑点"gai 也叫能对"黳"——郑张尚芳(1991)曾指出泰文有部分 g-母字可对汉语影母字 *q-,如 gaamh 夜晚、天黑与"暗",grauh 想望、喜爱与"爱"。这类例子还可加 glaam' 黯黑对"黯",gɔɔk 畜栏对"屋(牛屋)",guu' 弯、驼对"伛",gad 止(血)、塞对"遏"、gruj 长衣对

① 丁文第 484 页依芭平所引泰文"名字 chui：B2"亦有误,依泰文形式应是 chɯ：B2。可能原有印刷错误。

"衣"(参见勉瑶语"衣"luui¹、闽南语"衣"ʔui¹),等等。"鷥"脂部字,"载"之部字。泰文 ai 韵可对上古汉语脂部之部:脂部如 ʔdai 对"梯",thai 对"犁";之部字所对,有些依原文字母本作 aɯ,跟之部上古音*ɯ 更近,如 caɯ 心情对"志",djaɯ' 使用对"事",taɯ' 底下对"址",haɯ' 对"贻",ʔbaɯ 叶片对箬(竹叶,参闽语"叶"说"箬")。"装"saɯh 从韵母看,以对"载"为好。汉台语古皆无塞擦音,精母有从 ʔs- 来的,对 saɯh 当无问题。

聂文对邢氏公式中音近的标准补充了一些声母规则,又据黄焯《古今声类通转表》质疑汉语异读反映的一些声类通转:A"x(晓)~d(定)"、B"k(见)~n(泥娘)"、C"tʃ(照)~g(群)"、D"tsh(清)~ŋ(疑)"。聂先生担心如果这些都算音近,那古音将是"无所不通,无所不转"。不过,这些字例都能以复辅音声母来解释,郑张尚芳(1995b)曾经提到过这类复辅音声母结构:A 晓*hl、*qhr~定*ɦl';B 见*kl、*kr~泥*ŋgl'、*ŋgr';C 照*kj、*klj(李方桂(1976)作 krj,不同的是李氏以 j 表三等介音,郑张尚芳系统三等无介音,j 是章类邪类复声母所带的垫音)~群*g;D 清*sŋh~疑*ŋ。从古声干看,以上都是正常的通谐字例,只 A、D 两组有垫音"l"强式流音擦化,B、C 两组带鼻冠音、噝冠音而已,它们在汉藏兄弟语的复辅音声母结构中都是常见的。但顺便指出,B 条黄氏所据《类篇》"到"字反切(古顶切,又囊丁切)有误。按"到"《说文》古零切,《集韵》有四读:"古顶切""下顶切""吉定切"皆同《类篇》而未引《说文》,"坚灵切"注引《说文》当视为正读,而《类篇》偏缺该切却多了个《集韵》所无的"囊丁切"。《类篇》是据《集韵》另编的字书,《集韵》"坚灵切"正好列在"囊丁切"之后,显是《类篇》编者抄误,"囊丁切"一读应删,到字只有*k、*g 两母读法,没有鼻冠的泥母读法。

2 泰文"屎"字的共形词系比较

聂先生质疑的"屎"字正好是华澳诸语中分布最广的一个核心同源词根,如果连这个词都不能论定,其他的同源词就更不用谈了。

聂文以第二节专对邢氏"屎"的深层比较的音和义都作了质疑。说邢氏的拟音 ᶜhjid 是从《广韵》"晓母喜夷切,呻吟声"的 ᶜxji 来的,不能用于比较"审母式视切,粪"ᶜʃi。邢氏"屎"的汉泰比较中,五个义项除首项外都是后世词义发展的结果。邢文谦虚地接受并申谢,并依李方桂拟音改作*ᶜhrjid,把后起的"分泌物、渣滓、低劣"等义项删除。

事实上,邢氏太过注重《释文·毛诗音义·大雅·板》"屎,许伊反"的注音,将其视为正体读音,把"屎"标成平声,其实《释文》说得很清楚,"屎"在此乃是"呬(《说文》"吚",尸声)"的通假字。不过邢文改作 ᶜhrjid 可能仍没有完满解答聂氏对声调平上参差和声母喉齿分异的疑惑。

实际上,《说文》虽然把"屎"的本字写成"菡",但甲骨文既然已经写"屎"象人遗屎形,当然"屎"形更早,而平声"喜夷切(即许伊反)"的"屎"意义更抽象,无疑是假借古象形字上声"式视切"的"屎"来写出的。假借的语言基础是同音共形,所以中古"喜夷切、式视切"两读同出一源无可疑,"屎"本读上声也无可疑。声母方面,"式视切"聂氏所标 ᶜʃi 为中古后期(韵图时代)生母书母合流为审母时的音,在中古早期的切韵时代,生母为 ʃ 而书母为 ç,"式视切"属书母读 ᶜçⁱ。生母来自上古*sr,书母和同章组的其他各母都来自上古 j 化声母(就像现代 ç 母来自 h、s 的 j 化那样);书母上古来源除与鼻音相谐的*hnj(恕)、*hmj(少)、*hŋj(烧势)外,最常见的是与喉牙相谐的*qhj(声),与舌音流音相通谐的*qhlj(湿)或*hlj(失)。

"式视切"的"屎"既与中古脂韵晓母重纽三等"喜夷切/许伊反"的呬 ᴄhriɹ<*qhri 相通假(古音研究已证明二等及重纽三等来源于上古带 r 垫音字),其上古音就可推拟为*qhliʔ(脂部元音 i 在喉牙声母后也有 j 化作用)。*qhliʔ 跟泰文 khi' 真的非常相似,并且跟藏缅语族中"屎"的义都珞巴、怒苏 khri,基诺 akhri,达让僜 klai,巴兴 khli,加罗、傈僳、墨脱门巴 khi,景颇 khji 等语的形式很接近。一些彝语的 çi、tçhɿ,桃坪羌语的 tʃhɿ 和现代汉语的 ʂɿ 都不过是它的后续变式,像麻窝羌语 qhʂə 就明显地还保留从 qhri 变来的迹象,缅语 tçhi 自然是缅文 khje 的腭化。

缅文 khjei(:调可加-h)、拉祜 qhɛ、珞巴(博嘎尔)ee、普米(桃巴)xe 和(九龙)qɛi 其元音是 i 元音的邻位低化音。ɛi、ai 是 i 的裂化,并可注意 ai 再单化为 ɛ、e 也是常见的音变,所以在比较中看到的单 ɛ、e 有着不同来源的可能。

藏文 skjag 的 ja 是 e >ie >ia 复化链的结果,郑张尚芳(1995a)指出藏文闭尾韵的 e 有此类变化(如汉语"八"*preed 对藏文 brgjad)。部分汉语上声字藏文以-g 尾对("女"对 njag 妇女,"语"对 ŋag),于是"屎"对 skjag 成为闭尾字,但其同族词 ltji(牛粪,包拟古认为来自 hlyi 即 hlji)无尾,仍保留较早的 i。

侗台各语除泰文 khi' 与傣语 xi³ 保留 i 外,侗、水 qe⁴,毛南 ce⁴,仫佬 cɛ³,布依 ʔɛ⁴ 都低化,壮 hai⁴、黎 haai³ 裂化。

苗瑶各语勉瑶 gai³、标敏 kai³ 也是裂化,苗语 qa³ 元音来自 ai 的脱尾单化,ai >ɛ >a 是常见的单化音变链。

南亚孟文 ik[ʔɔc]、布朗(胖品)ʔeak、德昂 ʔiaŋ、格木 ʔiak,ia 是 e 的复化形式。南岛占语支的雷德语就还是 eh。

由此看来,邢先生以汉语"屎"与泰文 khi' 作同源比较是完全合理的。而且虽然汉语"屎"除"矢"外常用的同音词不多,泰文却有 khi' 喜爱、嗜好。此词在印度尼西亚的变化也有跟"屎"近似的平行形式(Blust 和 Sagart 都指出过南岛语的词根在末的重音音节):

泰文 khi' 屎 =khi' 嗜好　　　印度尼西亚 tahi 屎 ≅ tagih 嗜好、想望

印度尼西亚"嗜好"词根用浊的 gih,令人马上想到汉语与"屎"同在脂部的"嗜"*gjih<gjis(禅母常利切)。于是可加上:汉语*qhliʔ"屎"≅ gjih"嗜"。

"嗜"从"耆"得声(在《战国策·赵策》"少益耆食"中"耆"并通"嗜"。注意与"屎"同为书母的"升脂切"的"蓍"也从耆得声),"耆"群母渠脂切,重纽三等字,上古音*gri,于是我们可以在华澳兄弟语中找到一个平行变化的共形词系〔邢凯(2001)也作了相似比较,只是我们的古音构拟和比较的语言有所不同〕:

汉语"屎"*qhliʔ,藏文 skjag,缅文 khjeh[kjih、gjih 垢锈],泰文 khi',印度尼西亚语 tahi',雷德语 eh,孟文 ik

汉语"嗜"*gjih<gjis,藏文 dgjes(-pa)欢喜、爱好(敬),缅文 kjac 爱,泰文 khi' 嗜好,印度尼西亚语 tagih 嗜好,孟(cak-)khɛʔ

汉语"耆"*gri,藏文 bgres 老、(-po)老翁,缅文 kriih 大、年长的,泰文 kɛɛh 老,印度尼西亚语 aki 祖父、老人。

至于把同一个词的引申义作为"同根词"或"同族词"进行词系比较自然是不合适的,在

平行词系比较里删除它们是对的。但一个词有好多引申义却是周氏"语义比较法"辨认固有词的首要特征，像"屎"在汉语里还有"分泌物、渣滓、低劣"等义，在藏文中还有"诈伪"义，在缅文中还有"垢、锈"等义，在泰文中还有"锈、垢、渣、灰、涕、丑羞、下流坏"等义，在印度尼西亚语中还有"排泄物、垢、渣滓"等义，还说明它们在各自语言里都应是固有词，而非借词。

3 "舌舐"的同根词系比较

在同根同族词系比较方面，以与"屎"同是身体词的"舌舐"的同根词系比较最为典型。"舌"及其动词"舐"也是仅次于"屎"的华澳各语中共同性最广的词之一。而且跟"屎"相似，也是古为章系擦音，现代同样变 ʂ-声母。

汉语中古"舌"食列切 ʑiɛt、"舐"神纸切 ʑiɛ（同为船母，依陆志韦、邵荣芬定为擦音 ʐ），上古"舌"*filed、"舐"*fileʔ，两字声母元音也都相同，仅韵尾有别，是典型的构词音变。在兄弟语言里它们也常是成对的同根孪生词。从兄弟语言的声母形式看，原始声母似是 **fibl-，带有唇音成分。

"舌"勉瑶语长坪 blet[8]、罗香 bjet[8]，孟高棉语言的布劳（Brao）语 mpiat、巴拿（Bahnar）语 l-piɛt，都是最接近原始 **fibljed/mbled 的形式（王辅世先生构拟的古苗瑶语为 *mblet）。毕节先进苗语 mplai[8] 虽失塞尾仍保持入声调。而景颇语-let、城步红苗的巴那语-dli[53(8)] 则是失 b 留 l 式。中古汉语"舌"ʐ-的形成应为 b 擦化为 fi，而 lj 腭化为 ʐ。lj >ʐ 擦化过程还可从道孚语"舌"vʐɛ/vʐa（<*blja）看到（道孚语是西夏语最亲的后裔语，它反映西夏语应有大批复辅音声母，《番汉合时掌中珠》"舌"注音"辣合"，这"合"其实不是表示合口而是表示带 v-冠音的复声母，参"令合"对 vʐe 项）。从 *blja 就可联系缅文"舌"hljaa、藏文"舌（敬）"ldjag、"舌"ltje（藏文 lt、ld 来自 *hl 流音塞化）。

"舐"勉瑶语 bje[6]、标敏 bja[4]（参桑孔语 mbja），还读 b 母，苗语支的广西三江文界巴哼语则说 lfie[8]，近似傣语 le[2]、泰文 lia、傣雅语 lje[2]、水语 ljaak[7]、红苗巴那语 lja[44]、古占语 ljah、独龙语 laʔ（参福州闽语 lia[7]），留 l 或 lj 而没有擦化。苗语先进 ʐai[8]、宗地 ʐe[8] 韵调同名词"舌"而声母则失 *b，留取 *lj 并擦化为 ʐ，中古汉语船母 ʐ 的形成也应有类似的平行变化（参嘉戎"八" w-rjat 先进苗语亦为 ʐi[8]）。

南亚语、南岛语"舌""舐"跟汉藏各语常交错对应。"舐"佤语 lɛt、印度尼西亚语 djilat，因为韵尾收-t 当对"舌"，而"舌"古占语 dalah、印度尼西亚语 lidah、孟语 litak、佤语 dak、克木语 n-dak、德昂语硝厂沟话 s-daʔ、曼俄话 k-tak，则当对缅文 ljak、藏文 ldag、景颇 m-taʔ。"舐"（各语非 l 的前冠皆后加，并能任意交替；从下引嘉戎语"舌"及坦库尔语 khəmə-lek"舐"可知前冠还不限一个），仅高棉语"舌"ondat 非-k 尾。这里藏、孟、印度尼西亚语出现流音塞化 l >t，一似克伦语方言。（参汉语船母还有"射"*fibljaag 对德昂语、错那门巴语 bla，景颇语 p-la，内瓦里语 bala，加罗语 bra，桑孔语 mba，缅文 hmraah 箭，藏文也塞化为 mdah，苏龙珞巴语 m-tak。道孚语 ɣʐ3ə 箭 则也擦化如"舌"）。

泰文"舌"lin'（"诗"mlin'）和标敏瑶语 blin[4] 则出现塞鼻尾交替的变式（标敏"辣"blan[4] 其 t 尾也变 n 尾），从泰文"舐"lia、标敏 bia[4] 可见"舌舐"语音变化完全是平行的。

有些语言的声母因为所带冠音不同的影响，造成今音出现很大差别，依靠"舌舐"的关联变化,也可帮助我们辨识其变式。扎话、苗语、布劳语"舌"带 m-冠音(相对汉语*ɦ-冠)。演变中也可由前冠填位,取代声基。所以湘西苗语"舌"作 mra/mja⁸ᐟ⁴(与"舐"za⁸ᐟ⁴ 同一韵调)。黔东再夺 ni⁸ 仍与"舐"zi⁸ 同韵调),侗语水语变 ma²(侗语与"舐"lja² 同韵调),佯黄语作 maa³⁵(与"舐"ʔjaa³⁵ 同韵调)。此可对洛霍塔语 myak"舐",也可对南岛语卑南 səmaʔ、排湾 səma,和嘉戎语 t-ʃmiɛ"舌"(日部话变为 sŋi)。加罗语 sre"舌"、srak"舐"又同带 s-前缀,而韵母则仍跟藏文相同(白保罗认为藏文的 ltj-来自 hly-<s-l-)。

邢先生《汉台语比较手册》注意到台语"舔"对汉语"舐"(文中写"神旨切",按"旨"当为"纸"),惜未及"舌"。同根异式词及同族词在兄弟语言里有很丰富的平行词系,除邢先生所论外,郑张尚芳(1999b)也举了好些语例,可参看。

4　其他相关词的比较

要像"屎舌"这样,在多数语言中都能找到平行词系毕竟不容易,有时会遇到某一方缺对的情况,如泰文 giau'"咬嚼"、khiau'"齿"是一对同根词,但汉语只有"咬"*greewʔ/ŋgreewʔ 而没有齿义(有的先生以"齿"字相对,虽声母声调可以,但韵母之部、宵部相差太大,是不可对当的)。不过这至少也可让我们判定泰语 giau' 不是汉语借词了。

共义词的存在使我们在比较中重视择词。"屎尿"是类义词,"尿"甲骨文已经有了,古读"奴吊切"同"溺"*neewgs,现在又读 sui,《六书故》才注"息遗切",那是"私"*si 的变读,表动词小便,见《左传·襄公十五年》,说明上古也已有了。现在侗台各支全对"尿",如仫佬语 njaau⁵、毛南语 ʔnɛu⁵、侗语 ŋeu⁵、壮语 ŋou⁶、泰文 jiawh,藏缅部分对"私",如缅文 chiih、珞巴语(博嘎尔)içii、嘎卓语 isŋ、彝语 zɿ、嘉戎语 ʃtʃi,但藏文 njog 污秽、缅文 nok 水污浊跟"尿"也音义相关。它们还都是在相关词词库中进行选词。"尿"《说文》从尾从水,虽然今音 sui 跟"水"shui 很接近,但两者不会有语源关系,因"水"式轨切*hljuiʔ<qhwliʔ,它也属于"屎"那样的*qhl-类声母,相对于缅文 rei、墨脱门巴语 ri、道孚语 grə、格什扎语 wrə,在下列语言中对"溪水":卢舍依 lui、壮语武鸣 rui³、邕宁 li³、龙州 hui/vui³(=载瓦)、泰文 huaj'(在古代近山居民中,溪水是最常见的水,从而使"水"兼有水和河流二义)。比较材料充分表明,"水"这个词跟 s-声母系统原来没有关系。

在进行语言比较时,双方都应尽量追寻最古的形式,这应是必要的先行程序。

参考文献

陈保亚　1995　从核心词分布看汉语和侗台语的语源关系,《民族语文》(5)。

陈保亚　1997　汉台关系词的相对有阶分析,《民族语文》(2)。

丁邦新　2000　汉藏语言研究法的检讨,《中国语文》(6)。

李壬癸　1995　汉语和南岛语有发生学联系吗?《中国语言学报》单刊 8 号。李锦芳译文刊《中国民族语言论丛(二)》,昆明:云南民族出版社,1997。

罗杰瑞、梅祖麟　1976　古代江南的南亚民族:一些词汇证据,Monumenta Serica(32):274－301。

梅祖麟　1992　汉藏语的"岁、越""还(旋)、圜"及相关问题《中国语文》(5)。

聂鸿音　2002　"深层对应"献疑,《民族语文》(1)。

桥本万太郎　1985　《语言地理类型学》,余志鸿译,北京:北京大学出版社。原作《言语类型地理论》,日本弘文堂版,1978。

王　力　1982　《同源字典》,北京:商务印书馆。

王远新　1993　《中国民族语言学史》,北京:中央民族学院出版社。

闻一多　1956　《神话与诗——闻一多全集选刊之一》,北京:古籍出版社。

闻　宥　1957　"台"语与汉语,《中国民族问题研究集刊》第六辑,中央民族学院研究部。

邢公畹　1983　汉语遇蟹止效流五摄的一些字在侗台语里的对应,《语言研究》(1)。

邢公畹　1991　关于汉语南岛语的发生学关系问题——L.沙加尔《汉语南岛语同源论》述评补证,《民族语文》(4)。

邢公畹　1993　汉台语比较研究中的深层对应,《民族语文》(5)。

邢公畹　1995a　汉台语舌根音声母字深层对应例证,《民族语文》(1)。

邢公畹　1995b　汉苗语语义学比较法试探研究,《民族语文》(6)。

邢公畹　1997　台语 tç-、s-组声母的字和汉语的深层对应,《语言研究论丛》第七辑,北京:语文出版社。

邢公畹　2002　说"深层对应",《民族语文》(6)。

邢　凯　2001　语义比较法的逻辑基础,《语言研究》(4)。

徐通锵、陈保亚　1998　二十世纪的中国历史语言学,《二十世纪的中国语言学》,北京:北京大学出版社。

张元生、王伟　1990　壮侗语族语言和汉语的关系,《汉语与少数民族语关系研究》(中央民族学院学报增刊)。

郑贻青　1997　《回辉话研究》,上海:上海远东出版社。

郑张尚芳　1981　汉语上古音系表解,浙江省语言学会首届年会论文,1982 年在第十五届国际汉藏语言学会议上分发。

郑张尚芳　1982　古汉语流音系统与汉藏比较举例,《语言学年刊》(杭州大学学报增刊)。

郑张尚芳　1991　*Decipherment of Yue-Ren-Ge*(《越人歌》解读),法国《东亚语言学报》(CLAO)第 20 卷第 2 册:159 - 168. 孙琳、石锋译文刊《语言研究论丛》第七辑:57 - 65,北京:语文出版社。

郑张尚芳　1995a　汉语与亲属语同源根词及附缀成分比较上的择对问题,《中国语言学报》单刊 8 号。

郑张尚芳　1995b　上古汉语声母系统,第七届北美中国语言学会议论文,威斯康辛大学。

郑张尚芳　1997　汉语古音和方言中一些反映语法变化的音变现象,赵元任中国语言学研究中心年会论文。

郑张尚芳　1999a　白语是汉白语族的一支独立语言,《中国语言学的新拓展——庆祝王士元教授六十五岁华诞》,石锋、潘悟云编,香港:香港城市大学出版社。

郑张尚芳　1999b　汉语与南岛语基本词汇同源百例,《民族语文》创刊 20 周年暨第六次学术交流会论文。

郑张尚芳　2001　汉语的同源异形词和异源共形词,《汉语词源研究》第一辑,长春:吉林教育出版社。

周法高　1972　上古汉语和汉藏语,载周法高《中国音韵学论文集》,香港:香港中文大学出版社,1984。

三　上　古　汉　语

在汉藏语系中,历史最悠久、最具影响力的自然是汉语。目前能看到的最早汉语是殷代的甲骨文。甲骨卜辞如"土方侵我田""今日不遘大风",其遣词造句特色表明它显然属于汉语(动宾语序与饰中语序并存),类同周之雅言,可视为更古之"雅言"。甲骨文已经非常成熟,足以表现当时语言中复杂的语句。从记载看,《尚书·多士》"惟殷先人,有册有典",可知商朝建立前,殷人已经拥有成册的文献,那些典册所记当为夏代汉语。孔子在《论语》中指出,文化礼制三代相承:"殷因于夏礼""周因于殷礼"。则殷商所记雅言,很可能承自夏语。古"雅、夏"字通,《诗经》大小"雅"的"雅"字,古简就写作"夏"字(《诗经》上博楚简《孔子诗论》的大雅,郭店楚简《缁衣》引的大雅、小雅,"雅"都作"顕",即"夏"字)。《荀子·荣辱》"越人安越,楚人安楚,君子安雅",在《荀子·儒效》中则作"居楚而楚,居越而越,居夏而夏",也说明雅言即夏言。

王国维考证甲骨卜辞先王先公与《史记·殷本纪》基本相合,可认为《史记》为信史,所以他推断《夏本纪》相承诸王世系也当可信为实录。夏代文献虽然尚未出土,其王名应可认为是夏语的确实反映。观察夏代的十七位帝王名,特点有三:(A) 部分以天干为名,启商王全以天干为名的风气之端,其中"太康、仲康、少康"的"康"即天干"庚"字;(B)"太仲少"来自"大中小"的词义分化系统;(C) 语序上"修饰语"前置于中心语。这三点特色足以表明,夏语也应属于汉语前身之雅言系统。

因此可以说:上古汉语起于夏代,盛于商周,终于汉魏。战国、秦、汉、魏属于上古汉语后期阶段,已有许多重大变化。

由于与同语族的兄弟语分立为各个独立语言是在远古阶段,因此与它们最接近的汉语自然是上古汉语。而汉语在同语族各语言中,又是发展最快、变化最大的一支,其众多原始特征已经泯灭,所以上古汉语语音结构形式需要参考发展较慢的兄弟语形式,尤其是复辅音结构比较完整的藏文结构形式来拟定。重拟复原的汉字古音,有可能是可代表本语系最古的语词形式。

（一）音　节　结　构

上古汉语音节的核心是 CV,并表示单音节词根。音节内部结构可先两分为声母、韵母,V 以前为声母,V 及其以后成分为韵母。其结构层次是(依丁邦新用 s 表后垫半元音 j,而 w 则以圆唇化辅音包含在 C 里,因此 Cc 的后接声尾 c 只指流音性垫音;Vc 的后接 c 指韵尾):

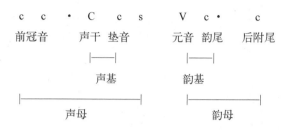

因此单个 CV 就是声干基辅音 C 后声尾垫音 c，以及主元音 V 后韵尾 c 均处于零位状态的词根。

对这个词根 CV 的认识，对亲属语言比较中词根的认定也有重要意义，像藏文 mi 对汉语"民"*min，khji 对汉语"犬"*khᵂiin'，nji 对汉语"日"*njid<njig，藏文的韵尾虽处于零位，与汉语不同，但两语的词根 CV 却完全相同，因此其对比是可以成立的，可以据此排除无谓的疑惑。

上古汉语由于声母、韵尾均有较发达的复辅音丛，所以用 CV 作为字根作不同变形以形成不同的单音节词，其辨义功能就已很高，故不需要发展出多音节的单词。观上古诗文（如以四言为主的《诗经》），上古汉语单音节单词显占优势。其中包括了 CV、CVC 和 CCVCC，其复声母还可有 cCc。

推断上古音音类的内部依据是谐声系列的《切韵》声韵分布，声母上同部位互谐的都可算合规，可各依其中古声类上推为单声母，不同部位的互谐则要用复声母来解释。声符就代表古词根的语音形式，同声符字之间的谐声通假等通谐行为应显示彼此具有共同的基本语音形式，即通谐行为基本上是以语言中的共形词根为基础的。谐声字原本都应该同音共形，但实际上不全是这样，有的差别还很大，然而它们仍然都应该是以一个基形（基底形式）为中心进行变异的结果。比如"需"snjo、"濡孺"njo、"懦"nool、"濡"noon、"堧"njon 以 no 为基根；"戌"smid、"威"hmed、"灭"med 皆以 med 为基根。

上古汉语元音后有以下韵尾：通音尾-w、-l/j，鼻音尾-m-、-n、-ŋ，浊塞尾-b、-d、-g、-wg（我与俞敏先生都认为上古汉语的塞尾跟藏文一样是浊塞音而非清塞音）。它们都可以作词根韵基成分，也可作构词成分。元音和韵尾后还可加后附尾-ʔ/ ˈ、-s，它们不可作词根，只作构词成分，中古以降转化为声调。

（二）基 本 声 母

依《切韵》，中古一四等韵只拼 19 个声母：

[k 组]见溪疑，[t 组]端透定泥来，[ts 组]精清从心，[p 组]帮滂并明，[h 组]晓匣影。黄侃认为此等即上古声组，称为古本声，认为它们上古至后世未变，只要把后起变声"群"并溪、"喻"并影，"非"并帮，"知章"并端，即得古音。依我们研究，这很不够，还要作五点增改：

（1）匣母古有塞擦两源，在汉代梵汉对译中分塞音 g、擦音 ɦ(h、w) 还很明显。至中古在非三等混并为匣母，三等仍分为群母云母，故应恢复为两母：上古 [k 组] 应为"见溪群疑"，[h 组]改为"晓云影"。今吴语"含曷"口语音仍为 g 同梵译，虚词"乎兮"泰文仍作

ɦaa、ɦɛɛ。

(2) 上古来母为闪音 r,而以母(喻四)才为边音 l,因 l→ʎ→j 弱化中古才演变入三等。所以上古[t组]应再增"以"母。但要注意,上古以母还得剔除掉一批前元音重纽各韵的合口字"营颖尹匀捐唯睿役鴪"之类。它们上古原为云母(喻三)合口字,中古因前元音影响才混入以母,唐五代《千字文》藏文注音"营 ɦwe、尹 ɦwin"尚可见到其仍读云母的遗迹。高本汉《汉语的词族》把"颖"跟牙音字"梗荆穬"列为同族词,王力《同源字论》批评说"从语音方面看,'颖'是喻母四等字,在上古属舌音,不可能和这些牙音字同源"。先生未注意到谐声表明这类字上古实是喉牙音,理应划归喻三而非喻四(条件是重组四等合口)。

(3) 上古有一套清鼻流音,分"抚哭滩胎宠"五母,皆清音带 -ʰ流,故中古都变入次清:

[抚] mh[m̥h]奤赗派→ph

[哭] ŋh[ŋ̊h]髡闿甈→kh, ŋhj[ŋ̊hj]→khj 杵

[滩] nh[n̥h]帑耻退　　[胎] lh[l̥h]通汤滔　　[宠] rh[r̥h]獭體瘳→th

它们属于单声母,跟变入晓/书母的另一种清鼻流音"hm 悔荒忽兄、hŋ 浒谑虺献、hn 汉蘫、hr 嘐欸咦、hl 哈怹、输税(长元音首变晓母 h,短元音前变书母)"不属一类,后者属于带 h-冠音的复声母系列。

又 nh、lh 带冠音 s-时可形成"清"母字,如"千 snhiin、七 snhid"("千"为"人"声 njin,越语 nghin;"七"独龙语、景颇语 s-nit,载瓦语 nit,错那门巴语 nis,词根都是 ni),"帨"舒芮切 hlods,又此芮切 slhods。

(4) 上古没有塞擦音,[s组]原只有擦音"心 s、从 z、清 sh"。擦音才可结合 -r、-l,有如藏文的 sr、sl、zl。汉代以后,"清""从"才塞擦化为 tsh、dz,跟藏文 z 变 dz 相似。精母 ts 也是汉代以后才塞擦化形成的,原大多来自上古 ʔs、ʔz、sl',如"晶"即"星"古文,"旌"亦从生声,"酒子进"与"西李闉"通谐。"精"母非基本声母,故上古基本声母表应减去精母。

[s组]加 r 变中古庄组:shr 初、sr 生、zr 崇。这便于解说"史使"srɯ'、"事"zrɯs 的关系(俞敏《古汉语派生新词的模式》曾解"史吏理"由 sl-变,但说"事"字"dz-怎么构成的,完全不懂"。我们把 dz 改为 z,俞先生百思不得其解的问题就解决了)。

(5) "影晓云"在汉代至中古为喉音 ʔ、h、ɦ,潘悟云《喉音考》考其在上古前期应为小舌音 q、qh、ɢ,可从。它们上古后期喉音化后,又给群母留出→ɢ→ɦ 的空档。

前述 19 声母后世变化较小,除"非"组,以、群等母外,知章组要分析是否有复声母的变化。

(三) 后垫音的分布

在藏文中声母基字前面、上面可加"前加字""上加字",下面可加"下加字",这正相当于我们汉语上古音复声母分析中的"前冠音""后垫音"。

带后垫音的复声母属于基本复声母,藏文有四个下加字:w、r、l、j。泰文也有这样四个,缅文现在只留下 w、r、j 三个,从古碑文看是由于 l 并入 r 和 j 了。因此,认为原始汉藏语言基本复声母有 w、r、l、j 四个后垫音是合适的,上古汉语也当如此。近年上古声母的重要研究成

果之一就是确定了这四个后垫音的分布条件。现代汉语有丰富的元音性介音,上古音系只有辅音性的后垫音而缺乏元音性介音。但中古已有介音,部分介音源于垫音。

1 二等的-r

王力为二等开合字拟了 e、o 介音,雅洪托夫提出二等韵的声母带-l,李方桂改为"卷舌化介音"-r,已经得到公认。由二等"角 kroog、乐 ŋraawG"与来母异读,"降 kruuŋs/隆 rung、庞brooŋ/龙 roŋ"谐声,"葭 kraa/芦 raa"同源,"麦 mrɯɯg/来 rɯɯ"转注等,也可说明。《说文》说"鲁 raa'"为"鮺省声",则表明庄母麻韵侧下切的"鮺",至东汉还带-raa,才可作"鲁"字的声符。这个 -r- 在中古还留有痕迹,《大广益会玉篇》所附《神珙图》的《五音声论》把见类一等叫喉声,见类二等叫牙声,作为不同声母类别跟"唇舌齿"三类并列。可见二等声母上应含有明显的区别成分,使它听起来部位比一等字更前。宋邵雍《皇极经世声音图》也分"开发收闭"四等,"发"与二等相当,12 组中有 8 组是原二等字。日译吴音二等的庚、陌、耕、麦等韵也要加 j 介音,如"耕 kjau、麦 mjau"。今北京话等多数北方方言虽只见系有介音 i,但陕西商县话还有唇音声母字白读"巴(贴)pia、趴 pia、擘 phia",广西伶话"爬 bia、埋 mia、牌 bia、奶nia、八 pia、(合口)快 khya、乖 kya",龙胜"红瑶"优念话"羹 kiaŋ、铛(锅)tshiaŋ、横 viaŋ、爬pia、白 piaɯ、轭 ŋiaɯ"。温州乐清话则用 ɯ 介音,"巴 pɯa、麻 mɯa、花 fwɯa←hwɯa"。ɯ介音可能比 i 介音更早。共同壮语的 r 现代武鸣话作 ɣ,仫佬语 kɣ-现在正向 kɯ-转化(见王均等《壮侗语族语言简志》第 420 页)。大约汉语的二等介音也经过下述变化:

r →ɣ→ɯ→j→i(ɯ 开始是辅音性的半元音 ɯ)。

r 虽然在上古音系里只是垫音,但对中古韵母的分类起着重要作用,中古二等韵母就是由于它的影响而产生的,所以李方桂也把它称为介音(因此在韵母分析中我们也可以把这类r 看成准介音)。中古韵母分内外转,等韵门法称有独立二等韵的摄为"外转",外转八摄也用二等字标目:"江山梗假效蟹咸臻"(虽然臻韵来源上属假二等真三等,但当时也表现为独立二等韵),所有这些韵都是前带 r 的。过去不明白二等韵为什么有能力把韵摄分为内、外两大类,所以有些音韵学者要尝试另外为外转定义。现在可以明白了,外转各摄二等字含有一类其前带有特殊 r 标志的韵母,标志着在这些摄里古代有带 r 的复声母,这些二等韵是由r 影响而分化来的,唇喉牙舌齿声系都有(内转则限庄组内),其对应关系是:

内转:通 宕曾 (臻) 深 止 果遇 流——只有庄组原本有 r,r 限庄组内

外转:江 梗 山 咸蟹假 效——庄帮知见影组原都有 r,r 扩及庄组以外

本来臻摄应属内转,为了把内八摄、外八摄凑整齐,抓了臻韵独立的空子,把它也划入外转,这才使得臻摄没有扩及庄组以外,造成了外转定义的例外。

2 三等 B 类的 -r

李氏除二等用 r 外,三等只在庄知组用了 r 介音。蒲立本、白一平、郑张尚芳都指出在唇喉牙音三等 B 类字(重纽三等字及中古不发生轻唇化的庚幽蒸韵钝音字)也带 r,比如转注"禀 prɯm/廪 rɯm,命 mreŋs/令 reŋs",谐声"京 kraŋ/凉 raŋ,禁 krɯm/林 rɯm",分化"笔

prud/不律 pɯ-rud，冰 prɯŋ/冰凌 prɯŋ”，还有“眉泣禁儿乙睑”等。

二等 r 垫音，部分通过 ɣ 变为后世的 -j-介音。三等 B 类韵的这类 r 在中古也发挥作用：一是变 ɣ 后与三等韵后来增生的 ɨ 融合为 ɰ- 造成了重纽三等；二是抗轻唇化，中古三等增生的 ɨ 介音在唇音后唇化为 ʉ，从而引起轻唇变化，而 r 在唇音后因其卷舌作用（或变 ɣ 后的后腭化）抵拒 ɨ 介音唇化为 ʉ，而阻碍了轻唇化的发生。所以，这些韵都没有轻唇声母，而只有重唇声母。在汉越音唇音齿音化时，它对重纽三等字的抗齿化也起过作用。

3 -l

上条规则之外的非二等及三等 B 类字，声母又与流音以、来母相关的，则应带 l 垫音：“谷 kloog”又余蜀切 loog，“蛊 klaa”《集韵》又“以者切”laa’，“举 kla”谐“与”声 la，“姜 klaŋ”谐“羊”声 laŋ，“锡 sleeg、益 ʔleg”通“易”leg，“益 ʔleg”与“溢”lig 转注，“殈”《集韵》“呼昊切”hwliig，又读“弋质切”lig，“膚 pla”谐“卢”声，或作“胪”raa 等例，多与以母相关，小部分与来母相关。垫音-l 一般没对韵母起过作用，比如“谷”kloog 变 koog。但脱落声首的字会由 l 转 j 声母，如“谷” *kloog→ 峪 loog→jog（《唐蕃会盟碑》“谷”字藏文注音即是 jog），“尾” *mlɯi→lɯi→ji（今北京口语“尾巴”）。它们既归于以母，于是像“蛊峪陶”这些字就从一等变成三等字。

4 -j

作为腭化标志，-j 可引起声母变化为腭音，这是构成中古三等专用声母的另一重要来源（三等主要来源于短元音）。中古章系应由 t、k、p 加 j 腭化而来，舌音“tj 者朱烛、thj 昌阐触、dj 蝉殊石”类占最多数，包括日母“nj 如壤”和清鼻音“nhj 叱”等。还有非舌音来源的“kj 支指甄钊章、khj 枢臭齿、gj 臣肾视、qhj 收”和“pj 帚、bj 勺、mj 柔、mhj 麨”（“指支齿”闽南尚读 ki、khi，梁时僧伽以“止里指死”译 cilikisi，“指”犹对 ki）。加于圆唇 kwj、qwj 则变章组合口，如“準”qwjin’，从“隼”sqhwin’ 声才易解；ɢwj 变船母，则“術”食聿切 ɢwjid，又读胡决切 ɢwiid 才可解。这与 ɦwi 变喻四是同类变化。j 还加于 kl、pl 之后，形成 klj 类声母，例如“车”有鱼韵 kla 与麻三 kljaa 两读。还加于喉冠鼻音后，如 hnj“恕手”、hŋj“势烧”、hmj“少亶”（郭沫若以“亶”与“鼏”同），它们都因后期变 h-j 而入书母 ɕ。

-j 又在 l、r 后出现，形成腭化流音系列：邪母“lj 斜徐涎谢席”、俟母“rj 漦”、清流音昌母“rhj 卤、lhj 尺”等，以及带前冠的有书母“hl 或 hlj 输叔烁”、船母“ɦl 或 ɦlj 舌蛇射绳”等。书母“尸”hli 古常通“夷”li，船母“舌”福建浦城石陂话作 lyə，“食”又羊吏切 lɯgs，皆可见词根为 l。

5 喉牙-w

李方桂指出，-w 只见于见系喉牙音，其性质源自成套的圆唇喉牙音声母。依今所拟即为：kw、khw、gw、ŋw、ŋhw、qw、qhw、ɢw。如果把它们独立为声母自然也可以，但音位处理上很不经济，所以藏、缅、泰各文字都把-w 单立为后垫音。但它既相当于一个圆唇单声母，自然可以再加其他后垫音，形成 kwr、kwl、kwj 之类结构，“準”声母就是 qwj-。-w 作为喉牙音声母的唇化标志，是中古喉牙合口的主要来源（尤其四等），合口其他来源是 u、o 元音分裂形成韵头。

后加式复声母中的-w、-j只表声干的唇化、腭化,不影响声干本身在词根中的地位。其所带流音、垫音则与声干不同部位,故亦可归于声基,作为词根的一部分进入谐声系列。这与前冠音不同,冠音不是词根成分,若非夺位是不能进入谐声系列的。

(四)含流音的谐声系列

遇到不同部位互谐的声韵分布,要判定其声基,先要分辨含不含流音。如果含流音,那么有可能是流音声基或 cr 式声基。即看其谐声系列中有无单读来母、以母的反切,有无舌音外的二等字(注意,我们认为 r、l 只能出现于塞音 p 类、k 类、擦音 s 类辅音之后,而不可能出现在同部位的 t 类后,因为上古没有塞擦音,故无 tsr、tsl),如果出现舌音与来以母通谐的这类情况,我们就拟为以流音本身为基辅音。

流音变为塞音有两种情况:如为次清字,常来自该流音的清化音,如"他通滔笞丑充畅、体獭宠螭瘳"可拟为清 lʰ、rʰ 声母,作为"l-也甬舀台西育易,r-礼赖龙离嫪"等流音声母的相对清母字。非次清字则大多来自流音塞化,即在这类复声母中,流音强化为塞音及主导演变舌位的力量。例如"唐"从"庚"声 *kraaŋ,"道路"义又应与"行"*glaaŋ>ɦlaaŋ>ɦaaŋ 同根,所以它可拟为 *glaaŋ>ɦil'aaŋ>daaŋ,因 ɦil'aaŋ 中的 l 塞化为 d,所以跟"行 ɦilaaŋ"的走向不一样(但这类流音的读法上古原跟普通流音并无差异,塞化是在后世演变进程中产生的,只是为指明发展方向的需要,我们在流音后加标'号作为塞化标记。注意,这并不表示我们主张在上古音系层面上有两类流音)。

流音塞化在语言中是常见的(方言中也有流音塞化现象,来母发音近 d 或 ld。例如:厦门声母 l 是舌尖中的边音,舌头用力极软极松,舌两旁的通气空隙很小,所以听起来好像是闭塞很软的 d。湖北通城大坪"六"读 diuʔ、"列"读 deʔ(张规璧说)。罗常培《临川音系》记来母细音读 t,有人读如 ld:"驴"ti²/ldi)。敦煌《藏汉对照词语》残卷"镰 ldem、狼 lda"),尤其喉冠流音,比如上述"唐 ɦil'aaŋ",ɦil' 最常见,也可省作 l',如此以母定母相通谐的就可作:唐 l'aaŋ/阳 laŋ(《春秋》昭公十二年"于阳",《左传》作"于唐"),"陶"luu 以母宵韵/l'uu 定母豪韵,"余"la/"涂"l'aa,"翟"laag/"铎"l'aag,"弋"lɯg/"代"l'ɯɯgs,"枼"leb/"牒"l'eeb。来母澄母相通谐的就可作:"留"ru/"镏"r'us,"廉"rem/"赚"r'eem。

以母端母通谐的,则可作 l: ʔl'。如"多声"系列有"移"字读 lai<lal,则端母的"多"就应来自 ʔ 冠流音塞化的 ʔl'aai< ʔl'aal(可比较泰文 hlaai"多",壮语 laai"多",藏文 lar"重复,总之")。理论上 ʔl 本有两种变化方向,除变端母外,也可强化 ʔ 而变入影母,故又有乌奚切"黟"ʔleel);知母"知"拟 ʔl'e,才能理解它何以用"矢"hli'为声符,因这两字声母同为喉冠流音,韵母则为邻位锐音。

(五)前冠音及前冠夺位

在基本声母前加冠音的为前置性复声母,它们不属词根。但在发展中,有的冠音可以强化夺占基声母的位置而提升。异部位互谐者,如其字声纽跟声基差异很大,又未发现流音因素,不属 cr、cl、clj 式基本复声母,那主要就属于前冠复辅音的问题,多为冠音强化夺位的结果。

【上古五类前冠音】① 喉音 ʔ- h- ɦ ② 咝音 s- ③ 鼻音 m-、N-(这里表示与基辅音同部位的鼻冠) ④ 流音 r- ⑤ 塞音 p- t- k-。有的后世这类声母不是从声干而是从冠音来的:

1　喉冠音

ʔ- h- ɦ- 在鼻流音声干前较常见。如影母的"ʔm 颈(转注"没"muud),ʔŋr 呓,ʔn 橪,ʔl 黳益("益"转注"溢" lig),ʔr 弯(越文 loan)"。相对于"橪","胡典切"的"燃"得作 ɦn-了。

最常见的具有 h、m 两种声母分布的"黑每昏亡尾威毛冒闵灰"等谐声系列中,基辅音究竟是 h 还是 m,前人有不同拟构。如果认定声基是 h,就不好解释"墨默、每梅"等那么多纯唇鼻音字怎会用 h 作声基,所以只有认定声基都是 m 才合乎这些谐声系列的双分布要求(拟为清鼻音当然也合理,但可能只代表某一后起阶段,藏语方言或藏缅语言中的清鼻音常来自带前冠的鼻音,如"鼻"巴塘藏语、缅语na 来自藏文 sna、缅文 hnaa,它们并非是最早的独立音位)。hm、sm 的 m 中古一般变 w(sm 如"戌"smid>swit,格木语仍作 s-met),但"海黑"很奇怪,不变为合口,比较缅文 hmrac 江河、hmrouk 烧焦,此二字当拟 hml-,流音性垫音阻碍了合口化。

《同源字典》有一疏失,把"荒"字分别与喉牙音的"旷""凶""秽"列为同源,这是只看到"荒"中古为晓母字,未顾及其谐声的基本声符为"亡"＊maŋ。按"荒"字的晓母合口 hw 声母应来自＊hmaaŋ 内 hm 的后期变化,其上古词根属＊ma,应与"芜"("无""亡")同根,因而不可能跟"黄"声"凶"声"戉"声字有同根关系。"荒"字也有后世字体讹误而与喉牙音关联的,如"恍惚"从今体看不出双声,"恍"是唐代从"怳"讹写来的,查其古体作"怳惚"(怳古音 hmaŋ),更古的文本原作"荒忽、芒芴",就明显是双声了。

雅洪托夫认为 hm 从 sm 来,这大部分是对的,例如"婚"hmɯɯn 对藏文 smjan 结亲,"焜"hmɯl' 对藏文 smje>. me,并对泰文 hmai' 烧,"许"hŋa' 对藏 sŋag 称许。但也有对别的冠音的,如"货"hŋools 对藏文 dŋos 物品,"昏"hmɯɯn 对藏文 dmun 愚,"悔"hmɯɯs 对藏文 dmus。"献"对藏文 rŋgan 报酬、供祀。

"汉滩难"旧说"堇声"不妥,应依朱骏声改为"暵 hnaan"声,这样"难"naan、"滩"nʰaan、"汉"hnaan 才能各得其所。"汉"读 h-乃冠音夺位的结果,并非词根。

泰文"五 haa'、六 hok"同样也是 hŋaa'、hrok 冠音夺位的结果,所以在亲属语言比较中要注意所比较的一定要是词根,需先作词根分析找出共同词根,而汉字谐声声符对此有所帮助。

hCj 生成书母字,如"水" hljui'、"势" hŋjeds、"恕" hnjas、"手" hnjɯw'、"少" ＊hmjew'。"水"武鸣壮语 rui³ 山水溪水,泰文 huai³ 溪水是 hrɯai³ 冠音夺位来的,跟汉语"水"hljui' <qhwliʔ、越南 suôi[ʂuoi⁵] 溪水、山水同源,这样拟才能与缅文"水"rei、墨脱门巴 ri、南语 hkri、卢舍依 lui 溪水挂上钩。"手"hnjɯw' 与"扭"为同族词,跟泰文"手指"niu'、缅文 hnouɰh、基诺语 n̩u 同源。"少"可谐"秒杪眇渺妙"应是＊hmjew',这样才能与"钞訬吵"＊smhreew 相谐,并跟"小"＊smew' 转注("小"＊smewʔ、"少" ＊hmjewʔ、"渺秒"mewʔ 音义相因,明显是一组同源异式转注字。"小少"与"秒眇"等同根,但与"沙"只是异源共形)。

2　咝冠音

古无塞擦音，只有擦音 s 心、sʰ 清、z 从，精母基本上来自复声母。其中包括喉冠 ʔs、塞化 sl'。喉冠 s 塞擦化是据李方桂（1933）的 fis>fitsh，白保罗认为 fis 即是 ʔs，拟"爪"为 ʔsōg。sl' 是以 l 为主辅音，如"酒"sl'u' 以"酉"lu' 为词根，对藏文 ru 酵母、泰文 hlau'、拉珈语 khjaau³ 则是换了喉冠音。"子"sl'ɯ' 或 ʔljɯ' 可作"李"的声符，对藏文 sras、泰文 luuk、武鸣壮语 lɯk⁷，在今赣语方言中还保留"子"尾俗读为"俚"的大量词汇，如南昌"茄子""桃子"说 li 尾。"子"的洪音"崽"既可音"宰"sl'ɯɯ'，又读不塞化的"山皆切"srɯɯ。裘锡圭《释殷墟卜辞中的"卒"和"裨"》考此二字同，"卒"字形原表制衣完毕，"裨"为聿声 lud，则"卒"当为 sl'ud。正可对泰文 sud 完毕、末尾，龙州壮语 lut⁷，黎语 tshutj。sl 不塞化也常见，如"易"声符的"赐"*slegs 即是"易"*leeg 的转注字（又通作"锡"*sleeg）。可比较泰文 lɛɛk 交换、互易，藏文 legs-so 赏赐。"心"*slɯɯm 苗瑶、壮侗也是 s，但比较景颇语 s-lum、格曼僜语 lɯɯm、错那门巴语 -lom、缅文-luɱ̃，可见原当为 sl-（藏文 sems 是心意，不是心脏）。

咝冠音 s-加在塞音前也融合生成一部分中古"精清从"母字，如：

sk- :"井淶"，邢国古作"井"。"淶辰"的"淶"子协切 *skeeb，可对藏文 skabs 一段时间。又"稷"通"棘"*krɯg：郑玄《书赞》"棘下生孔安国"，"棘下"即"稷下"，则"稷"为 *skrɯg。

skh- :"造"，《说文》从辵告声，古文从舟告声（七到切）。"金"当为 *skhlam。

sg- :"阱岑"，《水经注·泚水》："楚人谓冢为琴。"《后汉书·郡国志·铜阳》注引《皇览》"有楚武王冢，民谓之楚王岑"，说明"岑"当音 *sgrɯm。又"井"的转注字"阱"*sgeŋʔ。

sp- :"眨"侧洽切 *sproob，比较仙岛语 phrap、泰文 brab。

sb- :"匠"从"匚"声，音义相因，包拟古对藏文 sbjoŋ/sbjaŋ 熟练。

st- :"载"|sth-"邨"|sd-"蹲"，同谐声有"戴、屯、镈（与"镦"通）"等舌音字。

心母除 sl 外还有与鼻音相谐的 sm、sn、sŋ。心母中含一批 s 冠鼻音字。如"需"*snjo，《说文》从"而"*njɯ 声，谐"儒襦孺濡"*njo，"濡"是"需"的转注字，与藏文"浸泡"snjug 相应，又音乃官切 *noon，"蠕"又音而允切 *njonʔ（或从"耎"，"耎、需"可能都是由同一象雨淋人的会意字隶变分化的）。"绥"*snul 从"妥"*nhool 得声，退军为"绥"，与气馁而却的"馁"*nuuls 同源，藏文 nur、snur 也是退让、挪移义（nud 为后移退却）。"胡荽"蒲立本指出源自波斯 gosniz，藏文作 go-snjod，移指茴香，其中"荽"有 sn- 复声母是可以肯定的。

"思"*snɯ《说文》从心囟声，谐"囟"声的还有"农"，应含 n 母成分，与泰文 nɯk 想、缅文 hnac<hnik 心意、藏文 snjiŋ 心、精神对当。因此"囟"应为 *snɯɯns，"细"应为 *snɯɯls。

"苏（蘇）"*sŋaa 从稣而从鱼得声，通"御"，《诗·郑风·女曰鸡鸣》"琴瑟在御"阜阳汉简作"琴瑟在苏"。通"御"，《商君书·赏刑》"万乘之国若有苏其兵中原者，战将覆其军"，"御"古音 *ŋa。通"悟、寤"，《楚辞·橘颂》"苏世独立"王逸注："苏，寤也。"通"迕、牾"，《荀子·议兵》："以故顺刃者生，苏刃者死。"这些"悟、寤、迕、牾"都为 *ŋaa 音，说明"苏"的词根是 ŋaa，侗台语、南亚语"芝麻、苏子"的词根也正是 ŋaa（我们在芝麻传来前采用苏子打油）。

"献"从"鬳"声 *ŋans，有两读：许建切 *hŋans，素何切 *sŋaal。后者用于表示刻镂嵌饰义，如"献豆、献尊"。"献尊"又作"牺尊"，《周礼·春官·司尊彝》郑玄注引郑司农："'献'读为'牺'。牺尊饰以翡翠。"又同节"献酌"注引司农"'献'读为'仪'"，又说应"读为'摩莎'之'莎'"。"莎"即素何切，"牺"*hŋral、"仪"*ŋral 跟它都不过是冠音交替的关系而已。

王力先生质疑高本汉的复声母说，所举的字例当中，有读心生母的"薛朔产藏"、读邪母的"彗松"、读清母的"金"等。这些字，依上例分析都应属冠 s-，不过视 s- 后接声基的清浊、送气与否，到中古产生变音而已。如"薛"sŋed>s-、"松"sGloŋ>z-（藏语"油松"sgron）、"岁"sqhwads（泰文作 khwab，闽语口语 hue⁵，都说明词根是"戉"Gwad，而非 s-）。而"慧辥列翙秽"既然无精组读法就应该只是纯喉牙音（"歲列翙秽"原都为"戉"声字），不必如王先生推想的那样拟出"松"ks、"列"sk、"翙"sx、"秽"s?来。我们应先划清声基与冠音的区别再拟音，一个字若无精组读音，就不能随意拟 s-冠。就如邪母"松"从公声，是因它以 gl 为声基（这从藏文以 gr 为声基也可看到），没有必要倒过来把见母的"公"也拟成 skl-。

邪母比较特殊，多数字与喻四"以"母通谐，而合口部分则多与心母通谐，所以李方桂先生拟了两个来源：sgw（穗旬）和 rj（夕斜）。这两母我们都做了一点儿修改，因为我们区分"群"g、"云"G，自然改 sgw 为 sGw；既改以母为 l，自然改 rj 为 lj。

相对的庄组是后加 r 垫音，如生母为 sr 或 sqhr（所）、smr（莘）、sŋr（朔）等。比照邪母，俟母或为 sGr 或为 rj，由于"俟"从"矣"Gr 得声，所以两种可能都会存在。大致"俟涘"读 sGr，而"漦"读 rj，因为后者只是"厘 rɯ"声字，而"俟"还有群母"渠希切"一读。

3　塞冠音

塞冠音以 p- 较常见，"亨、享、烹"古同字，"烹"即"亨"冠 p-：p-qhraŋ。《易·损卦》"可用享"，《困卦》"利用享祀"，《大有》"享于天子"帛书都作"芳"，包山楚简"享月"云梦秦简作"纺"，"芳、纺"都是 phlaŋ。"伯嚭"《吴越春秋》作"白喜""帛否"，则"嚭"应 p-qhrɯ'。"不可>叵"也可证冠音上升为声母时其发音方法还由原声干决定。此外，t-冠有可能见于"痴"t-ŋhɯ、"貙"t-kho、"肘"t-ku'、"答"t-kuub，k-冠可能见于"冠"k-ŋoon、"豜"k-ŋeen、"悝"k-mhɯɯ、"妓"（起法切）k-phob。

4　鼻冠音

鼻音与塞音相谐时，选择塞冠音还是鼻冠音，也要看声符的词根声干。"袂"读"弥弊切"而从"夬"声，其词根声干应同"夬"一样是见组声母，"古穴切"正有其同源异式词"觿"*kweed，所以"袂"该拟*m-gweds。沙加尔（1999：98）拟为*k-met、*Cə-met-s，则以 m 为声基，似与声符不合。"碾"以"展"*ten? 作声基，也应是"碾"作 *nden?<nten?（同源词辗），而不是"展"拟塞冠音 t-nen。

5　流冠音

流音 r 作冠音在藏文中不少见，汉语只可在二等舌音字中找到痕迹，因为按规则，舌音 t、th、d、n 不能带同部位的 r、l 垫音，所以知组应来自 rt 等。"撞"rdooŋ 正同藏文 rduŋ，"柭"对藏文 rtug，"硕"rtaag 对藏文 ltag 后脑，"圹"rnɯɯg 对藏文 rnag。又澄三等"尘"对藏文 rdul，"除"可对藏文 rlag 丢弃，则亦可作 rla。

（六）元音与韵母系统

韵母系统包括元音、介音、韵尾及它们的组合结构方式和配合关系。

上古韵母与上古韵部不同。韵部不过相当于押韵的韵辙，不同元音的韵母可以组成一个辙，其元音甚至韵尾都可以不同，而韵母则必定要有定值的元音与韵尾。两者的宽严要求相差很远，根本不能相提并论。

从高本汉给上古汉语拟出 15 个元音(14 主元音)以后，中外各家所拟主元音，最多为董同龢的 20 个，最少为周法高(1970)的 3 个，蒲立本(1977—78)新说为 2 个，多少相差十倍以上。往多里拟，主要是认为中古不同"等"在上古即有不同元音，所以为同部各等拟了好多相近的元音，多到难以分辨。王力认为同部不同"等"是介音不同而非元音不同，一加介音后就简省至 7 到 6 个了。李方桂用 r-代替王力二等介音 e-、o-，更简至 4 个(加上 3 个"复元音"也就是 7 个)。往少里拟，把区别加于韵尾及介音系统上，元音简化而韵尾、介音复化，仍然得不偿失。

1 六元音

一般语言的元音系统以 a、i、u、e、o 五元音系统最为常见，汉语的兄弟语中壮语、侗水语、独龙语、僜语、畲语固有元音都为六元音，比五元音多出一 ɯ 或 ə。我们认为上古汉语也是六元音系统，其中有 ɯ，这个 ɯ 比较偏央，故后来部分发展为 ə。

其中 a 是最低的元音，也是音系的基准点，这个点早由汪荣宝用梵汉对译考定汉代为鱼部。从亲属语言比较中也可看到汉语鱼部对它们的 a(如缅文"鱼五"ŋaah、"吾"ŋaa、"苦"khaah，藏文"鱼"nja、"吾"ŋa、"五"lŋa、"苦"kha)，因此不但汉代，其前直至远古的汉藏共同语时代，鱼部都会是 a。当 a 未起变化时，其他各元音的相对位置也就比较稳定。

在各个语言里，元音中最主要的是元音三角：a、i、u。但从高本汉开始至陆志韦、董同龢、周法高、王力，上古 i 都只作介音，不能作主元音，不能直接与任何韵尾、声母结合，这是很奇怪的。其他语言 i 都是常见的主元音，结合上没有这类限制。如果上古没有主元音 i，我们不能解释有些上古 k 尾字，怎么变成了 t 尾。依据频谱分析声学标准，语音学上有锐音与钝音的对立，由中间的硬腭与齿所发的音为锐音，如辅音 s、t、n 等舌齿音及前元音 i、e 等，由外围的软腭与唇所发的音为钝音，如 p、m、k 及央后元音 ə、ɯ、u、o 等。锐钝音是明显相对立的，请看下表：

-t[质韵]	昵	实	乙	疐	宓密	血屑韵	节屑韵	戛黠韵	溢
-k[职韵]	匿	寔	肊	陟	窨	洫	即	棘	益昔韵

上一组收-t 字都和下一组收-k 字有谐声或通假、转注关系。下组"匿"从"若"声，作"慝"字声符，"陟"与"登"、"肊"与"臆"同源，"洫"韩诗《文王有声》从"或"声，"益"金文通"易、赐"，其收 -k 皆无可疑，则相对的上一组收-t 字有可能是从 k 尾转来的。"疐"又与"特"同源，"溢"即"益"转注派生字；"节、一、噎"等收-t 字，藏文分别是 tshigs、gtjig、ig，可见

它们原来韵母应是 ig,由于前高锐元音 i 的影响使韵尾由钝音变成锐音 -t。这样《诗·大雅·公刘》"密、即"叶韵,就可认为是 ig 和 ɯg 相押了。

相对的鼻音尾韵 in、iŋ 也有相似关系,"黾"有"弭尽""母耿"二切,"渑"有"泯、缅、绳"三音,"倩"有"仓甸""七政"二切,"暝、零"都读先青两韵,"奠"谐"郑"通"定","臣"与"铿"、"辛"与"骍"谐声。从藏文"奠定"ɦding、"薪(木)"sjing、"臣(仆人)"ging,错那门巴语和独龙语"年"niŋ 看,汉语中古上述-n 尾字,上古也应来自 iŋ。可见这些鼻尾字也应是以 i 为主元音才会引起 -ŋ 韵尾锐音化为 -n 的。

我们将新分出的 iɡ、iŋ 称为"节"部和"黾"部(等于质2、真2分部)。如此,上古收 -ɡ、-ŋ尾的正好是六元音组成六对韵部(入声收浊塞尾,系根据本人所调查方言及藏文、梵汉对音):

[开元音] aŋ 阳　　aɡ 铎　　oŋ 东　　oɡ 屋　　eŋ 耕　　eɡ 锡
[闭元音] ɯŋ 蒸　　ɯɡ 职　　uŋ 冬　　uɡ 觉　　iŋ 黾　　iɡ 节

2　收喉各部

从上表可以看到,收 ŋ 各部元音直至今音大致还和上古音相同或很相近,这是由于闭尾韵其元音受限因而变化较慢①,而-ŋ 尾一直发挥其制约作用,收-ɡ 各部因较早脱尾就变化得大些。至于相对的开尾韵则犹如无缰之马,变化最大。试比较相对的开尾韵即"收喉"各部(一四等互补。舌根音旧称浅喉音,元音起首旧称深喉音,则以舌根音及元音收尾的韵也可借此统称为"收喉"):

[开元音]	a 鱼(一等模、三等鱼)	o 侯(一等侯、三等虞)	e 支(四等齐、三等支)
[闭元音]	ɯ 之(一等哈、三等之)	u 幽(一等豪、三等尤)	i 脂(四等齐、三等脂)

上表四等为锐元音,一等为钝元音,两者互补。从后世发展可知,上古汉语的 a 应是偏后的,所以也列入钝音。除锐音 i、e 中古入四等,其音与今音尚近外,钝音各部的一等字与今音都相差很大。这是由于一等字更无别的成分制约(三等中古尚有 ǐ/ɨ 介音制约),故跑得最快、变化最大。

由此也可见所谓的"阴声韵"应是真正的开尾韵,不能像高本汉、李方桂等那样收浊音尾-ɡ、-d,否则难以解释它与入声韵发展上的巨大差别,王力"阴阳入"三分说是对的。有的先生执着于少量阴入叶韵现象(其实除开去声来自-ɡs/-h、-ds/-s 外,真正开尾与塞尾相押的并不多),硬给阴声韵加-ɡ 尾。其实依阴阳入三分系统,开尾韵与 k 尾韵同属收喉,相叶也是有理据的。

以上收喉各部(阴阳入三类韵尾共 18 部),元音比较分明,都是一部一元音。各部因收喉,元音多能保持本值,不像收唇、收舌各部元音容易出现央化位移,所以收喉各部因元音一致而异尾互叶的,比与非收喉各部相叶的要多。

段玉裁分"支脂之"为三部,但不能分读为三音,晚年他给江有诰的信中说:"足下能知

---

① 闭音节中的元音称为受阻元音或受制元音(checked vowel),相对于不受限制的开音节中的自由元音或开放元音(free vowel)而言。

其所以分为三之本源乎？仆老耄，倘得闻而死，岂非大幸也！"从今天方言调查与亲属语调查成果看，为这三部拟音已经不再是难事。中古脂韵 i、支韵 ǐe 的拟音可以推到上古，因为浙闽赣边界山区一些保留古老特征的方言如浙江庆元、福建政和、顺昌洋墩及江西广丰、福建福州都有一些支部字读 ǐe 而与脂部字 i 相对立。三等字比一等字变得慢，因此上古"支"拟 e、"脂"拟 i 是合适的（比较泰文中的汉语借词"氏"djhɛɛh、"指"指出 djiʔ）。但"之"部虽从高本汉至王力、李方桂各家都拟 ə，可于方言很少有据，王力先生在 1983 年北京大学上古音讨论会上说："大家都认为上古时之部的元音是 ə，但是在现在的方言和《广韵》里都不念 ə。"在较早的讨论里只有林语堂主张"之"部读 ü[y]，他的着眼点就是"之""幽"两部相通表示之部隐含有 u 的成分。但之部以开口为主，拟成 y 的话，在解释开口字时都要说"失圆唇势"未免太麻烦。而介于 y、u、ə 之间的非圆唇元音最常见的就是 ɯ。

潮州话"之"字读 tsɯ¹，其 ts、s 两母同韵的有"辎芝兹滋资子梓自"、"思师私斯史词祠嗣辞士祀似事"等，虽非全是之部字，但以之部字为主。越南 ɯ 韵及僮语汉借词的 ɯ 韵大略相似。再比较龙州僮语"市"ɫɯ⁴ 买和傣语"字"tsɯ⁶ 名字。潮州相对的鼻尾字"根斤巾近银"也是 ɯŋ，这类字厦门读 un，如果拟 ən、ɐn→un 就很难理解；我们改 ə 为 ɯ，ɯn→un 就好解释了。ɯ 本就是 u 的展唇音。这对解释之部至中古分成 -u、-i 两类韵尾的奇特现象尤为有利：

三等（短元音前增 i 介音） 开口 ɯ →iɯ →i（之）
合口 wɯ→wu → iu（尤）

一等（长元音前增过渡音） 开口 ɯɯ→əɯ→əi →ʌi（咍）
合口 wɯɯ→wəi→wʌi（灰）

闽语"有"今犹说[u⁶]，那不过是南方三等不发生 i/ǐ 介音变化，直接继承 wɯ 变为 wu 罢了。

壮语借词蒸韵为 ɯŋ，汉越语蒸职韵为 ɯŋ、ɯk，朝鲜文的登蒸韵皆为 ɯŋ，白语（白语应与汉语同属"汉白语族"）登蒸韵为鼻化 ɯ、德职韵为紧喉 ɯ，这也证明"之职蒸"这一同元音韵系应为 ɯ 元音韵系。黄典诚（1980）也主张之部拟 ɯ，但未把 ɯ 推及微文物部，为一缺憾。

3　收唇各部

上面所述未及"宵、药"部。王力对这两个韵部的元音有过 au、o 两种拟音，李方桂拟作 agw，akw。去掉李氏的 -g，他的"宵"也就是 aw，跟王力早期的 au 其实相同。从"猫、爵（雀）"字入宵药而其鸣声接近 au 来看，拟为 au[aw] 比较合适。汉越语有洪音 ao 和细音 ieu 两种对音，泰文同源词也有 au（如"酕"mau 醉和"敲"khauh 膝）、iau（"咬"giau 嚼、"慓"priau）、eeu（"熛"pleeu 火焰），都有 u 尾。藏文没有 au，一般对 o，如"熬"rŋo，"豪"ɦgo 头人、酋长 |"飘、漂"ɦphjo，"夭"jo 弯斜 |入声"擢"ɦthog 拔，"弱"njog，"药"khrog。在梵文及缅文中，au 常与 o 为同音位变体，所以汉语 au 对藏文 o 不足为奇，而从中古汉语 au 在吴语等方言中变为 ɔ 来看，au 不见得晚于 o。而这种 ɔ 也不是古音遗留，如温州豪韵读 ə，肴韵读 ɔ，而白读则为 au、a（膏 kau¹ 蛎~、梨~糖，槁 khau⁵ 干鱼或蛋|校 ka⁵ ~场）。白读所表示的较早的层次为 au 类音。

上古没有复元音，所以宵部 au 更早应是 aw。-w 最早还可能有两种来源。除半元音 w

外,另一来源可能是个流音。龚煌城(1992)注意到元宵两部有些字有同源转换关系,他设想那些元部 -n 可能来自 -ŋw。但也可以设想为:部分宵部字原先可能从小舌流音 ʀ 转化而来,而那些元部字来自 -l、-r(这部分已有藏文证明)。如"瞟"止遥切(又知演切、旨善切)**tjaʀ,"嬗"时战切(又他干切、多旱切)**djan<djal(对藏文 dal 慢),二者间的谐声及异读关系通过这种分析就可理解了。声母中既有 q 组,那么有 ʀ 也是可能的。

而药韵的 uɢ 最早可能只是个与-b、-d、-g 同例的单 -ɢ 尾,再从 ɢ→wɢ 变化而来。小舌 ɢ 是很容易增生 w 的。

-w 与 -wɢ 的共同点是都带有合唇成分,因此"宵药部"应属于收唇类,而跟收喉各部有别。这两部都既含有一等韵字同时又有四等韵字,所以它不是一部一元音的收喉类,而跟收唇的谈部 am、em、om,盍部 ab、eb、ob 相似,包含了三种元音的韵类 aw、ew、ow。

4　元音收尾应无限制

六元音原则上应能与所有韵尾结合,各兄弟语都是这样的,没有限制。从收喉(舌根音)各部看正是如此:六元音分六部。但王力、李方桂等的系统,收舌、收唇(包括 w 及唇化 kw)各部均有限制,只有 a、ə 两元音比较齐全,其他元音组合空档很多。这就不能解释为什么没有 im、ip,un、ut 等的组合。李氏 r 尾只有歌部而微部不作-r 而作-d,就不能解释歌微通转现象,也不能解释微部 -d 平上去俱全,而祭部 ad 只有去声的原因。其实这都是因为收唇、收舌各部因韵尾影响,元音发音空间变窄,不如收喉各部分明,从而人为地硬予合并,相应地就使韵尾结合出现空档造成的,即:

闭元音 i、ɯ、u 并为 ə 类/-w -m -b,-l -n -d
开元音 e、a、o 并为 a 类/-w -m -b,-l -n -d

现在我们的工作是要把它恢复原状,这样才能解释有些看来复杂的现象。

从收喉各部看,每部只有四个不同等类的基本韵:

1	2	3	4
一等/四等	二等	三等 A (有非组的韵,或重纽 A 类)	三等 B (无非组的韵,或重纽 B 类)

如有多出四个韵的,声系都是互补的,同一声系不会重出。但收舌、收唇各部不一样,多处同等重出,难以解释。如王力 e、o 不与唇音、舌音韵尾结合,其收唇、收舌各部分等就很复杂。如"元部"既有一等寒桓,又有四等先;既有二等删,又有山;既有三等元,又有仙 A、仙 B。重出太多,可见当为两三部混杂的结果,应该再行分部。(黄侃《谈添盍帖分四部说》早就指明一四等不同部。)

5　收舌各部

收喉各部中四等字主要见于前高元音(萧锡韵有小量幽觉部字,则应来自 i、ɯ 元音的 w 尾字),收舌各部如把四等拟为 e 元音,则元部就分为三个小分部,三个小分部(即上古韵类)就可对 12 个中古韵类,每个小部(韵母)也就只各含四个等类的韵了:

	一等/四等	二等	三等 A	三等 B
en 仙部(元2)	先	山	仙 A 重纽	仙 B 重纽
an 寒部(元1)	寒/桓 P	删	元/仙 T	仙
on 算部(元3)	桓	删 W	元 W/仙 WT	仙 W

注：表中以 P 表示见于唇及唇化音，T 表示见于舌齿音，W 表示合口韵。

　　歌月、谈叶、宵药各部都可仿此分为三小部。董同龢主张将元部分为 a、ä[ɛ] 二类，黄侃主张《谈添盍帖分四部说》与分立仙部意亦相似。雅洪托夫关于唇化元音 o 的设想则与分立算部相类。

　　王力为脂微两部拟了 i 尾，后又听笔者的建议，把歌部也从零尾改为 i 尾。高本汉把脂微部、和部分歌部拟为 -r 尾，李方桂只为歌部拟-r 尾，现代汉语方言与藏文都有-r、-l 尾，但并不像他们这样只跟少数元音结合。

　　李氏以平上声歌部 ar 跟去声祭部 adh 相对应，但跟歌部相似并有通转关系的微部则都作 əd，没有依"平上"与"去"分拟，结果在他的系统里两者不平行，就出现只有一个祭部独缺"平上"的怪事。"祭泰夬废"在中古为何只有去声，本是有待我们以上古音解释的现象，把它原样端到上古并不能解决问题。应依王力将祭微 -dh 都归于入声，然后说明 -h 的产生由来，才是解决之路。微部"平上"则不应作-d，要么都作-r，要么像王氏那样都作-i，歌微方能成为完全平行的两部，与入声来源字不再纠缠。

　　藏文的-r、-l 尾对汉语是一半对-i，一半对-n 尾：

-i	飞 fiphur	宜 dŋar 甘美	馈 skur	彼 phar	个 kher
-n	霰 ser	铣 gser 金	搬 spor	版 par	粉 phur

-i	嘴/嘬 mtsul	弛 hral	破 phral 拆	荷 khal 驮子	加 khral 税、徭役，加罪
-n	变 fiphrul	连 fibrel	烂 ral	涫 khol	倌 khol 仆人

这显示汉语的 -n、-i 尾都有古流音尾的来源。给歌微部加上流音尾，对一些"歌元""微文"间的通转、叶韵解释更有利。那汉语流音尾是-r 还是-l 呢？许思莱(薛斯勒)与俞敏都认为应该是-l 尾。俞敏是据梵汉对音来说的，他发现 l 尾更多的用来译歌微字，而-r 则更多用于译入声 -d 尾字。

　　我曾怀疑歌微韵是否有流音尾。因为如定为 i 尾，歌韵的代词"我"ŋai、"尔"njai 可以找到独龙语强调式 ŋai、nai 的根据，收流音似无根据。但后来发现，"我"可来自藏文的 ŋa-raŋ 我自己，"何"可来自藏文的 gare 什么、gala 何处。那么-l 可以来自后附音节的缩减形式(比较闽南话"我侬"gua-naŋ→gun，"伊侬"i-naŋ>in)。

　　因此上古歌微两部应带-l 尾，至晚期(汉代)则跟声母 l 一样经 ʎ 转化为 j。因此，上古晚期的歌部、微部仍可记为 aj、əj，或 ai、əi。比较泰文"歌 gaaj、舵 daaj，尾部、肥 puj⁴肥料"。这样歌微两部属于舌通音收尾，与"元文-n、月物-d，"相配为同一类收舌韵自然不成问题。-l 与 -n 语音相似，从前面汉藏比较语例看，原始-l 在上古汉语中又可转化为 -n，所以在《诗经》中一些"歌元、微文"合韵的例子可以直接认为-n、-l 相叶，不必改音。此外是脂部的大半也

带 -l 尾,如"底"*til 对藏文 mthil,"凄"*shiil 对 bsil、"挤"ʔzliil/ʔsliil 对 gzir。藏文有 -r、-l 而汉语只有 -l,这犹如格曼僜语也只留一个 -l 与 -m、-n、-ŋ、-p、-t、-k 相配。

"祭泰夬废"来于"月"部的去声带 s 字,所以本无平上,与歌部虽同属收舌类韵,但韵尾本来通塞有异。闽语方言元月部字开口字今白读元音为 ua("寒割舌带"),这是 a 在收舌的条件下 a>o>ua /-n -t 裂化的结果,而歌部的"我蛇倚"白读也有同样的变化,这正反映了歌部和祭泰一样,原来也收舌,因在失尾之前是 -l/-i,所以才有相同的变化。

有人怀疑古汉语 6 个元音都能与韵尾结合而没有空格的格局,认为其太匀称、太整齐反而使人难以相信。那么不妨去看一下《傣语简志》10 个元音都和韵尾相结合的韵母表,那可是活的事实。

有人认为这样一部之元音三分,会使古诗的押韵不和谐,这种担忧虽可以理解,但完全是多余的。/en/原就是[ɛn]的音位标音,an、ɛn 相叶在今天的官话中还是活生生的事实。/on/ 官话虽已消失,但在客家话、赣语中还活着,据我在粤北、赣北的调查,好些地方 ɔn、on 可随意读为 oan。也就是说,/o/在舌音尾前经常具有 oa 的裂化变体,所以 on 与 an 押韵也没有问题。越南汉字音桓韵字即多作 oan,《蒙古字韵》的"八寒"韵列 an、on,"九先"韵列 en、ian、ion,可见当时也是这三类韵相押,跟我们的设想完全一致。这可是明明白白的八思巴字母拼写在那里的,并非我们的构拟。

李方桂不设 e、o,结果是多设了 ia、ua 两个复元音,我们认为 ia←e,ua←o,正是 e、o 的分裂复化形式,改为 e 才能解释"便平"通假、"前齐"同源,改为 o 才能解释"瞳童"谐声、"孔窍"同源现象;如照李氏所拟,它们就一为单元音 e、o,一为复元音 ia、ua,则毫不相干,不可解释了。

闭元音除"微文物"各部应依开合分别 ɯ、u 元音,"侵缉"各部则应依锐钝开合分别 i、ɯ、u 元音外,"幽觉"原来包含了 u、ɯu、iu(uw、ɯw、iw)三类韵母。由于 u 复化分裂所产生的 ɯu 正好与原来的 ɯw/ɯu 相同,所以在叶韵上两者就形成自由通读现象,无法辨析;但部分 ɯu、iu 韵字中古进入萧宵锡韵,我们还能将这些字析出。

"脂真质"与"微文物"如果光从古韵押韵上着眼,两部相叶很普遍,本来完全可像侵缉、幽觉那样也并为一部的,但其所以分成两类,主要是从谐声来看的,"脂真质"有两种韵尾来源,即 i、iŋ、ig 与 il、in、id,至上古后期它们才合并为 i/ij、in、id。如此,在谐声方面"脂真、微文"间只有一半是同尾的,这就不好合并了。所以,我们的"脂微分部""真文分部",着眼点在韵尾分别上,跟王力、董同龢两先生的着眼点在元音分别上,是有所不同的。如果从韵辙角度看,舌尾前的 i、ɯ、u 尽可押韵,"脂微、真文"分为不同韵部就没有意义了。

6　韵母组合结构表

六元音与韵尾结合可组成 58 个基本韵母,按韵尾列表如下。表中先依王力三十韵部分称(为避免"东冬"总是相混,只把"冬"部改称为"终"部),韵母名列在括号里,不另注韵名的即与韵部同名。韵尾中 -l/-i 表示早期为 -l,后期为 -i 尾。表中 A、B 收钝音尾,C 收锐音尾,-w、-wɢ 归收唇,以便于解释宵谈通转现象。六元音还各分长短,后详。

		i	ɯ	u	o	a	e
A. 收喉	-Ø	脂(豕)	之	幽(流)	侯	鱼	支
	-g	质(节)	职	觉	屋	铎	锡
	-ŋ	真(龟)	蒸	终	东	阳	耕
B. 收唇	-w	幽(叫)	幽(攸)	= u	宵(夭)	宵(高)	宵(尧)
	-wG	觉(吊)	觉(肃)	= ug	药(沃)	药(乐)	药(的)
	-b	缉(执)	缉(涩)	缉(纳)	盍(乏)	盍	盍(夹)
	-m	侵(添)	侵(音)	侵(枕)	谈(凡)	谈	谈(兼)
C. 收舌	-l/i	脂	微(衣)	微(畏)	歌(戈)	歌	歌(地)
	-d	质	物(迄)	物(术)	月(脱)	月(曷)	月(灭)
	-n	真	文(欣)	文(谆)	元(算)	元(寒)	元(仙)

此表中尚未把上声 -ʔ 尾 35 韵、去声 -s 尾 58 韵分列出来。加上它们,上古音系理论上韵母总数可能要达到 151 韵。上古晚期,-ds、-bs 12 韵还合并为-s,而出现与-d 并立的"至、队、祭"三部,则那时上表 C 类收舌韵中要增-s 三部 6 韵(至、队气队、祭泰祭兑)。

(七)元音长短与"等"

1 三等本无标记

中古韵母分列四等。三四等字现代汉语多数有 i(y)介音,二等见系开口大部分字有 i 介音,一等字都没有 i(y)介音。现在已知二等、四等字的 i 介音基本是后起的。只有三等的 i 介音好像是自古就有,高本汉、王力、李方桂等先生所拟都是如此,不过或认为原来是半元音的 j 罢了。不妨怀疑一下:是否三等韵的 ǐ 都是原生性的而非次生性的呢?

中古各韵虽然分列四等,可是四等的分配很不均匀。据李荣先生《切韵音系》第 150 页的"切韵韵母表",各等的韵数(开合口只计开口韵)是:

等	一等	二等	三等	四等	总计
韵数	14	12	30	5	61
百分比	23%	20%	49%	8%	100%

这很不像是并列的四类。三等的韵数独多,占了近一半,比一等还多出一倍以上。其实是一二四等三者合起来共计 31 韵,才跟三等大致相当。前人都认为这是带不带 j/ǐ 介音的对立:三等带,一二四等不带。这里有个疑问,为什么汉语带腭介音 j 的韵这样多?而汉语的各亲属语言中,腭化音跟非腭化音不是平列的两类,都是非腭化音大大多于腭化音的。按理说,无标志的语音成分多于有标记的,这才正常,而汉语怎么反常了?看来,认为 i 介音自古如此的这种解释不妥,很可能三等腭介音是后起的,三等原本应是无标记的。

从汉语与亲属语言的同源词比较来看,汉语读三等的,亲属语言多数没带 j 介音,而汉语明显多出一个 j 来,例如,以藏语跟汉语相比(汉字加注李氏所拟三等带 j 的上古音,以 * 为记):

躯	*khju	藏文 sku	变	*pjian	藏文 ɦphrul
心	*sjəm	sems	飞	*pjəd	ɦphur
银	*ŋjən	dŋul	六	*ljəkw	drug
粪	*pjənh	brun①	九	*kjəgw	dgu
语	*ŋjax	ŋag	灭	*mjiad	med

因此很可怀疑,三等的 j 介音多半也是后起的。

从方言和早期借词看,三等也并不都有 j 跟着。南方好些方言有些三等字不见 j。如广州"银 ŋan,颈 kɛŋ,例 lai,牛 ŋau,流 lau";厦门"允、隐 un,九 kau,熨 ut,越 uat,月 guat(白读 ge?),六(白读)lak,别 pat,密 bat,十 tsap,雨 hɔ,有 u,九 kau,语 gu,眉 bai,留 lau,房 paŋ,丈~夫 pɔ,及 ka?",越是口语词,这种现象越多见。温州话也有"牛 ŋau,新 saŋ,十 zai,两~个 lɛ,用 ~着,可以 ɕiɔ";南昌赣语"凭甇鹰凌澄-ɛn、鲫劈-ɛt"〔参熊正辉(1982),该文还列出其他客赣语与粤语中这些字不带介音的读法〕。日本假名拿三等字"衣"作 e、"宇"作 u、"己"作 ko,似不觉中间有 j 作梗似的。日译吴音"殷、隐 on,语 go,曲 ko ku,强、香 kau",都比汉音少个 j。高丽译音好些三等字无 j,光看影母,就有"隐、殷"ɯn,"焉"an,"谒"al,"淹、腌"əm 等。早期梵汉对译,爱用"优"译 u,如"优婆塞"upāsaka,爱用"浮佛"译 bud,而很少用一等的"勃"。西域古国汉代译名"于阗"khotan、"焉耆"argi、"龟兹"(注:音"丘慈")kuci、"(大)宛"khokand 三等字对译无 j。这些都似表明那时 j 尚未产生。

2　元音的长短对立

从声韵配合关系看,一二四等的声母跟三等不同。一二四等拼的都为十九母(二等的"知""庄"组跟一四等的"端""精"组互补),而三等都非十九母。故设想三等是一类,一二四等又是一类,它们原为相对立的两类元音。

元音对立通常表现为"长短、松紧、卷不卷舌"等的对立。从汉藏各语言的情况看,长短对立最为普遍,今天汉语方言中也存在这种情况,亲属语中如壮侗语族的多数,苗瑶语族的瑶语,藏缅语族中的独龙、僜、门巴等语都有长短对立。这些长短元音跟"等"有无联系呢?现代汉语方言中只有粤语、平话有元音长短区别。吴语有些方言也有长短元音,但往往是介音的对立(如永康话),温州话 a 在韵尾前都读短音(如温州话"牛 ŋau²、问 maŋ⁶、新 saŋ¹、七 tshai⁷"跟粤语短元音的"牛 ŋău²、问 măn⁶、新 săn¹、七 tshăt⁷"读法很相像),但没有对立。

广州话的单元音韵母没有长短之分,带韵尾的只有 a 元音对立最齐(短 a 偏近 ɐ,也同温州话)。试将中古各"等"在广州长短元音韵中的主要分布列表如下("一、二、三"即表"一等、二等、三等",四等字一般不读 a 元音,不列):

---

① 　藏语 brun 为屎、秽物义,汉语"粪"本指扫除秽物,上古晚期亦指屎,按其本义即为名动同源。

表 A①

	一	二		三	一	二
aːi	泰咍	夬皆	ai	祭废微		
aːu		肴	au	尤	侯	
aːm	谈覃	衔咸	am	侵	覃谈见系	
aːn	寒	删山	am	真谆文	痕魂	
aːŋ	登	庚耕江	aŋ	庚	登	耕
aːp	盍	狎洽	ap	缉	合盍见系	
aːt		辖黠	at	质栉物术月	没	
aːk	德	陌麦	ak		德	麦

其实 oː[ɔː] 与 o[œ] 也是相配的,不过元音差别变大了(而且/œ/在舌根尾前也变长了)。

表 B②

	一	二		三	一	二
oːi	泰咍灰		œy	鱼虞支脂微	灰	
oːn	寒		œn	真谆	魂	
oːŋ	唐	江	œŋ	阳		
oːt	曷		œt	质术		
oːk	铎德	觉陌麦	œk	药		觉

由 A、B 两表可见一明显倾向:三等字多集中于短元音,一二等字除中古 ə 元音字外都集中在长元音。这显示三等跟短元音之间有较深的关系。平话、壮侗语、勉瑶话也跟广州话情况相似。

这使我们产生了这样的设想:汉语原有长短元音的对立,即三等短,非三等长。

汉语有长短元音的对立,早已有学者提出。马学良、罗季光 1962 年在《中国语文》上接连发表《我国汉藏语系语言元音的长短》和《切韵纯四等韵的主要元音》两篇文章说,据亲属语言比较,四等对三等为长短元音的对立。蒲立本(1962)解释腭化介音来源时,也假设上古汉语有元音长短系统,提出三等为长元音,至中古增生 i 介音。敦林格(1976)则以台语、瑶语和粤语好些字在长短上的一致,提出中古二四等为外转长元音,一三等为内转短元音(还加上汉越语分不同韵尾变化为证)。蒲氏的上古无腭介音举译音为证,但说三等长、一二四等短则没说明论据,并与马、罗以及敦氏的材料冲突(尤其二四等的变化)。所以在长元音的

---

① 表 A 三等韵只"元、凡"的唇音字在轻唇化后读长元音 aːn 为例外,四等只"齐"韵单元音在复化为 ai 后读短元音,皆未列入。
② 表 B 只有阳韵轻唇音及庄系有读 ɔːŋ 的为例外,未列入。

选择上,我们相信马、罗,和自己观察到的汉语内部事实,而不接受蒲氏的假设。台语、瑶语、越南语、粤语有些一等韵读得短是中元音 ə、o 元音失去对立后的后起变化,敦氏避开这些语言中"寒唐"等大量低元音一等韵读长字例,只挑对自己论点有利的例子倡言一等短(如挑越语"北 bǎc、百 bach"而不管"博 bac"),这样的论证态度是不科学的。所以,一等应跟四等一样是长音。汉语内部事实还有重要的"缓气、急气"问题。

"缓气、急气"这一对对立的术语在东汉高诱的《淮南子》注、《吕氏春秋》注中使用较多,笔者有专文《缓气急气为元音长短解》(《语言研究》1998 年增刊)解"缓气"指非三等长元音,而"急气"指三等短元音。如其中所论"駤"例的缓气、急气之别,即上古质部字中四等屑韵与三等质韵相配对立的例子。

这一对立在今汉语方言中仍有反映。今广州话元音仍有长短之别。"駤"字生僻,"丁结切"外又读"徒结切",与"跌"同音("跌"今方言多数读阴入,同"丁结切"),下面即以"跌"代"駤"。广州"跌"读 tiːt 长元音,而"质"读 tsɐt 短元音,古质部相应的三四等字大致也如此分化:

【四等长】(33 调)	跌 tit	结 kit	切 tshit	屑 sit
【三等短】(5 调)	质 tsɐt	吉 kɐt	七 tshɐt	失 sɐt

上表例字上古都归质部,元音原来都是 *i,现四等字保持 i 不变,三等字低化变 ɐ,正与马学良、罗季光(1962a)所说"短的高元音变低"的规律相合。该文以布依语兴义话"碎米"pǐn[1]—普安 pɤn[1]—水城 pǎn[1] 为例,粤语质韵短音当也经过这种 it>ət>ɐt 变化。如马、罗所说:短的高元音变低是元音本身低,所以不再带 i 为介音。而长的高元音变低则要保留原来元音为韵头,试比较临川赣语(阴入读 32 调):

【四等长】	跌 tiɛt	结 tɕiɛt	切 tɕhiɛt	屑 ɕiɛt
【三等短】	质 tit	吉 tɕit	七 tshit	失 sit

这个方言三等字保持 i 不变,四等字复化变 iɛ,符合马、罗所说"长的高元音弱化,过渡音扩张,高元音韵变低元音韵"的规律。跟壮语阳朔方言"千"ɕiːn[1]—凤山 ɕiːen[1]—凌乐 ɕiăn[1] 的变化正相类似。多数汉语方言真质部字也都按临川这个模式变化。因此真质部四等读长元音,三等读短元音可以无疑,这也即"缓气"为长元音、"急气"为短元音的极好说明。

马学良、罗季光只讨论了 i 元音在《切韵》中的长短对立问题,我们则认为时代要提前,长短对立是在先《切韵》的上古汉语中已有的,并且是所有上古六个元音 i、ɯ、u、e、a、o 都分长短(缓急),也即三等读急气短元音,而纯四等及一二等读缓气长元音。因为:

(1)纯四等跟一等是互补的,可配合声母都为十九个。纯四等其实是一等的前元音部分(锐元音),只因元音本身是细音 i、e 而被列在四等。一四等性质相同,故都属缓气。二等也是十九个声母,知庄二组只是端精二组在卷舌介音前的互补变体,因此二等与一等韵也同属缓气。缓气例包括一等"哄(鸿)"、二等"蛟(交)"即是证明。缓气(长)、急气(短)正可解释一二四等与三等的对立现象。

(2)壮侗语、勉瑶话里的汉语古借词或同源词的情况也相似,以泰文数字为例(带韵尾的分长短),其长短与等的关系跟我们所说的一致("十万"sɛ̄n 也可能与四等"千"同源):

[三等短]	一 et	六 hok	十 sip	九 kau
[一二等长]	三 saːm	双 sɔːŋ	八 pɛːt	

以三等为短(急),一二四等为长(缓),则各元音因长短而产生的变化大都符合马、罗文中所提出的变化规律。如说"短的低元音变高":元部急气元韵 ǎn 中古变近魂欣文韵,阳部急气庚三 ǎŋ 中古变近清韵即其例。如说"长元音韵尾失落":歌部 *ai 中古失去 i 尾(例如"歌" *kaːi > kɑ,"沙"sraːi > ʃɣa)即其例。又除 i 韵头外,u 韵头也同样有来自长的主元音复化的,如"突"duːd>duət,"端"toːn>tuan 即其例。

但马、罗说"复元音变单元音韵",从所举汉语字例看,实际应该是单元音变复元音(汉台各语何以今天单元音没有长短对立?其实是原来的单长元音多数已经复化,留下未复化的短单元音在失去对立后就混并为一而读长了)。如壮语:

底	石龙 tiː³	环江 tĕi³	邕宁 tăi³
箟	石龙 piː⁶	环江 pĕi⁶	邕宁 păi⁶
事	石龙 sɯː⁶	环江 rɜ̆ɯ⁶	邕宁 θăi⁶

"底"为四等长元音,而"箟、事"都是三等字,原来应读短的单元音,借到壮语中就读长了,故这里也随着四等长音复化了。汉语上古长短元音常常由前加过渡音至中古而复化。

3　短元音与 i 介音的增生

短元音前能增生 i 介音。汉代译经家为梵文短元音的 ka、kha、ga 设计了"迦、佉、伽"三个新字,在中古都变为歌(戈)韵的三等字,带上 i 读成 ia 韵了。汉越语"迦、伽"也读 gia,但仍在"释迦"里读 ka¹,"伽蓝"里读 ka²,表明古汉越语原无 i 介音(扬雄好用奇字,《太玄》曾以"迦近"代"邂逅",其音不同;《蜀都赋》用"伽"表茄子,茄子非我国土产而是对译外来词,今"茄"上海话 ga、广州话 khɛ 还无介音,参越语 ka²、缅语 kha-ram、泰文 khɯa,泰文的形式跟"茄"ga 的上古晚期音 gɯa 接近)。

藏缅语多数语言已无长短音对立,只独龙语据孙宏开(1982)所记保存完整长短音,六个固有元音都分长短,并且都与不同韵尾结合。与汉语的同源词相对比,很多独龙语中读短音的词跟汉语三等韵字相对应,如:

肥 bɯr 胖　止 xrai 脚　亡 amaŋ 遗失　废 brɯt 倒塌　叶 lap　虱 çiʔ　匿 rnaʔ

飞 ber　银 ŋul　膺 praŋ 胸　七 s-ŋit　习 sɯlap 学　一 tiʔ　目 meʔ

面 mar 脸　寻 lam 庹　风 bɯŋ　灭 smit　立 rep　曲 d-gɔʔ　六 kruʔ

而一二四等多读长元音,如:

一等	担 ataːm	盘 baːn	赶 s-kɔːn 逐	搭 adaːp 拍手
二等	巷 grɔːŋ 村	杀 saːt	硬 greːŋ	板 beːn
四等	年 niːŋ	犬 d-gɯːi	闭 piːt	铣 seːr 金

最有意义的是如下两对同源词的对立,跟汉语如出一辙:

| 三等（短） | 痹 pit | 飞 ber |
| 四等（长） | 闭 piːt | 笓 beːr 扁竹篓 |

有意思的是,俄国斯塔罗斯金(1989)比较藏缅语族库克钦语言长短元音与汉语的关系,也得到一四等长、三等短的相同结论。

更要注意武鸣壮语分长短 a,有些同古汉语相关的影母三等韵字在[ʔ]声母后光读短音不带 j,而跟一二四等字读长音相对立:

| 三等 | 臆 ăk^{7}胸 | 因、姻 ăn^1 | 要 ău^1（笑韵宵韵字） |
| 一四等 | 恶 ak^7 | 安 an^1 | 幺 au^{1}叔与弟（萧韵字） |

又龙州壮语的 ə、e、i 长短有别,影母字也有如下表现,三等读短音,一二四等读长音:

| 三等 | 一 ĭt^7 | 黡 ĭm^{5}饱 | 挹 ĭp^{7}拾 | 臆 ăk^{7}胸 |
| 二四等 | 烟 in^5 | 燕 en^5 | 呦 eu^{5}吵 | 轭 ek^7 |

这些例子都表明,长元音的同源词汉语列入四等或一二等,没有腭介音,短元音的同源词汉语列入三等,在《切韵》音里都增生了腭介音。壮语的这些词有些可能是借词,如是借词的话,那就更说明了"要、臆"等三等字原来是没有 ǐ 介音而只有短元音的了。或许是短元音过短了,ǐ 介音的增生起于一种可能均衡音节使之等长的作用;以后长短元音消失了,它就起了代偿短元音的音位功能作用,从而使元音的长短对立转化为硬软、洪细的对立。

在汉越语中,除 ie、ia 前的 i 由 e 分裂产生外,三等还很少有介音,只"鱼阳药"三韵有不少字分别读为 ɯa、ɯəŋ、ɯək,"尤"韵字多读为 ɯu,带上 ɯ-(下例读阴平、入声的不标调):"驴"lɯa^2、"锯"kɯa^3、"许"hɯa^5、"却"khɯək、"香"hɯəŋ、"秧"ɯəŋ、"梁"rɯəŋ^2;"剑"gɯəm、"园"vɯən^2、"劫"kɯəp、"腌"ɯəp;"优"ɯu、"有"hɯu^4、"牛"ŋɯu。泰文和壮语也有"鱼阳药"韵读 ɯa 的现象,如泰文"余 hlɯa、藉 sɯah 席子、举 kɯa' 支持,屦 kɯak 鞋、液 lɯak 粘液、睩 hlɯak 瞪视,方 ʔbɯaŋ 方面、亮 rɯaŋ、扬 lɯaŋ 传扬",吴宗济(1958)中有晚期的 iaŋ、iak 和早期的 ɯaŋ、ɯak,后者 ɯaŋ 列"方"等 23 字,ɯak 列"石"等 4 字。这都说明三等介音的产生可能是从低元音韵开始的,然后向其他韵扩散。而且,刚开始的时候,介音作 ɯ-,然后才变 ɨ- 变 ǐ-。

ǐ 增生大概开始时曾经过钝元音前为 ɯ/ɨ、锐元音前为 ǐ 的阶段(故唇音后 ɨ 变 u 引发导致轻唇化也只限于钝元音。广州话阳药韵读 œ 元音,可能刚开始也与 ɯə 有关),最后,连 ɨ 也变了 ǐ,应该是中古晚期的事了。

4　元音长短与分等的关系

据上述材料,我们设想上古汉语的六个元音原来都分长短,长元音发展为《切韵》的一二四等,短元音发展为《切韵》三等。

四等与一等声母配合全同,四等是前元音 i、e,一等是央后元音,这两个等原来就是互补的。二等则是声母带 r 介音的。三等各家都再分为三或四类,而其他各等都不如此,三等何以如此特殊,以前这也是个谜。其实长元音既分为三个等,作为短元音的三等自可再分为三或四类,与一、四、二等这三类相对应(可根据唇音声母变化情况,及能拼庄系(下表加#号)来划分。三 D 并于三 B 的分为三类,分列的为四类)。对应关系如下表,表头为上古音,表心为中古等。

元音长短		声母垫音	锐元音 *i *e	钝元音 *a *ɯ *u *o
长元音	甲	-0-、-l-	四等	一等
	乙	-r-	二等#	
短元音	甲	-0-、-l-	三 A(重四,重唇,但越语 t 化)	三 C(轻唇化)
	乙	-r-	三 B(重三,重唇)#	三 D(庚蒸幽钝声母字)(重唇)#

如把上古音也分等,也可以称长音甲为古一等,长音乙为古二等,短音甲为古三等,短音乙为古四等。中古庚₃韵一部分在低化前原来与清韵重纽,庚₃为三 B,清韵为三 A。

根据上表,中古分等及重纽问题的起源,轻唇化、不轻唇化的条件,都可从中得到解答。

5　长短元音解释韵母变化

为印刷方便,我们用单字母表短元音,用双字母表长元音,即 a＝ă,aa＝aː,可省去附加短音号、长音号的麻烦。

使用长短元音还可以解释汉语音韵史上的一些疑难问题:

(1)"齐、哈、豪幽部字"等韵上古都是单元音,为什么中古以后复化为带尾韵母?尤其是"哈",前人都拟为 ə,它怎么也参加了这个变化呢?

我们把 ə 改拟为 ɯ。上述这些韵都为高元音韵,长的高元音较易复化,这在其他语言如英语里也很常见,是同样的元音推移现象。复化的过程是前带过渡音,以后过渡音扩张为主元音,至中古原来的主元音就变为韵尾了(ɯ 是发为半元音的 ɯ):

脂部	一等 ii	齐—ei	二等 rii	皆—ɣiɣ—ɯiɛi
之部	一等 ɯɯ	哈—əɯ—ʌɨ—ʌi	二等 rɯɯ	皆—ɣəɯ—ɣiɣ—ɯiɛi
幽部	一等 uu	豪—əu—ɯɑu	二等 ruu	肴—ɣɑɣ—ɣɯu—ɯɑɯu

(2)之部合口及唇音中古有"哈灰"和"尤侯"两种变化,如"杯每悔"收 i 和"不妇谋母"收 u,歧异甚巨。大致前者为一等,变化如上表所列,后者以三等(唇音或圆唇舌根音喉音字)为主,其变化是:(w)ɯ＞u＞iu,从而成为 -u 尾韵。

唯有些字中古属侯韵,也是一等,与"哈灰"冲突,高本汉、董同龢、王力先生等乃拟此等侯韵字为之部合口,但中古、上古唇音本都不分开合,以此一处,破坏了古唇音无开合对立的通则,这并不是真正解决问题的方法。那究竟是什么缘故呢?

我们认为,之部字在《切韵》侯尤两韵中基本上是互补的,依谐声看,"副"属塞尾类与"踣"并不是真的对立,除"抔芣、部妇"二组对立外,其他对立都只是个别字。而"部"又裴古切,《左传·襄公·二十四年》里的叠韵连绵词"部娄",《说文》引作"附娄",《易·丰》"蔀"叶"斗、主",足见"部"应为真正侯部字,中古入姥韵乃 o 元音滞留。还有"剖、瓿"及"咅"声从髟从走字都有虞麌遇韵异读,说明也是侯部字(这跟母声的"侮"读麌韵,《诗经》叶入侯部相类)。将这类字排除之后,其他如"抔、母"等多数原都应为之部短元音字("父"是三等上声短元音,"母"也应为三等上声短元音才相应)。由于三等 i 介音后起,大概转变扩散之际,部分唇音字先变,带上 i/ʉ 而入尤韵,一部分则迟迟未变(以上去声为主),以致(p)ɯ→u→ɤu,就混入侯韵了。平声"谋"组字虽然早变入尤,也像蒸部的"梦"在东三而保留读明母一样(这自与中古尤东韵都是 u 元音相关),最初可能是两读的。

(3)定一二四等为长元音,则"一等哈咍、二等麻、四等齐"这些韵都是长元音,这些韵中夹杂的部分三等字自然也应是长的。这些长元音韵中的三等韵当然与短元音增生 i 介音无关,所以应带有原始的真 j 介音。其中最多的是"麻三"*jaa,白一平系统因为三等都用 j 表示,对付不了鱼部三等中的"鱼""麻三"对立的矛盾,只好把"鱼"写 ja,而"麻三"写 jA(并以 Kj 表腭化为章组,kJ 表不腭化),这是一个口耳不能分别的目治区别,不能真正解决问题。王力的鱼部字鱼韵作 ĭa、麻三作 ia,也设两套介音,而 i 表四等的原则在这里给破了例。依我们的体系作 a、jaa("车"两读:鱼韵 *kla、麻三 *khljaa)。咍韵章盍切"谵"为-jaab,而海韵三等的"茝、庍"为-jɯɯ,齐韵三等的"鼜、桋"为 -jeel,元音读长,带 j,也都是很自然的。只有"怡"(夷在切)是 lɯɯ,它中古读以母 j 是 l 自身的变化。

由于中古长元音多数复化,复化过程中其 j 介音常因与复化韵韵头融合而丢失,故只有少数字保留了长音痕迹。还有少数舌音字的 j 因融合而转化为 i,故中古声母没有腭化,如"地、爹"。"觌"通"價"lug 而读四等徒历切,当为 *l'juug,"敦"在"敦弓"中读如四等"雕",当为 *tjuu(这些字念四等韵也即表现读长元音。考虑到"觌"在《易·困》中叶侯部"木、谷"-oog,"敦"通常读为"都昆切"-uun、"度官切"-oon、"都回切"-uul,故其元音都只能为 uu,不会像"萧啸筱条涤迪笛倜戚寂愁的"等来自 ɯɯw,所以其入四等应是 j 介音引起的)。

有人质疑,梵文元音也分长短,汉语上古元音如分长短,为何在梵汉对译中没有长短相对译呢?这是因为,梵汉对译最早在东汉,东汉为上古末期,其时汉语元音的长短对立已经开始受到破坏而不严整了,长高元音裂化,短 a>ɯa,长 aa>ɑ,短 u>ɯu 等音变都已出现,长短元音音值已有差别,不如梵文严整。梵文最常用的 a 音,在汉语中长短音值变化最大,梵文长 e、o 又有 ai、au 变体,彼此长短对立的情况不同,对译上自难做到严格相对。而且译音只求大体相似,对音长不会有太严格的要求,不能像亲属语言长短可以出现规则地对应。

有人提出疑问:同一韵部其元音有长短,能否和谐叶韵?美国 H. C. 珀内尔在《"优勉"瑶民间歌谣的韵律结构》中谈到了泰国、老挝勉瑶民歌中的长短元音叶韵问题,他举了同韵而不同介音的韵,长短元音及 in、ien 相叶的情况,说这些比起不押韵的歌来说还算是押韵较工整的,其长短叶押的例子有"dang:zaang,yang:huaang"等。有的语言元音分长短往往音值已经不一致,如广州话长 a 与短 ɐ 就相差较大,这样一来,叶韵就更不易和谐。尽管如此,粤语民间唱曲中也还有相叶的。古音长短、元音音值的一致性大,相叶应该比较容易些。《礼记·乐记》:"歌之为言也,长言之也。"诗歌入韵处在吟唱时常常拉长,也会使短元音易与长元音押韵。

(八)阴声韵韵尾及入声塞尾的清浊

汉语的韵母和韵部都可依收尾不同进行分类。传统音韵学把它们分为三类,塞音尾 -p、

-t、-k 分布于入声,形成"入声韵";鼻音尾 -m、-n、-ŋ 分布于非入声形成"阳声韵";其余没有鼻尾又非入声的元音韵尾则形成"阴声韵"(相对于带塞鼻尾的闭尾韵而言,又称为开尾韵)。这个阴阳入三分格局跟现在粤语、客家话的韵尾格局相同,故对中古汉语大家都这样认为。上古汉语也是这样吗?

高本汉、陆志韦、李方桂等都为上古阴声韵拟了浊塞音或流音韵尾。高氏还留下一点开尾韵,陆李二氏全加尾成为清一色的闭音节。汉藏亲属语言都没有这样怪的,因此其说不可信。

首先,汉藏语言中未见有全是闭音节的活例(有人说孟语和邵语是,其实,那些例是开音节发短元音时带喉塞音,是一种元音发声状态,跟音系分析中的塞音韵尾性质不同),倒是有些语言如彝语、苗语全读开音节的,为什么古汉语音节跟兄弟语要差得那么远呢? 其次,汉藏语言中也没见有清浊两套塞尾对立的,而要有都只有一套:如果是清的就没有浊的,如果是浊的,像古藏文、现代泰语和现代汉语的一些方言,就没有清的。汉藏语言韵尾多为不爆破的唯闭音,故也不容易保持清浊对立。

他们之所以把阴声韵也拟上浊塞尾,是因为《诗经》阴声字跟入声字或阳声字有通押叶韵的现象。这种通押在民歌中要求不严格时本来也不算什么,为此而改变整个语言的结构那可太不值得了。而且还有别一条路可走,浊塞尾自然比清塞尾更接近鼻音尾、元音尾一些,把上古入声尾一律拟为浊尾,也是可以说明问题的。

把-p、-t、-k 尾改为-b、-d、-g 尾有根据:(1) 首先与藏文一致。藏文有清塞音字母,也有浊塞音字母,当时用浊塞音记这些韵尾,正表明了早期藏语原为浊尾;藏文一些格助词(如属格、具格助词 gji、gjis、业格助词 du),其声母是随所附词的韵尾变化的,塞尾后正作浊母,也显示塞音韵尾确是浊音。汉、藏二语关系特别近,古汉语应与藏文的早期情况一致。(2) 朝鲜译音与唐西北方音中舌音尾常变流音,朝鲜是-l,唐西北方音多数是-r。-d 变 -l、-r 自要比 -t 容易些。(3) 梵汉对译中,汉语收舌入声字多对译梵文的 -d、-r、-l。(4) 今天也有些汉语方言的入声尾较浊,如广东连山话(粤语系统)、江西湖口流芳话、江桥话(赣语系统),流芳话就是 -g、-l 相配的。湖北通城等地赣语也收 -l 尾,甚至安徽桐城话也有 -l 尾("笔" pil)。我调查过的方言中,凡是保留浊塞声母又保留着非 ? 塞音尾的方言,这些塞尾都读浊音尾。例如〔详细的考订可参郑张尚芳(1990)〕:

连山:白 bag[8] 域 ɦuɑg 特 dɑg 族 zog 绝 zod 别 bed 碟 ded 十 zɑd/zɑb 悦 ɦyd 乙 yd 脱 thud 骨 kuɐd

流芳:直 dzig 角、各 kɔg 踢 dig 拔 bal 夺 lɛl 阔 guɛl 割 kol 刷 sol 骨 kuɛl 夹 kal

方言中有浊塞尾实际并不太罕见,不过常常被方言调查者按习惯处理成清塞尾了。赵元任在他译的高本汉《上古中国音当中的几个问题》所加译注〔八〕中即曾指出:"去年我记广州音时,有好些人把'笃 tuk,谷 kuk,得 tak' 等字读成 tug,kug,tag 等等。旁边有一位外省人听着说:'他们广东人怎把屋韵字念成东韵了?' 由此可见-ŋ 与 -g 尾音之近似。"这既说明浊塞尾是活的方言事实,又说明它比清塞尾更近于阳声韵尾。丁邦新(1979)所举闽南话合音例"出去"ts·utk·i>ts·uli,"入去"dzipk·i>dzibi,也可见入声-t、-p 尾本读浊音。

那么上古应有(1) 浊塞音韵尾 -b、-d、-g,加上药部的 -wɢ 则为 4 个"入声韵"韵尾;

（2）鼻音韵尾-m、-n、-ŋ 共 3 个"阳声韵"韵尾；（3）流音韵尾 -l（在"歌微脂"三部）上古后期变腭通音 -j。-j 加上唇通音韵尾 -w,再加上喉通音的零位韵尾 0,旧都称"阴声韵",则理论上有 3 个"阴声韵"韵尾。

（九）后附尾及声调形成

1 平仄对立的舒促根源

汉语古诗歌严分平仄,吟诵时平声可以延长,仄声不能延长。仄声包括上去入三声,入声原带塞音尾,不能延长是自然的;但从中古至今,上声、去声音节的收尾都跟平声相同,为何不能和平声归于一类,不能像平声那样延长,却反跟入声一起组成仄声呢?一般的解释是,原初平声是平调,故可延长,上去声是升或降的非平调,所以不能延长。这有一定的道理,不过还不圆满,因为长降调也是能延长的,唐人对译梵文字母长短元音时,常以上声、入声字译短元音,以平声、去声字译长元音,或加引字,说明当时平去声都可拉长了念(可参看丁邦新《平仄新考》所引三表)。我们知道四声之辨,始于六朝江左文人,假如说声调作为超音段的音高变化,乃中古新起的语音现象,那么上古时上去声字的音节结构原来是否跟入声有相同之处,这就值得探索了。好多学者已经特别注意到去入两声密切关联的现象,段玉裁主张去声是魏晋以后由上入两声转来的,王力主张去声来自入声的长元音字,这些都意味着他们开始从这个视角来探究,因为入声意味着促尾。

随着声调起源问题研究的开展,现在我们知道,平仄对立其实反映了汉语上古音节分舒促的古老传统结构。各种语言的音节,不论有无声调,其实都可依收尾音的性质,分为两类:以元音、半元音-j、-w,鼻流音-m、-n、-ŋ、-l、-r 等响音结尾的为舒音节,是能任意延长的;以塞音-b、-d、-g、-p、-t、-k、-q、-ʔ,擦音-s、-h 等非响音收尾的为促音节,是不能任意延长的。在无声调的语言中,"舒""促"自然跟声调无关,但有的无声调的语言发展为声调语言,当两类音节进一步分化为声调时,"舒""促"就与声调分别联系上了(如藏文无声调,至拉萨藏语声调则有"舒""促"分流,详下节)。汉语"平"为舒声音节,"入"为促声音节,两者本以不同类的韵尾相区别,这是大家很清楚的事实。假如仄声的上去入都归为促声音节一类,上去声便应该也有非响音收尾,既然入声已收塞音尾(-b、-d、-g 或-p、-t、-k),上去声就该是带其余的非响音-ʔ、-s、-h 收尾了;近年国内外汉语上古音声调研究,提出去声原是收-s 尾、上声原是收-ʔ尾的,正好证实了这一推想。依此,便能很好地解释平仄对立了:在声调出现前的古老音节结构中,"上""去"两声原是以 -ʔ、-s 这些非响音收尾,属于不能延长的促音节,本与入声一类;以后-s、-ʔ 尾失落了,其结构才跟平声趋同。今入声-p、-t、-k 尾失落的方言很多还读短调,则上去-ʔ、-s 尾失落后,其影响也可保持下去,往往会比平声读得短些,最初形成的伴随调型也非平调。所以,上去声字虽后来结构上变为开尾,但声调舒促系统保持未变,仍跟入声共同组成仄声。

虽然目前声调是汉语及其多数亲属语言的重要特征,但并非原生特征。汉藏语比较研究已表明声调是后起的,藏文及今藏语安多方言都无声调,而其他藏语方言已产生了声调,也有文章说明缅语、泰语、越南语都有一个从韵尾到声调(而且同样是四个声调调类)的转化过程。因此完全可以合理地推想：汉语最初也一样没有声调，只是音节分舒促，但舒促两种音节都可再加上后缀-s、-ʔ，生成-s，即-ms、-ns、-ŋs、-ls、-bs、-ds、-gs，以及-ʔ，即-mʔ、-nʔ、-ŋʔ、-lʔ 等尾，形成依-s、-ʔ 分的两类复尾音节，作为去、上两声的最初起源。

在汉藏语言中，正好也只有-s、-ʔ 两尾不但可加在元音后，又可再加在鼻流尾之后，-s 尾还可加于塞尾之后。这样的-s 常见于藏文，这样的-ʔ 见于妙齐提碑的古缅文（汪大年1986），也见于今藏语，温州方言的上声字也可带 -ŋʔ，或-nʔ（平阳话）。为了与原来组成韵基的一般塞音、鼻流音韵尾相区别，我们特称它们为"后附尾"或"再后置尾"（即使在主元音后也应分析为加在零位韵尾后：Øs、Øʔ，其性质仍为后附尾）。

有人认为声调是汉语自古固有的特征，不必寻求声调的起源，从而从根本上取消了声调起源研究的任务。他们提出，四声之分虽起于南朝宋齐时江左学人，但《诗经》里已经大抵分调押韵了，可见上古就已经有声调，只没有四声名目而已。这种说法似是而非，因为如果《诗经》时代"上去入"都分别带不同韵尾，按韵尾押韵是更自然的事，凭什么要定为按调押韵而非按韵尾押韵呢？

同时要明白，当时"后附尾"增减是比较自由的，后世所记录的声调读法和当时可能会有差异。有的差异失传了，也有的原有差异今天还能考证出来，如丁邦新（1994）曾质疑，上声、去声如带尾，像《诗·周南·汉广》反而会出现押韵上"广-ʔ、泳-s、永-ʔ、方-0"不谐和的现象，其实，"方"在此诗中用作动词，同于桓谭《新论》"水戏则舫龙舟"的"舫"（《诗经》毛传"方，泭也"，《尔雅·释言》作"舫，泭也"），就应读成去声"甫妄切"或"补旷切"。这样，"广 kwaanʔ、泳 fiwraaŋs、永 fiwraaŋʔ、方/舫 paŋs/paaŋs"，-ʔ、-s 相间出现，那只有更显尾韵谐和之美。①

2　声调源于后置韵尾

学界关于声调的起源有着多种说法，从汉语方言音系层面看，先有四声，后来调的分化则跟声母清浊送气、元音长短有关。但重要的是最早的四声是从何而来的，后来的分化那是次生性问题。在兄弟语言的声调起源研究中，有些先生也注意到声母清浊、冠音有无、元音紧松长短等的影响，不过这些跟汉语四声后世的分化类似，大抵属于后起的分化，而并非声调产生的根源。

其中最合理据的说法是由韵尾转化，汉语入声由塞音韵尾转化而来还是大家眼见的事实，而且丢尾之后好长时期还保留读促音。缅文古碑文除塞音-p、-t、-k 外，还有-ʔ、-h 尾，后者分别替代成现行缅文的"。""："两调（见汪大年（1988））。这又是兄弟语韵尾转化为声调的铁的事实。

在近年发现的海南回辉话的声调研究中，这种变化也得到证实。我们知道占语原无声调，而这种宋代随移民而来的占语，现已从无声调变为声调语言，所分四声七调便与舒促韵尾明显相关：

① 所质另一例《诗·郑风·清人》"轴-ɯwɢ、陶（徒报反）-uus/uuws、抽 ɯw、好（呼报反）uus/uuws"，带-s和不带-s 也是这样相间的（"陶、好"两字所注反切据《释文》）。

回辉话七调来源分析[阳调来自浊塞类声母，材料据郑贻青（1997）]

舒尾	开尾鼻尾	阴33	占语开尾、鼻尾字	tico>tso 孙，aŋin>ŋin 风
		阳11		bebe>phe 羊，bilaan>phian 月
	短元音鼻尾、i尾、u尾	阴ʔ32	占语短元音的鼻尾、i尾、u尾字	masam>san 酸，padai>thai 稻
		阳ʔ21		sidom>than 蚁，nau>nau 去
促尾	塞尾	阴24	占语-k、-t、-p、-ʔ 尾	ʔbuuk>ʔbu 头发，akɔʔ>ko 头
		阳43		dook>tho 坐，goʔ>kho 锅
	擦尾	55	占语 h 尾	alah>la 舌，pasah>sa 湿

　　回辉话七调的形成当分三阶段，从韵尾舒促来的原是三声，促声依塞尾、擦尾分为二声，舒声本为一声，次后由于短元音增生了 ʔ 也分为二声（故其调值皆为所对应的长调之短降调，短元音所增生的喉塞音是短音的一种发声状态，在孟语、傣语等语言中都有发现，它与作为塞尾音位发音的 ʔ 不同质，注意占语的原生韵尾-ʔ 是归塞尾类的，跟短元音增生的喉塞不同声调），各声分阴阳调则是最后又依声母清浊再分化的。

　　奥德里古（1954）研究越南语时，提出了他的著名的声调起于韵尾转化说。越南语有许多固有词来自南亚语带 -s/h 和带 -ʔ 的形式，它们在越南语中依韵尾分别转化为不同声调，如：

　　墨依语 ries、格木语和罗文语 rias、佤语 riah 及孟语 rəh 根对越南语 rê³，孟语 tpah 七、muh 鼻对越南语 bay³，mui⁴，皆-s/h 尾对 3 问声、4 跌声调；

　　佤语梁语 laʔ 叶、soʔ 狗、siʔ 虱对越南语 la⁵、cho⁵、chây⁵，佤语 gɔʔ［ŋkɔʔ］、梁语 koʔ 米、佤语 meʔ、格木语 maʔ 母对越南语 gao⁶、me⁶，皆 -ʔ 尾对 5 锐声、6 重声调（佤语、格木语、罗文语例是笔者补充的）。

　　同时，这些声调又分别对应汉语的去声和上声字，所以他提出 -s>h>去声，-x>ʔ>上声的演化公式（其中 x 表示某类喉音，从南岛语看当是 q）。这种韵尾转化为声调的推论，是根据越南语与南亚语言及跟汉语比较实例作出的，却正跟本文上节汉语平仄与舒促关系的推论结果相合。李方桂虽未在上古音结构上接受奥氏的这种提法，只在拟音的韵末加 -x 表上声调、-h 表去声调，但在这两个符号的使用上也与奥氏一致。

　　兄弟语言中，侗台语族、苗瑶语族原有声调都为跟汉语类似的四声系统。李方桂以 ABCD 表侗台语的平、去、上、入（按与汉语对当的词的四声来定），只是排序上改依较古的泰文平声不标调、去声标 1 调、上声标 2 调的传统次序。张琨（1948），李永燧等（1959），王辅世（1994），王辅世、毛宗武（1995）都得出苗瑶语最早分 ABCD 或平、上、去、入，后分阴阳八调的结论。白语则固有词分四声 7 调［上声不分阴阳，阴去与阳入合调，详郑张尚芳（1999）］，可见汉白、侗台、苗瑶三语族的声调都起源于同一个平仄四声系统，合于奥氏的声调架构。

　　藏语由无声调转向有声调语言也是按舒促、清浊分化的（拉萨有 6 调，是舒清开尾43/响尾 44，舒浊开尾 12/响尾 113，促清 53，促浊 132），其历程到底先分阴阳或先分舒促，值得探索。根据古藏文既行式 s 尾的表现，如 skam 晒干读 44，而 bskams 已晒干读 53，figams 已干咽 读 132 来看，今音虽都变成 kam，而古带-s 者仍以促调表现（其他 s 尾词如 sems 心、gdaŋs 声调、

gaŋs雪 亦皆同读-ʔ53 或-ʔ132 调），又"去"的既行式 phjin 照例应读 44 却读 53，那也是反映了古藏文 phjind 早就失落的 d 尾，则分舒促自应早在藏文再后置尾 s∕d 失落之前。①若是先分舒促后分阴阳，那就跟汉语先分平仄后分阴阳本质上平行。只是因为藏文的擦尾 -s 跟塞尾同变，形成 -ʔ53 调，所以才成为三声系统（舒声又依开尾、响尾分为两声，也是受韵尾影响）；缅文古碑文的擦尾 h 则另自形成 55 高调，跟塞尾异调，就形成了四声系统。

因此，亲属语言中各种声调形成的大格局，都跟奥氏所说大略相似，接受奥氏的提法就能解释各语言四声系统的形成，以及有某种分合差异的三声系统变体，其要点都在于声调的主格局源自韵尾转化。就汉语看，从汉语史上音韵变化所反映的许多现象和汉语方言中发现的大量事实，都使我们相信奥氏这一理论是正确的，具备优越的解释能力。前者像汉语史的上声次浊归阴上不归阳上的这类变化，后者如，据本人调查安徽绩溪旺川乡尚廉村话的流摄、效摄字，元音有平宏仄细的平仄分韵现象：侯 ɛ∕后候 ɪ，牢 ə∕老闹 ɵ，可见其历史上平仄不可能仅只有声调差异，其韵尾也当有重要差异，才会出现这类影响元音的变化。广韵戈韵见系字北京话平声多读 ɣ（戈科窠稞禾和讹"涡、委"声字例外），仄声多读 uo（果裹过火货祸和卧），平仄分韵也表明历史上有类似的影响因素。

汉语多种方言现仍存有上声带喉塞的事实，包括温州各县、徽州、海南和山西孝义等（详下节），去声带 -s 虽未发现，但带 -h 也还见于山西孝义话。据郭建荣（1989）报道，其母语孝义话去声单说为带微弱 -ʰ尾的 53 或 453 调（法国学者沙加尔特地亲自去听郭氏的发音核实过，见沙加尔（1999：132 注））。所以上声、去声带尾在汉语中应是持续了很久的现象，不过后来只作为声调的伴随现象存在罢了。

依上所说，上古音系除有响音尾-m、-n、-ŋ、-l，浊塞尾-b、-d、-g、-ɢ 外，还有后附喉塞尾-ʔ及擦尾-s 凡几十种辅音韵尾，它们的结构关系与中古四声的对应关系略如下表所示：

	平　声	上　声	去　声	入　声
后附尾	-0	-ʔ<q	-s>h	
鼻　尾	-m -n -ŋ -l	-mʔ -nʔ -ŋʔ -lʔ	-ms -ns -ŋs -ls	
塞　尾			-bs -ds -gs -ɢs	-b -d -g -ɢ
伴随调	˧	↗	↘	˧

从韵尾到声调的发展大致经过四个阶段：第一阶段只有韵尾对立，没有声调（有如藏文）。第二阶段声调作为韵尾的伴随成分出现，仍以韵尾为主，声调不是独立音位。先秦韵文之有辨调相叶的倾向，主要是依据其韵尾相同而叶的，还不是依音高；但为满足古诗歌配乐的需要，伴随的不同音高成分也是附带考虑的因素。第三阶段声调上升为主要成分，代偿

---

① 藏文-d 用在 n、r、l 尾后，与 -s 互补；但 9 世纪初厘定正词法时已给取消了，敦煌文书就已有不写 d 尾的 phjin。《藏语简志》把藏语促尾调与开尾调并为一个调位，但第 13－14 页注明，同标 54 的马 ta⁴³ 与虎 ta⁵³，同标 12 的箭 ta¹² 与舔 taʔ¹³²，实际不同调。按两调既有音高差异，产生的语音条件又不同，还是分开较为合适。瞿霭堂（1981）指出短促的鼻尾韵、鼻化韵都随带喉塞音 ʔ，它们源于鼻尾带 s 或 d，属于韵尾转化；而开尾读短调则源于短元音，两者有着不同起源。

消失中的韵尾的辨义功能。部分韵尾或作为残余成分存在,或仍然保持共存状态。例如现今南方一些方言上声的喉塞成分是残存的不辨义成分,入声带塞尾的方言塞尾仍与短调共同起作用。各类韵尾不是同时消失的,去声、上声较快,入声韵尾一般最迟消失。第四阶段才完全是声调,韵尾全部消失。这是北方多数方言的情况(晋语和江淮话除外)。

3　上声源于紧喉尾详证

奥德里古指出:元音带喉塞尾,随着声带紧张的加剧,喉头开始闭塞,会产生一个升调;元音带由 s 变来的 h 尾,由于声带突然放松使元音音高突然降低,会形成一个降调。这升调、降调起初是由不同韵尾产生的语音结果,原只是其伴随性特征,当后来韵尾消失时,调型才提升为区别性特征。

从唐代开始已有对四声调型的种种描述,也都表示上声是个高紧的升调,去声是个舒长的降调,正跟奥氏的推论相合。在相传的四声口诀中就有一致的描述,让我们先分析上声的。

唐《元和韵谱》:"平声者哀而安,上声者厉而举,去声者清而远,入声者直而促。"净严《三密钞》解云:"平谓不偏,哀而安之声。上谓上升,励而举之声。去谓去逝,清而远之声。入谓收入,直而促之声。"

明真空《贯珠集·玉钥匙歌诀》:"平声平道莫低昂,上声高呼猛烈强,去声分明哀远道,入声短促急收藏。"明王骥德《曲律·论平仄》:"盖平声尚含蓄,上声促而未舒,去声往而不返,入声则逼侧而调不得自转。"也把上声说得像入声似的。唐人对译梵文字母长短元音时,常以上声、入声字译短元音,同样说明上声是像入声那样的短调。

"高呼、猛烈、促、厉举、上升"一致暗示这是一种听来十分尖厉的短升调,这正跟我家乡温州话的上声一样。温州上声是一种带喉塞或紧喉特征的极高的短升调45(浊母是34,两调都比其他各调高出一个调域,全市各区县调值大致相同,只紧喉程度有些差别),听来跟其他吴语的阴入调相似。因母语温州话上声带-ʔ 或紧喉,我很早就设想古音上声带-ʔ。梅祖麟(1970)对此作了充分论证,也引温州话作为例证。

现知这种现象在汉语方言中分布很广。吴语中,温州十来个县市,台州黄岩、天台、三门、温岭,处州青田,福建浦城,以及浙南闽语、蛮话,海南闽语,闽北建阳、顺昌(洋口)话,安徽屯溪、祁门、黟县、休宁话,江西婺源话,以至北方陕西汉阴、山西孝义方言中皆有。罗常培《绩溪方言述略》已说过"休宁和婺源两县的上声特别短促,并附有喉塞声ʔ,很像别地方的入声"。赵元任《现代吴语的研究》则详细描述了黄岩上声带 ʔ 的顿折特征,说上声强烈紧喉的 ʔ 音"把字切成两个音节似的"(按三门的 ʔ334 也这样读);梁猷刚《海南方言中的喉塞音》描写文昌话上声的顿折特征为:"一个韵母听起来就像是两个韵母。"

方言上声紧喉现有两种读法:突促式(如温州急高升短调)、顿折式(如黄岩、海南之"略降—喉紧缩—急升"调,喉塞插在降升调的升调之前,所以一个音节像被拗成两段)。后者应从前者发展而成,即先降一下为强力的急升作预备之势。这两式唐代就已经有了,在880 年日释安然《悉昙藏》卷五"定异音"条所记唐代日传四声(多数已为八调甚至九调)中就已有反映。这是周祖谟先生发现的,下面转摘其对上声的描写〔"轻"指清母阴调,"重"指浊母阳调,"怒声"指介于阴阳之间的次浊。有的标点依句意对周祖谟先生的原文略作改动,方括号

内的调值是笔者根据其描写进行拟定的,参郑张尚芳(1992)〕:

[表]读:平声直低,有轻有重,上声直昂,有轻无重。[此阴上 ?45]

[金]读:低昂与表不殊,但以上声之重稍似相合平声轻重,始重终轻呼之。[阴 ?45,阳 ?224]

[正]读:上有轻重,轻似相合金声平轻上轻,始平终上呼之;重似金声上重,不突呼之_按 _{突呼意同厉促,即带喉塞,既特别注明阳上不突呼,则阴上与金读阳上都应是突呼的。}[阴 ?445,阳 224]

[聪]读:上声之轻,似正和上(指推正)上声之重;上声之重,似正和上平轻之重,平轻之重,金怒声也,但呼着力。[阴 224,阳 22]

平山久雄(2002)所拟调值也有这两式,突促为 55,顿折为 113、325。日释明觉《悉昙要诀》一"初低终昂之音可为上声之重",也指的是顿折式。越南的汉越语是唐时学的,其上声至今还是顿折式,其阴上"问声"214,阳上"跌声"325,都在低点处插加紧喉?,发音过程被拗断,很像黄岩话。这种一个音节被 ? 插成两个音节似的读法,是明显因带 ? 才形成的(连1517 年朝鲜崔世珍《四声通解·翻译〈老乞大〉〈朴通事〉凡例》描写所传朝鲜国音上声也是"先低而中按后厉而且缓"的顿折式)。这种顿折式在唐五代西北方音和藏文对音中也有明显反映,其上声字的韵母跟别的调不同,常常很特别地用双元音来写(如"举"ku·u,"酒"dzu·u),就像民国时设计的国语罗马字用双字母写上声一样。这是因为,北京的上声读曲折调同样是古上声顿折式的遗迹,有两位著名的语言学家为它作过定性,赵元任说,北京上声念曲折调"到了最低的时候,嗓子有点儿比较紧的状态,听得出嗓子有点儿卡那种作用",傅懋勣认为北京上声的元音是带喉头作用的紧元音,严式记音"马"ma 应该记为 ma̱,就是说,至今它还带着紧喉的性质。

突促转顿折,这在今方言中也有例子,马文忠《大同方言札记二则》说那里"上声虽无喉塞韵尾,但在舒声四个声调里也是个短调。"那是个 54 高短调,但在对话里独字成句或重读(如"好! 真好!")时,就变调为 313 似阳平,因上声短调,不拖长"难以形成重读音节"云。王骥德《曲律·论平仄》既说"上声促而未舒",是突促念法,又引沈璟(词隐)说:"上有顿音,去有送音。盖大略平去入启口便是其字,而独上声字,须从平声起音,渐揭而重以转入。"则说明当时又有顿折念法。

上述材料都可证明唐时上声原带 ?,从汉越语音、西北方音到北京上声的类似反映,说明它并非浙闽徽部分方言的特点,而是全国性的现象,目前的方言现象只不过是古音的残留。另外,还有一些兄弟语其上声对当词也是带-? 的,如临高话"马"ma?,未昂语"瓦"ŋua?,布朗语用于月份的"九"kau?、"五"ha?,读得都像入声短调,龙州壮语则阳上字全带喉塞 ?21,则像顿折式的调头。不论同源或借词,都说明上声与-? 相关联。

这一现象的存在,由它对汉语语音史的浊上分流产生过重大影响一事也可窥见,因 ? 尾有阻断浊声母浊流的作用。吴语方言如温州话,匣、云母 ɦ-上声字很多变读清音 h-、ɕ-类似晓母,如"蟹骇很撼晃伙铉"。平阳、温岭、临海方言次浊字遇上声,声母就变 ?l、?m、?n、?ŋ,喻、匣母的 ɦ 也变 ?,即因原带后喉塞,故同化声母也加喉塞,从而跟清声母一样读阴调。这跟邵雍《皇极经世声音唱和图》所记汴洛音,以"五瓦仰、母马美米、武晚尾、乃妳女、老冷吕、耳"等次浊上声字列入"半清音"一类完全相同,可见次浊上声声母喉塞化的现象历史上曾广行南北;正以此故,当全浊上归去时,大多数方言中,次浊上才仍跟着清音阴上一起走。这种分化现象不但分布广而且时间很早（参邵雍图；又晚唐李涪《刊误》已经反映浊上归去。清初潘耒《类音》浊声母也阴阳二分，也全以上声字表阴母，其做法亦如邵雍）。李荣先生《切韵音系》即以台州方言"上声字声门紧缩"影响次浊声母不带浊流来解释邵雍图。又现今的洛阳话入声读归平声，大致也是全清次浊读阴平，全浊读阳平。这是第二拨入声ʔ化丢失前所造成的分化，次浊归清则跟其一千年前上声的变化一样。

唐宋至明至现代都有上声带喉塞的明证，而且在语音演变中发挥了作用，那它是否由上古传承而来呢？罗常培、周祖谟《汉魏晋南北朝韵部演变研究》第23页说："家华一类平声字在西汉已经有和歌部押韵的例子，但是马下寡雅一类的上声字就绝对没有这种例子，到了东汉还是不十分多，直到魏晋以后才完全和歌部字押韵，足见上声可能有它的特殊性，变动没有平声那样快。"如果上声带喉塞，其元音为紧喉受阻元音，在音变的扩散中自然会比平声慢，就可以解释这一现象。此外还有，之部唇音平声的"谋"跟着"不、芣"中古正常地变入尤韵，而上声的"某、母、亩"却滞留不变，所以后来因(m)ɯ>u 而混同于中古的侯韵系，这也应该是源自喉塞对声韵的影响。既然汉代上声已影响语音变化，就表明上声带喉塞在上古已然存在，如果光是声调调值跟平声不同，是不可能影响到音变的快慢不同的。

-ʔ 尾来源似非单一。现代方言的-ʔ，大多来自入声-p、-t、-k 弱化，另一种是来自虚词短读。还有一种是小称音变，如丽水吴语，广东韶关老派话、南雄话，福建邵武话都以-ʔ 作小称形式（也有突促、顿折两式，韶关话是顿折式的典型代表）。

观察古代上声字，其带-ʔ 也有这样三种来源。试分析如下：

（1）来自塞尾弱化。古书中有很多入声字变上声的事实："舓"，《说文》从易声，为入声声符比较缅文 ljak |"若"，而灼切，又音惹，梵译"般若"prajñā。《集韵》"尔者切""一曰今人谓弱为若。"连同音的"弱"也作上声读 |"各、格"，古伯切，至也，通作"假" |"曲"，丘玉切，《史记·曹参世家》有地名曲遇，《集韵》"颗羽切" |"昵"，尼质切，通"昵"，乃礼切 |"商"，都历切，与"柢"为一语分化 |"缺"，倾雪切，《集韵》又"犬繠切"，引《仪礼》"缁布冠缺项"，通作"頍" |"释"，施只切，通"舍"，《周礼·春官·大祝》"舍奠"，《秋官·司圜》"中罪二年而舍"。|古国族名词头"有虞、有周、有仍、有苗"的"有"*gwɯʔ 有人认为即由"域"*gwɯɯg 弱化而来。

口语词中也有这样的例子，如：亦→也，没(物)→么（"什么"本作"是物"，"物"《集韵》"母果切"作"没"："不知而问曰拾没"）。入声在官话中弱化丢失时，最初先是归上声的，"若个"变"哪个"，"角子"变"饺子"，"博士"变"把式"，其保留上声旧读即是明证。《七修类稿·杭音》记了一则杭人嘲笑南渡带来的汴洛官话音的笑话，说宋高宗来杭，"止（只）带得一（音倚）百（音摆）字过来"，说明当时听惯入声的吴人，听官话中新发生的入声派入上声觉得非常刺耳。

上声的鼻尾韵-mʔ、-ŋʔ、-nʔ、-lʔ 尾也有可能从更古的-mb、-ŋg、-nd、-ld 转化而来，"嫚"（缓慢）对古藏文 dald，"底"对古藏文 thild，"坐"zlolʔ 对藏文 sdod，"脸"*kremʔ、"颊"*kleeb 合对藏文 ɦgram，"舔"又他协切作"喋"，"念"又奴协切作"惗"，"磏"楚锦切又错合切，皆可推见。韶关老派小称产生的 -nʔ、-ŋʔ（郑张尚芳记），黄家教即记为 -nt、-ŋk/ŋʔ；古占语 -m、-n、-ŋ 尾在回辉话中有的变音为 -nʔ、-ŋʔ（倪大白记），欧阳觉亚、郑贻青伉俪就记为 -t、-k。说明在听感上两者是非常接近的。

有些汉语的上声 -ʔ 在兄弟语里还是塞尾，举例如下。

对藏文-g 尾：语 ŋag，许 sŋag 赞许，女 njag-mo 妇人、nag-mo 妻，吕金文"玄鏐肤吕" rag 铜，武 dmag 军，苦 khag 困苦，怒 brnag 愤怒，拒 bgag 阻止，舍 sjag 宅舍，举 kjag 抬，妇 bag 主妇、新娘，韭 sgog 蒜，后 ɦiog 下、后，蜐 grog 蚂蚁，友 grog，阜 ɦibog 小丘，扰 rnjog，草 sog 草茎，搅 dkrog，镐《说文》"温器" khog 沙锅，悔灾咎 mug 灾，偻 rug 弯，腻《玉篇》"垢腻" snjigs 污秽、滓垢，纪 sgrig 整理、排序

对泰文 -k 尾：辅 paak 嘴，杜 raak 根，吐 raak，臼 grok、草 cok、舁 jok（同语族的莫话有"科斗"读 kui⁵ took⁹）

对缅文-k 尾：脑 hnok 嘉戎 tə-rnok，后 ok 下面、扰 hnok、舐 ljak、哑 ak、莽 mrak 草，抱 pouk。

当然，更多是对缅文同源词"耳 naa、屎 khjei、煝 mi、虎 kjaa、犬 khwei、马 mraŋ、咀吃 caa、迩 nii、苦 khaa、户 khaa、五 ŋaa、九 kou、市 jhei、洗 shei、辅颊 paa、疕 phei、手 hnjou 食指"所读的":"调〔详郑张（1995c）〕。":"调古碑文原作-h 尾，似不合。视南岛语古-q 尾，今作-ʔ 或h（如"射"邵语 panaq，阿眉斯语 panaʔ，布嫩、印度尼西亚语 panah；"屋"排湾语 umaq、阿眉斯语 lumaʔ、印度尼西亚语 rumah），则-h 正是-q 的变式之一。panaq 正对汉语上声"弩"，umaq 正对汉语上声"庑"。古汉语-ʔ 也应有-q 来源，《逸周书》记周武王斩纣用的"轻吕"剑是一狄语借词，相当于汉代匈奴的"径路"刀，夏德（F. Hirth）于 1900 年及 1908 年指出，"轻吕"即突厥语"双刃刀"qïŋrāq 或 kingrak 的古译（张永言《轻吕和乌育》所引的突厥语形式作kingrāk，并指出白鸟库吉主张对蒙古语 kingara）。

汉语好些古入声塞尾字，在藏语里读开尾，如"百 brgja、夕 zla、腊 sja 肉、日 nji、漆 tsi, tshi 树脂、锲 gri、啬 sri、谷 gro 麦、粟 so 谷麦、钁（镢）rko"等。包拟古曾设想，其中一些词在原始汉藏语里可能是 ʔ 尾，后来在藏语中 ʔ 尾消失，在汉语中则变为-k（按"日漆"等质二部字，虽然中古收 t，上古则收 g）。说明塞尾 k 跟 ʔ 尾远古就相联系。

（2）来自虚字短读促化。虚字短读促化古已有之，平声后世变读入声的虚字，有的就先经过一个上声阶段："无 ma—毋 maʔ—莫 maak｜不 pɯ 甫鸠切—pɯʔ 方久切—put 逋骨切｜之 tjɯ—者 tjaʔ—这 tɕiɛk（原作之石切"適"，省写为"这"。动词"之"也是变"適"的）"。又"之—底—的，而—乃、汝—若"，也是其例。

（3）来自小称后缀。上声字数在四声里是最少的，但字义的类聚很有特点：

a. 指小　形容词倾向以上声来表小义，"大小、多少、长短、深浅、高矮、高下、丰歉、丰俭、奢俭/省、浓淡、咸淡、繁简、松紧、宽褊、圆扁、众寡、壮稚、遐迩"，后一字皆读上声表量小；连动词也倾向表减损或负面意义，如"增减、益损、胜负、成毁、完散、续断、安险、勤惰、甘苦、功罪、泰否、福祸、生死、寿夭、真假、正反、先后、褒贬"，这些常用'词对'的后一词皆读上声，数量众多，应非偶然（反例自然有，如"轻重、老幼"，这里提请注意的是多数词所表示的趋向）。

b. 表亲昵　亲属词（尤其直系亲属）多读上声，如"祖、祢、考、妣、父、母、子、女、姊、弟、舅、嫂、妇、娣姒"（方俗还有"爸捕可切、爹徒可切、姐、社、妈、奶"等）。身体词更是多念上声，如"顶、首、脑、眼、睑、耳、口、齿、颡、颔、颐、颊、嘴、吻、辅、项、颈、领、膂、膶、乳、手（左、右）、肘、掌、拇、指、爪、肚、卵、牡、牝、尾、髓、髀、跨（骻髁）、股、腿、膑、腨、踝、踵、趾、体"等凡数十词（入声字因已有塞尾不能加-ʔ 除外），这些上声的-ʔ 可能来自汉语本身的小称、爱称后缀（类似儿化构词音变），因为这些词的藏文相对形式多不带尾。不过，印度尼西亚语 nének 祖、

bapak 父、emak 母、anak 子女、adik 弟,跟汉语"祢、父、母、女(孥)、弟"可以相比对。古突厥语固有的指小尾缀也是-qia、-kiä,也许汉语与相邻语言有过彼此间的影响。又藏缅语中唯浪速(Maru)话这类词较多,如"祖母"phjik[妣]、"乳"nuk、"官"tsuk[主],"脚"kjik[止、趾]、"屎"khjik 都比藏文或缅文同源词多个-k 尾,而正和以方括号附注的汉语上声同源词相当。

由此看来,上声-ʔ 最初可能是一个构词后缀,也许跟南岛语、突厥语一样是个-q,最初表指小和亲昵,后来弱化形成声调,才扩大到整个词汇范围。

因此可以认可奥德里古的说法,古代汉语上声是带喉塞或紧喉作用的,因声带紧张度增强而产生升调作为其伴随特征,成为后来转化为声调的基础。上声虽然原来也和入声一样有塞尾,但这种喉塞-ʔ 属发声状态,跟发音状态的塞音尾是有区别的。今天各有关方言上声读紧喉现象既可在阴声韵也可在阳声韵出现,可以有 -nʔ、-ŋʔ、-mʔ 等,所以带紧喉也并不妨碍仍把它们归入阴声韵、阳声韵。也就是说,这些韵虽带喉塞,仍不算入声韵。

4 去声源于擦尾详证

传统口诀用"远往、去逝"来描述去声的特征,日释了尊《悉昙轮略图抄》又以"上腾"解"上",以"落去"解"去",都表明去声是个越来越低下去,直至听不见的长降调型;唐人对译梵文字母长短元音时,常以上声、入声字译短元音,而以平声、去声字译长元音,或加"引"字,说明当时去声是可拉长了念的(丁邦新《平仄新考》)。日释安然《悉昙藏》记表信公所传唐音"去声稍引",梅祖麟解为"稍长引的声调"。既然去声非平调,能引长的就只能是一个降调。这正跟奥德里古拟去声为-s→h 尾,因擦音尾的影响,发音时声带放松,致使元音音高降低,附带产生了一种下降的声调,从而转化为去声降调的推论相合。传统对去声调值的描写除用"远、引、角引"外,也用"偃、送"等,都表示是一个延伸的降调(至于浊上归去,那是晚唐浊上的升尾弱化以后的事,与其前的调值是两回事)。

前文已提过,汉语方言中去声带 -h 还留存于山西孝义话。据郭建荣(1989)报道,其母语去声单说即为带微弱送气(ʰ)的 53 或 453 调。

去声带 -s 在汉语方言中虽未发现,但朝鲜语的上古汉语借词尚有-s 尾,带 -s 尾的词中有十几个正是去声字(文字上的-s 今读常变为-t,逢后音节为元音时则保留读 s,如"味"mas 读 mat,但也说 masi < mas-i 可对"味儿"):

磨 mais 石磨　箆 pis 梳子　制 tsis 制作　器 kɯrɯs　圃 pas 旱田　界 kas 边　芥 kas　盖 kas 罩、笠　味 mas　刈 nas 镰刀,疑母还有"吾"na、"眼"nun 也读 n 声母　褣 os 衣　窖 kus 墓穴　饩 kis 分给一份

从"器"读复音声母及"磨"读 ai 而"界、芥、盖、味"反无 i 尾看,它们都是上古而非中古汉语特点的反映,故皆应属上古汉语借词。最有意思的是门闩叫"闭枨"pis-tsaŋ,以"枨"表拄门木,自不会太晚,那"闭"读 pis 应反映的是汉代设郡时期的发音。

日语中"柰 nasi、芥 karasi、假 kasu 借贷、盖 kabusu 覆"等也有可能是古汉语借词,借"柰"表苹果林檎梨类水果[1],借"芥"表芥子和辣(有如朝鲜语 kas)。因日语以开音节为主,遇到没有的韵尾就改为带元音的音节,如"笔"写 fude,"熊"写 kuma(朝鲜语只作 kom),所以 -s 也改为带元音的音节(动词、形容词有与本语终止形词尾相合的,那就更巧了,其实 -s 的性质

---

① 罗杰瑞在《汉语和阿尔泰语互相影响的四项例证》中也提出以"柰"对日语 nasi。

原来也是词尾,在古汉语中"盖"*kaabs 本就是 kaab 闭蔽(今饶平客话"盖"还说入声 khep⁷)的既行式,又转为名词指覆蔽物,再借作朝鲜语 kas 罩、笠)。日语跟"芥"音韵相似的"晒、杀 sarasu(动)sarasi(名)",音义正与汉语"晒、杀"对当,它们是否也是汉语借词值得进一步探究。

俞敏先生《后汉三国梵汉对音谱》指出梵文收-s 尾的音,早期汉译经常用去声字译:

-s 尾	奈 nas	陛 pas	会 bhas	卫、会 vas
-ṣ 尾	替 tiṣ	腻 niṣ	沸、费 puṣ	赖、奈 raṣ

蒲立本以汉时译名"蒲类"bars、"都赖"talas、"贰师"nesef 等证明去声带-s 尾(有人认为"贰师"之类译名中"贰"*njis 译 nes,s 跨两音节对音不严。其实不然。当时译者认为这样的译音才是照顾前后的最严谨译法,如"三昧"samādhi、"三藐三菩提"samyaksambodhi,就特找了能跨音节的"三"来对译,总不会因此而否定这些译音可证"三"古收 -m 尾吧)。这些地名有的至今未变,可以对勘原语,如蒲类泽地区是汉朝讨伐匈奴的重点区域之一,特设蒲类将军,此即今新疆的巴里坤湖,哈萨克语 barəs kol(虎湖),前音节 a 元音,后音节去声带 s,汉代对音正为"蒲类"。"虎豹"称 bars 是阿尔泰语的基本词,突厥语、蒙古语都带 s 无可疑(汉语"豹"也可能相关)。那么这正表明"类"汉代读 rus,还带 s 尾。

有迹象表明,去声带-s 现象直至魏晋南北朝前期尚未完全消失。曹魏时以"对马"译倭国地名 Tusima,这个日本旧地名沿用至今,人们感到奇怪的是,怎么中间少译了个 si 音节?这正说明在当时"对"还读 tuus,快读时,tuusma 译 tusima 是合适的(后来隋代就改译为"都斯麻",可是人们还是喜欢沿用旧名"对马"。有人说,日本也有人主张此可能由"与马韩相对"得名,则"对"既借的是汉语音义,tusi 就更是"对"tuus 的转译了。有人又怀疑古倭语就是今日语的祖语,这也是无可疑的了。因为"倭"古义文献明说是"东海中女王国"(唐时日释昌住《新撰字镜》注同),汉光武册封"汉委奴国王"的金印出土,证明该"倭奴国"为自称,义为女王国,倭奴古 *ʔooj-naa<ʔool-naa,就是日语女人 wonna 的译音,唐时日人因其义不雅才改名"日本")。隋代时东罗马 T. Simocata 写的史书称中国为 Taughast,这是记的早期从突厥人那里传来的名称(突厥语为 Tawghač,后来元初对音译为"桃花石"),有人认为是"拓拔"的对音①,但与古音并不合,只是首音两字母跟"拓"相似而已。1758 年,法国学者德经(Joseph de Guignes)就正确地指出这是"大魏"(指北魏)的译音,显见当时"魏"尚有-s 尾(可比较药名"阿魏"译自龟兹语 ankwaṣ)。这表明魏时还有去声字保留了-s 尾。

语音史上有更重要的证据:中古有一批去声独有的韵"泰、夬、废、祭",没有平上声韵相配,这些字上古又都跟入声相叶声。梵文译音也有用塞尾对译的,如:

制、逝 jet   世 sat   卫 pat   贝 pat   类 rod

可见这些去声字有塞擦两尾,跟入声接近。汉以后"祭、泰、夬、废"等去声类韵,仍有跟入声-t 尾字通押的现象(丁邦新《魏晋音韵研究》对去入通押进行了统计,收-k 的为 0 次,而收 t 的有 86 次)。鉴于缅甸蒲甘时代古碑文-t、-s 可自由替换,khjas=khjat、sas=sat(汪大年 1983),朝鲜谚文-s 尾今混读-t 尾等现象,可见这种通押韵应立足于-s 尾 ~ -t 尾互读的基础上,正好说明了当时这类韵有带 -s 尾的特征(古 -g 尾字虽在《诗经》时代也有去入通押的,但在当时已没有了这种现象)。今众所周知,"率、帅"等字去入互读,《切韵·序》云"秦陇

---

① 参罗常培《语言与文化》第 37 页。

则去声为入",则这类现象在秦陇一带滞留得更久,《集韵》"坠、类"有术韵读法,"泪"术韵劣戍切"关中谓目汁曰泪","四"质韵息七切"关中谓四数为四",正皆关中秦读之例。许多汉语读去声的在兄弟语言里还是塞尾字,像独龙、浪速语"闭"pit,泰文"肺"pɔɔd、"痹"phod、"沸"pud、"雾"hmɔɔk,缅文"帽"kh-mok 笠帽,藏文"帽"rmog 盔等,即说明 -s 是一个相对自由、可以在塞尾后增减的后加成分(比较藏文"雾"rmugs)。

藏文的 -s 除可加在元音和鼻尾 ŋ、m 后外,还可以加在 g、b 等塞尾后。带-s 尾的词与汉语去声字相对当的例子甚多,常见的如:

开尾加 s:二 gnjis、外 ŋos 侧旁、货 dŋos、缟 gos、罅 gas、雇 glas、义 ŋes、耐 nus

鼻尾加 s:渗 sims、禁 khrims 法律、降 ɦkhruŋs 降生、胀 skraŋs 肿、匠 sbjaŋs 熟练、量 graŋs 作名词

塞尾加 s:昼、矗 gdugs、雾 rmugs、付 ɦbogs、候 sgugs、志 rtags 标志、渧 thigs 水滴、世 rabs 世代、莅 bslebs 来到、垫 brdibs 倾塌

其中没有 -ds、-ns、-ls、-rs,从古藏文看,后三类是与 -nd、-ld、-rd 合并了,而 -ds 应与单 -d 或单 -s 合并(参看嘉戎 t 尾词根后加 s 时,t 就隐去,如"隐瞒"ka-na-tsut,"秘密"ta-tsus。拉达克藏语至今仍用 -ts、-ns、-rs、-ls,见马学良《汉藏语概论》第 155—156 页)。我们认为上述"祭、泰、夬、废"各韵在上古汉语中正是 -ds 尾。-ds 原跟 -gs、-bs 一样,广泛分布于去声各韵,如"代"-ɯgs、"内"ubs、"队"uds。而"泰、夬、废、祭"不过是其中低元音的 -ads 类韵:

泰 -aads　夬 -raads　废 -ads(帮见系)　　　祭 A -eds　祭 B -rads

从同声符字看,"祭、泰、夬、废"等韵明显是从入声 -d 尾韵分化来的,中古时入声仍读 at 类(割、决、发),去声则读 ai 类(害、快、废)。上面"卫、类、对、内"等读去声字同样产生了 i 尾。

这去声 -i 尾的增生,也正是它带 -s 尾的明证,正需要由 -s 来解释:因为有些语言 -s 尾常可演变为 -ih。如佤语来选话"毒汁 pɯs、喷出 phrus、舀 kɔs",岩帅话即分别变为 pɯih、phruih、kɔih(王敬骝 1986)。印度尼西亚语的 -s,占语支的雷德语也变 -ih,如印度尼西亚语 berus"毛刷",雷德语为 ʔbruoih;印度尼西亚语"鼠"tikus,雷德语为 k-kuih;印度尼西亚语"米"beras,雷德语为 braih,而藏文也说 ɦbras"米饭,疮疖",汉语正对祭泰韵的"粝、疠"*ɦbras→raih。"祭、泰、夬、废"大约因元音较低,韵尾 s→ih 其脱落 j 化过程比别的韵慢些,故而在《切韵》中独成一类了。

藏文的 -s 也常变 -iʔ,西藏曾译称"乌斯藏",原指前藏与后藏合称的 dbus-gtsang(db 变 w),后来 s 变 i,于是改译作"卫藏",这就是明证。清雍正时,再版的工布扎布《四医学经》藏蒙汉对照的药名表中,藏语以 nas、gus、wes、kus、sjus、hus 译写汉语"奈、桂、魏、鬼、水、灰",表明译写时 s 已变 i。藏文带 -s 词,安多藏语现在则都变为 i 元音。

去声、入声为何通谐关系特别近?"祭、泰、夬、废"等韵为何语音上有特别的变化?这些都是古音学上必须解释的问题。如不取去声带 -s 说,则难以妥善解决。

正因为上古汉语 -s 尾也像藏文那样在元音后和鼻塞尾 -m、-n、-ŋ,-b、-d、-g 后都可出现,所以就形成去声字跟入声韵及阴声、阳声韵都有关系的局面。前人无从索解,故旧时古音学者或把去声列入阴声,或把去声列入入声,从而取消了去声,提出古无去声说。对去声的产生,王力以长短入来解释。但如果带塞尾的元音分长短,那么带鼻尾的元音也应分长短,这

是通例；王氏只在入声韵分，显然不妥。李方桂的阴声韵都带塞尾，只加 x、h 于其后以表读上声、去声调，而仍列之于阴声一类。这样又不能解释以下问题：既然阴声韵平上去都有韵尾，何以舒入通谐主要在去声，显得去声比其他阴声更接近入声，通谐比例独高？何以祭部没有平上相配？如果认定去声带 -s 尾那么所有问题都迎刃而解了。

-s 的不同分布对演变产生了影响，比如藏文的 -gs 在其分支 Balti 语中都变成了-x（富励士 1960：237）。上古汉语到后期也一样，元音和鼻音后的 -s 弱化为 -h，-gs 也变 -h，而 -bs、-ds 则合并为 -s；这时，原 s 尾分化为 -h、-s 两尾，发展的趋势也分为两途：收 h 的"暮、窦、豹"等小分部都没有出现增生 i 尾的现象，而收 s 的"祭、泰、至、队"等分部的"卫、未、类""盖、内、苣"都增生了 i 尾（注意，"代、背"一类古职部字也是 -gs>h 的，中古也有 i 尾，那是脱尾后长元音 ɯɯ>əɯ>ʌi 分裂复化的结果，跟 -s 尾的 -ih 化来源迥异）。在古汉越语（越南语中的汉代借词）的去声字中，ds 尾类的"带 dai³、芥 cai³、脍 goi³、岁 thôi³、肺 phôi³、柜 cui³、利 lai⁴"已带 i 尾，说明是从 -s 转化来的；而 gs 尾类的"助 chu'a⁴、箸 ʔdua⁴、赦 tha³、褯（藉）ta⁴、墓 ma³、帽 mu⁴、试 thu'³"则没有 i 尾，说明是从 -h 来的——从鱼部读 a 元音，幽部读 u 元音，之部读 ɯ 元音，可判断它们应属于上古后期借词层次。

《诗·卫风·硕人》"齿如瓠犀"中的"瓠犀"，在汉末的神兽镜铭中作"会师"，在安徽阜阳出土的汉简诗中为"会㴲"。"瓠犀"gwaas-sli、"会师"（goobs→）gwaas-sri、"会㴲"gwaas-ʔli，如果"会"字不带 s 尾，就难以解释"犀"怎么能通"㴲"。

从奥德里古（1954）提出去声来自-s 以来，已有蒲立本、富励士、梅祖麟、俞敏、沙加尔等多家对此进行了研究，从多方面证明了其发生的机理、语言的表现和功能，应说已是比较扎实的声调发生学理论；尤其是汉语史语音演变方面，正需要接受这一理论来解释其变化。

要注意的是，s 尾转化为喉音有变-h 和变-ʔ 两途。今缅语的。：两调，古碑是-ʔ、-h 二尾，其中-h 尾也跟 -s 有关，越南的问声跌声、紧喉两调依马伯乐研究最初有 h←s 的来源。所以在去声形成一个声调前，都应先经过 s→h 的道路，今山西孝义方言去声尚伴随轻微的 h。但兄弟语言在发展中既可变成喉音-h，也有变成喉音-ʔ。古藏文的-s 尾今藏语即多变-ʔ，拉萨-ms、-ŋs 尾字今读-m?、-ŋ?。汉语方言中，祁门历口，洪村石坑，东至木塔（皆作者在当地调查所得）及江西南城〔郑张尚芳（1991）〕的阴去都带喉塞或紧喉作用，黟县、休宁儒村的浊去跟清入同调，都带喉塞-?（亦来自作者在当地的调查），山西阳曲"续、置、稚、际、务"等字读如入声收-? 等，都可视为 -s 变-? 的遗迹。沙加尔《论去声》即据浦城、南城、宁都、永康、遂溪等方言主张汉语-s 变紧喉音。可以说，在某些汉语方言中，也有跟藏文-s 尾平行演变为紧喉的现象。

-s 后缀有何功能？富励士（1960）、蒲立本（1973）、梅祖麟（1980）就藏汉-s 尾及其语法功能作过比较，证明汉语去声的别义功能跟藏文也相对应。从藏缅语看，-s 原表既事式（完成体），"结发为髻、锲木为契"说明完成动作与形成事物间有联系，故动词既事式较易转化为名词（比较嘉戎语"怀孕"ka-me-skru、"孕妇"kə-mə-skrus），故梅氏认为 -s 尾使动词变名词是继承汉藏共同语的。汉语去声表名物化，"平动/去名"如"磨、县、担、称"，"上动/去名"如"数、处、贻《诗·邶风·静女》"，"平动/去名"的"量"rang/rangs 就与藏文 ɦgrang/grangs 相对，有的还分化造成新的转注字：

　　[平/去]　藏/脏　陈/阵　研/砚　磨/礳　称/秤

　　[上/去]　比/篦　坐/座　负/背　断/段　（后两例为另造字）

　　[入/去]　脱/蜕　结/髻　纳/内　合/会　盍/盖

　　名词读去变动词，则是后起的发展变化，但穿衣称"衣衣"一类应该较早，至今还活在亲属语言白语里，"钉、油、盐"之类则在方言中还非常活跃。去声表使动的"家嫁、买卖、籴粜、食饲、至致"在汉语中常见，方言中还遗存的例如，温州话"平/去"式的"沉"dzaŋ²、"重"dʑyɔ²变读去声6调即表"使沉""使重迭"，入声"毒"dəu⁸改去声dau⁶表使中毒（药死，也见于金华汤溪话和闽语），其实"撑牚、亲衬、流溜、涨胀"等也是以去声表使动的语例。又"抠"gau²刮变gau⁶表轻刮则是另一种语义变化。

　　《公羊传·庄公二十八年》"《春秋》伐者为客，见伐者为主"何休注："伐人者为客，读长言之，齐人语也；见伐者为主，读短言之，齐人语也。"前音为《集韵》废韵房废切 bads"击也"，后音为月韵房越切 bad，乃后世的通读音。bad 保留入声为短读，废韵音汉代 bads>bas>baih 自然变成长读了。"伐"后世都说为入声，原来却是依语法意义分读的。

（十）上中古音发展演变概述

1　概貌

　　我们认为《切韵》代表南北朝时期的读书音音系，与上古雅言音系都是以中州音为标准，一脉相承，上、中古语音的演变过程是连续没有间断的。

　　前面所述表明：上古汉语是一种无声调和介音，元音简单而分长短，声母结构复杂的语言。复声母中有丰富的前加音与后加音，有些具有构词、构形作用。作为上去声前身的后附韵尾，是从有构词、构形作用的后缀发展而来的。

　　汉语语音发展史研究的重点是：介音与声调的产生，韵尾的元音化与声调化，元音的复化，复声母的单化。复声母单化的情况，前面已有较详细的论述，本节将着重概述韵系的演变。

2　元音通变

　　上古有 6 对长短元音，相邻部位的元音也可通变，通变是依据元音在下图中的位置进行的：

	前	央	后
闭	i 脂	ɯ 之	u 幽
开	e 支	a 鱼	o 侯

　　藏文无 ɯ，只有 5 元音，各元音都有与汉语同样元音相对应的同源词，可左证古音构拟的可靠度：

　　【i】姊祖母 phji、日 nji、挤 gtsir、二 gnjis、痹 sbrid、四 bzji、死 sji、民 mi 人、眉 smin、薪 sjing、犬

khji；虱 sjig、噎 ig、节 tshigs，收 g 尾。

【e】牒册 deb、接 sdeb、舌 ltje、颈 ske、积 rtseg、惭 zem、赐 legs。

【a】苦 kha、五 lŋa、睹 lta、狐 wa、雇/价 gla、无/毋 ma、女 nja、鱼 nja、侣 zla、凉 grang、鬯酒 thjang①、氓民 dmangs、百 brgja、夕月 zla、甲 khrap、盖覆 gab、世 rabs、羊 ra、家房 khang、余/予/阳 raŋ 自己、如若 na。

【o】籍 slo 蒲篮、后 figo 首领、主 djo 主人、穀 gro 麦、谷 grog、壳 skogs、后 fiog 后面的、绿 rog 青黑、巷 groŋ 村镇、功 skoŋ 成就、奉 fibroŋ 伺候、钟 tjoŋ 钟铃、筒 doŋ、洞 doŋ 坑洞、用 loŋs、涌 loŋ、圆 sgor、卷 fikhjor 卷曲、货 dŋos 物资。（参勉瑶语"欠"tɕhom⁵、"染"n̥om⁶）

【u】九 dgu、肘 gru、舅 khu 叔伯、苞 fibu、胞 phru 子宫、夏 bug、毒 dug、六 drug、昼 gdugs、笃 stug 厚、三 gsum、入 nub 西沉、退 nud、钝 rtul、驯 srun。

元音长短，有无韵尾与垫介音，对语音变化过程影响都很大。尤其是元音长短，由于长元音出现链式迁移变化，故比短元音变化快，中古短元音保留上古面貌的要比长元音多。这是因为短元音后来出现了介音，成为带辅音尾、带垫介音的受制元音，比开放元音发展变化慢。

3　短元音

短元音至中古增生 i 介音而形成三等，元音本身除 a 外基本未变或只小变。

收喉各韵（举阳声韵兼赅相对的入声韵）三等元音变化最小，"脂真 i、之蒸 ɯ>i、尤东三 u、支清 ɛ、虞钟 o"等韵都基本同上古，仅低元音"鱼"韵因歌韵由 al>ai>æ>a 占了 a 的位置，在推链作用影响下，由 ɯa>ʌ>ʌi>ɣi，逐步后高化了。而带尾的"阳"韵变化慢些还留在 iɐŋ 的位置上。有 r 垫介音的"庚"韵更保留 a 不变（仅略高化近 æ）。

收唇、收舌各韵中"臻真 i、殷文微 ɯ>i、盐仙祭支 ɛ"基本未变。我们改《切韵》"之、蒸、欣、微"主元音为 i（旧皆拟 ə），因而解释了南北朝时"蒸"iŋ 与"登"əŋ、"欣"in 与"痕魂"ən 为何不叶韵的问题。后央高元音有前化合并现象，"微脂""文真""侵"韵的 i 含 ɯ 来源。

低元音 a 则趋高化，钝音声母后变 ɐ（凡、严、元、废），锐音声母后变 ɛ（盐、仙、祭）。o 的变化同 a，但在舌尾前为带合口介音的 ɐ、ɛ。

4　长元音

长元音除 a 外变化都较大，尤其是无韵尾和介音的开放元音。

开尾韵除 a 外都复化。高元音前面先带上过渡音，过渡音再扩张为主元音，原元音反沦为韵尾（因下所论皆长元音，标音不再双写元音）：

一等：　u>əu>ɑu 豪	ɯ>əɯ>ʌi>ʌi 咍	i>ei 齐
二等：　ru>rəu>ɣau 肴	rɯ>rəɯ>mɯ>iɐ 皆	ri>rei>ɣɛi 皆

中元音则先高化后复化：

一等：　o>u>əu 侯	e>i>ei 齐

---

① 本文用 tj、thj、dj、nj、sj、zj（即相应舌尖音加 j）表藏文舌面音，既利于比较，亦利于印刷。

二等：　ro>ru>rəu>ɣau 肴　｜ re>ri>rei>iɣ>ɣɛ 佳

佳韵的 i 尾后来跟"歌麻"韵的 i 尾一样脱落了。

只有低元音 a 不复化，仅向后高化：a>ɔ>o>uo 模，但前有 r、j 垫介音的则不变，ra>ɣa 麻二，ja>ia 麻三，合为仍保持读低元音 a 的麻韵，麻韵（尤其麻二）迄今保持读低元音。

带尾各韵中，元音舌位较高的 i、e 合并了，u、o 都出现复化：

i、e >e（后期>ie）青添先齐萧。

u>uə 魂灰、uo 冬（又灰变体）。视韵尾而取值有异。

o>oʌ>uɑ 寒歌合口（即《广韵》桓戈），是在 -n、-i 尾前。

o 收唇>ʌ 覃、ɑ 谈，由异化失去合口。但 o 收喉>u，仅高化不复化。

ɯ>ʌ 覃、咍，是在 -m、-i 尾前更向后低化，向"谈泰"韵靠近。ɯ>ə 登痕，为低化。

低元音仅略后化为 ɑ，"唐、谈、寒、泰、豪"这些韵自古迄今元音没有大变，是作为受制元音保留在闭音节结构中的，有些方言鼻化脱尾则就大变。歌韵 ai>æ>a>ɑ，经历了一个失尾单化过程。

ra 仍保持 a，"麻、庚、衔、删、夬、肴"，可说是汉语语音史上元音变化最小的韵。仅"麻、庚"略高化近 æ。ja>iɛ"清、昔"，则是被 j 高化的，其中清韵仅"饧"字。

垫介音 r 对元音又有低化作用，ro 收喉>ɣɔ"江"，收舌>ɣua"删麻合口"。re>ɣɛ"耕咸山皆"，ri、ru、rɯ 也都并入 ɣɛ。

前元音 e 常常前增过渡音而复化，e>ie>iɛ，因此上古短 e 通常变三等 iɛ，长 e 变四等，在后期也由 e>ie，连齐韵在复化为 ei 后，还再变为 iei。

5　i、u 介音来源

汉语 i 介音有三种来源：二等 r 弱化为 j，三等短元音前加过渡音复化而增生 ɨ（逢前元音同化为 i），带尾高长元音后加过渡音转化而来。

后两种可比较下列两类长短元音带韵母的复化过程：

前增 ɨ(ĭi>iɪ)　　　　　　　　　后增 e

七 snhid>tshiɪd　　　　　　　切 shiid>tshied（i 是原主元音）

因 qin>ʔiɪn　　　　　　　　　烟 qiin>ʔien

尘 dɯn>din>diɪn　　　　　　　殿 dɯɯn>diin>dien（方言"腚"与此同源，来自 dieŋ）

u 介音有两种来源：喉牙系 w，舌齿系带舌尾的主元音 o、u 因后增过渡音转化而成。还有三种次要来源：古 m、r 辅音成分转化及 ɯ 元音转化，中古以后还有舌叶声母 tʃ 的撮口势的影响〔详郑张尚芳(1996)〕。

6　i、u 韵尾的来源

i 韵尾有三种来源：-l 弱化；-s 尾 →ih；开尾主元音 i、ɯ（e 则先高化为 i）前增过渡音转成，如 ii→ei（齐），rɯɯ→rəi→rɛi（皆）。古去声 s 尾转为 ih 是占语、佤语的常见变化，在汉语去声如"害、盖、快、对、醉"中的 i 尾都是这样来的。

u 韵尾有两种来源：原有 -w/u；开尾主元音 u、ɯ（o 则先高化为 u）前增过渡音转化而成,如幽部 uu→au(豪韵的"考、好、道"),之部 wɯ→u→ɨu→ǐəu(尤)。

7　四声源流

作为中古以后汉语特点之一的声调并非自古就有,上古本为韵尾对立的音段特征,晋代以降才转化为超音段特征的声调。

声调由韵尾转化而来,去声来自-s/-h,上声来自-q/-ʔ,入声来自-b、-d、-g、-G。它们与响音收尾的平声共同组成四声系统。相对于平声,后三种称仄声,它们共同构成诗歌所重视的平仄系统。至于按声母清浊产生的阴阳分化,那是从唐代开始的。浊上归去,次浊归阴上,是唐后期的事,并且反映了上声ʔ在次浊变化中还发挥着作用。

-s、-ʔ 两种后附尾,最初构词、构形的作用较强,最初的时候,它们的增减是比较灵活自由的,所以与平声、入声常形成原形、变形的异读关系,直到后来,这些韵尾才逐步固定下来。现在方言里还有利用声调作动词时态,以及作名词指小、作形容词强调式变化的,它们都是对古声调及其原始的韵尾带有语法功能的传承和反映。

8　小结

上古韵系所构拟的是当"鱼"部占 a 元音位置时的韵母系统;《切韵》韵系所构拟的,则为经元音迁移后的,"歌"韵占 a 元音位置而"鱼"部(模韵)占 o 位置时的韵母系统。上古音的演变说明了这两部发音位置的转移规律,其大势是低元音的向后高化,长元音的复化分裂。在音系分析和音变解释方面,我们采用标记理论、钝锐特征、元音链移及抑制机制等新的视点,并对之作了更深更新的理论说明。

参考文献

奥德里古　1954　越南语声调的起源 JA:242,冯蒸译文载《民族语文研究情报资料集》第七集。

丁邦新　1994　汉语上古音的元音问题,《中国境内语言暨吾言学(二)历史语言学》21—36 页,"中研院"史语所,台北。

董同龢　1944　《上古音韵表格》,《中研院》史语所石印。李庄:史语所集刊 18 册 1948 重刊。

敦林格　1976　汉语里的长短元音,《通报》62 卷 1—3 页。

傅懋勣　1956　《语言调查常识》,北京:中华书局。

富励士　1960　上古汉语塞尾韵母,BSLP 55。

龚煌城　1992　古藏文的 y 及其相关问题,《汉藏语研究论文集》,台北:"中研院"语言学研究所。

郭建荣　1989　孝义方言降升调韵母中的间歇,《方言》(1)。

珀内尔 H. G.　1988　"优勉"瑶民间歌谣的韵律结构,《瑶族研究论文集》,北京:民族出版社。

黄典诚　1980　关于上古汉语及元音的探讨,《厦门大学学报》(1)。

李方桂　1933　藏文前缀音对于声母的影响,《史语所集刊》4 本 3 分。

李永燧　1959　苗语声母和声调中的几个问题,《语言研究》(4),北京:科学出版社。

罗杰瑞　1982　汉语和阿尔泰语互相影响的四项例证语,《清华学报》14:244。

马学良、罗季光　1962(a)　我国汉藏语系语言元音的长短,《中国语文》(5)。

马学良、罗季光　1962(b)　《切韵》纯四等韵的主要元音,《中国语文》(9)。

梅祖麟　1980　四声别义中的时间层次,《中国语言》(6)。

平山久雄　2002　安然《悉昙藏》里关于唐代声调的记载——调值问题,《纪念王力先生百年诞辰学术论文集》,北京:商务印书馆。

蒲立本　1962　上古汉语的辅音系统,AM9,有潘悟云、徐文堪译本,北京:中华书局1999。

蒲立本　1973　关于汉语族一些新假设,JCL 1:111—25。

瞿霭堂　1991　《藏语韵母研究》,西宁:青海民族出版社。

沙加尔　1999　上古汉语的词根 Current Issues in Linguistie Theory 184,John Benjamins Publishing Co, Amsterdan。

斯塔罗斯金　1989　古代汉语音系的构拟,莫斯科 Nauka。

孙宏开　1982　《独龙语简志》,北京:民族出版社。

汪大年　1983　缅甸语中辅音韵尾的历史演变,《民族语文》(2)。

汪大年　1986　妙齐提碑文研究《北京大学学报》(4)。

王辅世　1994　《苗语古音构拟》,东京:亚非语言文化研究所。

王辅世、毛宗武　1995　《苗瑶语古音构拟》,北京:中国社会科学出版社。

王敬骝　1986　论佤语“街”和傣语“街”的同源关系,《民族调查研究》(4)。

熊正辉　1982　南昌方言里曾摄三等读如一等的字,《方言》(5)。

张琨　1947　苗瑶语声调问题,《史语所集刊》16 本。

赵元任　1980　《语言问题》,北京:商务印书馆(原著1959)。

郑贻青　1997　《回辉话研究》,上海:上海远东出版社。

郑张尚芳　1990　上古汉语的 S -头,《温州师范学院学报》(4)。

郑张尚芳　1991　越人歌的解读,法国《东方语言学报》20 卷 2 期,有孙琳、石锋译文,刊《语言研究论丛》(7),北京:语文出版社。

郑张尚芳　1992　切韵 j 声母与 i 韵尾的来源问题,《纪念王力先生九十诞辰文集》,济南:山东教育出版社。

郑张尚芳　1996　汉语介音的来源分析,《语言研究》1996 增刊。

郑张尚芳　1999　白语是汉白语族的一支独立语言,《中国语言学的新拓展》,香港:香港城市大学出版社。

四　藏　语

（一）同　源　比　较

汉语和同语族其他语言相比较，学界一般都认为和藏语最接近。这个印象是从基本词汇大量同源来的，虽然语法有些不同，但基本词汇尤其核心词汇相近度非常之高，表明两语关系密切，是发生学上的同源关系。

国内最早研究"汉藏韵轨"的俞敏先生，1980年曾在《北京师范大学学报》发表《汉藏两族人和话同源探索》，他从《国语·晋语》"昔少典娶于有蟜氏，生黄帝、炎帝。黄帝以姬水成，炎帝以姜水成"中的"姬""姜"同出一源，一直谈到周伐殷商的姬姜联合，认为羌是游牧的姜人，而藏族是羌人中后来发展出的最强盛的一部。他还引了藏语常用的封闭类词与汉语相对当的例子，如 adi 对"时"，de 对"是"，gagi 对"何居"，gji 对"其"等，说明二者的同源关系（参俞敏1949）。

虽然炎黄二帝是上古传说中的部落领袖，真实性难以考证，但周人的姬姜二姓联姻则是史实。还可强调一下，建立中国有史书记载的第一个朝代的夏禹原出于羌。《史记·六国年表》"禹兴于西羌"，《集解》引皇甫谧《帝王世纪》云："《孟子》称禹生石纽，西夷人也。《传》曰禹生自西羌。"扬雄《蜀王本纪》云："禹本汶山郡广柔县人也，生于石纽。"现在汶川还是羌族的聚居地。所以，作为汉语基础的夏语有着羌藏的底子，是不奇怪的。夏人称首领为"后"，所以号称"夏后"氏，这"后"的古音 goo 即跟藏文 hgo 同，这个称号既与禹生于西羌合，又与汉时称羌酋为"豪"合，"豪"也是 hgo 之对音。

《后汉书·西羌传》记烧当羌被汉军战败后"远踰赐支河首，依发羌居"。《新唐书·吐蕃传》："吐蕃本西羌属，盖百有五十种，散处河湟江岷间。有发羌、唐旄等。……'蕃''发'声近，故其子孙曰吐蕃。"藏族自称 bod，是与"发"古音 pad 近，而与"蕃"bon 不近，按藏人称所奉本教为 bon，"吐蕃"应对译"本教之地"（笔者另有文述此）。所以藏语本也是从古羌人语言一支发展出来的。这些历史记录表明，汉藏两族自古就有渊源。

汉藏语言研究中，汉语与藏语同源关系的研究起步最早，18世纪初国外就有人提出了二者同源说。俞敏先生1949年就提出"汉藏韵轨"，1989年发表的全稿为《汉藏同源字谱稿》，1957年还发表了《汉藏虚字比较研究》。此外，1986年柯蔚南（W. S. Coblin）的《汉藏语词汇比较手册》，1996年全广镇的《汉藏语同源词综探》，2000年施向东的《汉语和藏语同源体系的比较研究》,2001 年邢公畹的《汉藏语同源词初探》,以及 2001 年薛才德的《汉语藏语同源字研究——语义比较法的证明》,都是专门对比汉藏两语的专著。这些研究为汉藏语同源提供了丰富的对应词假设,可作为我们今天研究的重要参照。

由于藏族社会发展较汉族慢,语言发展同样较慢而保留了更古阶段的样貌,由此汉语古音中的许多问题可由藏文得到解释。清代以来,许多精通音韵的学者发现,上古汉语有些特点大别于中古,如"三"与"风"都入侵部,是同韵字,中古却分入谈韵与东韵,相差很远,而藏文"三"gsum、"风"phrum(～bser 冷风)正读 um,合于侵韵。中古"节、铁"字在屑韵收-t 尾,但其声符"即、呈"却收-k 尾,而藏文"节"tshigs、"铁"ltjags,原来韵尾有-g,而如果了解了-t 是后来变的,这就全明白了。

汪荣宝以来的学者费了许多工夫才考得上古音最显著的特点是鱼部读 a,而藏文"鱼nja、无 ma、五 lnga、吾 nga、苦 kha"就一直还读 a。

汉语古籍的通假、谐声、异读反映了众多需要用复辅音来解释的现象,但由于汉语方言现在已无复辅音,所以学界就硬是有人不相信汉语古有复辅音。事实上,现在后藏藏语已无复辅音,连拉萨藏语多数人也已没有复辅音(只有少数人还留有鼻冠音声母),但藏文书面语原有包括二合、三合、四合的复辅音 180 多个。它们在不同方言中作了不同简化,例如,康方言多保留鼻冠类复辅音,而安多方言保留了较多的复辅音形式,其中,阿力克方言还留有 92个,四川道孚语则有 100 个以上。这个事实就把复辅音简化历程活生生地呈现在我们面前,使人看到汉语曾经历完成了的相仿的语音发展史。因为汉藏两语许多词是同源的,它们的发展过程也完全可以进行类比。从明代四译馆《西番馆译语》的汉译看,"四:bzji 卜日,五:lnga 剌,九:dgu 耳谷,雾:smug 思木","到:[莅]:slebs 思列卜思,皮:[肤]:lpags 失罢克思"说明当时藏文前冠及后附复辅音尾还都发音。藏文现在不发音的成分,不应推断为古代原来就如此,把今方言形式看成亘古不变的那种观点是非常错误的。

在汉语和兄弟民族语中,当然也都会出现后世的声母不是原声干,后世韵腹不是原韵元音的变异现象。藏文"熊"dom 与汉语 gw-、缅语 w-声母不同,"六"drug 与独龙语 kru' 声母不同,其实藏文的 d-不是原声干,是由"前冠夺位"来的。汉语音韵学有阴阳对转,同样反映于兄弟语,比如古汉语[予、余 *la]对藏文 rang 自己,汉语[羊 *lang]对藏文 ra 羊。这样就可认为藏文"人 mi、犬 khji"对汉语"民、犬"是合适的,它们词根相同,只是韵尾有鼻尾与零尾的交替。

从 20 世纪 80 年代以来,汉语上古音研究取得重大进展,使得古汉语面貌更与藏语接近,光我们提出三等原为无标记的短元音,古汉语本无腭介音等假说,就拉近了汉语跟藏语许多形式上的距离,比如"无"高本汉拟 mi̯wo,王力拟 mǐwa,今改拟 ma;"九"高本汉拟ki̯ug,王力拟 kǐəu,今改拟 ku',其面貌就更近于藏文的 ma、dgu 了。

(二)古文字及语音演变

在汉藏语言研究上,值得庆幸的是存在创制较早的藏文。经研究,在 7 世纪吐蕃王朝的松赞干布以前就已经仿效印度梵文字母创制了藏文,到松赞干布时由图弥三菩札集其大成,进行了统一规范。其后藏文还经多次修订,最重要的厘定有三次,其中9世纪初的第二次厘定影响最大,编写了语法和辞典,大致形成藏文的基本面貌。11世纪藏文厘定后,把之前的称古文字,厘定后的称为新文字。

今藏文的书面形式基本还可代表中古藏语形式,但许多成分因在后世口语中逐渐消失而不发音。而在此之前,明代《西番馆译语》等材料中还可见到15世纪藏文的形式,表明那时已有部分音值发生了变化,但多数前冠、后附成分都还发音。

在金石铭文和敦煌、新疆出土文献所记的古藏文中,更能看到厘定前的藏语面貌,如 sel 消除原从 stsel 省成,ldags 舐原作 blags。还有许多前冠音如"drnga 骆驼、dmjig 或 gmjig 目、gnji 日"的 d-、g-、"smje 火、lnja 鱼"的 s-、l-;后垫音如"mji 人、mjed 无"的-j,复韵尾的如"phjind 去、bjind 给、kund 全部、gjurd 变、thard 解脱、stsald 赐、gsold 祈求"的-d,都是厘定时才省去的。

这些反映较早消失成分的古藏文记录,自然非常可贵,而此外在后世方言里消失了的藏文书面语中的那些成分,同样也值得注意。幸好书面语里保留了它们的痕迹,因为光看方言是无法知道的。

有学者提出,无文字的民族语言可以从其方言中的共同成分寻求原始形式,然后比较不同语族原始形式去求得原始共同语。这听来颇为有理。但从藏语方言看,光是藏文 la,前复辅音 bla、gla 的 b-、g-在今方言里就都没有了,zla 反映为 d-,即使综合方言也达不到明代《西番馆译语》"刺瓦"的"刺"的水平,这样如何能够恢复那些已失成分以求得藏文早期的形式?连重构藏文形式也遥不可及,遑论觅取更远的原始形式。所以说,幸亏有了藏文这样无可争辩的历史记录形式,才使得藏语 bla 对汉语"傅",gla 对汉语"雇价"有了比较基础(缅文同样也变 p-、k-声母),要靠今方言来综合则是办不到的。

从古藏文可以看到其完整音节构成如下:

前加、上加字(前冠音)−基字(基辅音)+下加字(垫音)+元音+后加字(韵尾)−再后加字(后附尾)

这和上古汉语的完整结构完全相同(垫音中的 c 表流音,s 表半元音):

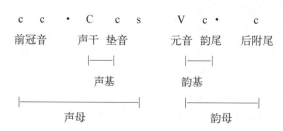

这充分说明今天标准藏语无复辅音、有声调的音系结构,是从复辅音丰富而无声调的音系形式转化来的,说明藏语走的也是与汉语同样的发展路线。虽然汉语走得更早更快,但藏语的发展历程记录则更为清晰可靠,提供了汉藏兄弟语共同发展模式的凭据。

从明代四译馆《西番馆译语》所记藏文(西田龙雄《西番馆译语研究》称为西番语 A)的汉字译音来看,藏文一些复辅音大多还发音,如以下前冠:

s-:skar 思葛儿(星)、sprin 思卜吝(云)、smug 思木(雾)、srab 思刺(薄)

h̲-:h̲dja 恩扎(虹)、h̲thug 恩兔(厚)、h̲djug 恩竹(入)、h̲gro 恩果罗(行)

m-：mkhar 木渴儿（城）、mthju 木初（唇）、mdun 母敦（前）、mdzo 母作（犏牛）

b-：bzji 卜日（四）、bdag 卜达（主）、bla-ma 卜剌麻（剌麻）、brdung 本儿冻（打）

r-：rdo 儿夺（石）、rna 儿纳（耳）、rdul 儿毒耳（尘）、rgjug 儿菊（走）

l-虽因清化而译"失"，如 ltje 失折（舌）、lho 失洛（南）、lpags 失罢克思（皮），但 lnga 剌（五）明显从合音而来，还保留 l 冠原来未清化的读法。

后附尾：g-jas 牙思（右）、slebs 思列卜思（到）、nags 纳克思（林）、ltjags 失折克思（铁）

还可看出，这一时期藏文中同时也已经出现了一些冠音弱化、擦化甚至消失的例子，d-就兼有此三种形式：

弱化d->r-：dgas 耳葛（喜）、dgu 耳谷（九）

擦化d->h-：dkar 黑葛儿（白）、dpon 黑伴（官）、dmag 黑骂（军）

　　g- s>h-：gsar 黑萨（新）、gser 黑谢儿（金）

消失g->0：gsum 逊（三）、gnam 难（天）、glog 洛（电）

　　z->0：zla 剌（月）

　　d-b>0：dbu 物（头）、dbul 物耳（贫）、dbjar 牙儿（夏）（注意韵尾轻音 ba 亦译"瓦"）

西田先生认为《西番馆译语》所记是安多方言，现在的安多方言如夏河话仍在继续走同一弱化、擦化、消失之路，如"九"天峻话还是 rgə，夏河话已经是 hgə 了；"金"天峻话还是 hser，夏河话已经是 ser 了。藏文众多不同冠音，安多方言除 h-、m-变鼻冠音外，大都变了 h-冠音，这就像缅文、泰文以 h-为主的面貌，是前冠复辅音发展的中间阶段。

"城"红原话 mkhar 全同藏文，天峻话则因 m 冠影响添加唇化为 mkhwar，化隆话失 m 成 khwar，就变得更像汉语"垣"ɡwan，从而让我们见识到了汉语同源字"垣"ɡwan 音的形成过程。

《西番馆译语》有不少转抄本，龙威秘书本《西番译语》亦其一种，虽抄得不怎样，错误不少（如天文门"月落"与"日落"互误；禽兽门"兔—约思"误抄为"纳思"，下字"龙—恩卜路耳"，受原书的"蛇—思卜路耳"影响，多抄了个"耳"），但因列于《丛书集成》而较易得，取对较方便。

（三）声　　母

藏文字母我们采取拉丁转写形式，声母除舌根、舌、唇、齿音用国际通行的常规转写外，对舌面音、喉音声母要特别说明一下：

舌面音转写为 tj、thj、dj、nj、sj、zj。用 j 表示腭化。

喉音转写为：'、h、ẖ。小阿转写为 ẖ〔依金鹏（1958）〕。

藏文 tj 组与汉语 tj 组比对，对得好的不少，如："饘"tjan 对藏文 thjan 米粥，"咮"tjo 对藏文 mthju 唇、鸟喙，"主"tjo' 对藏文 djo 主人、主宰，"二"njis、"日"nji、"孺"njos 对藏文 gnjis、nji、njog。但也有汉语 tj 组字藏文明显无 j 的，如"织"tjɯɡ 对藏文 thags，"雔"dju 对藏文 双 do，"乳""耳"对藏文 nu、rna。还有汉语无 j 而藏文舌面化的，如汉语"沱"daal（《易·离》以"涕沱若"

表泪如雨下）对藏文"雨"thjar，汉语"念"nɯɯms 对藏文"思想观念"njams。可见腭化不是一开始就已有的。尤其藏文有些-jac 有可能是从-ec 裂化来的，与古汉语比较，brgjad 对"八"preed，ldjag 对"舐"file'，phjag 对"臂"pegs，元音皆为 e（藏文"舌"ltje 不带韵尾仍为 e）；ltjags 对"铁"lhiig，skjag 对"屎"qhli'，sjag 对"室"hlig，元音皆为 i，应低化为 e 再裂化。因此，ja 不过是 ia<e 的音变结果，是元音变化，本就不属垫音系统。

又依我们的研究，藏文 tj 组塞擦音字母只对汉语端组，不牵涉齿音来源。龚煌城《古藏文的 y 及其相关问题》把 tj 组转写为 c 组，并认为来源于 t 和 ts 两组的 j 化。我们认为齿音例子可疑。因为我们认定上古汉语没有塞擦音，精母是后起的，孙宏开先生也认为藏缅语塞擦音后起。而龚氏所列三组塞擦音例，其相对比的 c 组后字，经比较分析并非来自齿音，仍是舌音，只是汉语或非腭化音而已：

brtse—gce 爱，实际上，前字对汉语"慈"zɯ，后字 gtje 对汉语"悌"diils。

htshir—hchir 挤，实际上，前字对汉语"挤"ʔsiils，后字 hthjir 对汉语"抵"tiil'，《说文》："抵，挤也。"

htshud—chud 置入，实际上，前字对汉语"桙"zuud 以柄内孔，后字 thjud 对汉语"窋"tud 物在穴中。

当然，擦音部分是藏汉原来都有的，并且都来自咝音和流音。比如藏文 sjig 虮子对汉语"虮"srig，bzji 四对汉语"四"sjis<hljids，zjing 田、罗网对汉语"田畎"l'iiŋ。藏文 sji 死对汉语"死"sji'<hlji'，注意，它的形式又作 hthji，该例显示汉语读擦音的字还可以与 tj 组有相关的变化。

又 0、ɦ、j、w 各声母俱是喉音声母的变体，也跟汉语边音以母并无渊源，以母从 l<ʎ>j，那是中古才出现的语音演化。

藏文的冠音分为"前加音"m- ɦ-、b- d- g-，"上加音"r- l- s-两类。前加类也许最初带有模糊元音，俞敏《汉藏同源字谱稿》就转引过 A. H. Franke 所引吐鲁番古藏文文献把 mkhyen 见识写成 ma-khyen 的例子。而且小阿 ɦ 的音值应依单读浊喉擦音，今方言作鼻冠是后来的变化；它在元音后 =0，只是双辅音字分别字根辅音的标记。

龚煌城先生把冠音 ɦ-拟为 N，并且设想它在古汉语复辅音结构演化中起着稳定古声母的作用。我同样也设想古汉语中有 ɦ，但认为它起着浊化声干促其脱落的作用，比如：

龙 rong<ɦprong，比较藏文 ɦbrug（唇音"庞"字同为"龙"声）

瞳 raa<ɦpraa，比较藏文 a-ɦbras 瞳人（与唇音"肤膚"字同谐声）

疬、疠 rads<ɦprads，比较藏文 ɦbras 米、癞病（以唇音"万"为声符）

（参：厉 rads<ɦpraads，比较勉瑶语 bjaat[8] 辣，高坡苗语 mpla[8] 辣，章太炎说"辣"来自"厉"）

离 ral<ɦpral，比较藏文 ɦbral 分离（也可对"披"）

脸 kram'、ram'<ɦkram'，比较藏文 ɦgram 面颊（《集韵》作居奄切，今读来母）

旅 ra'<ɦkra'，比较藏文 ɦgro 行走、往来（同谐声有"簇"，或从吕）

侣 ra'<ɦkra'，比较藏文 ɦgrogs 结友（与"莒"同谐声）

谅、凉 rang<ɦkrang，比较藏文 grang（"京"声）

与汉语对比的藏文形式大都是带 ɦ-的，而汉语同源词却大多脱落该形式，这和龚先生的想法正好相反。龚先生认为，藏文 ɦgro、ɦgrogs 对汉语"于、友"，并将其作为将云母拟为 *gwrj 的重要根据，但从音义看，用它们来对比来母字的"旅、侣"也是完全可行的。

有些藏语前冠到汉语变成垫音 r 或 j,出现"前冠易垫"现象:如:二等"撞"rdooŋ>drooŋ 对藏文 rdung、"氓"mraaŋ 对藏文 dmang,重三"银"ŋrɯn 对藏文 dngul,"贫"brɯn 对藏文 dbul,"眉"mril 对藏文 smin,这是 d、s 变 r 然后移位的结果,即 dm>rm>mr。而腭音日母"耳"njɯ、"壤"njaŋ 对藏文 rna、rnang,这是 rn>nr>nj。"垣"Gwan 对藏文 mkhar_城,从安多方言天峻话 mkhwar 看,垫音 w 原来正是由冠音 m 演变而来的。

（四）韵　　母

1　常规对应

藏文有 5 元音 i、u、a、e、o,皆可结合韵尾,并与汉语相同元音互相对应,可作为语音对应的基本项。比如在数词、身体词中:

[i]　四 bzji、二 gnjis、一 gtjig、涕 mthji_泪

[u]　九 dgu、六 drug、三 gsum、胞 phru

[a]　五 lnga、肤 lpags_皮、髆 phrag_肩

[e]　舌 ltje,颈 ske、gre

[o]　喉 og、lkog,头 thog

元音可邻位交替,所以 e ~i 及 o ~ u 皆属正规对应,例如:

藏文 dphji 对汉语[髀] pe'_股,藏文 sku 对汉语"躯"kho,藏文 nu 对汉语"乳"njo。

注意,前文提过,e 如带尾,藏文常裂化为 ja,所以"八"brgjad、"臂"phjag 中的 ja 对汉语 e 而不对 a,这是对的更古的语音形式。

上面所述这些对应,都不是孤立的,还拥有相当多的同词根的"同源异形词",或词根同音的"异源共形词"。以"九、五"为例,就都包含有同音词根的其他词语,例如:

（1）汉语"九 ku'、鸠 ku、究 kus、尻 khwuu、宄 kwɯɯ'"都以"九"为声符,而藏文也有 gu_九、khu-_杜鹃、dku_胯、rku-_偷盗都以 ku 音为词根。

（2）汉语"五 ŋaa'、吾 ŋaa、语 ŋag"都以"五"为声符,藏文相对应的 lnga_五、nga_我、ngag_语言都以 nga 为词根。

与之类似,汉语"女 na'、如 nja、洳/茹 njas、拏 naa、帑 nhaaŋ'"六字都以"女"为声符,藏文相对应的有"njag_妇人、mna-ma_儿媳、na_假如、na_水草地、gnjog-gnjag-gnjags（现、将、已三式）_嚼、nang_内部、里面、家,主妇",都以 na 音为词根。

2　异常对应

语言在演变中一般是有规律地变化,但也总免不了不规则变化的出坝。语音历史演变,除常规变化外,还有滞古、创新,外加方言渗透、构词音变等层次,它们造成的语音面貌不可能和历史音类一一对应。例如,北京音在古开合口和-n、-ŋ 尾的区别上保持得相当好,但其中也有例外,如原本由同一合口字"县"字依平去分化的"悬"仍读合口,而"县"变开口,原为开口字的"轩、癣"却由开变合;古-m 尾都变 -n 尾,而"禀"却由 -m 尾变为 -ŋ 尾,又"贞、孕"由 -ŋ 尾字变为-n 尾,"孕"还由开变合,就都是不规则的变化。在亲属语言比较中,大家努

力找寻对应规律,并尽力要求音规对应严整。然而现在发现,尽管多数对当词也确实符合规则,但期待所有的对当词都合于规则却是不切实际的。既然连汉语本身在历史比较上都不能完全做到,那么在兄弟语言比较上,苛求完全不变岂非过分! 尤其最常见的词对应偏偏是不规则的变化,例如,上古汉语"口"属侯部 *khoo,对藏文偏为 kha,读成了鱼部;"目"属觉部 *mug,对藏文偏为 mig,读成了质二(节)部(所有藏缅语均偏于前元音,只有道孚语 mo、载瓦语 mjoʔ 近于汉语);"蛇"属歌部 *filjaal,而藏文 sbrul,读成了微部(按此合于《楚辞·九歌》韵,门巴、嘉戎话 bre 则近汉语歌部韵)。在藏语与其很近的兄弟语比较中也出现了不少异常对应,如藏文"名"miŋ 鼻尾,嘉戎语 rmi 开尾;藏文"梦"rmaŋ、"树"sjiŋ 鼻尾,缅文说 mak、sac 塞尾;藏文 pho(-ba)胃、肚腹,开尾,嘉戎语 pok 肚腹、缅文 bok 肚腹,带塞尾同汉语;藏文"猪"phag、"手"lag 同韵,嘉戎语日部话 pak、jak 也同韵,二岗理话却 phɒ 开尾、jɒk 带尾,则不同韵了。

藏文 khrab 铠甲、鳞甲,对汉语[甲 *kraab]自很妥帖,但"鳞甲"藏文也说 khra,假如 khrab 的形式失传了,那么汉语-b 尾"甲"就只能对藏文开尾了。所以,出现异常对应并不奇怪。异常语例较多时,可以帮助我们认识音类演变中存在的另一些副次层次的对应模式,比如像"口"那样 o 对 a 的还有[鹾]: tshwa 盐,[刍]: rtsha 草,[雏]: tsha 孙,[沟]: rka,[羳胡羊]: rna 青羊 等("鹾、羳"可能就是从民族语言传来的)。所以,研究有别于常规变化的特殊对应是有意义的。

以下,把语例所用汉字及其上古拟音放在方括号中。

(1)垫介音变化

上古汉语没有后世那种元音性介音,但有声母的后置垫音 -j、-w。藏文也有下置的-j、-w,可两者来源多不相同,能依样对应的只有一小部分。如"鹿"sjwa、"盐"tshwa、"草"rtswa 中的-w,不论在今拉萨标准语还是阿里或安多方言中都不发音,现仅用于在文字上区分同音词,例如 sja 肉/sjwa 鹿,古人以猎鹿为主要肉食来源(汉文古诗"断竹续竹,飞土逐肉"也可为证),故可证二者本应是一词分化。虽然 grwa 棱角、学童音义与汉语[觚 *kwaa]相类,但-w 是否为了与 gra 芒、架 对立而加,也很难说。只 w 做声母的 wa 狐 应由紧喉声母的 ʼwa 来,正与汉语[狐 *gwaa]对当,确是无疑的一例。故汉语多数-w 在藏文里并无对应,例如[犬 *khwiinʼ]对藏文 khji,看到缅文 khweih(土瓦语 khwiih,相类的有[缳 *gweenʼ]对藏文 kjir、缅文 kweih 环绕)才知原始汉藏语里是有 -w 的,而藏文丢失了。

汉语与[犬 khwiinʼ]相似的如[右 gwɯʼ/s]、[卧 ŋwaals]、[营 gweŋ]都为唇化带 w 合口字,藏文"犬"khji、"右"g-jas、"卧"njal、"墙垣"gjaŋ,却一律不唇化而改带 j。僜语"右"-jau、"犬"kui、"卧"ŋui 有 j 有 u,但藏文不常用 w,或改 j 或消失(如"话"gwraads 只作 skad),也有部分是改元音的,如汉语的 wa 可成批地对藏语 o。

汉语鱼部一般对藏文 a,如果对藏文 o,则声母多属圆唇类,即喉牙音合口 wa 元音字(有的缅文也是 wa)常对藏文 o,如:

[户 *gwaaʼ]sgo,[护 *gwaags]ɦgog 禁防、拦,[钁近代俗字作"镢" *kwag]rko-ma(参阿力克藏语 kak、嘉戎话 kɐk),[越 *gwad]bgrod,[于 *gwa 往 *gwaŋʼ]ɦgro(缅 krwa),[芌 *gwas]ɦgro-ma,[羽 *gwaʼ]sgro,[桦 *gwraa]gro,[鞹 *khwag]ko-ba,[郭 *khwag]glo 近旁,[缓

*Gwaan'〕ɦgrol 解开，〔锾 *Gwraan〕ɦgron 古币，〔摼 *gwraan〕gon，〔圆 *Gron〕gor，〔丸 *gwaan〕goŋ

龚煌城先生举过许多类似上面的例子。缅文 wa 也有变藏文 o 之例，如"牙齿"swaah、"牛"nwaah 对藏文 so、nor。

唇音也有相类似的变化，〔病 *praŋs〕bro，〔巫 *ma〕mo，〔方 *paŋ〕phjogs，〔伯 *praag 兄〕pho-bo，〔慕 *maags〕mos-pa，也属同类。如此，把藏文 rko 对壮语"镢"kvak⁷，把藏文 mo 对泰文"巫"ɔcmm 也就顺理成章了。有了这类变化，则藏文之所以少 -w 就更可想见了。

藏文-j 可作下加字，也可作基字，-j 加在 g 后的 gj，与 g- 加在 j 前的 g-j 还引起过议论，龚先生《古藏文的 y 及其相关问题》一文曾对此进行了讨论。我们认为，汉藏语声干后加垫音（藏文下加字）为基本复声母，前加冠音（藏文前加上加字）为前附性复声母，冠音可带或不带模糊元音（有如景颇语的ă），因此写 gj 和 g-j 都是合理的（比较 gjon＝gon 穿对〔摼 缅文作 wat，g-jon＝jon 弯斜对〔冤 缅文作 jwan'〕。不过，汉藏间-j 能对上的并不多，尽管藏文舌面声母 tɕ 等可认为从 tj 等腭化而来，〔主 *djo'〕：djo、〔咮 *tjo〕：mthju 对得都很妥帖，后文所列的〔至佟舌日扰舍腊思积切〕等字也可作为能对上的例，但很多藏文的 j 是后起的，其中 ja 常由 e>ia 音演变而来。在汉藏语言中，e>ea>ia，o>oa>ua 音变链很常见，藏语方言中如阿里方言，这两种变化都很活跃。藏文的 e>ia 也很多，郑张尚芳（1995）曾指出原始 e 在藏文开尾音节保持得较好，带尾时常裂变为 ja，如：〔八 *preed〕：brgjad，〔舌 *hljed〕：ltje、ldjag，〔析 *seeg〕gsjag 劈裂、解剖，与 gse 同源，〔铁 *lhiig>theed〕：ltjags（门巴 lek、泰文 hlek），〔荻 *deeg〕：ɦdjag-ma 茅草，〔敌 *deeg〕：djag 盗寇，〔臂 *pegs〕：phjag，〔辟 *peg〕：ɦphjag 扫除，〔并北方州 *peŋ〕：bjaŋ 北，〔营 *gweŋ〕：gjaŋ 墙垣。排除了这类元音音变，两语能直接对应的原始 j 垫音字自然就更少了。

（2）韵尾异常对应的模式

汉藏两语韵母对应上的韵尾异常，也可分作几种模式，常见的有：

A. 藏语开尾，汉语有塞尾、鼻尾、流音尾

a. 汉语塞尾（这种对应模式在古汉越语中也常见，如"百、伯、柏"ba⁵）

〔百 *praag〕brgja　〔夕 *ljaag〕zla 月　〔㖸击鼓 *ŋaag〕rŋa 鼓　〔腊干肉 *sjaag〕sja 肉 〔瘼 *maag〕rma 疮、伤（克木语 sr'ma?）　〔酢 *zaag〕gzo(-ba) 酬报　〔作 *'zaag〕bzo(-ba)　〔哭《说文》"狱"省声 *ŋhoog〕ŋu　〔雾 *mogs〕rmu(-ba)、rmugs/smugs(-pa)　〔角 *kroog〕gru 边角 〔觉 *kruug〕go(-ba) 知闻　〔穀 *kloog〕ɦgro 麦　〔族 *zoog〕tsho　〔粟 *sog〕so(-ba) 有壳谷麦 〔砾 *reewG〕rdo 石　〔卓 rtaawG〕mthjog 卓越或〔蠹 *thug，又《集韵》丑众切 *thuŋs〕mtho 高（又 mthon） 〔豚 *toog/rtoog〕stu　〔腹 *pug〕pho 胃、肚腹、bɯu 肚腹　〔易 *leg〕ɪdje 交换（缅文 lee） 〔啬 *srɯg〕sri(-ba) 吝啬　〔至 *tjigs>tjis〕mthji 来　〔日 *njig>njid〕nji　〔漆 *shig>tshid〕rtsi、 tshi(-ba) 树汁

〔舌 *ɦljed〕ltje（缅文 hljaa、门巴 le）　〔楬杙（在古郡名㲚柯中又作"柯"，同族词）*gad〕ka(-ba) 桩、柱　〔鬐 *kwaad 髻 *gwaad〕skra 发　〔刈 *ŋads〕rŋa(-ba) 收割　〔月 *ŋod〕nja 圆月（缅文 naa 夜）　〔十 *gjɯb>djɯb〕btju　〔粒 *rɯb〕ɦbru

b. 汉语鼻尾(汉语内部也有这种模式,如"亡"＊maŋ 通"无"＊ma)

［羊＊laŋ］ra　［庠＊ljaŋ］rwa 讲经院　［痒＊laŋ'］za　［姜薑＊kaŋ］lga　［陵＊rɯŋ］la 山
［冰＊prɯŋ］ba 霜　［鹰＊qrɯŋ］khra 鹞　［鼪＊sreŋ］bse(-mo)一种鼬　［颈＊keŋ'］ske　［岭＊
reŋ'］ri 山

［民＊min］mi　［犬＊khwiin］khji　［船＊Gljon/ʄlon］gru

c. 汉语流音尾(可比照藏文 gar 舞蹈,缅文为 ka。汉语歌部、微部收-l)：

［篱＊ral］或［落＊raag《说文》"篱"作"杝,落也"］ra(-ba)　［罗＊raal］dra 罗网　［铍 phral］phra
(-ma)针　［波＊paal］dba/rba　［嘉＊kraal］dga 喜欢　［柯杕＊kaal］ka(-ba)桩、柱　［侈＊lhjal＞
thjai］thje 大、thjen　［煨 hmɯl'］me＜smje 火(泰文 hmai' 烧)　［货＊hŋools］dŋos 物资　［锤＊dol］thu
(-ba)　［唾 thools］thu 唾沫

B. 藏语带尾,汉语开尾(再后置尾 -'、-s 不计)

a. 藏语塞尾

［余＊la］lhag 多余　［豝＊praa］phag 猪　［肤＊pa］lpags 皮(参泰文 plɯak)　［御＊ŋas］mŋag 奴
仆、役使　［头＊doo］thog(-ma)顶　［喉＊goo］lkog/'og(-ma)　［候＊goos］sgug(-pa)　［蟊
＊mu］mug(-pa 蠹虫)

藏语塞尾主要对紧喉上声字：

［女＊na'］njag-mo 妇人、nag-mo 妻　［语＊ŋa'］ŋag　［许＊hŋa'］sŋag 赞许　［苦＊khaa'］
khag 困苦　［吕金文"玄镠肤吕"指铜料＊ra'］rag 铜　［武＊ma'］dmag 军　［拒＊ga'］bgag 阻止　［舍
＊hljaa'］sjag　［妇＊bɯ'］bag　［韭＊ku'］sgog(-pa)蒜　［后＊Goo'］fiog 下、后　［蚼＊qhoo'］
grog 蚂蚁　［友＊Gwɯ'］grog　［阜＊bu'］fibog 小丘　［扰＊njiw'］rnjog　［草＊shuu'］sog 草茎
［搅 kruu'］dkrog　［悔灾咎 hmɯɯ'］mug 灾　［偻＊ro'］rug 弯　［镐＊gaaw'］khog 沙锅
［纪＊krɯ'］sgrig 整理、排序

很奇怪的是,有一批汉语"之部 ɯ"字对藏文的 od、os,如［猜＊shɯɯ］tshod 猜测,［菜
＊shɯɯs］tshod-ma,［彩＊shɯɯ'］tshos 油彩,又 tshon 颜料,［才＊zɯɯ］gzod 方才,［饵＊njɯs］njod
食物、snjod-pa 饲,［龄＊lhɯɯ］ldod,［胎＊lhɯɯ］ltos-pa,［侍＊djɯɯ］ltos 侍从,［志＊tjɯɯ］fidod 愿
望、do 需要,［跱、峙＊dɯ'/待 dɯɯ'］sdod 停留 等。"之部"原有部分字对藏文 o,如［伺＊slɯ］so
(-pa)哨探,［枲＊slɯ'］so-ma 麻、麻子,［祀＊ljɯ］lo 年,［骸＊grɯɯ］ro 尸骸,［有＊Gwɯ］o(-ba)
所有,［其＊gɯ］kho 敬称 khoŋ(对比［财＊zɯɯ］对 zog、zoŋ)。从［志］及 gso 养育,既事式 gsos 对［字＊zɯɯs］
看,-s、-d 或为后增尾。

b. 藏语鼻尾

［胡＊gaa］gaŋ 什么　［余＊la］raŋ 自己　［居＊ka］khaŋ 房　［马＊mraa'］rmaŋ　［姊＊'si'］
sriŋ(-mo)妹妹　［树＊djos］sdoŋ(-po)

C. 汉语流音尾,藏语鼻尾(常规对 l、r 尾：［底＊tiil'］mtil,［飞＊pɯl］fiphur,［沱＊daal］
thjar 雨)

［侈＊lhjal'＞thjai'］thjen 大　［眉＊mril］smin 缅文 mwei　［瘘＊njol］snjun 病　［捼＊nool］gnon 压

D. 藏语流音尾,汉语鼻尾

［钝＊duuns］rtul　［尘＊dɯn］rdul　［银＊ŋrɯn］dŋul　［粉＊pɯn'］brul 碎屑　［变

*prons] ɦiphrul／sprul　　［餐*shaan］ɦitshal　　［嬗*djans］dal 慢　　［烂*raans］ral 破烂　　［展*ten'］thjal　　［连*ren］ɦibrel［涫*koon'］kol　　［伯*koon］khol 仆

［圆*Gon］sgor　　［卷曲*kon'］ɦikhjor　　［钻*'soons］sor　　［霰*seens］ser　　［铣*seen'］gser 金　　［搬*poon］spor　　［版*praan'］par　　［垣*Gwan］mkhar　　［粉*pɯn'］phur

E. 藏汉语皆鼻尾，但为不同鼻尾

［短*toon'］thuŋ　　［墩*tuun］rduŋ 小丘　　［雁*ŋraans］ŋaŋ 鹅、雁　　［鲲(卵)*kuun］sgoŋ
［薪*sin］sjiŋ 木　　［臣*giŋ>gjin］giŋ 奴婢　　［奠 diins<diiŋs］ɦidin(-ba) 奠定

［松*sGlon］sgron 油松　　［竞*graŋs］ɦigran　　［精*'sleŋ］srin 精灵

［豚*l'uun］lum(-pa) 猪　　［孕*lɯŋs］lhums、rum　　［唐*l'aŋ］lam 路　　［梁*raŋ］zam 桥
［性*seŋs］sems 心意(据此字音义，似不宜对［心*slɯm］)

F. 藏汉语皆带尾，但塞鼻不同

［龙*roŋ］ɦibrug　　［俸*boŋs］phog　　［方*paŋ］phjogs 方面

［谷峪*log］luŋ(缅文 hljoɯ)　　［凿*zoowG］gzoŋ(缅文 chok)　　［捉*'sroog］bzuŋ(-ba)执

至于藏文 bjin、sbjin 给，如对［畀*pids］，自可归此；但该词缅文作 peih，也可对［埤《方言》《广雅》"予也" *be／裨《广雅》"予也" *pe］，一时不易择定。

在汉藏语言比较中，如果只着眼于对应符合规则的词，是看不到彼此间关系的全貌的，会造成很多词的漏对，这对扩大对应面是不利的，尤其在多语言综合比较时，会受到束缚或误导。依据异常对应新发现的一些规律，我们某些语例的对当字就与前人有所不同，例如，藏文 djag 对［敌］而不对"贼"(在我的对应词表里，近义的 rku 对［宄］不对"寇"，dgra 对［虏］不对"旅"，也与前人不同)。像 phag 猪 对［豝*praa］这类不规则对应，有些先生也许会摇头，但看到塞尾保持较好的嘉戎语、二岗理话中，"猪"说 pha，就证明这种对应是合理的，是合于另一层次规则的。在汉语史研究内部，一向重视阴阳对转等问题，但在亲属语言比较上，有些先生却反而过于拘执，企图连声母清浊、介音、韵尾都必须对上，为此煞费苦心地找冷字以比对，这是吃力不讨好的。在择词比对时，如以合语音规则的冷字僻义与合式的对应异常相比，我们宁可选择后者。所以，需要重视异常对应的不同模式的探索。

（五）声　调

有人怀疑藏缅语族声调的发生跟汉、苗瑶、壮侗是不同类型的，有着不同的起源。其实缅文 4 调，汪大年(1983)根据对古碑文的研究指出，缅文声调原来也是从韵尾转化来的。李永燧(2010)同样认为韵尾平气 A 调-0，送气 B 调":"-h，煞气 C 调"。"-ʔ，塞尾、擦尾 D 调-p -t -k -s，该书以大量语例论证了缅彝诸语四声形成的韵尾模式。我们则认为，缅语实质是一种"去入合调"的三声亚型。去入未分，而它的-h 调相当于汉语上声，-ʔ 调则是后起的分化形式。这与汉、台、苗等兄弟语言的四声发生的韵尾起源模式和方向基本相同，只是促声中上、去两声没有发展好而已。

　　藏语产生声调的时间较迟,藏文没有声调标记,有的藏语至今也还没有声调。已经发生声调的藏语,调位处理在学界也有争议,比如,对拉萨话,就有四调、六调的意见分歧。这是由金鹏先生在《藏语简志》中所作的音位处理引起的。《藏语简志》第13页把应为高促调的52并入高舒调54,把应为低促调的132并入低舒调12,于是把六调合为四调,不仔细看,就会给人一种印象,以为藏语是只分阴阳(高低),而不辨舒促的,这当然是与汉、台、苗语的声调先分舒促后分阴阳大异其趣了。

　　如果严格区分舒促,不把促调并入舒调,那么拉萨话应有六调,它们是:

舒清(开尾 43/54,响音尾 44 两分)　　　　　舒浊(开尾 12,响音尾 113 两分)

促清(53/52)　　　　　　　　　　　　　　促浊(132)

则藏语由无声调转向有声调语言,也像汉语那样是按舒促、清浊分化的,分化历程到底是先分阴阳还是先分舒促,还可依下列事实探究。如 skam 晒干读 44,而 bskams 已晒干读 53,ɦgams 已干咽读 132,今音虽都变成 kam,但古带-s 者仍以促调表现(其他 s 尾词,如 sems 心、gdaŋs 声调、gaŋs 雪亦皆同读-ʔ53 或-ʔ132 调)。又如,"去"的既行式 phjin 照例应读 44,但实际上却读 53,那也是反映了古藏文 phjind 早就失落的 d 尾,则分舒促应出现在藏文再后置尾 s/d 失落之前。①

　　有人会问,52、132 两调除大量带辅音尾字外还包含了一些"鼻化元音韵"语例(上举"晒、去"即是),怎么能说是促调呢? 实际上,《藏语简志》所列鼻韵语例在古藏文中原都是带促音尾的:

tɕʰi 52 去(过)　　　　　　　　　　　　古藏文是 phjind

kam52 晒干(过)　　　　　　　　　　　古藏文是 bskams

tã132 声调　　　　　　　　　　　　　　古藏文是 gdangs

kam132 干咽　　　　　　　　　　　　　古藏文是 ɦgams

所以,这些词的今读虽无促尾但仍读促调,正是其古读-s/d 最深层的反映形式,说明分舒促是更早的现象。所以,把促尾调与开尾、响尾调并为一个调位处理,把促调并于舒调,就抹杀了它们实际保存着的来自促尾的最后痕迹,是不恰当的,也容易引发藏语声调有不同演变途径的联想。

　　若是藏语声调也先分舒促后分阴阳,那就跟汉、台、苗语先分平仄后分阴阳是本质上平行的变化。只因藏文的擦尾 -s 是跟塞尾同时变化,一起形成 -ʔ53 调的,所以才成为三声系统(舒声又依开尾、响尾分为两声,也是受韵尾影响)。舒声长短分调,既可处理为一种次生变化,也可依短元音产生-ʔ(这是回辉话和好些台语中常见的变化),与上声作一定的对比。从德格话的分调看,也是如此。所以藏语也可定为通用模式的二声或二声半亚型,去入合调而上声分化不全,这正好近于平仄模式最初的"舒促二分"型,而并非另类。因而,藏语略异于汉、壮侗、苗瑶的四声系统。造成这种现象的实质是藏语发展较慢,它相当于汉语史的去入未分化阶段,而不是另走先阴阳后舒促之路。

---

① 藏文-d 用在 n、r、l 尾后,与 -s 互补,9 世纪初厘定正词法时已给取消了,敦煌文书就已有不写 d 尾的 phjin。《藏语简志》把藏语促尾调与开尾调并为一个调位,而第 13-14 页注明,同标 54 的马 ta⁴³ 与虎 taʔ⁵³,同标 12 的箭 ta¹² 与舔 taʔ¹³²,实际不同调。瞿霭堂(1991)指出,短调的鼻尾韵、鼻化韵都随带喉塞音 ʔ,它们源于鼻尾带 s 或 d,属于韵尾转化;而开尾读短调则源于短元音,两者有着不同的起源。

《上古音系》曾指出汉语上声的-ʔ有三种不同来源，其中包括塞尾弱化。从汉藏语比较看，藏文 g 尾对汉语上声的就有数十词，如"语 ŋag、许 sŋag 赞许、女 njag 妇女、吕 rag 铜块、武 dmag 军、苦 khag 困苦、怒 brnag、拒 bgag、舍 sjag 宅舍、举 kjag 抬、妇 bag、韭 sgog、后 og 下、后、蚼 grog 蚂蚁、友 grog、阜 bog、扰 rnjog、草 sog 草茎、搅 dkrog、镐 khog 砂锅、悔 mug 灾咎、偻 rug、纪 sgrig 理"。缅文和浪速语更有很多的-k 尾词对汉语的上声，所以也可显示上声原是促声的一部分。

多数去声字来自塞声尾加-s，故去入合调在上古汉语中也很平常，这种去入合调现象甚至延续到《切韵》时代。《切韵》时代，标准音洛阳音是四声格式，但非标准音如关中音却有"去声为入"现象。《切韵序》就指出"秦陇去声为入"的不标准。《集韵》把去声的"四"列为入声质韵息七切，"泪、颖"列为术韵劣戍切、昨律切，并且皆特别注明"关中谓"，可见"去声为入"确是关中秦音的方音特色。因此，去入合调不能说是藏语、缅语的特色，它在汉语史上也发生过，甚至还涉及唐代首都长安的关中方言。因此可以认为，藏缅声调的发生与发展，跟汉语有一定的差异，但它们的起源与发展分化方向是一致的，没有重大的不同。

（六）核心词比较例

语言的语源比较，不是比较普通词汇，而必须是以基本词尤其是核心词的词根来进行对比。

郑张尚芳（1995）所列"华澳语言比较三百核心词表"中最核心的有一百词，这些词在藏文中的说法如下，方括号内为所对汉字及其上古音：

1. 日 nji-ma［日 njig］
2. 月 zla-ba［夕 lja］（转义）
3. 星 skar-ma［曐 qhweeds 小星］
4. 风 rlung［融 lung 炊气］
5. 雨 thjar-pa［沱 daal］
6. 雾 smog-pa［雾 mogs］
7. 火 me［焜 hmɯl'］
8. 地 sa［土 hl'aa'］
9. 山 ri［岭 reng'］
10. 河 thju-bo［湥 l'oog、水 qhwli' > hljui'］=11 水
11. 水 =10 河
12. 石 rdo［砾 reewɢ］
13. 树 sjing［薪 sjin］（转义）
14. 草 rtswa-ba［刍 shro］
15. 叶 lo-ma［叶 lab］
16. 马 rta、rmang（古）［驴 ra、马 mraa'］
17. 牛 nor［牛 ŋɯ］（缅文亦 n 母 nwaah）

18. 猪 phag［豝 praa］
19. 羊 ra［羊 laŋ］
20. 狗 khji［犬 khwiin'］
21. 鼠 bra 地鼠［鼠 hla'］
22. 鸟 bja［鳸 ba］=
23. 鸡（转义）
24. 鱼 nja［鱼 ŋa］
25. 蛇 sbrul［蛇 filal］
26. 虱 sjig［虱 srig］
27. 角 rwa［角 kroog］
28. 尾 rnga-ma［苏 sŋaa］（《史记·司马相如列传》"鹝苏"集解引徐广"苏、尾也"）
29. 毛 spu［髟 piw］
30. 头 mgo［頟 kwɯɯ'、gwɯɯ 小头、颥］
31. 目 mig［目 mog］
32. 鼻 sna［腮 snɯɯ］（转义）
33. 耳 rna［耳 njɯ'］
34. 嘴 kha［口 kho'］
35. 齿 mthje［齿 khjɯ'/thjɯ'］so［齰、

齭 ?sraag、zraag]

36. 舌 ltje［舌 filed］

37. 手 lag［胳 klaag、亦 laag］（转义）

38. 脚 sog、rkang［足 sog、脚 kag］

39. 乳 nu［乳 njo'］

40. 血 khrag［赤 khljaag］（转义）

41. 肉 snag、sja［肉 njug、腊 sjag 干肉］

42. 皮 lpags［肤 pla］

43. 骨 rus［髅 roo］

44. 屎 skjag［屎 qhli'］

45. 尿 gtjin-pa［私 sil］

46. 人 mi［民 min］

47. 孩 phrug、phru-gu［保 puu' 养孩］

48. 绳 hbreng［绳 filɯŋ］

49. 油 snum［荏 njɯm'］

50. 盐 tshwa［齹 shoos］

51. 刀 gri³［契 khleeds、锲 khleed］

52. 房 khjim［窨 qrɯms 地室］、khang［居 ka、家 kraa］

53. 路 lam［途 l'aa、唐 l'aaŋ］

54. 病 bro(-nad)［病 braŋs、蛆 naad］

55. 名 ming［名 meŋ］

56. 看 lta［睹 taa'］

57. 听 go［觉 kruug］将行式 njan-pa 已行式 mnjan
［闻 mɯn＜mnɯn］

58. 知 sjes［悉 sid］

59. 吃 za［咀 za］

60. 喝 hthung-ba［吞 qhl'ɯɯn］

61. 舔 ldag［舐 file'］①

62. 说 bsjad［说 hlod］

63. 死 sji、hthji［死 hlji'/sji'、尸 hli］

64. 飞 hphur［飞 pɯl］

65. 走 hgro［旅 ra'、行 graaŋ］

66. 站 lang 起立、升［升 hlɯŋ］

67. 坐 sdod-pa 坐、停止［辍 tod］

68. 睡 gnjid-njal［茶、卧 njed-ŋwaals］

69. 杀 gsod-pa 将行式 gsad、已行式 bsad［杀 sreed］

70. 高 mtho-po［卓 rtaawɢ］

71. 长 ring-po［引 liŋ'］

72. 重 rdjid［遲 rlil］

73. 弯 gug［曲 khog］

74. 近 nje［迩 njel］

75. 新 gsar［鲜 sen］

76. 甜 mngar-mo［宜 ŋal］

77. 酸 skjur-mo［酸 sloon］

78. 辣 tsha-ba［楚 sŋhra'］

79. 苦 kha［苦 kha'］

80. 红 dmar-po［虋、璊 mɯɯn］（《说文》"禾之赤苗谓之虋,言璊玉色如之"）

81. 黄 ser-po［铣 sɯɯl'］

82. 蓝 sngo 青、青菜［蔬 sŋra'、rams 靛蓝［蓝 fikraam］

83. 绿 ldjang［青 slheeŋ］、rog 青黑［绿 rog］

84. 黑 nag-po［涅 niig、匿 nɯg 隐暗］

85. 白 dkar-po［翰 gaans]（《礼记·檀弓》"戎事乘翰,牲用白"郑注"白色马也"）

86. 一 gtjig［一 ?lig］

87. 二 gnjis［二 njis］

88. 三 gsum［三 suum］

89. 四 bzji［四 hljids］

90. 五 lnga［五 ŋaa'］

91. 六 drug［六 rug］

92. 七 bdun［不同源。七 tshid＜snhid］

93. 八 brgjad［八 preed］

94. 九 dgu［九 ku'］

95. 十 btju［十 djɯb］

96. 百 brgja［百 praag］

97. 我 nga［吾 ŋaa］

98. 你 njid 您［尔 njel'］

99. 这 hdi［是 dje'］

100. 不 ma［无 ma］

---

① 郑张尚芳(1995)原表＊号误标于"叫",当前移于"舐"。不同动物的鸣叫有"鸣、啼、吠、号、嗥、吼、嘶"等不同称谓,很不便于比较。

藏文"七"别有来源（近于吉卫苗语 tɕoŋ⁶、南岛语 pitu），跟羌缅语也不同（独龙语是 snit），除此之外的各词几乎都可对上同源汉字，说明汉藏两语具有特别亲近的关系。

在核心词汇里，一般还认为身体词特别重要，是核心的核心。所以我们再罗列常用身体词五十个，察看它们在汉藏两语对比上的情况。下面是对比词表，用来对比的汉字写在方括号里，并注上上古拟音，比较古或僻的，加注出处和分析。其中，对应上有少量是谓词转对名词的，则在字右角加星号＊为记。该表中的十几条身体词与上表有重复。

还应注意，同一词语在两语中都有一些同义词，我们选择的是其中能对应的词，它们常常是历史上曾经使用过的，而并非都是现在通行的。比如，汉语若用现在通用的"眼、嘴、胸、肚、脚"而不用古语"目、口、膺、腹、足"，那当然没法对，并且违反历史事实，因为汉藏同源词应发生在更古老的年代。如果不同的对应是有比较意义的，在一个词目下就并列两三条，所以本表相比较的词实际上就不限于 50 条了。其中各家认同度高的，在词对前加▲为记，个人认为较合适的，在词对前加★为记。

		藏　语	汉　语
1	▲	身躯 sku	［躯］kho
2		首 mgo	［頯］kwɯɯ'、gwɯɯ 小头、颧。又或可对［首］hlu'，但"首"可作"道" l'uu' 的声符，与卢舍依语 lu、达让僜语 kru、泰文 klau' 明显更近。而藏语 mgo 缺乏 l、r 成分，所以未敢肯定。
	★	thog 顶头	［头］doo
3	★	面 gdoŋ	［容］loŋ
		ŋo	［颜］ŋraan。可对比错那门巴语 ŋor、格曼僜语 a-ŋal，它们也是带韵尾的。
4	★	脸颊 hgram	［脸］hkram'（《集韵》琰韵居奄切，"颊也"，［颊］kleeb 也是同族词）
		颧 mkhur	［颧］gon
5	▲	眉 smin	［眉］mril
6	▲	目 mig	［目］mug
	★	瞳 ahbras	［瞳］raa
7		鼻 sna	［腮］snɯɯ。藏文 sna 对缅文 hna 鼻，s-冠转 h-冠。但泰文 hna 则是指面颊，所以可以对"腮"，汉语所用的"鼻"则另与瑶语 bjut 同源。
	▲	sbrid 喷嚏	［鼻］。"嚏"，《玉篇》"喷鼻也"，《广韵》"鼻气"，词义相关，西门解为鼾声来对。
8	▲	耳 rna	［耳］njɯ'
9	▲	口 kha	［口］kho'
10	★	唇 mthju	［咮］tu
11	▲	舌 ltje	［舌］filed

续　表

		藏　语	汉　语
12	★	齿 mthje	［齿］thjɯ'
13	★	龈 rnjil	［龈］ŋɯn
14		须 ara	［须］slo
	★	otshom	［乡］sraam。亦可比较瑶语 sjaam。
15	★	发 phud 发髻	［发］pod
		skra	［鬣］rab（《说文》"毛鬣也，象发在囟上"）
16	★	喉 lkog、ʽog	［喉］goo
17	★	颈 ske、gre、mgrin	［颈］ken'、［领］reŋ'
18	★	胸 braŋ	［膺］lɯŋ
19	▲	乳 nu	［乳］njo'
20	★	背 sgal	［荷＊］gaal
		rgjab	［胁］hlb
21	★	腰 rked	［限］grɯɯn'（《易·艮》"艮其限"，《释文》"马云：限，要（腰）也"）可比较错那门巴话 khren，用鼻尾跟汉语一样。
22	▲	腹 bru,pho［胃］	［腹］pug。嘉戎语 t-pok，也收塞尾。
23	▲	肩 phrag	［髆］paag（《说文》"髆，肩甲也"）
24	▲	臂 phjag 手敬称	［臂］peg
25	▲	肘 gru	［肘］tu<kl'u。比较嘉戎语 t-kru、达让僜语 la-krau。
26	★	手 lag	［胳］klaag、［亦］laag。今语"胳膊"原义即为腋下肩头，此为转义。汉语［手］hnju' 则另与缅语 hnjouh 食指、泰文 niu' 手指同源。
27		指 mdzub、mdzu-gu	［爪］'suu'
		mtheb 拇指	［执＊］tjib
28	★	臀 rkub、rku	［尻］khuu
		aŋ	［骱］graaŋ（《广韵》户庚切，"牛脊后骨"）
	★	dphji 臀胯	［髀］pe'（《说文》"股也"）
29	★	阴部 stu	［豚］toog（《广雅》"臀也"，《三国志·蜀志·周群传》借用"涿"字，"诸毛绕涿居乎"）
30		足 sug 四肢,兽足	［足］'sog。汉语的［止］、［趾］kljɯ'，是对应缅语 krei 的。
	★	rkaŋ	［骱］graaŋ（《说文》"胫端也"，《广雅·释亲》"胫也"）也或对［脚］kag。
	★	njwa 腿肚	［疋］sŋra、ŋraa'（《说文》"足也"）

续　表

		藏　语	汉　语
31	▲	膝 pus	［韍］pud 蔽膝
		sgjid 胫	［膝］sid、［节］'sig
32		心 snjiŋ	［思］snɯ
	▲	sems 心意	［心］slɯm。［性］seŋs,由格曼僜语 lɯm、景颇语 s-lum 可见,汉藏语"心"的词根是 l-,而非 s-。
33		肝 mthjin	［肾］djin'。汉藏语肝肾似乎交叉对应。
34		胆 mkhris	［膈］kreeg。转义。
35		肺 glo	［呴*］qho',或对［喉］。藏文"喉道"glo-ju。
36		肾 mkhal	［肝］gaan
37	▲	胃 grod 腹	［胃］Gluds
38		肠 rgju	［膋（膫）］reew(《说文》"牛肠间脂也")
39	★	骨 rus	［髏］roo,或［骸］grɯɯ(尸骸,rus 也许也与此二词相对)
40	★	肉 sja	［腊］sjaag("腊"指干肉,古时所猎肉有余常晒干)
		snag 肌肉	［肉］njug
41	▲	皮 lpags	［肤］pla
	★	skji	［肌］kril
42	★	毛 spu	［髟］piw(《说文》"长发猋猋也")
43	★	血 khrag	［赤*］khljaag
44		汗 rŋul	［埝］ŋɯɯns(《说文》"淀也",鱼觐切)
45	★	泪 mthji	［涕］thiis(《易·离》"出涕沱若")
46	★	屎 skjag	［屎］qhli'。比较墨脱门巴语 khi、达让僜语 klai。
	▲	brun	［粪］pɯɯns
47		尿 gtjin	［私 sil］。或许也和［肾］djin' 相关。
	★	njog 污秽	［尿、溺］neewɢ
48	★	疮伤 rma	［瘼］maag
	★	病 bɪʊ	［病］braŋs
49	★	脓 rnag	［疒］rnɯɯg 病
		njuŋ 生病	［脓］nuuŋ
50	▲	胞衣 phru	［胞］pruu
	★	rog	［育］lug

由上列词表可见,五十词几乎都可对得上,但每一组对比的价值都不一样。整个看来,与身体表面相关的词对比清楚,确认程度高,像"胞衣"这样的词,汉藏语中都一样,充分说明汉藏语的确是同胞语言无疑;而表示体内脏腑的词可对比性要差些,可能有些是汉藏语分化后产生的。以上,还有待大家进一步辨别,并提出更好的对比词。

参考文献

奥德里古 1954 越南语声调的起源,JA:242。冯蒸译文载《民族语文研究情报资料集》第七集。

白保罗 1972 《汉藏语言概论》,剑桥大学出版社。乐赛月、罗美珍译本,中国社科院民族所,1984。

陈其光 2001 汉语苗瑶语比较研究,丁邦新、孙宏开主编《汉藏语同源词研究》(二),南宁:广西民族出版社。

丁邦新 1975 《魏晋音韵研究》,"中研院"史语所专刊之六十五。

龚煌城 2002 《汉藏语研究论文集》,"中研院"语言学研究所。

黄布凡 1984 敦煌《藏汉对照词语》残卷考辨综录及遗留问题,《民族语文论丛》第一集,中央民族学院少数民族语言研究所。

江 荻 2002 《藏语语音史研究》,北京:民族出版社。

金 鹏 1958 《藏语拉萨日喀则昌都话的比较》,北京:科学出版社。

金 鹏 1983 《藏语简志》,北京:民族出版社。

李方桂 1965 The Tai and The Kam-Sui Language(《侗傣族语言概论》),Lingua(14),《汉藏语系语言学论文选译》,中国社会科学院民族研究所语言室、中国民族语言学术讨论会秘书处,1980。

李方桂 1977 《台语比较手册》,火奴鲁鲁:夏威夷大学出版社。

李永燧 2010 《缅彝语音韵学》,北京:社会科学文献出版社。

李永燧、陈克炯、陈其光 1959 苗语声母和声调中的几个问题,《语言研究》(4),北京:科学出版社。

梁 敏、张均如 1996 《侗台语族概论》,北京:中国社会科学出版社。

郑张尚芳 1995 汉语与亲属语同源根词及附缀成分比较上的择对问题,《中日语言学报》(JCL)单刊8号。

瞿霭堂 1991 《藏语韵母研究》,西宁:青海民族出版社。

瞿霭堂 1996 《藏族的语言和文字》,北京:中国藏学出版社。

汪大年 1983 缅甸语中辅音韵尾的历史演变,《民族语文》(2)。

汪大年 1986 妙齐提碑文研究(一)——十二世纪初缅甸语语音初探,《北京大学学报》(4)。

王辅世 1994 《苗语古音构拟》,东京:亚非语言文化研究所。

王辅世、毛宗武 1995 《苗瑶语古音构拟》,北京:中国社会科学出版社。

王利器 1993 《颜氏家训集解》(增补本),北京:中华书局。

西田龙雄 1970 《〈西番馆译语〉的研究》,"华夷译语研究丛书"I,东京:松香堂。

邢公畹 1999 《汉台语比较手册》,北京:商务印书馆。

徐时仪 2005 《玄应〈众经音义〉研究》,北京:中华书局。

俞 敏 1949 汉语的"其"和藏语的gji,《燕京学报》(37)。附《汉藏韵轨》。后全稿《汉藏同源字谱稿》载《民族语文》(1-2),1989。

张 琨 1947 苗瑶语声调问题,《史语所集刊》第16本。

郑贻青 1997 《回辉话研究》,上海:上海远东出版社。

郑张尚芳 1980 汉藏两族人和话同源探索,《北京师范大学学报》(1)。

郑张尚芳 1999 白语是汉白语族的一支独立语言,《中国语言学的新拓展》,香港:香港城市大学出版社。

郑张尚芳 2003 《上古音系》,上海:上海教育出版社。

郑张尚芳 2010 颜之推"南染吴越、北杂夷虏"谜题试由声母索解,《中国音韵学》,南昌:江西教育出版社。

五　缅　语

（一）源　流

　　缅语是藏缅语里最早被记录的语言,汉代用汉字记录的《白狼歌》已被证明跟缅语最接近,应属于其先民的语言。《后汉书·西南夷列传》记载了白狼人所献的"远夷乐德、远夷慕德、远夷怀德歌"三章,那是东汉永平年间(公元58—75年)作的,这应是用汉字记音方式记录下的最早的上古藏缅语成文文献。此歌既有《白狼歌》原语汉字记音(《后汉书》注引《东观汉记》),又有对译的汉文歌,可知其语句意义,这非常难得。并且还存有《后汉书》《东观汉记》《通志》《册府元龟》《初学记》等不同版本可供互校。

　　《白狼歌》很早就受到关注,从1920年丁文江探求白狼本语提出彝语说后,1930年王静如提出近彝纳西语支的观点,1944年方国瑜提出纳西语说,而学界支持彝语支观点的也占多数。到1940年,马长寿提出嘉戎语说,此后,1981年陈宗祥、邓文峰提出普米语说,1987年F.托马斯提出羌语说,羌语支说也占一定分量。1974年,柯蔚南《白狼歌新探》通过同源词的对比,肯定了《白狼歌》与彝缅语支关系更为密切,1982年,马学良、戴庆厦《白狼歌研究》据李方桂拟音对比19种藏缅语和藏文、缅文,指出白狼语更接近缅语支和彝语支,而从语音上看,更接近缅语支。1993年,郑张尚芳在《上古缅歌——白狼歌的全文解读》一文中指出,全歌共176字,去掉重复使用者可得141字,减去汉语借字23字,共有白狼本语118字。考得118字中,合于缅文的有115字,合于藏文的只有41字(包括缅藏两通的32字)。该歌作于一千九百年前,距产生缅文的12世纪也已有一千多年,但该语与缅语的接近程度还是令人吃惊,如"食肉衣皮","食"对"阻caah"、"肉"对"苏saah"、"皮"对"犁rei";"木薄发家","木"对"息sac"、"家"对"淫im";"何处居住"说"皮bhai尼nei",部人自称"菌kwjan"等,都跟缅文所反映的语言有相合之处,因此认为《白狼歌》即缅先民之歌。

　　据缅史,在缅境最早立国的为孟人Mon,较后有掸人Sjam、骠人Pyu,更后是缅人Mran,他们从西藏高原东南地区陆续迁入,大规模迁徙到9世纪才结束。他们先定居缅北,逐渐南下,至11世纪上半叶统一了缅境。缅人自称mran-ma(ma表强壮)或ba-ma,孟人称之brah-ma,所流传下来的先民居地、自称都近似白狼。

　　据《后汉书》,白狼人原住邛崃山区,是居川西百余国之首(其楼薄一支即有十几万人口)的大族。晋以后改译"白兰",称为白兰羌或白兰氏。唐时吐蕃兴起,屡征白兰,最终兼并之,其众或降或徙,一部分南迁而陆续入缅。按缅人有两种自称:一为ba-ma(brah-ma),

前字即对白狼或白兰的"白"及"楼薄"("楼"对译 luu 人)的"薄";一为 mran-ma,前字乃对白兰的"兰"(或许白兰本由"白""兰"二支组成,所以缅人才有这样两种自称。注意,《白狼歌》中高山的"高"mrang' 汉字译音即作"狼")。

(二) 古 文 字

孟人早于 4 世纪即已依南印度字母创制孟文,骠人也于 4 世纪仿制了骠文。骠文显示那也是一种藏缅语,如"不"说 ma、"死"说 hi,数字说 1 tae、2 hni、3 hou、4 plae、5 nga、6 tru、7 kni、8 hrae、9 tkou,比缅文保留有更多的类似藏文的前冠音,但失去了辅音韵尾。

缅文是 11 世纪缅族僧侣仿照骠、孟文字制成的,现存最早的缅文古碑有 1038 年的蒲甘德梭山佛塔碑、1058 年的莱得谢佛塔碑。常见古文献为 12 世纪的蒲甘朝碑铭(其后还有邦牙朝碑铭,1490 年后的阿瓦朝碑铭),例如著名的 1112 年的妙齐提碑(含缅文 483 音节,与骠文、巴利文、孟文对照),古缅语音系可从这些用古文字撰写的碑文中求知。据汪大年1986 年的《妙齐提碑文研究》可知,碑文时期的音系浊音能分送气的 gh、bh、dh,鼻流音也分清化并送气的 mh、nh、lh(或作 hm、hn、hl)。复辅音简化,前冠音没有藏文那么多,已大多变为 h-,不过,后垫的 pr、phr、mr、pl、phl、ml、pj、mj、kj、tj 等仍都分列,如"国 pran、制作 plu、成为phlac",分属不同垫音系列。

到形成规范的缅文书面语时,-l 已消失,在唇音后并于-r,如 pl>pr、ml>mr;在牙音后并于 j,如 kl >kj,今语则都一并归-j,如碑文"孙"mlij 缅文作 mrei,今读 mjei。而在古音保存较多的土瓦方言中,缅文"跑"pre、"根"mrac、"学校"kjoong 仍说成 ple、mli、klaung。注意,klaung 对汉语"校"较为容易。此类例子还有不少,"河流"khjoong 要追溯原形 khloong 才易对"江","石"kjook 要用原形 klook 才可能对汉语"砾"和藏语 rdo(1249 年的迦娑婆敕令碑最早改 klook 为 kjook)。

明代四译馆编《缅甸馆译语》的汉字注音表明,15 世纪缅文的复辅音声母还是依文字字面发音的,如"星 krai 革来,蚊 khrang 克浪,马 mrang 麦浪"。除复声母第一成分用入声翻译外,第二成分 r 仍用来母,没有像"蜂 pjaa 必牙"那样用 j 母表示,而今音 kr 则也并于 kj 进一步读 tɕ 了。

缅文字母形体多用圆弧体是其特色,西双版纳的傣仂文也采用这种形体。

(三) 缅 文 音 系

1 声母

(1) 有单声母 32 个(其中 6 字母为梵巴利借词专用,应排除),复声母 88 个。

我们用拉丁字母转写缅文,除常规声母外,第二套送气浊塞音应加-h:gh、dh、bh。顶音声母等只用于借词的则不用加。

塞擦声母转写为:c、ch、dj、jh(由 djh 省来)、n̠。今读 c 与 s 音互换,此据缅文字母次序。

（2）从汉缅语比较看，汉语舌根声母在缅语有零声母化的现象，汉语闽北方言也有类似现象：

【溪】：考 ou 老，穀 u，坑 angh　　　　【匣】：后 ook 号 o 暇 ah

【群】：舅 u、頯 u、针 ap

2　韵母

（1）缅文有 7 个元音，原先都分长短。

基本 5 元音的长音以双字母转写：a、aa，i、ii，u、uu，e、ee，o、oo。其中 e、o 实际读较开的 [ɛ]、[ɔ]。依缅文惯例，读低调（平声）的长音 ee 另标作 ai，oo 另标为 au。

此外还有 ei、ou（尾较轻微，有人光写 e、o）。带舌根尾的 ou 今读变 ai，特转写为 ouɯ。

（2）韵尾分两类：

塞音韵尾 4 个：-k、-c、-t、-p。古汉语 ig"一、噎、七、节"对缅文 ac[iʔ]，当经过了 ik＞eik＞aik＞akj＞ac 的变化。

鼻音韵尾 6 个：-ng、-n、-n̠、-nn̠、-m、-m̠。其中-n̠ 本舌面鼻音，今读元音尾。-nn̠、-m̠ 亦鼻音，今皆作鼻化音。

（3）从汉缅语比较可以看出它们元音对应的主要规则，下面以数词、动词、身体词为例进行呈现：

汉语[i]　[悉 sid]si、[闭 pids] pit、[四 hljids] leih、[屎 qhli'] khjeih

　　　[e]　[易 leg] lee 换、[解 kree'] kai 救、[儿 ŋje] ngai 幼体

　　　[u]　[九 ku'] kouh、[三 suum] sumh、[六 rug] khrook

　　　[o]　[乳 njo'] nou'、[髐 roo] rouh、[曲 khog] kook

　　　[a]　[五 ŋaa'] ngaah、[百 praag] raa、[辅 ba'] paah 颊

（4）从上可观察值得注意的异常对应：

A．汉语一批促尾 ig、id、is 低化为 ac：[一 ʔlig] tac、[二 njis] hnac、[七 snhid] khunac、[八 preed] hrac。这说明缅语经历了裂化低化的 ik—eik—aikj—ac 过程。

B．鼻尾塞化：相似的变化是鼻尾塞化而参加以上过程，即"新、薪"sac、"年"hnac，"籆、笋"hmrac、"争"cac、"猙《山海经》似豹兽"sac、"溟"mrac 江河，都变促音，与"一、七、节"同变化。"梦"mak、"莽"mrak 元音较开，虽也塞化但没有变 c 尾。

C．鼻尾零化：如"银"ngwei、"铣金"hrwei、"犬"khweih、"选"rweih。

3　声调

（1）缅文 4 调：0 调 11，"。"调 53，":"调 55，促调 4。

缅文 4 调，据古碑文看，原来也是从韵尾转化来的。汪大年（1983）依据妙齐提古碑文，说明韵尾-0 发展为 0 调 11，韵尾-ʔ 发展为"。"调 53，韵尾-h 发展为":"调 55，塞擦韵尾-p、-t、-k、-c/s 发展为促调 4 或 5。

（2）这个四声格局,骤看极像汉、台、苗声调发生类型,但一比较同源词,则可见-h、-ʔ两调都对汉语上声字,并以-h调为主:

耳 naa、辅_颊 paa、疤 phei、屎 khjei、手_{食指}-hnou、虎 kjaa<klaa、犬 khwei、马 mraŋ、尾 mrii、煨_火 mii、户 khaa、伴_友 pwan、主 cou、苴 hnam、缕 krou、咀 caa_吃、贾_{贸易} kaa、市 jhei、洗 chei、负_背 pou、尢_偷 khou、迩 nii、苦 khaa、满 hmwan、五 ŋaa、九 kou

-ʔ调词不多,如"乳 nou、父_{公的}-pha、母_{母的}-ma"。

而古汉语-s尾去声字除小部分列入-h调(如"细、篦、附、迓",尤其是鼻尾的"雁、巷、洞、问、闷、键、变、亮"等),多数还列于促调,擦尾、塞尾不等,如"二 hnac,帽 mok、裕 lok、闭 pit",甚至"梦"也转为塞尾 mak。李永燧(2010)对此有详细的比较(他同样认为韵尾平气 A 调来自-0,送气 B 调":"来自-h,煞气 C 调"。"来自-ʔ,塞尾、擦尾 D 调来自-p、-t、-k、-s)。该书以大量语例论证了缅彝诸语的声调系统与这一模式的对合关系。

（3）也有汉语入声字反而列于擦尾的,如"弹_射 pac、节 chac、捏 hnjac、一 tac、七 khu-nac、八 hrac_{碑文是 het}"。但这主要对汉语古质部字,这与平声真部字"新 sac、薪_树 sac、年 hnac"也变ac,是同一类特殊变化。藏文"薪_树"sjiŋ、门巴语"年"niŋ 是-ŋ 尾,汉语变-n 尾,缅文变-c 尾,都是原始高元音引起的特殊变化。

（4）因此,缅语实质上也属于一种"去入合调"的三声亚型。去入未分,而它的-h调相当于汉语上声,而-ʔ(')调则是其后起的分化形式〔白保罗(1972)、瑟古德(1981)也指出"。"调后起〕。

（四）同源词比较

下面再比较"华澳语言比较三百核心词表"中最核心的百词,缅语基本上皆可与汉语对上,方括号内为所对汉字及其上古音:

1. 日 nei〔日 njig〕
2. 月 la〔夕 lja〕(转义)
3. 星 krai〔曐 qhweeds _{小星}〕
4. 风 lei〔飈 rids、rid _{暴风}〕
5. 雨 mouh〔雾 muus、muuŋs〕、rwaa _{下雨}〔雨 Gwla'〕
6. 雾 mruu〔雾 mogs〕
7. 火 miih〔煨 hmɯl'〕
8. 土地 mrei〔地 l'jeels〕
9. 山 toong〔墩 tuun〕
10. 江河 mrac〔溟 meŋ _海〕、khjoongh _溪、川〔江 krooŋ〕
11. 水 rei、tweih _古〔水 qhwli'〕
12. 石 kjook<klook〔砳 reewG〕
13. 树 sac〔薪 sjin〕(转义)
14. 草 mrak〔艸莽 maaŋ'〕
15. 叶 a-rwak〔乇 ʔr'aag _{草叶}〕
16. 马 mrang〔马 mraa'〕
17. 牛 nwaah〔牛 ŋwɯ〕
18. 猪 vak〔豝 praa〕
19. 羊 chit〔羍 she〕(藏山羊 rtsid)
20. 狗 khweih〔犬 khwiin'〕
21. 鼠 kwrak〔鼠 hla'〕
22. 鸟 hngak〔羽 Gwa'〕
23. 鸡 krak〔咯 klaag _{雄声}〕
24. 鱼 ngaah〔鱼 ŋa〕
25. 蛇 mrwei〔蛇 filal〕
26. 虱 sanh〔虱 srig〕(卂音 sins)

27. 角 khjou/gjou［觓 grɯw］

28. 尾 a-mriih［尾 mlɯl'］

29. 毛 mweih［毛 muu］

30. 头 uuh-khoong［顂 kwɯw'、gwɯw 小头、颟］

31. 目 mjak［目 mog］

32. 鼻 hnaa［腮 snɯɯ］（转义）

33. 耳 naah［耳 njɯ'］

34. 嘴 hnut［喙 hlods］、paah-cap［辅匝 ba'-ʔsuub］

35. 齿 swaah［齰齚 ʔsraag、zraag］

36. 舌 hljaa［舌 filjed］

37. 手 lak［胳 klaag、亦 laag］（转义）

38. 脚 khrei［止 kljɯ'］

39. 乳 nou'［乳 njo'］

40. 血 sweih［血 qhwliig］

41. 肉 a-saah［腊 sjag 干肉］

42. 皮 a-rei［皮 bral］

43. 骨 a-rouh［骹 roo］

44. 屎 khjeih［屎 qhli'］

45. 尿 seih［私 sil］

46. 人 luu［傈 lew］

47. 孩 ka-lei［子 ʔljɯ'］

48. 绳 krouh［缕 ro'］

49. 香油 hnamh-chii［荏 njɯm'-髓 slol'］

50. 盐 tshaah［蘙 shoos］

51. 刀 daah、thaah［刀 taaw］

52. 房 im［窨 qrɯms 地室］

53. 路 lamh［途 l'aa、唐 l'aaŋ］

54. 病 a-phjah［病 braŋs］

55. 名 a-man［名 meŋ］

56. 看 kran'［晌 green］

57. 听 kraah［觉 kruug］

58. 知 si［悉 sid］

59. 吃 caah［咀 za］

60. 喝 sook［欶 sroog］

61. 舔 hljaa［舐 file'］

62. 说 proo［报 buugs］

63. 死 sei［死 hlji'/sji'、尸 hli］

64. 飞 pjam［翻 phen］

65. 走 swaah［趋 sho］

66. 站 rap［立 rɯb］

67. 坐 thouung［蹲 zuun<sduun］

68. 睡 ip［魔 qeb］、naah 憩息［卧 ŋwaals］

69. 杀 sat［杀 sreed］

70. 高 mrang［阆 raaŋh］（张衡赋注"高也"）

71. 长 hran［引 liŋ'、伸 hliŋ］

72. 重 leih［迟 rlil］

73. 弯 kook［曲 khog］

74. 近 niih［迩 njel、尼 ni］

75. 新 sac［新 sin］

76. 甜 khjou［休 qhu］

77. 酸 khjann［醯 qhee］

78. 辣 cap［噆 ʔsuub］（温州"噆"指伤口遇酸刺痛）

79. 苦 khaah［苦 kha'］

80. 红 nii［霓 ŋee］

81. 黄 vaa［黄 ɢwaaŋ］

82. 蓝 praa［碧 prag］

83. 绿 cimh［栫 sgrɯm 青皮木］

84. 黑 manh（读 mee）［冥 meeŋ］

85. 白 phruu［紑 phɯ］

86. 一 tac［一 ʔlig］

87. 二 hnac［二 njis］

88. 三 sumh［三 soom］

89. 四 leih［四 hljids］

90. 五 ngaah［五 ŋaa'］

91. 六 khrook［六 rug］

92. 七 khunac［七 tshid<snhid］

93. 八 hrac［八 preed］

94. 九 kouh［九 ku'］

95. 十 chai［十 djɯb］

96. 百 raa［百 praag］

97. 我 ngaa［吾 ŋaa］

99. 这 di 口语［是 dje'］、ii 书面语［伊 qlil］

98. 你 mang［孟 mraaŋs 兄］

100. 不 ma［无 ma］

除所对有些为汉语古词如"飑、辈、桫、粦、乇、颃"等外,还发现有些词对当的是汉语的罕用古词,如"舟"hlei 对［橤 reel］;"豹"sac 藏文是 gzig,对［狰 zreeŋ］(《山海经》似豹兽);"根"mrac 对［蔜 mrig］。

参考文献

白保罗　1972　《汉藏语言概论》,剑桥大学出版社。乐赛月、罗美珍译本,中国社会科学院民族研究所语
　　言室,1984。

陈宗祥、邓文峰　1991　《〈白狼歌〉研究》(一),成都:四川人民出版社。

黄树先　2003　《汉缅语比较研究》,武汉:华中科技大学出版社。

计莲芳　1996　骠缅语文关系浅析,《民族语文》(6)。

柯蔚南　1974　白狼歌新探,台北《清华学报》第 12 卷(1-2)。

李永燧　2010　《缅彝语音韵学》,北京:社会科学文献出版社。

马学良、戴庆厦　1982　《白狼歌》研究,《民族语文》(5)。

薮司郎　1979　《ビルマ语入门》,东京外国语大学亚非言语文化研究所。

西田龙雄　1972　《缅甸馆译语研究》,"华夷译语研究丛书"II,东京:松香堂。

汪大年　1983　缅甸语中辅音韵尾的历史演变,《民族语文》(2)。

汪大年　1986　妙齐提碑文研究,《北京大学学报》(4)。

钟智翔　2002　《缅甸语言文化论》,北京:军事谊文出版社。

六　西　夏　语

（一）西　夏　文

除了藏文、骠文、缅文，藏缅语历史上造有古文字的，还有党项羌建立西夏国时所造的西夏文。《宋史·夏国传》："（李）元昊自制蕃书，命野利仁荣演绎之，成十二卷，字体方整类八分，而画颇重复"。大庆元年（1036 年）颁行境内，尊为国字。后来，仁宗李仁孝还特"封制字师野利仁荣为广惠王"。可惜的是，西夏文是仿汉字造的，不是拼音文字，不能直接反映其语音情况，但幸好他们也模仿汉文韵学，编了韵书《文海》《同音》《五音切韵》，以及字书《番汉合时掌中珠》（以下简称《掌中珠》）等，注有反切，对音类的分析有比较详细的记录，并加有汉字注音，都可供我们探讨研究。目前，经海内外各家研究，其音系构拟也已经取得很大进展。

西夏文字排印不方便，引字如出于《同音》（T）、《掌中珠》（Z），可用李范文先生《夏汉字典》页序编号；出于《文海》（W），可用史金波等先生《文海研究》页序编号。除此之外，也可采用笔者设计的汉字西夏字笔画代码转写，代码系用形似的数码表示笔画，共十个：

0	1	2	3	4	5	6	7	8	9
、乀	Ｉ	一	Ｊ	十乂	㇌	㇄㇙	㇕㇆	㇡乙	ㄇ
点捺	竖	横	撇	插	弯	挠	拐	乙	冒

注意，4 表示被相交的横和捺（与之相交的竖笔、撇笔另计，所以"十"是 41，"乂"是 34，"又"是 74）。8 中，㇡表示乚连笔。

左边部首加短划"－"与右体相隔（如《夏汉字典》4543 号"唇"䫪是 2174－2174），上边部首加斜杠"／"与下体相隔，右体或下体内的小体间用"·"分隔。

下列字，首为李范文《夏汉字典》编码，次为《文海》或《掌中珠》《同音》页序编号，引号内为所注音义，先写语义，后面方括内为《掌中珠》等所标注的汉字注音。最后为笔者设计的笔画代码：

	4092	W14·143	"苦［客］"	笔画代码为［418－037334］
	2541	Z181	"人［尼卒］"	笔画代码为［8－34441－3334］
	1918	Z205	"不［名］"	笔画代码为［11－3748－263］
	4681	T16A52	"耳［泥六］"	笔画代码为［032/129·63］

笔画代码既可作为字形代码，也可用来排字序。

（二）西夏韵书分"转"反映复辅音声母系统

1907 年,俄国科兹洛夫探险队从黑城掠取了大批西夏文献,俄人得以最早着手进行研究,我国罗振玉获《掌中珠》照片,并于 1913 年翻印,其子福成、福苌 1919 年刊布《西夏国书类编》和《西夏国书略说》,1935 年,福成又影写石印《同音》,功不可没(我也曾蒙福颐先生赠予《番汉合时掌中珠》影抄本)。王静如 1930 至 1933 年连出《西夏研究》三辑,此与俄国聂斯克(N. Nevsky)《西夏语文学》(1960 年作为遗著出版)一起被誉为西夏研究的双璧。

西夏文音系的构拟,经苏敏(M. Sofronov)、王静如、西田龙雄、桥本万太郎、龚煌城、李范文、黄振华等各家研究,已经取得很大成就,尤其龚氏系统是集大成的系统之作,李范文先生的《夏汉字典》也采用它为首要标音方式,而把自己的构拟退置于例词中,更扩大了这一系统的影响。

但综观各家的构拟,有一个普遍的毛病,这就是还没有很好体现出西夏语音的特点。大家虽大抵承认西夏语是一种羌语支语言,可羌语支语言是藏缅语族里复辅音最丰富的,有的复辅音甚至多达三百以上,尤其与西夏语最接近的道孚(尔龚)、却域、西部嘉戎等语,都有极丰富的冠音(前加音)系统,但现今所见的西夏拟音,声母方面复辅音却很贫乏,许多人只构拟了鼻冠音,这使得所构拟的西夏语看起来更像缅彝语支而非羌语支。上述近缘语言的韵母系统元音也较简单,除木雅语外没有松紧对立,复元音也都很少。但构拟者为了把西夏韵书的分韵都加以区别,就设置了大量松紧对立的元音和复元音。

其实,西夏单元音只有 a、i、u、ɯ(ə)、e、o 六个,即使加上-w、-j、-r 尾和少量鼻化韵,也应多不了太多,而依其韵书的分韵,则分平声 97 韵、上声 86 韵,合并后可达 105 韵,直追汉语诗韵的 106 韵。这么多的韵究竟是怎么分出来的呢? 根据我们的观察分析,西夏韵书如《文海》中的分韵,并非真正依据真实的韵母来分,而大半是为了兼顾前接声母的不同而分的。

复辅音声母可分析为: 冠音(前加音)+基辅音+介音(后垫音)。

西夏韵书原是依傍汉语等韵理论而作的,汉语韵书分四等洪细,西夏韵书就根据声母垫介音情况,分-0-为一等,-r- 为二等,带-j-(实际表声母类别,不一定真带 j) 为细音三四等。汉语有的声母如章组、非组只见于三等,精组只见于四等,西夏韵书也照搬,那么同一细音韵母就得分为两韵,比如第二、三韵都是 ju,有轻唇、喻三、舌上、正齿"飞、为,直,枝、室、石"切上字的列于第二韵,而有重唇、舌头、齿头、牙音"皮、迷、底、提、子、西、积、贼、计、弃、宜、稀"切上字的则另列于第三韵。它们并非韵母有别,所以龚氏也是把两韵都拟为 ju 的。只是二等龚氏拟作-i-介音,从道孚语垫音看,应该改为-r-(当时汉语二等已为 r->ɯ-介音)。

同元音各韵合为一摄,可分屋东 u、质真 i、月元 a、没痕 ɯ、昔清 e、流 eu、铎唐 o、效 ou 八摄(西夏语韵尾已失,鼻音成分是元音鼻化或带鼻冠,故鼻韵可附列于口韵后,因而归为同摄)。龚氏分十二摄,乃是除每摄分长短,再分松紧、卷舌外,又将 e、a、u 鼻韵分列,将 e 分为 ej、əj,故多四摄。〔《五音切韵》各图左侧 14 个韵母代表字,实代表 u、i、a、ɯ、e、o 六元音各摄洪细两类,加第 11(洪)、12(细)字所代表 eu、ou 两复元音摄,也正为八摄,其洪音字常为每摄首字,正可见各摄韵的起讫。贾常业(2012)据而分八摄,与郑张尚芳(1995)分八摄正相类似。〕

各摄除了依垫音分等列韵外,还再分套(加三个回环共四套),同样的元音在不同套内再回环出现,西田氏、王氏把第二套拟为紧元音韵,第三套拟为-r尾韵。苏敏因第三套藏文译音字多用r作上加字,揣测其可能音节前有以"r"为首的复辅音。我们认为这个推测非常合理,还可推及其他套,因为西夏近缘语言不同冠音的复辅音很发达,而紧元音却限于木雅语。

我们认为这也是西夏学者模仿汉语等韵内外转而分的,第一套是内转,第二、三、四套是外转,所以应把"套"正名为"转"。他们依冠音的分别来分"转"列韵,所以在韵的分别上,不应只限于韵母元音,还应兼在声母冠音上寻找区别。鼻冠列于第一转,在梵咒、藏咒字上已明显反映。故我们可以假设:一转表无冠、鼻冠、w冠,二转表l、s、x冠,三转表r、sr(读清r或ʂ)冠,四转专作补缺或特读用。每转元音回环,至少要求六元音是全的(前人拟音中,第四转六元音不全,不能形成回环者不妥)。

用汉字"尼卒、尼长"形式注音的一批词,前人曾认为是表示鼻冠音,龚煌城先生考定其实际表示的是单浊辅音,这是对的。但这并不表示西夏没有鼻冠音,鼻冠在当时的汉语西北方音及同源各语中都很发达(道孚、木雅语都是mb、nd、ŋg、ndz与b、d、g、dz并存的),藏文注音也表示应有mb、nd等,那也是与浊塞辅音并立的。西夏语鼻冠字主要列于第一转各摄末尾的"附韵"部分中,比如注意[尼祖]的有1.1"爱"、2.5"坐",都音dzu,但后者在附韵中,而道孚语"坐"即说ndzu,与我们的设想相合。

构想的合理与否,应通过藏缅语实际语音来验证。由于近年发现并调查了西夏党项羌近缘语言道孚(尔龚)、吕苏、却域、木雅等语,以及与其较接近的嘉戎、怒苏、纳西、嘎卓、土家语,这就为比较提供了可能。像"病[我-]"即是党项近缘语言各语言点中一致而与其他藏缅语不同的词例。又如(方括内为西夏语的汉字注音)"树枝[斡]、嫁[识]、等候[令]、短[永]、弯[药]、蠢[鬼勒]"只同尔龚语,"拔[。力]、少[。移则]、肩[斡]"只同道孚语,"黄[能]、老[纳]"同木雅语(道孚语[纳]转指古时)等词例,说明这些语言对构拟西夏语音系极有参照价值。注意,这些语言复辅音都很丰富,西夏语比它们早,有些学者却设想其复辅音已差不多脱光,这显然是不合理的。合理的设想是,因外转字具有明显的复辅音,所以反切上字难找,表明其声纽十分特别。下边举道孚(尔龚)语例说明,外转字多带s、r等冠音,或本身是r、ʐ母字。从下例中大致可见,第二转为s-/z-、l-、x-/ɣ-,第三转为r-(例子不注语言名的都为道孚语,标为"尔龚"的,其实也是记的道孚语的丹巴方言):

[二转]　R61 千[都]stoŋ　　R64 女儿[名]sme　　R72 女阴[都能切]stə
　　　　R66 十[罨]zʁa　　　R65 星[迎]zgre
　　　　R66 肩[斡]lva　　　 R70 指爪[尼赟]尔龚 ldzɯ
　　　　R73 三[桑]xsu　　　 R66 厚、手[。腾]ɣʐa
[三转]　R74 马[。领]rɣi　　 R80 冬[祖]尔龚 rtso　　R82 膝[宜会]rŋə
　　　　R84 百[易]rɟə　　　 R85 枝[斡]rvɚ　　　　 R87 八[椰]rjɛ
　　　　R89 鸡[要]尔龚 rja　 R89 日子[要]缅 rak[jɛ？]
　　　　R90 铜[。罗]ra　　　 R86 黄[能]rnə　　　　 R88 肘[。苟]尔龚 rkiau 二岗里 rki

所以,苏敏对三转冠r的设想是可以成立的。虽然二转龚氏采用紧元音说,但戴庆厦(1990)证明藏缅紧元音来源于塞尾或清声母的后起变化的影响,藏文"千stong、女阴stu、三gsum",缅文"女儿smii、星kraj"都不是塞尾韵,所以不可能是促化形成的紧元音,又"指爪、厚、手、十"都是浊母,因此也不会是清辅音引起的紧元音。龚氏在《西夏语的紧元音及其起源》文末,也指出相关语音变化与s-词头有关。因此,三转以卷舌r-冠音字为主(r声母字大多数列此)、二转以非卷舌冠音s-、l-字为主的设想较为合理,而应与元音变化无关。

注意,西夏字书《掌中珠》等所作汉字注音,都是只注词根的音,不涉前冠,如R1[u]韵"蠢、厚"都注[都],"勤"注[祖]。"蠢、厚[都]"可比纳西语"蠢"do、缅语"厚"thu,而二转R61(平58)"网、千"也注[都],可对道孚语"网"sthu、"千"stoŋ,原是带s-冠的。一转"勤[祖]"对尔龚语tsɛu,而三转R80(平75)"冬"也注[祖],则对尔龚语rtso,原是带r冠的,故列为转的不同。

上面所举三转例较多,二转每种冠音只举了一二例,现在再由西夏语最亲近缘语言道孚语(尔龚语)验看其分布情况。如根据上述设定,l-冠音字都应列二转(R61-76)。道孚(尔龚)语正好就有"指甲 ldzɯ、柱 ldzi、尿 lbi、斧 lvi、肩 lva、手 lja、哑 lʁu、冰 lvo"等一批l冠词,分别列于《文海》二转各韵,都正合设定要求。用道孚语形式检验很重要,我们怀疑"道孚"(道孚语称 stawə、藏文称 rtahu)之称有可能即是"党项、唐兀"的遗音①(下例方头括内为《掌中珠》等的汉字注音):

质摄 R70(平67-上60)　　平声的【尼赏】指爪 ldzi、【迷】尿 lbi、【胃】斧 lvi
　　　　　　　　　　　　上声的【尼积】柱 ldzi
月摄 R66(平63-上56)　　平声的【斡】肩 lva、【。腾】手 lja
屋摄 R73(平70-62)　　　平声的【吴浪】冰 lvo
　　　　　　　　　　　　上声的【喉】哑 lʁu

两种流音冠音或有少量互变,如尔龚语"雹"lmu,异于R80(-69)【莽】雹 rmo=嘉戎语。尔龚语"忘"lmu,道孚语作 rmə,应都对R72(-61)【末】忘 lmɯ。

s冠在浊声母前变z:道孚语"网罗"sthu 对R61(58-)【都】stu,尔龚语"放置"sti 对R70(67-)【底】*sti,而道孚语"星"zgre 对R64(61-)【迎】*sgje,"七"znje 对R67(64-)【折】*snja。注意,动词变式中 thi 饮、stho 使饮是对(11-)【提】*thji、(67-)*stji、(72-)*stjo,gi 穿、zgi 使穿是对(-10)*gji、(67-)*sgji、(72-)*sgjo。同样,方头括号内的汉字注音都只注词根的音,并不管 l-、s-前冠。

x在浊声母前变ɣ:道孚语"桶"ɣdu 对R61(-51)【呶】*xdu,"身"ɣzju 对R62(-52)【六】身 *xzu。

还要注意冠音v,《掌中珠》下注小字"合"一般被误会成表合口介音,实际上有一部分却表v冠。比如,第13页的R67(64-)"草灰"注【辣舌合】应是 *vɬja,对道孚语 fɬɛ(这个f是v在清辅音前的变体,尔龚语为 vçɛ),龚氏却标成 lhjwa;第18页R64(61-)的"颈"注【令合】应是 *vɬje,道孚语是 vɬe,龚氏却标成 ljwij;又R20(20-)的"舌"注【辣合】vlja,对道孚语 vʐɛ,龚氏标成了 lhjwa,其实,这些"合"字都是表现冠音的,龚氏却都当作合口介音来标注,故其标法与口语不合。

———————————
① 据王尧、陈践《吐蕃简牍综录》第35页"大夏"注,吐蕃沿用党项人自称 tahah。

（三）西夏语语音系统

据现代道孚(尔龚)等语来看,西夏语基本声母应尚有小舌音声母一套,与舌根音声母相对立,可以考虑西夏语相应的分类。流音除 r、l 外还有 ɬ、ɭ̥ 等,ɬ 大家已写成 lh,ɭ̥ 也可写 lj,由 l 中再分出,如 1·63 韵的"手厚"都应音 *ɭ̥a 嘉戎语 jak)。

如此,基本单声母可由龚煌城(2005:248)的 30 母 p、ph、b、m、w ｜t、th、d、n、r、l、ɬ ｜ts、tsh、dz、s、z ｜ tʃ、tʃh、dʒ、ʃ、ʒ、j ｜ k、kh、g、ŋ ｜ ʔ、h/x、ɦ/ɣ,再加 v、ȵ、ɭ̥、q、qh、ʁ 而为 36 母。但 ʁ 与 ɣ、ɭ̥ 与 z 音位相近有纠葛,正齿 tʃ 组依道孚语当改作 tɕ 组是否还要再分为 tɕ、tʃ 两组,依下列情况,也可再研究。

夏汉语二等韵字两两相对。注意,汉语庄组字及澄母二等字也都对二等,例如(方括内前为西夏字代码):

[033434－53 刕差] 初母字,[87－363 殀沙] 生母字,同在 1·18 韵(R18),同类还有"岔、纱、产、衫"等庄组字,同韵借词有"疤下夏嫁孝花胯匣狭限间监槛"等二等字。

[11－03419 怵山][4111/87·21·334 薇拴] 皆山母字,都在 1·25(R26)韵,同韵二等字有"镮患",又有轻唇"幡烦凡发"等字,邵雍《声音唱和图》轻唇示"凡法"同样与二等字列于"开发收闭"第二等发类。同韵(2·23)的 [034117－0394－63 糘] 注音"尼盏""挈",也都属二等字。

[2334－0321·3334 㰥助] 崇母字,在 2·43(R52、含 1·50)韵,本韵尚有二等借字"爆",注音"豹藐角床",切脚字"霜疮角"等。

[03334－03334 㲋双] 生母字,在 2·64 韵(R55),同韵的有 1·53 的二等字"猫"等。

又如 R35 韵,集蟹二、梗二庄组"钗豺铛争筝狞"等字,《掌中珠》以 R18"岔"注"茶",该韵又有借词"诧",皆知组字。宋代知庄章二分,庄组与知二合流,我们认为以上材料反映当时西北方音也有这类现象,它们与照三并不相混。

夏汉语对译语音参差不齐,有的是一方有,一方无;有的是一方正处于该语音现象的消长变化之中,而另一方则尚未发生变化。例如浊塞音前的鼻冠音,今西夏遗族各语也是有的带,有的不带,某词有,某词又无。这样,mb、nd、ndz、ŋg 与 b、d、dz、g 原本为对立音位,但当处于演化中的对立消失和转化阶段时,也可不再予以区别处理,闽语中的 b、dz、g 也是 m、ȵ、ŋ 带塞音转化来的。

鼻冠塞音、小舌音,及庄组的演化合流,似也可作如是观。但"泥六"应只是[ȵ],从现在各语看不会是 nl。

在 1995 年召开的首届西夏学会议上,我提交的论文除讨论复声母外,也曾列出各摄分韵,说内转可依藏文元音对音分为下列八摄(R 是平上声综合总韵序号,括号内拉丁字母为藏文对音,韵序号加括号的表示该韵未见到藏文对音,是依汉夏对音列入的相邻韵)。从甲至辛,可分对前述的"屋东 u、质真 i、月元 a、没痕 ɯ、昔清 e、流 eu、铎唐 o、效 ou"八摄(因西夏语韵尾已失,鼻音成分是元音鼻化或带鼻冠而附列于口韵,故上列鼻韵名附列于口韵名之后):

甲.屋摄(u)R1－7　　　　乙.质摄(i)R8－15(16)　　丙.月摄(a)R17－25(26、27)

丁.没摄(i+)〔ɯ〕R28－33　戊.昔摄(e)R34－43　　　　己.流摄(i+)〔eu〕R44－48(49)

庚.铎摄(o)R(50)51－58　　辛.效摄(o\u)〔ou〕R58－59(60)

由于没摄"二〔能〕、九〔吃〕"同韵,道孚、木雅语为ɔ或ɯ,这里写为ɯ,流摄对汉语流摄,可作eu。铎摄o后R56－59除"唐、铎、阳、药"外还有汉语"屋、烛"韵字,藏文对u有别于o,可另为效摄ou。

每摄又含两类韵,类内再分等。两类的区别,以前各家多依元音的开口度细分为u ʊ、i ɪ、e ɛ、o ɔ、i＋ ə等,再辅以松紧、鼻化、鼻尾作为补充分别,这样处理非常琐细。事实上,紧元音、鼻化,西夏近缘各语也是有的,但相邻语言中洪细对立、长短和松紧对立都不广泛,只有鼻化不单出现在汉语借词中。我们注意到,西夏分韵常会兼顾前冠的区别,故可改为另依前冠分类。又因为每类多数是三分,于是龚先生列之为一、二、三等以对应汉语一、二、三/四等,这是很重要的发现。但有的摄分三"四"等而不分二等,如屋摄分〔R1〕一等"粗蒲笃",〔R2〕三等"输欸匍",〔R3〕四等"趣具虚"。三"四"等实际语音应无区别,只是声母分配上仿汉语韵图,把轻唇、喻三、正齿放在三等,重唇、喻四、齿头放在"四等"而已,所以,龚氏也拟为同韵,也认为其分韵是照顾前接声母的差异。

西夏韵摄次序之所以由u开始,而不像日文五十音图那样依梵文a、i、u、e、o排序,当也是仿《广韵》以"东"起的阳声韵序再加流(尤)效(肴)两摄而成的,试比较西夏韵摄与《广韵》韵序:

(甲)u——东屋　　(乙)i——真质　　(丙)a——元月　　(丁)ɯ——痕没

(戊)e——清昔　　(己)eu——尤　　(庚)o——阳药　　(辛)ou——肴

只是"药、肴"后置于"清、尤"不合《广韵》,可能与西夏"药、肴"与"阳"韵元音较相近有关。

依前述六元音,现将总105韵声韵构拟如下(括号内"－"号后是上声韵号,前是平声韵号。第一转每摄多先列一、二、三、四等"正韵",再列带鼻冠音或w-冠音的"附韵"P-,再后加"鼻化韵"-N＝～):

八摄105韵分转拟音全表

一转(R1－60)

屋摄〔u〕:1 u、2 ju、3 ju、4 u

　　　　冠P-:5 u、6 ju、7(-6)ju

质摄〔i〕:8(-7)、i 9(-8)ri、10(-9)ji、11(-10)ji

　　　　　冠P-:12(-11)i、13 ji、14(-12) ji

　　　　　鼻-N:15(-13)ĩ、16(-0) jĩ

月摄〔a〕:17(-14)a、18(-15)ra、19(-16)ja

　　　　　冠P-:20(-17)a、21(-18)ja、22(-19)ra、23(0-20)ja、24(23-21)ja

　　　　　鼻-N:25(24-22) ã、26(25-23)rã、27(26-24)jã

没摄〔ɯ〕:28(27-25)ɯ、29(28-26)rɯ、30(29-27)jɯ、31(30-28)jɯ

　　　　　冠P-:32(31-)ɯ、33(32-29)jɯ

昔摄〔e〕:34(33-30)e、35(34-31)re、36(35-32)je、37(36-33)je

　　　　　冠P-:38(37-34)e、39(38-)re、40(39-35)je、41(40-)e

鼻-N：42(41－36)rẽ、43(42－37)jẽ

　流摄［eu］：44(43－38)eu、45(44－39)reu、 46(45－40)jeu、 47(46－)jeu

　　　冠P-：48(0－41)eu、 49(47－)jeu

　锋摄［o］：50(48－)jo、 51(49－42)o、52(50－43)ro、53(51－44)jo

　　　冠P-：54(52－45)o、55(53－46)jo

　　　鼻-N：56(54－47)õ、57(55－48)rõ

　效摄［ou］：58(56－49)jou、59(57－)jou

　　　冠P-：60(0－50)jou

二转 l-、s-、x-冠(R61－75)

　屋摄［u］：61(58－51)u、62(59－52)ju

　昔摄［e］：63(60－53)re、64(61－54)je、65(62－55)e

　月摄［a］：66(63－56)a、67(64－57)ja

　质摄［i］：68(65－58)i、69(66－59)ri、70(67－60)ji

　没摄［ɯ］：71(68－)ɯ、72 (69－61)jɯ

　锋摄［o］：73(70－62)o、74(71－63)o、75(72－64)jo

三转 r-冠(R76－98)

　昔摄［e］：76(0－65)re、77(73－66)e、78(－67)je、79(74－68)je

　屋摄［u］：80(75－69)u、81(76－70)ju

　质摄［i］：82(77－71)ri、83(78－)i、84(79－72)ji

　月摄［a］：85(80－73)a、86(81－)ra、87(82－74)ja、88(83－)ja、89(0－75)ja

　没摄［ɯ］：90(84－76)ɯ、91(85－)ɯ、92(86－77)jɯ、93(87－78)jɯ

　流摄［eu］：94(88－79)eu

　锋摄［o］：95(89－80)ɯo、96(90－81)jo、97(91－82)o

　效摄［ou］：98(0－83)jou

四转 补遗(R99－105)

　昔摄［e］：99(0－84)e

　没摄［ɯ］：100(92－85)ɯ

　质摄［i］：101(93－86)i

　锋摄［o］：102(94－)o、103(95－)jo

　屋摄［u］：104(96－)ũ

　月摄［a］：105(97－)jwa

　（此表元音系统略同龚先生的系统，唯并其 ə、ji 为 ɯ，e、ji 为 i，ej、jij 为 e，ew、jiw 为 eu，因为实际上其 ɨ、i 都只在介音 j 后出现，没有独立的音位意义。）

　我们定三转为 r-冠词，从下节核心词表"14 草、16 马、17 牛、23 鸡、66 站、73 弯、78 辣、81 黄、82 蓝、93 八、96 百"等道孚语有 r-冠可证，如"八、百"龚先生拟为 jar、jir，而道孚语却为 r 冠的 rjɛ、rjə。

　末转较杂，R100"四"道孚语 ɣʑə、"水"ɣrə、"偷"ɣkə，皆 ɣ 冠。

很明显，末 104 韵借汉语"冬宗红"字，最后 105 韵中 0318－2231"烻"借汉语［说 sjwa］，皆不会加冠音。音"越"（表亮闪闪）的字可能与道孚语 nshjo 同根。

下面这些三合复声母例很有意思："星"【1.61 迎 *zgje 猋 0108】对道孚语 zgre、嘉戎茶堡话 zŋgri，"柳"【1.66 *zbri】对嘉戎茶堡话 ʑmbri、日部话 zbrə（道孚语-rbrə 作次音节冠音变 r）。

西田先生在一转以 R53(51－44)作为 R11(－10) i 韵及物动词（吃、造、送）的 B 形式，拟音是 iɦi→ĭɔɦi，而在二转 R70(67－60)ị 则变为 R75(72－64)ĭɔṇ（喝），两者变化不统一。依我的拟音，则 R11、R70 都是-ji（"吃"dzji，道孚语 dzi；"喝"同道孚语 thi、尔龚语 wthi），R53、R75 都是-jo（"吃"dzjo、"喝"sthjo，道孚语"使喝"stho），韵母变化规则，没有例外。西田又举 R9(9－8)动词"厌恶"khɪĕ、kɪĕ，其 B 形式为 R52(50－43)的 khĭɔw、kĭɔw，则所拟韵母和前面的规则差别较大，如依我们上面的拟音，则应是 khri、kri 转为 khro、kro，这就合乎同一规则了。

（四）同源核心词比较

每词皆先列今道孚（尔龚）语，凡两处方言形式有别的先列孙宏开记的尔龚语形式，后列黄布凡、多尔吉记的道孚语格西话、格什扎话形式（格什扎-p 尾来自-u/w 尾后起塞化，故未录）。其次，于【 】中列《藏缅语语音和词汇》中的西夏语及《夏汉字典》中的汉字注音，再加上我们的拟音，以 * 为记，并附《夏汉字典》的西夏字编号，以便检索原字形及音义。该字所在韵则标在最前面。若道孚语与之不同，则后附注与西夏语注音形式相近的语言（主要是其他羌语支语言，尤其是嘉戎语，还有缅文、藏文）。最后，在［ ］中列出对应的汉字及其上古拟音（同源比较是就上古源头而论，自当标注最早形式）。至于清代《河西译语》255 条虽号称"倘吾的"语，但所记词语只数词近西夏语，常用词之间的差异很大，难以肯定为党项语〔陈乃雄(1982)认为包含较多的阿尔泰语成分〕。

1. 日 wbɯ、ɣbu（＝沙）【2.7 墨 *bi � 2449】嘉戎茶堡话 ɣmbɣi［昑 hmɯd 旦明］

2. 月 ɬɯ、sləu【2.60 力 ◦*slji 猦 2814】［夕 lja］（转义）

3. 星 zgre【1.61 迎 *sgje 猋 0108】［曟 qhweeds 小星］

4. 风 lɛ、wlɑ【1.29 ◦ 勒 *ljɯ 靴 2302】［颮 rids、rid 暴风］

5. 雨 mɛ、mɑ【2.52 尼足/族 *rdzju 猵 3431】嘉戎日部话 t-rdzi［霂 muus、muuŋs］

6. 雾（zdo-）mɛ、mə（zdo 为云）【2.7 娄/露 *lwi/lui 丽 0991】缅文 mru、普米语（zdie-）rə̃［雾 mogs］

7. 火 wmɯ【1.31 ◦ 没 *wmɯ 薇 4308】［焜 hmɯl'］

8. 土地 ʐə【2.61 勒 *ɖjɯ 姢 2627】［地 l'jeels］

9. 山 qɑ【1.84 宜则/讹 *rŋɯ 猺 4871】嘉戎茶堡话 zgo 山、rŋɯ 岩石［冈 klaaŋ］

10. 江河＝水【1.20 麻 *mba 蘝 1530】(借缅文 mrac)［溟 meŋ 海］

11. 水 wrɯ、ɣrə【2.85 嗲则 *ɣzɯ 猴 3058】［水 qhwli'］

12. 石 rgɛ-vɛ【1.58 卢 *lu 骸 1074】扎巴语 lu［砾 reewɢ］

13. 木、柴 si【1.11 西 *sji 薇 4250】［薪 sin］

14. 草 rura、rŋə-rŋa【2.72 日 *rji 繆 2508】【1.14 鸡 *kji 絈 3255】拉坞戎语 χçi、嘉戎茶堡话 χçrj【2.60 石／世 *xçji 猕 0585】［蒴 keeds］

15. 叶 lba-la【2.56 末 *lba 骤 4567】［箬 bɯ>bu 竹叶］

16. 马 rɣi、rji【1.74。领 *rje 祀 0764】【2.60 力 *lji 絈 1053】(参缅文 mrang)［马 mraa'］

17. 牛 rgo【1.75。悟 *rgu 帆 1909】【2.7 嵬 *ŋwi/ŋui 毯 0395】［牛 ŋwɯ］

18. 猪 va【1.17 讹、洼 *wa 礛 0294】［豝 praa］

19. 羊 ɣi、ji【2.33 野／盈 *je 螭 3452】藏文 ra、南语 hrang［羊 laŋ］,山羊 tshɛ【1.30 贼 *tshjɯ 礤 2910】藏文 山羊 rtsid［羷 she］

20. 狗 kɯ-、kə-【1.30 屈 *khjɯ/khwjɯ 蹴 1200】［犬 khwiin'］

21. 鼠 vtçɯ、ftçə【1.28 率 *çrɯ 雅 2500】［鼠 hla'］

22. 鸟 rdʑo-vdʑo【1.56 尼长 *dʑou 纈 2262】＝飞,【1.8 嵬 *wi 馥 5134】(借缅文 hngak)［羽 ɢwa'］

23. 鸡 ʁorja(wə-rja)、ɣra【1.89 讹 *rwo 祂 0090/2.75 要 *rja 罷 4546】［咯 klaag 雉声］

24. 鱼 ʁajɯ、ɣjə【2.2 汝 *ju 猻 3057】［鱼 ŋa］

25. 蛇 mphri【2.43 庞 *phro 瓠 0080】藏文 sbrul［蛇 filaal］

26. 虱 wçau、ço【2.40 手 *çeu 毯 5705】［虱 srig］

27. 角 qrə-mbə【1.28 块／乞 qhrɯ 牅 3517】史兴话 qhuɐ［觓 grɯɯ］

28. 尾 rŋɛ-ma【1.39 名／灭 *mbje 獬 5677】(借藏文)嘉戎 jmi［尾 mlɯl'］

29. 毛 wmə-、smo【1.82 麻 *rma 焸 2600】嘉戎日部话 t-rmɛ［毛 maaw］

30. 头 ʁuɐ、ɣuɐ【1.4。吴 *ʁu 獙 2750】［顙 kwrɯɯ'、ɡwrɯɯ 小头］

31. 目 mau、mo【1.33。每 *me 羸 4684】［目 mog］

32. 鼻 sni【2.12 你 *ndji 馛 5700】［腮 snɯɯ］(转义)

33. 耳 ŋaŋ、ŋə【1.3 尼六／纽 *nju 夭 4681】［耳 njɯ'］

34. 嘴 ɣmo、jɑ【1.4 谟／么 *mu 鬶 0730】［吻 mɯn'】,【2.18 烈。lja 祓 2246】扎巴语 la［喙 hlods］

35. 齿 çɯ、çə【1.10 垂／税 *çwji/çjui 祀 0169】二岗理话 çvi［齭酢 ʔsraag、zraag 啮］

36. 舌 vʑɛ、vʈʂɛ【1.20 辣合 *vʐa 絆 3190】缅文 hljaa［舌 filjed］

37. 手 ʐa、ʈʂa【1.63。膰 *ʈʂɑ 馃 3485】［胳 klaag、亦 laag］(转义)

38. 脚 rko、ʂko【1.30。刻 *khjɯ 骱 3990】缅文 khrei［止 kljɯ'］

39. 乳 nu-nu【1.43 冘 *neu 鋄 2123】［乳 njo'］

40. 血 she【1.36 斜／星 *sje 獬 2734】［血 qhwliig］

41. 肉 nthu、bjano,nthəu 肥肉【1.10 直／赤 *tçhji 絈 3465】［腊 sjaag 干肉］

42. 皮 dʑidʑa【1.30 尼责／示 *dʑɯ 旻 1153】【2.7 *bi 骸 1116】(借汉语)［皮 bral］

43. 骨 —、rəra【2.68 日 *rje 醍 5514/1.86 吟 *rjɯ 粼 2778】［髏 roo］

44. 屎 ʂkjɑ-xpɑ（借藏文）【1.14 崩 *mpji】（借汉语）［粪 pɯns］，ɣzə【1.29 利 *ljɯ 胾 3499】［屎 hlil'］

45. 尿 lbi【1.67 迷/比 *lbji 怭 5509 名、*lpji 縌 3142 动】［泌 bid］

46. 人 vdzi【2.44 尼卒/族/萃 *dzo 夊 1886/㲄 2541】［俦 zrii］

47. 孩 lŋa、aŋa-ze［牙/吾 ŋaa］（《后汉书·崔骃传》"甘罗童牙而报赵"/《管子·海王》"吾子食盐二升少半"）儿子 zi【1.69 哆则/祀 *zjɯ 肼 5525】［子 ʔljɯ'］（豹 rzɛu，rzo 亦音【2.76 哆则/邪 *rzɯ 緂 5768】）

48. 线绳 sɯ-ri【1.28 史 *srɯ 㒸 0544】［丝 slɯ、缕 ro'］

49. 油 snəm【1.45 由 *jeu 彪 3954】（借汉语"油"）［荏 njɯm'］

50. 盐 tshɯ、tshə【2.28 七 *tshjɯ 漆 5186】【2.1 吾 *wu 𥐶 1915】［藍 shoos］

51. 刀 bə-rzi【1.86 没 *rbjɯ 萧 5037】二岗理话 mbə-rdze［匕 pil'］

52. 房 wo、jo【2.85 吃 *kɯ 絪 3622】【2.37 野 *jẽ 粼 2560】缅文 im［窨 qrɯms 地室］

53. 路 tɕɛ【1.19 °折 *tɕja 蕺 0020】［彻、辙 ded］

54. 病 ŋo【2.42 我-特合 *ŋo 㚻 2857】［疴 ŋuub 寒病］

55. 名 lmɯ【2.35 名 *mbje 㜷 2639】藏文 ming［名 meŋ］

56. 看见 -vdo、ɣdu【2.33 领 *lje 蓏 0046】藏文 mthong［眮 doong］，藏文 rig［识 hlɯg］，缅文 mrang［望 mlaŋs］

57. 听 wu-sŋi、lɳi\sŋi【2.33 你/宁 *nje 聑 5554】［耳 njɯ'］

58. 知 si【2.28 西 *sjɯ 㜔 4993/2.33 塞 *sje 膡 3469】［悉 sid］，怒语 aŋɯ【1.27 能 *nɯ 肬 2699】

59. 吃 —、dzi【1.10 尼积/渍 *dzji 賊 4517】缅文 caah，木雅语 ndzɯ［咀 za］

60. 喝 wthi、thi【1.11 提/笛 *thji 牌 4658】［呫 theeb 啜］

61. 舔 ɳyiala、nʐa【2.20 嘛 *nʐja 㰤 0956】缅文 ljak［舐 file'］

62. 说 vɕɛ、fɕa【1.39 请/青 *wtshje 裬 5612】［咨 ʔsi］

63. 死 sɛ【1.30 悉 *sjɯ 揻 5918】［死 hlji' /sji'、尸 hli］

64. 飞 bʐo、bjo【1.56 尼长/仗 *dʑou 襸 2262】木雅语 ndʐye［翔 ljaŋ］

65. 走 rira、ɕə（跑 rdʐu-rdʐa）【1.35 尼征/乘 *dʑje 䑞 3852】【1.51 昌 *tɕhjo 藂 4347】［趋 sho］

66. 站 —、rjɛ【1.82 野/牙 *rja 㩐 5755】嘉戎语 rjap［立 rɯb］

67. 坐 dza、ndzu（=纳木义语 ndzu）【2.5 尼租/族 *dzu 毯 2396】［蹲 zuun<sduun］

68. 睡 rgin、rgə【巨 *gju 腬 3473】［憩 khrads］，纳木义语 jy【2.28 易/依 *jɯ 祳 5136】缅文 ip［魇 qeb］

69. 杀 —、shɛ、fsha【1.20 萨 *wsa 蕯 4225】木雅语 sɛ、缅文 sat［杀 sreed］

70. 高 bʐi【2.33 喴 *bje 尾 1890】缅文 mraŋ'［闉 raaŋh］（张衡赋注"高也"）

71. 长 dʑi【1.51 尼长 *dʑo 蚝 0443】［长 daŋ］

72. 重 ldɯ、nʐə【1.32 勒 *nljɯ 㹱 2737】［遅 rlil］

73. 弯 rʁo、rɣu、rɣo【1.91 药／肴 *rɣo 縓 5428】［曲 khog］

74. 近 ne【1.36 你 *nje 脟 0213】［迩 njel、尼 ni］

75. 新 xso【1.46 悉 *xsjeu 憗 3457】藏文 xsar-pa［鲜 sen］

76. 甜 tɕʰɯ、thə、tɕhə【1.11 提合 *thwji 豼 3051】(《白狼歌》甘音译"推")景颇语 tui、珞巴语 thiipo［餂 *dii 鼲~］

77. 酸 wtɕʰɯɹ、wtɕhəɹ【2.77 準／出 *rtɕhjɯ／wtɕhɯɹ 絥 2739】嘉戎语-tʃor［酰 qhee］

78. 辣 rzaʁ【1.80。捘 *rdza 鑫 0045】木雅语 dzɐ［嚳 ʔsuub］(温州"嚳"指伤口遇酸刺痛)

79. 苦 snia、sn̩a【1.9 客 *khri 薇 4046】(借藏文)藏文 mkhris 胆、木雅语 qha［苦 kha'］

80. 红 nɣi、nji【1.36 你 *nje 毖 1671】木雅语 ni［霓 ŋee］

81. 黄 rŋə【1.84 能／乃 *rnɯ 藏 1545】木雅语 nɯ［泥 niil 土色］

82. 蓝 rŋɯ、rŋə【1.84 鱼骨 *rŋɯ 縄 0257】(字码 541－232226 海 27·873)【2.76 兀 *rŋɯ 諵 0654】(字码 293330－0229)［蔬 sŋaa］=绿

83. 绿 rŋə(=蓝)【1.56 仗=尼长 *dzjou 縊 2156(3394－232226)嚼】(借藏文)藏文 ldjang

84. 黑 ŋ̩a【1.21 尼野／那 *n̩-ja 祗 0176／1.21 纳 *n̩-ja 深、黑 濊 1997】［涅 niig、匿 nɯg 隐暗］

85. 白 phrɯ、phru【1.55 庞 *phrõ 祥 1572】［紑 phɯ］

86. 一 rau、ro【1.43 娄 *reu 刭 0100】［陋 roos 低微］

87. 二 wne、ɣnə【1.32 能 *wnjɯ 毵 4027】［二 njis］

88. 三 wshu、xsu【1.70 桑 *xso 散 5865】［三 soom］

89. 四 wʑɛ、ɣʑ̥ə【1.92 勒 *ɣʑ̥ɯ 絗 2205】［四 hljids］

90. 五 wŋuɛ、nɢve【1.27 鱼骨／兀 *ŋwɯ 廐 1999】［五 ŋaa'］

91. 六 wtɕhau、xtɕho【1.46 抽 *wtɕheu 縬 3200】［六 rug］

92. 七 snie、zn̩ɛ【1.64 折 *sn̩ja 簧 4778】［七 snhid］

93. 八 rɣiɛ、rjɛ【1.82 耶 *r-ja 夗 4602】［八 preed］

94. 九 ŋgiɛ、ŋgə【1.32 吃 *ŋgjɯ 絋 3113】［九 ku'］

95. 十 zʁa、zɣa【2.56 罨 *sʁa 祾 1084】［十 djɯb］

96. 百 rɣiɯ、rjə【2.72 易 *r-ji 絅 2798】［百 praag］

97. 我 ŋɛ、ŋa【2.14 遏轻 *ŋa 绱 2098】［吾 ŋaa］

98. 你 ɲi【2.10 泞／你 *nji 絋 4028】［尔 njel'］

99. 这 -thɯ、thə【2.28 特 *thjɯ 籬 5354】［是 dje'］

100. 不 mi【1.11 弥 *mji 惯 1918／1.36 名 *mje 缃 2194】［无 ma］

西田先生将第三转 R77 起至 R101(他所编 100 韵的 74—98)都拟为-r 尾韵,龚先生依之也扩至 R77—R101 韵。从上列基本核心百词可见,道孚语仅 77"酸醋"有-r 尾(可能受嘉戎语影响),其余大多为 r-冠词("14 草、16 马、17 牛、23 鸡、66 站、73 弯、78 辣、81 黄、82 蓝、93 八、96 百"等十多条皆可为证),与我们的设想相合。

从韵母变化看,藏缅文 a 韵的字,在西夏语中,很多高化变成 ɯ(藏文"月、鱼、盐",缅文

"百、齿")或再前化变为 i(藏文"鼻、羊"),这像是藏缅文 a 在土家语中读 i("月、草、齿 si、虎 li",南部"盐 si、百 zi")的先期创新性变化。注意,这些词在嘉戎语中一般还保留低元音 a。嘉戎语的 am,在西夏语中则失尾并后化为 o,今语或更高化变为 u,形成另一类创新性变化。从下表中,可窥见西夏语韵尾消失历程之一斑(西夏语词语前的数字为所在平声韵次,前加"-"表上声韵):

	三	干	白	桥	病(墨脱 ŋam)
嘉戎语	kə--sam	kə--ram	kə-pram	ta-ndzam	kə-mŋam 痛
西夏语	70 桑 xso	91 喨 ro	55 庞 ⁎phrõ	54 奘 dzõ	-42 我 ŋo
道孚语	xsu	ɣro/wru	phru	dzo	ŋo

对比西夏记音可见,道孚语"三"xsu 不是直接从藏文 gsum 转来的,而是经历嘉戎语式的 a>o 变化来的。与"三"同韵的有"冰",吴浪切,音汪,道孚语 lvo。对比林向荣《嘉戎语研究》第 616 页内容及词汇第 121 条"冰"卓克基话 ta-rpam、日部话 ta-lvam 就可以知道,lvo 音也是与日部话同向变化而来的。可见,这些创新性变化在西夏时代就已经开始,它们可作为辨识西夏语最具亲缘关系语言的可靠标志。

参考文献

陈乃雄　1982　《河西译语》中的阿尔泰语言成分,《中国语言学报》(1)。

戴庆厦　1990　藏缅语松紧元音研究,《藏缅语族语言研究》,昆明:云南民族出版社.

多尔吉　1998　《道孚语格什扎语研究》,北京:中国藏学出版社。

龚煌城　2002　《汉藏语研究论文集》,"中研院"语言学研究所。

龚煌城　2005　《西夏语言文字研究论集》,北京:民族出版社。

骨勒茂才　1989　《番汉合时掌中珠》,黄振华、聂鸿音、史金波整理,银川:宁夏人民出版社。

贾常业　2012　西夏语韵母的构拟与分摄,《西夏研究》(1)。

李范文　1983　《西夏研究论集》,银川:宁夏人民出版社。

李范文　1986　《同音研究》,银川:宁夏人民出版社。

李范文　1994　《宋代西北方音——〈番汉合时掌中珠〉对音研究》,北京:中国社会科学出版社。

李范文　1997　《夏汉字典》,北京:中国社会科学出版社。

李范文主编　1999　《西夏语比较研究》,银川:宁夏人民出版社。

林向荣　1993　《嘉戎语研究》,成都:四川民族出版社。

史金波、白滨、黄振华　1983　《文海研究》,北京:中国社会科学出版社。

王尧、陈践　1986　《吐蕃简牍综录》,北京:文物出版社。

《藏缅语语音和词汇》编写组　1991　《藏缅语语音和词汇》,北京:中国社会科学出版社。

张竹梅　2004　《西夏语音研究》,银川:宁夏人民出版社。

郑张尚芳　1995　西夏语拟音和宋代汉语西北方音的若干问题,首届西夏学国际学术研讨会论文。

郑张尚芳　2002　汉语及其亲属语言语音演变中的元音大推移,历史语言学研讨会论文。

郑张尚芳　2013　《上古音系》(第二版),上海:上海教育出版社。

七　白语与蔡家话

（一）白语是汉白语族白语支独立语言

白语是云南白族所说的语言,对其属系学界一直有不同意见。历来主要观点有二:或说是一种汉语方言,或说是一种彝语支语言。由于其基本词汇大致跟汉语相合而与缅彝语相距甚大,因此,持彝语支说者不得不声明,说是白语受汉语影响极深,吸收了大量的汉语借词。除此之外,还有折衷派,他们提出白语为彝汉混合语的说法。

据《白汉词典》《白语简志》的作者赵衍荪先生介绍,早年白族学者多主张汉语方言说,如张福延(1937)考辨了白语五十词与古汉语的关系,赵式铭(1949)考辨了白语五百词与汉语的关系。1949 年以来,白族学者更多倾向拉大白语与汉语的关系,而强调白语与缅彝语的亲密关系。但白语处于缅彝语包围中,怎么反与不紧邻的古汉语更为接近,这是不易解释的。

以新的理论主张白语是汉语方言的有美国汉学家罗杰瑞,他的《从音韵看汉语方言》一文提出用一张分成 8 个调类的 40 词词表来测试语言或方言,凡同时拥有这些词而且呈现相同声调模式的,即可定为汉语。也就是提议以声调作为音韵特征来比较同源词,并以此作为区别语言系属的手段。这些词是:

[1 调] 天三鸡肝深　　[2 调] 皮来流牛长　　[3 调] 水火手早等　　[4 调] 上下重坐近
[5 调] 去破四半笑　　[6 调] 病字旧树二　　[7 调] 血七竹出甲　　[8 调] 月白十石席

他列了两个表,表一是大家熟悉的方言:北京、苏州、南昌、梅县、广州话。表二是一些鲜为人知的方言:湖南江永,福建的和平、镇前,浙江江山以及云南剑川话。

他说江永、和平、镇前、江山话是完全符合汉语声韵测试的,剑川话则超过百分之七十符合。他指出,中国语言学界典型的看法是把剑川话看成白语方言而列在藏缅语中,但对比《藏缅语族语言词汇》,白语只有很少的迹象与藏缅语有关,他说虽然把白语看成汉语方言稍显离谱,但无法否认它与汉语的密切关系。

据罗先生的词表,剑川话不合于汉语的有下列 10 条〔声调改标郑张尚芳(1999)所定的白语调类:[1]55、[2]21、[3/4]33、[5/8]42、[6]31、[7]4、[9]35〕:

音不合、声调不合的有 3 词:"来"$\gamma\mu^9$、"四"φi^7、"二"ne^7。其实,"四、二"读 7 调符合白语"去入"未分的存古面貌。"来"因常用而例外。还有声母不合的"流"$k\mu^2$ 用 k,则同于一批来母字"老聋两卵露落绿",源于原始 r 的 γ 化与塞化。

词不合的有 6 词:"下"$th\mu^2$、"坐"kv^5、"去"$\eta\varepsilon^2$、"半"po^2、"竹"$k\varepsilon^1$、"席"phu^6。依我们

看,它们是另对了同义词。如 4 调"下"应对 $\gamma\epsilon^3$ 而误对"投"$thu\mu^2$,7 调"竹"应对 tsv^7 而误对"葭"$k\epsilon^1$,8 调"席"应对 se^7 而误对"铺"phu^6。4 调"坐"对的是"踞"kv^5,5 调"去"对的是"行"$\eta\epsilon^2$,"半"对的是"旁"po^2(白语一半=一边)。

它们仍是汉语同源词,音韵也符合,所以,几乎可说是全表都可对上汉字。但白语并未全数使用表中的 40 个原词,部分换用了另外的同义词,音韵上也不像其他方言所具的中古特点(比如,中古式的来母还没形成,去入未完全分化),所以其身份还不是充分的汉语方言,而有可能如郑张尚芳(1993)(1999)所提的,是汉语同语族语言,即一支属于汉白语族的语言。正如罗先生指出的,在他比较的这些方言里,剑川话是最不像汉语的方言,那么与我们认为它介于汉语方言与非汉语族语言之间也正相合。

在汉藏语系语言里,兄弟语言间拥有大量的同源词,单说某个语言里有这些同源词,不足以区别其性质是方言、语支还是语族,不能说明它和哪一支更接近,但同源词中有一些带着某种音韵特征的词,比较这种特征的有无、变化(尤其是韵尾、声调的变异),则可以揭示它们是否经历过同一变化历程,反映其关系的远近。

戴庆厦在《藏缅语松紧元音研究》中也指出:藏语、缅语的促声韵转化为彝语、哈尼语、傈僳语、拉祜语的紧元音,舒声韵则为松元音,对应严整。白语虽有松紧元音,但对应不明显。故白语的系属,过去认为属藏缅语族彝语支可能还存在问题,从松紧元音特征看,与彝语支差别较大。

汉藏语声调系统最初由韵尾转化而来,平声乐音尾,仄声噪音尾。以数词为例,汉语[平]三、[上]五九、[去]二四、[入]六七八百,白语皆与之同,唯去入并,大异于缅文[平]百、[上去]三四五九、[入]一二六七八,以及彝语的"三四九"同调、"二七"同调现象。

白语促调有阴入[7]4(八脚角月日/四二气肺外)、阳入[8]42(十白舌侄盒/胃大吠画),又含阴去(大理话另读 32:"见正姓箭碓")。这跟汉语同,只部分去声词仍读入声未完全分化。又《白语简志》紧喉还有阳平[2]21(头皮禾银毛),有报道称应属于挤喉而非紧喉音,来源于古浊声母浊流影响,《白语简志》第 6 页注①说明该调声母至今仍带浊送气成分-ɦ,故 2 调不应看成促声。

就汉语和白语的关系来说,声调确是关键。因为白语有些词跟汉语、藏缅语都同源,如紧元音的"日 ji^7、月 ηua^7、血 sua^7、舌 tse^7、石 tso^8",跟缅文"日 nei、夜 nja、血 sweih、舌 hljaa",藏文"日 nji、圆月 nja、舌 ltje、石 rdo"也都可以联系。但到底跟谁的关系更近,正可由声调来鉴别。因为白语此类词皆读紧元音,当属入声促调,表明它们古代历史上曾有过塞尾,跟汉语一样,而藏缅语则皆非塞尾,故可断定它们只能跟汉语同源。

观察彝语词根的声调舒促系统,有些词出现特殊舒促互换现象。凡是彝语支、缅语支的语言,其促声字部分大都会夹杂有"犯、新、薪"等汉语舒声字;其相当于平声的字中,则会夹杂"百、笃、哭"等汉语促声字。这种现象发生得很早,《后汉书》所记永平年间(公元 58—75 年)白狼人所献的《远夷乐德歌》《远夷慕德歌》《远夷怀德歌》最接近缅文,最可注意的是,"木"说"息"、"百"说"理"、"肉[腊]"说"苏"[$*saa$],舒促变化也都已经与今天的缅彝语一样了,可见这是两千年前即已出现的缅彝语特征。

这既跟汉语方言不同,也跟白语不同。比如,白语"新、薪"说鼻韵,一如古汉语,并不随缅彝语将其改读促声。相应的,白语"百、哭"都同汉语一样是入声,不用缅彝语那些舒声字。

所以,白语中也就不出现缅彝语中那些平仄相混的基本词。因此,我们不能光看白语有哪些词与藏、缅、彝语同源,还要着重分析其韵尾舒促,以及声调平仄的变异所显现的历史分化过程,这才合于历史语言学的要求。

罗杰瑞的《汉语概况》充分肯定了汉语与藏缅语言的亲属关系,他列了一张 24 词的同源词比较表为证:"我你无,二三五六九,日薪年名,目耳乳节,鱼犬蜉,苦凉杀死毒。"(张惠英译本"薪节"误译为"森接",特为改正)表中,汉语与藏缅语多数字舒声对舒声(我你无三五九名耳乳鱼犬蜉苦死)、促声对促声(六目节杀毒),也有几字舒促互对("薪年二日","蜉"如改用"蝮"对,也属此例),同中有异,显示了这些韵尾变异词具有很重要的区分支系的价值。"薪、年"上古汉语真部-in,藏语-ing,同为鼻尾韵,而缅语都变塞尾-ac< aik。"二"上古脂部去声-is,同藏语-is,而缅语亦为-ac< aik。"日"上古质二部塞尾 id<ig,藏文 nji、缅文 nei 都开尾。它们各自还拥有同样变化的词:汉语"薪新"同音 sin,耕部"滇争薆"同音 eŋ;缅语有 sac、mrac 江、cac、mjac 笋。脂质部"二七一节",缅语为"一 tac、二 hnac、七 khu-nac、节-chac",并同 ac 韵;塞尾的"日漆夕百腊笃、月血舌",缅语为 nei、cheih、la 月、raa、saah、thuu、nja 夜、sweih、hljaa,均为开尾。而白语"薪新"《ĩ 鼻韵,"二节一七,日漆百月血"7 调、"舌"8 调则读促,舒促分法皆同汉语。

有人说白语接近汉语,是因为白语借入了特别多的汉语词造成的,这也是有问题的。东亚好多语言都受到汉语的深刻影响,比如朝鲜语、越南语中汉语借词都达到百分之六七十,日语也达到百分之五十五(赵衍荪、徐琳 1996:476),而白族学者一般认为白语的汉语借词占百分之六十以上,并不算最多。那为什么从来没有人认为朝、越、日语是汉语的方言,而不少学者却主张白语是汉语的方言呢? 这是由于朝、越、日语中汉语借词虽多,但一般不取代基本词汇尤其是核心词,而白语的所谓汉语"借词"则有很多为基本词汇中的核心词。核心词汇属于语言最本质的成分,语言的核心词汇一旦被其他语言取代,也就标志着它被这种语言所同化而丧失其独立语言资格了(汉语有些东南方言就是经历这一过程形成的,最晚且最明显的是浙闽的畲话)。语言通常包含很多层次,借词也有不同的时代层次,如果可以证明白语核心词中与汉语相合的都是借词(包括古汉语借词),那便表明,白语已是被汉语同化的一种语言,它可能在向汉语方言的方向转化。反之,如果可以证明这些词与汉语方言有不同的历史渊源,并非从汉语借用,那么它们与汉语词便是同源关系而非借用关系,这就表明白语是与汉语同语族的独立语言而非方言,它可能与汉语一起组成"汉白语族"。我们的研究表明:白语是与汉语同语族的独立语言。在汉藏语系中,"藏缅""侗台""苗瑶"等语族都由几个不同语支组成,人们一直为汉语族只有汉语支而感到奇怪,现在可以确定"汉语族"由"汉语支"和"白语支"组成,应称为"汉白语族"。白保罗(1982)也有相似的看法,认为 Sinitic 应包括原始汉语和原始白语(不过,我们与白氏的着眼点不同,对白氏用来作为论据的许多原始前缀的假设也不赞同)。我们主要通过核心词汇中汉白同源词的数量比例及其历史渊源比较研究来论证。

郑张尚芳(1995)曾提出汉藏语言的属系应依核心根词同源关系的远近亲疏来判定。核心词汇表,国际上多采用斯瓦德什(Swadesh)的百词表、二百词表。但斯氏的表包含不少虚词,对汉藏语不太适宜,并且二百词表中第一百词与续表中的词是不同价的,计算比例时加权不便。所以郑张尚芳(1995)曾提出一份三百词表,以一百词为最核心词,每词算一分,其余二百词每词算半分,这样计算比例要方便些。不过,白语的虚词也多同汉语,使用斯氏表也是可以的,故这里仍用斯氏百词表以示无偏。后面的表四即为百词的白语说法,汉白核心同源词的相合度达到百分之百的比例,关系之密切不言而喻〔材料依据徐琳、赵衍荪(1984),赵衍荪、徐琳(1996),徐琳(1988)〕。

(二)汉语白语的音系对应

汉白两语同源词大概的语音对应规则是:

1. 声调。白语八调中除"55 紧、35"两调为后起的汉语借词调(35 中有一部分作固有词变调,我们称之为第九调),其他固有调中"44 紧、42 紧"两个紧喉调与汉语入声调同源(42紧中一部分在大理话中另读32,另列为"42 紧/32")。阳平 21 有报道属挤喉音而非紧喉音,其喉音变化来源于古浊声母浊流影响,而不像其他紧调来源于古塞尾影响。白语固有声调有 6-7 个,与汉语古声调的基本对应规则如表一:

表一　白语声调与汉语古声调基本对应规则

	汉　语	白　语	
平	1 阴平	1[55]	三天千牵心衣刀梯/鱼筒
	2 阳平	2[21]	头皮禾浮毛人银牛/坡
上	3 阴上	3[33]	手九草哑齿屎水子
	4 阳上	4[33]	道厚重柱五女脑马
去	5 阴去	5[42/32]	棍箭见正姓咽扇碓/匠
	6 阳去	6[31]	树地钝病耙旧利漏/刺
入	7 阴入	7[44]	八角脚月绿脉/四气肺二外
	8 阳入	8[42]	侄舌白十盒/大吠画胃

除少量字阴阳相杂外,许多去声字读为入声,"去入不分"或"分化不全"的现象引人注目。至于亲属称呼、虚助词、联绵词连读往往不合常规,这在汉语方言之间的对应上也是常见的。

2. 韵母。大致对应规则如表二,表中首格为汉语上古韵部,后面是所对的白语韵母,一个上古韵部可能对几个白语韵母,故并列之:

表二　汉语上古韵部与白语韵母对应规则

东	v	东锺封江冲(巷)	õ	送松用从冲(冲)
屋	v	木促曲烛啄角	o/õ	幞哭斛谷独
侯	ɯ	后头鍪驹柱树	ū	厚楼
	v	隅句厨	ṽ	赎
	u	炒喉楼	o	口抖凑

续 表

终	ṽ	冬虫仲脓	õ	降充铳
	u	穷		
觉	ɯ	毒孚	v	菊腹六竹育
	o	报告窖灶靠		
幽	u	好老草抱饱胶	ɯ	透救九臼流手臭
	ṽ	铸酒愗	o	蜉跑溲繇好(喜爱)
	e/i	簋	i	袖泅
蒸	ũ	灯层蒸蝇藤兴崩梦雄		
职	ɯ	得黑贼食力革麦	e	服
	ɛ	色试	uɛ	国怪
	i	质翼意	v	福伏
之	ɯ	戴菜豺起李牛忌	ɛ/ɤ	使事赔
	e	再栽	i	箕志市齿喜子
	ui	贿悔	v	负妇
阳	õ	刚旁姜粮霜兄	o	亡囊壤娘
	v	黄王	a/ã	狼堂葬壤相泳
	ɛ̃	镜影病明行	uẽ	横逛
	e	明(~夕)	i	明(~月)
铎	o	作索脚石射	ɛ	客额白赤夕借
	iɛ	碧	e	拆惜
	i	剧谢麝	v	缚
	uɑ	凿		
鱼	u	壶苦炉补刳狐土	v	五鱼女书踞雨夫
	ṽ	锄	ɯ	斧浦着墓
	o	湖布露夜夏花	ɛ	家下哑马车舍
	uɛ	胯寡	(ua)	瓜
	i	爷邪姐		
耕	ɛ	庭青声平生争耕	iɛ	瓶名冥聘
	ẽ	省净	i	圊正(~月)
锡	ɛ	踢滴析屉嗌隔轭	iɛ	壁
	e	锡缔	ui	桂
	(ua)	卦挂画		

支	e	鸡碑裨鞋	ɛ	买膡
	i	提舐知髀库支	ui	嘴
药	o	沃鹤趵药爵削笑	õ	跃
	ã	豹		
宵	ã	高蒿倒焦叨教	a	挑豪(豪猪)刀盗毛了
	u	躁桥烧腰料鸟	o	脑朝巢
谈	ã	谈甘担蓝犯	ɛ	岩
	ĩ	剑镰檐尖签店		
盍	a	磕腊贴接鸭盖遏	ɛ	甲夹狭蜡法腌
	e	涉叶	e	捷
	i	蝶	ia	贴叠
侵	ã	蚕含探南三减	ɛ̃	今针枕深覃寝
	i	金浸寻心风熊林檎	v	凤
	ũ	饮		
缉	a	合匣沓笠塔纳插	ɛ	拾十汁
	e	习	i	集
	ĩ	入	ɯ	邑
元	a	寒弹馒满难	ã	肝看蹯半绊摊
	ɛ̃	翻反板间	ẽ	见莲钱鲜扇山蔓饭
	i	前面建(~生)	ĩ	肩浅变箭船建
	uĩ	端段拳砖川旋	ui	圆丸传甐(甑)援
	uɛ	串传关玩	ua	官欢钻蒜犬卵
	v	万		
月	a	渴秝丐癞杀痆	ia	贝拔八吠肺
	ɛ	发罚带界势	e	锲撤折舌截祭蔽
	i	热窃际	ui	脱箁雪税会
	ua	阔蕨月捋说外缀	o	话
歌	o	我颗磨搓禾锁过	ɛ	枷差破
	e	皮被尔	ɯ	骑
	i	茄地戏施义寄	ui	锤髓睡为
	uɛ	矮瓦瘸	v	卧亏

文	ã	盆氛	ɛ̃	辰
	e	门闷洗	i	先殿近芹筋
	ui	轮顿温寸眼	uɛ	吞魂
	ua	孙裤棍钝	õ	臀存
	v	军文魂云群		
物	a	物饽龁汔	e	佛跸拂费
	i	气出(尺类切)	ui	对坠醉摔
	ua	骨鹘(核)挖	v	胃熨出窟聿(笔)
微	a	几(幾)	ɯ	开
	e	非匪	i	衣
	ui	雷蓑归罪火水	uɛ	怀坏
	v	鬼尾飞肥跪柜虺(蛇)		
真	ĩ	人信薪千遍弦	i	填麟
	ẽ	天篇坚牵咽	ɛ̃	真神身
	ui	笋	v	匀
质	i	栗日虱蜜蛭七四季	e	铁节捏龁二
	ɛ	实	ua	血
	v	矞		
脂	i	底弟泥饥脂姨	e	米妻细奶眉齐夔(~脚子:独脚)

白语韵母有好些方面与上古汉语相类似,而与中古汉语有很大区别。

(1)三等字不带 i 介音故与一等相同,如之职部不分"哈之""德职"都作 ɯ(又与侯虞尤幽相混),阳铎部不分"唐阳""铎药"都作 o。

(2)之职蒸三部保持韵母元音一致(ɯ),"崩、梦"也读 ɯ 仍入蒸部,"梦"与东三不相混。职部一二等也不分,"墨、麦"同音。

(3)中古豪肴韵字分别来自上古幽宵两部,白语仍保持不混,如幽部"好薅道胶饱"为 u,宵部"蒿豪盗教豹"为 a/ã,区别明显。

(4)"火"读 ui 入微部,汉语今仅见于闽语、处衢片吴语及少量晋语。

(5)"天"读晓母,"影"读如"景",皆合于上古声母。

(6)非鼻尾古去声韵字的分韵多同入声塞尾韵,而有异于开尾韵(如"月"与"外"、"雪"与"岁"同音)。

3. 声母。大致对应规则如表三(汉语暂依中古音分列,以利于检索)。

表三　汉语中古音声母与白语声母对应规则

帮	p	补边变壁板饱百	ph	秕谱扁
	f	枹(栎)笔(聿?)		
滂	ph	铺胕批配派粕	p	聘拍浦
	f	撒(量词)(屁)剖(半)		
並	p	琶琵皮抱鼻白拔	ph	琵琶蔽跑培避
非	f	飞夫封粉发腹	p	风斧俯否幅夫咐
	v	疯(风)		
敷	f	丰蜂费抚拂	ph	肺覆(盖)
	p	敷氛(气味)		
奉	f	奉犯肥防扶罚缚	v	凤妇负扶符佛袄
	p	浮凫父蹼吠附服		
明	m	明芒母米面蕶秣	ŋv	木
	v	膜(肉)	p	芒(~种)梅
微	m	亡天晚	ŋv	尾文万
	v	务物未	p	薇(紫~)
端	t	东刀陡端当抵答	tç	底钉点滴
透	th	替透桶透唾托	tçh	听厅踢獭贴帖
	h	天		
定	t	提弟头盗大毒	th	投道腾第弟(女~)
	tç	填(洞)地定庭叠	tçh	填塞
	l	蝶		
知	ts	知帐竹	tç	长窒摘
	t	昼椿中啄斸(挖)		
彻	tsh	畜杵	th	拆撤
澄	ts	箸长虫仲肠茶浊	(tsh	池厨)
	tç	锤掷侄	t	龁澄
泥	n	奴难脓囊泥纳	l	乃
娘	j	女娘(婆)	n	尼娘碾
章	ts	脂蒸主正枕州汁	tç	纸正(~月)蛭孜嘱
昌	tsh	处称出赤	tçh	出(尺类切)
	ts	齿		

禅	ts	树城上(上去)市辰十涉石	t	孰(谁)上(上面)
	s	裳尝芍	ç	劭(好)
书	s	屎书手身舍伤税拭	tsʰ	施伸暑身(~己)声
	h	烧(燎?)	ç	少水
船	j	食船麝	s	神实
	ts	舐乘(驳)射赎舌		
以	j	遗夜用油摇药	ç	筵
	s	蝇养恙贻叶	ts	杨钥跃(或对蹠?)
	l	耶已/以(这)亦裕(够)	f(hv)	聿(笔)
	v	育粥		
邪	j	寻松旋袖莚	ç	寻邪象谢夕涎
	s	似随泅岫习	ts	似簹
	tsʰ	祠		
来	l	乱礼了立捋绿	j	利镰栗揢泪
	n	狼兰龙莲领两(斤~)楼屡	ɣ	罗柳漏来裂力落(雨~)里(这里)
	h	缕虑里李(~子)	f(hv)	六
	k	流老聋两(~个)卵(睾丸)露落(种)绿(铜~)	kʰ	里(里面)
	tç	犁	ç	轮伦泪裔类
日	j	揉人耳入日热	n	二蕊若壤
	(s	二(二月)染)		
精	ts	作子济焦爵纵早节	tç	酱尊嘴醉借接脊
	s	椒糟		
清	tsʰ	菜草粗妻脆寝锉(错)	tçʰ	秋寸淬浅亲青刺
从	ts	藏蚕齐罪槽绝嚼	tç	疵(荠荠)匠情靓就剂(剪)疾(快)尽集襟前
	tçʰ	晴静	(tsʰ	辞)
	s	糍蕈		
心	s	三思细笑岁息	ç	心信四死星箱
	tsʰ	嫂嗦	tçʰ	辛(辣)
庄	ts	窄装庄	tsʰ	苗
	tç	争	tçʰ	榛
初	tsʰ	铠衬铲差察插		

崇	ts	豺床锄巢	s	事
生	s	沙狮使霜双梳	ɕ	杀耍师(巫)虱
	h	生杀	f(hv)	欶
俟	ts	俟(~日:后天)		
见	k	高钩姜韭坚角价	tɕ	饥寄季斤金急
	h	羹	f(hv)	锯
溪	kh	开起苦牵倾犬客渴	tɕh	气揭欺器券
	h	看		
群	k	桥荞君旧跪	tɕ	近芹麒旗钳
	tɕh	茄强拳权		
疑	ŋ	我迎五语外硬牙岩瓦月	j	银义
	ø	鹅	v	蜈
影	ø	沃哑鸭鞍饮温挖萎	j	衣央瘿压邑
	v	乌瓮熨棚	k	影
晓	h	蒿好火慌花兴虚黑罅	f(hv)	熏窘
	kh	嬔虺(蛇)	ɕ	香乡戏嬉
	s	血	j	兄
匣	ɣ	鹤学和虾下了后盒	k	壶湖禾寒坏衔胡下
	ø	胡护虾(~蟆)	h	画回换
	v	划	ŋ	黄魂鞋行槐九苗
	j	弦	(ɕ)	闲现)
云	v	雨字胃乔*	ŋv	云王圆为匀*援
	j	营*泳		

表内标音加括号的表示可能是近代借词,如"二(二月)"si⁶显为日母读 ʑ 以后的借词,比
ne⁷要晚得多。加"?"号的表示另一个可能对应的汉字,例如"笔(聿?)",表示有可能是"聿"
读 hv⁷转来的,f 不一定是帮母"笔"变轻唇。云母加"*"号的例字,韵图原列作以母,从谐声
声符看,系古云母在前元音前演变而来,故改列云母加"*"号为别。

白语许多音类都不能像汉语方言那样对应于固定的一二种音值,这是值得注意的。

有些字有两种以上的读法,这类异读现象在汉语方言中也常见。有意思的是"粥"读
"育","影"读同"景","叶"读如"摄",竟跟上古汉语相似。齿唇元音 v 使几种不同来源的
hv 变成 f,mv 与 ɣv 都混同为 ŋv[ɱ],则是白语独特的发展演变现象。匣母分读 k、ɣ,读 k
以平声字为多,这反映了它来自*g,近闽语。

　　虽然"叶、蝇、养"读 s 母也见于闽语和(瓦)乡话,如"叶"se⁷ 似沅陵乡话 seʔ,"养"so³ 似乡话 zoŋ³,"蝇"suɯ² 近潮州话 siŋ²。但实际上,这是表明以母与邪船母还未充分分化。来母有九种念法,这表示白语尚未形成汉语《切韵》那样的来母。来母字一般汉语方言为 l/n[或加 t(i)],乡话多了 z/dz,闽语多了 s→z,都远不及白语那么多。即使把 l、n 合一,把 h/f、kh 都看作 ɣ(←上古 r)的变体("里"有 huɯ⁶、khuɯ⁶ 两读),还是不能解释来邪以母相混及一批来母字读 k 的现象。这不是汉语上古音所能解释的,这种现象也不存在于任何现存汉语方言中,不可能找出可相类比并可作为影响源的汉语方言作为借出点,因此只能说白语中的这些词是同源词而非借词。

（三）核心词对应及特色

　　从表四可观察白语核心词对应汉字的情况:

表四　白语核心词百词表(复音词中大字为词根)

编号	词义	白语音	汉字	编号	词义	白语音	汉字
1	我	ŋo⁶	我	19	鱼	ŋv¹	鱼
2	你	no⁶	若	20	鸟	tso⁷	爵(雀)
3	我们	na¹	卬	21	狗	khua³	犬
4	这	luɯ⁶	已/以,乃①	22	虱	çi⁷	虱
5	那	muɯ⁶	某	23	树	tsuɯ⁶	树
6	谁	to⁶	孰	24	种子	tsv³	种
7	何	a¹sɛ⁶	阿甚	25	叶	se⁷	叶
8	不	a¹,⁹, ja⁹	乌,杏②	26	根	te⁷	柢⑤
9	都	tsa⁹	匝~家子	27	树皮	tsuɯ⁶pe²	树皮
10	多	tɕi¹	多③	28	皮肤	pe³	皮
11	一	ji⁷, a⁶	一,幺	29	肉	kɛ²	臔⑥
12	二	ne⁷, ko³	二,两④	30	血	sua⁷	血
13	大	to⁵,⁸	大	31	骨	kua⁷	骨~头
14	长	ʦo⁷	长	32	膏油	tsɿ¹	脂
15	小	se⁶	细	33	蛋	se⁵	键⑦
16	女人	jv³ji⁶	女~人	34	角	kv⁷	角
17	男人	tsi³ji²	士~人	35	尾巴	ŋv³tv¹	尾~髓,尾桩⑧
18	人	ji²	人	36	羽	ma²	毛

编号	词义	白语音	汉 字	编号	词义	白语音	汉 字
37	发	tɯ²ma²	头毛	66	来	ɣɯ¹	来
38	头	tɯ²	头	67	躺	tshẽ³	寝＝睡
39	耳	jɯ³tɯ²kua¹	耳~头官	68	坐	kv⁵	踞＝住
40	眼	ŋui³	眼	69	站	tsɯ⁶	尌⑯
41	鼻	ŋv²khv⁷tɯ²	闻~窟头⑨	70	给	ka⁷, si⁶	丐,贻⑰
42	嘴	tɕui³kɛ¹	嘴~家	71	说	sua⁷	说
43	牙齿	tsi³pa⁷	齿~齫⑩	72	太阳	ji⁷	日
44	舌头	tse⁸	舌	73	月亮	mi¹ŋua⁷	月明~
45	指甲	sɯ³tɯ²kɛ⁷	甲手头~⑪	74	星	çɛ¹	星
46	脚	ko⁷	脚	75	水	çui³	水
47	膝	khuɛ⁶tsi³te⁷	肤胯子~⑫	76	雨	vu³	雨
48	手	sɯ³	手	77	石头	tso⁸	石
49	肚子	fv⁷	腹	78	沙	so¹	沙
50	颈	kv⁵lv⁵mi⁵	项~咙面⑬	79	地	tɕi⁶	地
51	乳	pa⁵,⁸	婷⑭	80	雾	mɯ²ko⁵	雾~露⑱
52	心	çi¹	心	81	烟	hui³çɛ¹	火星
53	肝	ka¹	肝	82	火	hui³	火⑲
54	喝	ũ³	饮	83	灰	su¹	燩⑳
55	吃	jɯ⁷	食	84	烧	hu¹	烧㉑
56	咬	ŋa⁷	龁	85	小路	thu³	道
57	看	hã¹	看	86	山	sv⁵	岫
58	听	tɕhẽ¹	听	87	红	tshɛ⁷	赤
59	知道	sẽ³	省	88	绿	lv⁷	绿
60	睡	tshẽ³	寝	89	黄	ŋv²	黄
61	死	çi³	死	90	白	pɛ⁸	白
62	杀	ça⁷	杀	91	黑	hɯ⁷	黑
63	游泳	jã²si¹	漾,泅⑮	92	夜	hẽ¹miɛ⁵	暝天~
64	飞	fv¹	飞	93	热	uĩ¹, jĩ⁷	温,热
65	走	ŋɛ², pe⁷	行,蹿	94	冷	ka²	寒

编号	词义	白语音	汉　字	编号	词义	白语音	汉　字
95	满	ma^3	满	98	圆	ŋui^2	圆
96	新	çĩ^1	新	99	干	kã^1	干
97	好	hu^3	好	100	名	miɛ^1	名

表注：

① "已/以"汉语古音 *lɯʔ，《尔雅·释诂》"已，此也"，也作"以"。大理喜洲话音 nɯ^6，也可对"乃"。

② "化为乌有"的"乌"上古汉语为 qaa，"杳无踪影"的"杳"，依"了"说 la^5 例，除音 ja^9 外还可音 a^9。

③《集韵》支韵音移切："多(爹)：《广雅》'多也'，或从支。""多"读塞擦音声母，同闽南语。

④ "两"的"斤两"义作 no^5，l 声母因原韵母为鼻化 o 而变鼻母 n。"两个"义作 ko^3，是古 r>ɣ 声母的塞化，同类声母字如"老流聋卵"等也作 k 母。

⑤ "柢"，《说文》"木根也"，《广韵》有平上去三声，去声可读 te^7。又《集韵》锡韵丁历切"商，本也"，"商"是"柢"的同源异形词。

⑥ "䐑"，《说文》"脯也"（户佳切），白语义扩大泛指肉（犹如汉语"腊 sjag"所对藏文 sja 也泛指肉）。

⑦ "鷇"，《尔雅》"鸡未成者"，《广韵》"力展""郎甸"二切，白语皆可读 se^5，义转为蛋。同为来母的"卵"字虽也可能读 se，但因白语已有"卵"kua^3 表睾丸，故不能用"卵"字表蛋。

⑧《集韵》江韵传江切"髉，尻骨"，温州尾骶骨也说"尾巴髉骨"（或音"桩"）。

⑨ 微母字可读 ŋv，如"文、尾、万"，"闻、文"属同音字。"窟"khv^6 指窝穴，说鼻孔为"闻窟"，其义可通（此音也可对"嗅"，与"闻"同义）。

⑩ "鼺"，《说文》"嚼坚也"（补各切）。

⑪ 白语称手指为"手头"，则指甲也可说为"手头甲"。kɛ^7 独用表示皮壳、鱼鳞义，正是"甲"字。

⑫《广韵》《集韵》屑韵徒结切有"胅、凸"二字，白语"腿"称"胯"，则"胯子胅"或"胯子凸"即指腿的凸出关节。

⑬ 白语"江"音 kv^1，则 kv^5 可对"项"。"面"是颈的后附量词。如"牛颈"nɛ^{7}mi^5（《白汉词典》第 248 页 mirt②）、"后颈"ɛ^{7}mi^5 称"嗌面"。

⑭《集韵》没韵普没切"婷：乳，母字"，《广韵》作"婷乳，女字"，此"字"为乳育义。

⑮ 白语"袖"为 ji^6 在 i 韵，故"泗"可读 si^1。

⑯ "尌"，说文"立也"，《广韵》常句切，与"树"同音，一如白语。

⑰ "丏"与"乞"系同源异形词，"给"今闽语尚说"乞"，温州话说"丏"kha^5。白语的以母部分字读 s，故"贻"可对 si^6（《集韵》羊吏切"诒，遗也，亦作'贻'"，读去声）。

⑱ "露"读 ko$^{5.8}$ 属来母读 k 例，"露水"白语为 ko$^{5.8}$çui^3。好些汉语方言"雾"也说"雾露"，温州话即是。

⑲ "火"读 hui^3 入微部，合于上古汉语、闽语等。

⑳ "燋"，《说文》"焦也"，《广韵》作曹切"火馀木也"，《广雅·释诂四》"炪也"，玄应《一切经音义》卷十一引《字林》"烧木焦也"。精母字读 s，可比较"椒花椒"su^1。

㉑ "烧"读 hu^1，声母读 h，可比较"生"hɛ^1、"杀"ha^7；韵母读 u，可比较"少"çu^3、"桥"ku^2。但也有可能是对"燎"（力昭切），因来母字也可读作 h 母（韵母可比较"饲料"的"料"lu^6）。

虽然白语的核心词全能用汉字写出，但其表现跟汉语方言大不相同。

首先，白语百词中 35% 的词跟今天多数汉语方言不同，30 个合于古汉语或古字书（2、3、4、6、17、26、32、50、56、59、60、67、68、80、86，43、51、69，又 29、33、83 义略变，21、49、54、55、63、65、70、92、94 亦见于闽语），4 个构词不同（41、47、50、81）。在汉语方言中，闽语算保留古词多的，但白语与之相同的不到百分之十。

其次，从语音对音规律看，两种语言的根词语音系统不一样。目前，汉语方言音系多数来自《切韵》体系的四个声调洪细分韵的声韵系统，只有闽语及浙西南吴语有帮非、端知两组未分化，以及来以两母读擦音与邪船两母未分化的更早期现象。而白语则来自一个"去""入"两声尚未充分分化的系统，舌头音、唇音虽也分化为舌头舌上、重唇轻唇，但分字情况颇异于《切韵》，尤其未形成《切韵》型的"来"母（部分读 k 或 tç），另外，白语一三等不分，更显得原始。“影”读如“景”kɛ^{3}，“多”读如“支”tɕi^{1}，“虾”（胡加切）读浊音 ɣo 等，这些读音固然古老，但还有更为古老的语音保留，比如“天”hẽ、“烧”hu 读 h 母，反映了“天”*hl'iin、“烧”*hŋlieu 的古冠音占位（“天”读 hẽ^{1}，合于《释名》，也合于“天竺”Hinduka 的古译）。又如“血”读心母 sua^{7}，从汉语“呼决切”的“血”也可作为“辛聿切”的“恤”的声符看，正反映了上古或原始的*s-h（< sqh>复声母）。这个声母，汉语没有继承，而白语继承了。“轻”说 tshɛ̃^{1}，如非“姑、櫼”字，可能也是 khɛ̃^{1} 加 s-冠音变来的。“昏昏厥”[*hmɯɯn]说 me^{2}，音同“门”，“兄”[*hwraŋ]说 jõ^{1}，则反映了白语丢了 h-冠音。《颜氏家训・音辞》曾记载“兄”有过“所荣反”一读，h-、s-有交替现象，白语“生、杀、欶”都读 h-而不读 s-，也反映了此类现象。这些都是《切韵》以降的汉语方言不具有的现象。

又“糟”同“屁”而有二读：至韵匹寐切、未韵芳未切。汉语方言多取前者，而白语取后者，跟汉语方言都不一样。“出”有二读，術韵“赤律切”和至韵“尺类切”。白语前音 tshv^{7} 为一般动词，后音 tɕhi^{7} 表掏挖出，是趋向动词，如“生出”说“出出”tshv^{7}tɕhi^{7}。白语的这种区别，汉语不分，温州话只能说 tɕhy^{7}tɕhy^{0}（但温州话“赤膊”说“出膊裸”tshɿ/ɥ^{5}po^{7}lai^{4}，首字可能来自“尺类切”）。白语去入声字往往同调，“出”字能在韵母上进行区别更是少见。有些字如 ji$^{5.8}$ 扭，执拗就不知是“捩”还是“戾”，tse$^{5.8}$ 就不知是“济”还是“涉”。白语不分阴阳上，有些字如“等待”说 tɯ^{3}，就不知该写“等”还是“待”。这些都是白语一些原始语音特征的表现。另外，很多阴声字白语读鼻化韵，应该是原始的阴阳对转的反映。

再次，白语语法形态的表现与汉语不同。比如代词，白语有数和格的屈折变化，动词否定式用中缀，助动词、量词后置，白语有一批独特的结构助词，等等。汉语在上古时量词也后置，也有语音屈折变化，后来的四声辨义有些即是其遗迹，但今天的多数汉语方言已经不用这些语法形态了，如上古“衣”作名词读平声，作动词读去声，而今天汉语未见有哪个方言是这样的，相反，白语的这种用法倒一直保留至今未变：“衣服”是 ji^{1}，“穿衣”是 ji^{5}。这正是白语保留原始汉白语一些共同特点的明证。

（1）白语人称代词和指示代词的形态变化见表五：

表五　白语人称代词和指示代词的形态变化

	基　形	领　属	复　数
我	ŋo^{6} 我	ŋɯ^{1}	ŋa^{1}（咱 ja^{1}）
你	no^{6} 若	nɯ^{1}	na^{1}
他	mo^{6} 某	nɯ^{1}	ma^{1}
这	lɯ^{6} 乃/以		lɯ^{1}
那	mɯ^{6} 某		mɯ^{1}

按，“某人、某时、某些东西”的“某”也说 mo^{6}，与这里的第三人称基形同，足证此即“某”字。

（2）动词否定可在前加 a^{6}“乌”、ja^{9}“杳”，大理话也可在后加 mu^{3}“无”。白语动词否定还可在原形上加中缀 u“旿”，如下页表中所示：

	见	省(知道)	成	沓(可,合)	忍(敢)	识(懂)	兴(可行)
原形	ke⁵	se³	tsɛ²	ta⁸	ji³	sɯ⁷	hɯ³
否定	kui⁵	sui³	tsuɛ²	tua⁸	jui³	su⁷	ho³

e 的否定为 ue,因 ue 与 ui 音位合并,故作 ui。行不行的"行"温州话也说"兴"çaŋ³,清声母上声,与白语同。ɯ 元音加否定中缀后常常合音为单元音,依声母不同变 u 或 o。这种否定助词语序的任意性与音素嵌入法,在汉语中十分罕见(只报道过小称后缀"儿"r 转变为中缀 r 的情况)。

以上"沓、忍、兴"等助动词及其否定式常后置于动词,这也与汉语助动词位置不同。

(3) 动词可加前缀 ka⁷ 表示"且、试",如 ŋo⁶ka⁷mi³"我且想想",可写成"我汔恓"。从语音上看,ka⁷ 可对《集韵》其讫切的"几":"虄,相切近也。汔,幾也。"上古汉语也有写成"其"字的。汉语此字虽也写在动词前,但义有差别。

(4) 量词后置于名词,如"五本书",说作"书五册"sv¹ŋv³tshuɛ⁷,"一个人"说成"人家幺人"jĩ²kɛ¹a⁶jĩ²。"幺"(一)省略不说时形成重叠式,tsɯ⁶tsɯ⁶"树树"实指一棵树。

后附量词特别多,如"豪头""狼头""贼头"的"头"tɯ²,"枷面""镜面"的"面"mi⁵·⁸,"日片""明日片"的"片"phi⁶,"药尊儿药罐""甋儿甑子"的"儿(梐)"。汉语"马匹""船只""车辆""布匹"等相似结构表示的是集合名词,而白语则不是,后附量词已发展到近似词语后缀的程度。

(5) 特殊结构助词 no³ 依位置分别对汉语"壤、若","壤"用于名词后,"若"用于动词、形容词或类似动词、形容词词组后:

"树壤(no³)蓡得屺头"tsɯ⁶tsɯ⁶,no³ɯɛ⁷tɯ⁷khv³tɯ²(树上爬着一条蛇)

"身壤再着钱几厘"tshɛ¹ no³ tse⁷ tsɯ³ tse² ka⁹ li¹(身上还有钱几文,还有几文钱在身上)

"印惊死某壤"ŋa¹ kɛ̃¹ çi⁶ mɯ¹ no³(我们怕死他)

"壤"有时用法类似汉语的"的",比如用在地名、方位词后,如"鹤庆壤(no³)酒"、"头隅壤邑坞"tɯ² ŋv¹ no³ jɯ¹ u⁶(前边的村庄)。非名词后的 no³ 虽也表"的",但应作"若"。汉语"若"甚古,如《易·离》"出涕沱若",白语用于动词、形容词后,如"厚若"kɯ̃³no³、"辛若"tçhĩ¹ no³(辣的),又如:

"印种得空阔若地坛"ŋa¹ tsṽ⁵ tɯ⁷ khṽ¹ khua⁷ no³ tçi⁶ tã¹(我们种着一块宽敞的地)

"某细声细气若答印唐"mo⁶ se⁶ tshɛ̃¹ se⁶ tçhi⁷ no³ tã⁵·⁸ ŋa¹ tõ²(他小声小气地回答我们的话)

"丝柳乃树生若端"si¹ ɣɯ³ lɯ⁶ tsɯ⁶ hɛ̃¹ no³ tui¹(这棵柳树长得直)

"日片明若花眼"jĩ⁷ phĩ⁶ mɛ² no³ huɛ¹ ŋui³(太阳亮得晃眼)

性状后缀尾除"若"no³(如:香香若吃)之外,还有"地"tçi⁶(如:好好地)、"似"sɯ³(如:暝暝似)、"而"lɯ³(如:辛辛而、胶胶而),这与汉语大同小异。

从这些句子看,虽皆能用汉字写出,但面貌显然与汉语各方言都很不一样。不过,也有的句子写出来极像古汉语(尤其是那些带句末语气助词的),如:

"拊入抱里"fv⁵ jĩ⁷ pu³ hɯ⁶(哄小儿睡在怀中)

"卬俪行斫薪已"ŋa¹ li¹ ŋɛ² tso⁷ çĩ¹ luɯ³（我们也去砍柴的）

"若第虚行尔"no⁶ thi⁶ huɯ¹ ŋɛ³ ne²（你不过白白走一趟而已）

这都表明白语是跟上古汉语一起从原始汉白语中分化出来的，而非后世受汉语影响形成，因为后世汉语早就不这样说了。

有些白语学者认为白语的一些同义词是固有词加汉语借词，但其实那些"非借词"多数也与汉语同源。如有人说"渡"tv⁶是借词，而 tse⁵·⁸不是，其实 tse⁵是"济"，tse⁸是"涉"，它们只是比"渡"更古老、更文雅些。表示妻子、妇女义的"vu³jĩ²是"妇人"，jĩ²tshe¹是"人妻"，tshe¹是"妻"；表示丈夫、男子义的 tso⁶fv¹是"丈夫"，po¹ jĩ²是"爸（父、甫）人"，so⁵·⁸ɣuɯ⁸是"藉力"。表示寻找义的 ji²是"寻"。"一个"在白语里有 ji、a 等不同读音，一般认为，ji⁷、ji⁹为"一"的借词，而 a⁶其实也即"幺"字，今汉语"一"也说"幺"。意思和"好"相关的一批词中，"强"tçhõ¹、"劲"ço⁶、"好"hu³、"兴"huɯ̃³病好、"蜜"mi⁷味好都显然与汉语同源，"好吃"称 kɛ⁷，也许是"佳"（或"甲"）。

《白汉词典》附录里所列的白族语词中，"荞"kv²、"枲"si³麻、"粱"no¹粒比小米小的杂粮、"榛栗"tçhi¹ji⁶、"毒"duɯ⁸草乌、"爬"pho⁷黄瓜、"乌稗"v¹pɛ²芝麻、"身己"tshe¹kuɯ³身体、"目泪（泗）"mi⁸çĩ⁵·⁸（前字韵母被"泪"同化）、"嗌面"ɛ⁷mi⁵后颈都应为汉语同源词（"鼻、耳、奶、肉"等已见百词表，此不赘述）。

所谓音译借词加白语释义的"半借半译词"亦类此：

力气：tçhi⁷ɣuɯ⁸气（借）+气力（按，实即"气力"二字）

破烂：pho⁶thɛ⁷破（借）+破烂（按，实即"破坼"二字）

肠子：tsõ²v⁸肠（借）+肠（按，实即"肠胃"二字）

弩弓：ta²la²kõ¹弩弓+弓（借）（按，实即"弹弩弓"三字）

大拇指：suɯ³lo²mo³手（借）+手母（按，实即"手腑拇"三字）

大门：to⁸kɛ⁸me²大（借）+大门（按，实即"大阅门"三字）

甜：kã¹mi⁷甘（借）+甜（按，实即"甘蜜"二字）

有些学者所列出的白语与藏缅语同源的词其实并不多，其中可信的不过几条。比如"狗"说 khuã³，明显鼻化合口，应对"犬"，而非来自彝语 khuɯ、藏语 khji。"知"说 sẽ³，韵母鼻化，明显应对"省"，suɯ⁷韵母为 ɯ，明显应对"识"，而不像藏缅语来源于"悉"。"粪"说 tçhi¹，既可能与彝语 tshi、缅语 khje 同源，也可能对汉语"圊"。"虎"说 lo²，可能来自彝语 la，也可能对汉语"狸/貙"。由于白族在当地文化程度较高，还不排除白语借入彝语的情况，如"六"说 fv⁷，只有少数彝语与之相同。所以，凡不是缅彝语普遍都有的根词，不宜作为白语与藏缅同源的例证。

汉语与藏缅语也有许多同源词，但汉白语、藏缅语都相近时，可由声调察看其归属。如"日""血"二词，藏缅语读音也与白语相近，但皆属开尾韵，而白语却为入声字，故应判断白语与汉语同源。

有些主张白语是汉语方言的学者，只据今音相近而不据对音规律寻求所对应的汉字，例如，有人说"多少 tçi¹çu³"对"几许"，音义似乎很合，但实际上白语"多"字今念 tçi¹，"少"字念 çu³，说明此词即是"多少"二字，不必另求别的字。又如，有人说"路"thu³是"途"字，

"草"tshu³是"刍"字,但据古幽部豪韵字白语也可念 u 的规则,以及这些字属上声字,可判定它们是"道、草"而非"途、刍"。声调的差异,是辨别白语属汉白语族而非藏缅语族的重要依据。

我们认为,白语是与汉语一起从原始汉白语中分化出来的一个语言,由于长期与彝语相处,各自吸收了对方的成分,又发展出一些独特的语言形式,从而与汉语具有了一定的差别。因此,它不是汉语方言,而是汉白语族的一支独立语言。

（四）白语与汉语古词的对应

除以上所述外,白语还有一大批词语与汉语古词相同,这使白语看起来更像古汉语。先以名词为例:

白语称男人为"士人"("人"为后附量词)tsi³jĩ²,《诗经》即以"士""女"分指男人女人。白语称老二为"仲"tsv⁶,称妹妹为"女弟"jṽ³thi³,称妻为"妇人"vu³jĩ²,称媳妇为"子妇"tsi³vu³,称大老婆为"大妇"to⁵·⁸vu³,称祖母为"阿奶"a⁶ne⁷,称老太太为"娘姥"jo⁵mo³。

白语称鼻涕为"鼻涎(漦)"pĩ²çĩ²(鼻字调被后字同化),称口水为"涎沫汁"çĩ¹ŋv⁷tçɛ⁷,称臼齿为"牙"ŋɛ²,与"齿"相区别。白语称小便为"溲"so⁶(动词作"私"si¹),称屁为"糟"fv⁶,称脚印为"脚踪"ko⁷tsṽ¹,称瘊子为"疵"si¹。

白语称猪为"豴"te⁵·⁸,称刺猬、豪猪为"豪"ka²,称蛇为"虺"khv³,称蚂蟥为"蛭"tçi⁷,称蝉为"蜈蜩"ti⁵tio⁵,称蚁为"蚍蜉"pi²po²,称水鸟为"凫"pɯ²,称斑鸠为"鹃鸠"tçɯ¹kɯ¹,称鹰为"鹃"ua⁵·⁸,称蹄为"蹯"pa²,称鱼鳞为"甲"kɛ⁷。

白语称稻为"禾"ko²,称谷为"粟"sv⁷,称稻草为"秣"ma⁷,称麻为"枲"si³,称芦苇为"葭"kɛ¹。白语除了称根为"柢"te⁷外,还称为"薔"mi⁷(《说文》"芙蕖本")。白语称竹篾为"筤"mi²,称秧为"穛"tsɛ²(《集韵》锄簪切"禾苗将秀")。

白语称布为"緆"se⁷(《说文》"细布也"),称线为"缕"hɯ³,称裤为"裈"kua¹,称草鞋为"屦"kɛ⁸(《说文》"属也",王筠句读:"元(玄)应引作'履属也'。又曰:屦有草有帛者,非止木也。"),称网为"罗"yo²。

白语称碗为"籚"ke/ki⁵,称大碗为"钵(盌)"pa⁷,称杯为"锺"tsv¹,称壶罐为"尊"tçuĩ¹,称甀为"甖"ŋuĩ¹,称升子为"料"pã¹。白语称土的、铜的锅为"鍪"mɯ²,称铁的锅为"铛"tshẽ¹,称盖子为"覆"phɯ⁶。白语称酒席为"筵"çi¹。白语称动物油为"脂"tsi¹,称渣为"粕"pha⁷,如称豆腐渣为"豆豉腐粕"。白语称石磨为"硙"ŋuĩ⁵,称砍柴为"斫薪"tso⁷çĩ¹,称楔子为"橛"tçi¹,称锥子为"鐍/矞"vu⁸(《说文》"矞,以锥有所穿也",白语"钻进"也说"矞"),称铜为"金"kɛ³,称帚为"箒"tsi⁷。

白语中,水潭称"浦"pɯ³,平坝称"坛"ta⁶(此同温州吴语),街市称"市"tsi³,街巷称"冲(衝)"tshv¹,家称"闬庵"ha⁶tṽ¹(《集韵》翰韵侯旰切引《说文》:"闬也,汝南平舆里门曰闬。"与今本有异)庵徒浑切:"居也",又徒困切:"博雅:舍也",房屋称"厦"ho⁶,天井称"庭"tçɛ³,大门称"大阓(kɛ⁸)门"(《说文》"门扇也"),台阶称"家头陛"kɛ¹tɯ¹pi³,梁称"甍"ŋuɛ²,橡称"桷"kv⁷,筏称"泭/桴"puɯ⁵(碧江方言)。

白语中,歌称"曲"khv⁷,字称"书"或"书字"sv¹tsuɯ⁶,信称"书"或"书封"sv¹fṽ¹(加量词),话称"唐"to²(《说文》"大言也"),钱财称"资贿"tsi¹hui³ 或"银贝"jĩ²pia⁷,钱称"贝"pia⁷,尚同贝壳的"贝"反映比用金属货币更早的年代。

白语中,年称"岁"sua⁷,今年称"今兹"kɛ¹tsi¹(《孟子·滕文公下》"今兹未能,请轻之以待来年"),去年称"曩兹"na²tsi¹,地方、地点称"处"tshv⁶ 或"陬"tsuɯ²,气味称"氛/馩"pã²。

有些字只出现在汉语字书里,如糠称"䄲"tsho¹(见《集韵》),盐称"䤧"pĩ²(《广韵》薄泫切"蜀人呼盐"),味咸说"䤛"tshõ⁶(《广韵》仓奏切"南夷名盐")。汉语字书中"䤧、䤛"二字也许就是据白语造的字,后者也许跟"䤖"字同源(《广韵》昨何切"礼云:盐曰咸䤖"),据对音规则,"䤖"在白语中也可读为 tso²/tsho²。

再以动词为例:

白语中,生养称"育"v⁷,跌倒称"跋"pa⁷,爬登称"蟇"mɛ⁷,退回称"陋/溜"lo⁶(《说文》"匛,侧逃也",《尔雅·释言》"陋,隐也"),跳称"跃"或"跖"tsõ⁷(《说文》"楚人谓跳跃曰跖",据对音律,此二字皆可对 tsõ⁷),逃称"亡"mo²或"猋"phiɯ¹,横渡称"济"tse⁵·⁸(或"涉"),休歇称"息"suɯ⁷,睡不着称"憬"kɛ³,惊跑也称"䟆"kɛ³(这两字同为"俱永切",可据以正确理解《诗·鲁颂·泮水》的"憬彼淮夷",即淮夷睡不着觉了,惊跑了),揪耳称"提耳",提白语 ti²。

白语中,啃咬称"咥"tɕi⁷,舔称"舓"tsi³,吮称"啜"(陟卫切)tua⁵,饱食称"饫"ɯ⁵,大小便称"遗"ji³,小便撒尿称"私"si¹。狗叫称"吠"pia⁸,鸟叫鸡啼称"鸣"mɛ²(又如,报晓鸡称"鸣白鸡"mɛ²pɛ⁸ke¹),虫蜇称"螫"或"蛊"tsho⁷(后字见《山海经》《汉书》,《广韵》有丑略切一读)。

白语中,栽种称"封"fv¹("封"甲骨文、金文皆象培土植木,此为该字最古义,《左传·昭公二年》"封殖此树"),拔草称"芼"ma²,浇灌称"沃"o⁷(《说文》"溉灌也"),挖地称"斸"tv⁷,割离称"析"sɛ⁷,刻镂称"锲"ke⁷(《广韵》古屑切"刻也",《左传·定公九年》"锲其轴",《荀子·劝学》"锲而不舍,金石可镂"),缺刻称"刳"khu¹,摘花称"折"tse⁷,裂开称"迸"pɛ¹,生火称"燀"或"惔"ta²(同温州),揩擦称"拭"suɯ⁷,盖称"鍺"tha⁷,拿称"秉"pɛ̃³,打结称"缔"te⁷,拴马称"围"ŋv³,驯马称"习御"se⁷ŋv¹,捕捉称"格"kɛ⁷(《墨子·天志下》"踰于人之墙垣,担格人之子女",《后汉书·钟离意传》"乃解衣就格"李贤注:"格,拘执也"),背东西称"负"vu³。

白语中,欠称"负"vu³,卖称"赒"kuɯ²(《广雅·释诂三》"卖也",《广韵》九鱼切),交换称"贸"muɯ³,偷称"盗"ta⁶,互助称"援"ŋui⁵,放称"纵"tsv⁵,问称"聘"piɛ⁷(《尔雅·释言》"聘,问也",《说文》"聘,访也",白语称"说媒下定"为"聘/聘妇"piɛ⁷vu³),祭称"祀"si³/sɛ³,住店称"宿客"sv⁷khɛ⁷,用称"资"tsi¹。

白语中,懂称"识"suɯ⁷,想称"恓"mi³(《玉篇》"想也",《广韵》弥衮切),爱称"姻"ko²,恨称"忌"kuɯ⁵·⁸,记称"志"tsuɯ⁷。

最后以形容词为例:

白语中,矮称"㾑"pi³,短称"侏"tshuɯ¹,破烂称"坼"thɛ⁷,破旧称"故"ko⁵(如旧衣称"故衣"ko⁵ji¹),快、锐利称"利"ji⁶(如"利刀"),甜称"甘蜜"kã¹mi⁷,辣称"辛"tɕhĩ¹,饿称"饥渴"

tɕi¹kha⁷,冷称"跔"kɯ¹(《说文》"天寒足跔",《广韵》举朱切"手足寒也"),胖称"肥"fv²,稠称"胶"ku¹,不断地(老是)称"屡"nɯ³。

这些古词或古义在汉语及其方言中已很少使用了。白语有些复合词的造词法也颇异于汉语,如上文中的烟称为"火星"之类,又雷称为"天鸣"hẽ¹mɛ²,风称为"风飔"pi¹si¹,婴儿称为"赤子女"tshɛ⁷tsi³jṽ³(古汉语只说"赤子"),工匠称为"力人"ɣɯ⁸jĩ²,脸称为"嘴眼"tɕui³ŋui³,面颊称为"面咪"mi⁵tɯ¹,爱情称为"花柳"ho¹ɣɯ³,帮助称为"沓力"ta⁸ɣɯ⁸,射中称为"射当"tso⁸to¹,左右手分别称为"偏手"pi¹sɯ³和"正手"tsɛ⁵sɯ³,岳父母、公婆称为"媭媳父"to⁶sɯ³po⁷"媭媳母"to⁶sɯ³mɯ³。身体tshɛ¹kɯ³如对"身己",跳舞ta⁸ko³如对"踏歌",那都于古汉语有据,但后者如对"踏鼓""踏跣",就不一样了。

白语中,有些词有词义上的变异,如"湖"ko²兼指海,"臀"to²兼指腰、下肢,"啼"tɕi²指唱。家乡称为"壤"na⁵,花园称为"栏"na²。

这说明,白语与汉语共同拥有一批古词,但后世两者在根词的选择、词义的传承以及在词汇的分布上是不同的。

（五）白语与其兄弟语——蔡家话的比较

近年报道了云贵交界处新发现的一种语言——"蔡家话"。早在 20 世纪 80 年代初,贵州毕节地区民委也曾简要报道过这种语言,应琳先生于 1995 年 3 月在日本东京外国语大学亚非言语文化研究所的讲稿《中国南方民族·语言·文化小议》中曾对该语言进行过分析。应文大意是,当地方志说蔡家是春秋时蔡国的遗族,被楚灭后遣放楚国南方边界。而当地则传说,蔡家人是从江西进入贵州的,自称 men²ŋen¹(蛮人或苗人?)。贵州语委所编材料说,蔡家话是很接近汉语的一种独立语言,与汉语共有的同源词达到百分之三十以上。应琳先生查看所附词汇觉得蔡家话就是一种汉语,是编者把许多难辨认的古语和方言词当作民族词了。

依应先生的分析,蔡家话有 4 调:1 调(中平)含阴平、阳上、阳去、阳入和部分阴入;2 调(低降)含阳平、阴去;3 调(高平)含阴上、阴入;另一调(中升)只读西南官话去声,属另一系统。

[1 调 33] ke 鸡　zʅ 雨　kɑ 话　tha 拆　ŋa 额　[2 调 31] zu 羊　ŋen 银　so 笑　kuɑi 去
[3 调 55] tsu 酒　phoŋ 纺　ʔa 鸭　ʔo 屋　[4 调 24] tai 带　waŋ 万

该语言的声韵特点是,无全浊母(多清化不送气),无塞尾及-m尾。声母读法有些比较特殊,如非母 p、定母 l、x,来母 ɣ;见系开口细音不腭化,如晓母 kʰ、匣母 k,知照组读 t、ʂ。韵母果摄开二 e,开三 a;蟹摄开一 ɯ、ɑ,开四 e、i,合三 eɯ(非);止摄开三 e、eɯ(群)、i(知),合三 u;效摄开一 ɑ、开三 o。所举部分词汇如下:

paŋ¹ 风　xe¹ 梯　ku² 猴　kəu² 骑　tu² 锄　phəu² 肺　xe³ 弟娣　khu³ 虎　khui³ 犬
la² 大　ɣoŋ² 龙　khɯ³ 黑　toŋ² 重　zan¹ 让　len² 田　ɣɯ² 来　ku³ 九　tiu¹ 知　ʔəu¹ 衣
le¹ 地　pia³ 百　ta¹ 竹　ʔo¹ 腰　xəu¹ 啼哭　ze¹ 伊(他)　pia¹ 白　tsa² 肉　ko¹ 教

她指出，可注出汉字的古词或方言词有不少，如 pu¹ 晚饭＝餔，ɣoŋ² 石磨＝礸，ʔan² 坛子＝罌，phia³ 灵魂＝魄，fei³3 蛇＝虺，fɑi³ 火＝燬，tsan¹ 看＝瞻，khui² 累＝倦，ku³ 脚＝足，meu² 锅＝鏊；pie¹ zɿ¹ 冰雹＝白雨，thu³ tsɿ¹ 石油＝土脂，kan¹le¹ 坟地＝金地，min¹ khoŋ³ 脸＝面孔，ʑɑ¹ khui³ 狼＝野犬，pei³ pin⁴ 辫子＝发辫，ŋi¹ kha¹ 耳朵＝耳窟，sɿ³ kha¹ 井＝水窟，tu² ku³ 经常＝长久。还有一些可能为转义，如 thi³ 尝味＝舔，san³ 菌＝伞，ko¹ su¹ pa¹ 医生＝教书伯。"人"wu¹ tshu¹ 可能是由彝语 ʔuŋ³³ tshɔ³³ 借入。应先生所对汉字大多正确，只有"火"汉语古音原本就是 hui，ku³ 为见母，当对"脚"，"伞"当对"蕈"，"窟"当对"坎"。"坟"，薄文泽记为 kan³¹，是阳平字，正合于《水经注·沘水》："楚人谓冢为琴。"

薄文泽《蔡家话概况》一文附有核心词表。从特征词看，蔡家话近于白语，不同的是它只有四调，与汉语比对可分五个调类。下表方括号里是我分的调类：上入声不分，但分 3、4 阴阳调，去声只有一个 5 调，阴平 1 同阳上，阳平 2 同去声（其 1、2、3 对阴阳平及上声，也合于应氏所分）。下文进行汉白语词系对比时，就使用这一调类标示系统，例字大半与罗杰瑞 40 词表相同：

	平	上 ｜ 入	去
阴	[1] 33 天三鸡肝深风	[3] 55 水火手草九饱 ｜ 竹七出脚虱百	[5] 31 四笑蒜布细担
阳	[2] 31 皮来牛年名凉	[4] 33 重厚雨后弟瓦 ｜ 月白十食灭鹿	[5] 31 二大虫箸尿恙

另外一个 24 调，所对词以阳平、阳上字较多（禾猴鱼茄毛｜蚓杏辫亀女），也可对阴平（烟罌）、去声（兔/树）、入声（席）字，规则不够清晰。应先生举"带、万"为例，认为此调来于当地西南官话。胡鸿雁同志调查蔡家话三千多词，揣测此可能属于小称变调现象，她说，凡一词两读有 24 的都表小。我们看上列词大多为名词，除外来因素外，本语来源似以小称更合理，故下文 24 用上标 ˣ 表示。

蔡家话声韵母与汉语相对时，不是一对一，而往往是一对几。这和白语一样，而和汉语方言不同，这正是同族语言而非方言的表现，说明它们尚未形成汉语那些音类。先看声母分别对汉语声类的情况：

（1）帮/非组不分，清浊不别。"薄白鼻，变卑/飞"都作 b，"辫/肥妇"都作 p。"米名满/雾尾"都是 m。

（2）端/知组不分，"胆戴/蛛转"作 t，"榻/杵"作 th。清浊不别，"头独/锤住"作 t，"对/站、潭池盗/重箸"作 d。定母又对 l（大田跌代换/虫）、h（弟第家道导劝给骗）、（"导劝给骗"也可对"诱劝诒骗"，同源异式词）。泥母分 n（糯脑）、ŋ（女尿），日母皆为 ŋ（耳茬），只有"日"为 ʔen。

（3）来以母与汉语分歧较大：

来母：ɣ（来龙礸蜡牢圈）w/v（漏楼）h（量/料缕阑完）f（六）l（冷淋胪绿）d（犁）

以母：j（蚓野）s（夜盐叶恙）z（杨羊痒）l（也/亦曳拖）h（诱劝诒骗）f（塘）

（4）章精庄三组混淆为 ts、tsh、dz、s，如"正针，酒姊/爪"ts，"出齿，菜村"tsh，"毡，石十熟"dz，"椒"s，但又有腭化的"前钱"tɕ、"七千浅"tɕh。书/心/生母也分"水鼠手少/索笑孙姓/涩"s，"星细(小)/沙"ç 。"声"tsh 则比较特殊。

浊声母字与汉语分歧较大。船母：s 神 z 食 dz 舌射 ts 船 tsh 蚀。从/崇母：ts 蚕凿 s 薯/床 z 脐 tsh 矬。邪母：ts 席松 dz 寻_廣。

(5) 见组："高角鸡九蕨，牵刻_{时刻}，旧"k，"苦开犬，倦_累"kh，"桥茄"g。疑母"月牛艾硬"ŋ，但"芽柯"n，"鱼五"ɣ。

(6) 影组："屋衣鸭腰罂"ʔ，"一伊"j。晓母多变同溪母："虎黑墟香嗅"kh，但"火烌"f。

云母："园荣花"j，"雨"z(ɿ 前)，"完"h。匣母分化较大："猴禾学寒"k，"厚滑含"g，"黄后下"ɣ，"杏喊话_说"h/x。

注意，蔡家话来母读 ɣ 和匣母读音一样，是明显跟白语相同的特点(两语"来"字都读 ɣɯ)。定母读 l 和读 h 也是其特色。定母读 l 白语也有，正可透露古音定母原有从 l 来的。定母读 h 则是蔡家话的特殊变化，白语中只有来母有读 h 的。非常有意义的是，"天"作khen，明显跟白语 hẽ 同源。

蔡家话韵母跟汉语上古韵部大致对比如下：

(1) [东][终] oŋ 工重、uŋ 动项躬、u 埔。[屋][觉] o 屋绿觉_醒学竹、u 烛_炬六宿、uo 熟。[侯][幽] o 头树/道草椒、uo 厚漏手、u 猴楼酒，皆以 o、u 元音为主，只唇音为 əu"饱鍪伏_孵"。

(2) [蒸] an 应、oŋ 梦。[职] ɯ 黑刻_时、u 食得、o 伏蹲。[之] ɯ 来代/əu 菜、u 不牛、uo 妇。职、之两韵部相似，唯"ei 齿、i 耳、ɿ 子"较特殊。

(3) [阳] 分"a 旁梗行上"及"u 烫盎_碗放羊痒香长_{成长} uŋ 恙阳黄"两个层次。[铎]也分"a 额席借拆 ia 白魄"及"u 薄索脚着"。[鱼] 分"e 马骂芽下(麻韵)"及"u 苦土兔虎箸踞 uo 胪_腹"，鼻母字为 uŋ"鱼语五女"。特殊的是"ɿ 雨 ɯ 墟 əu 斧"。阳部字失尾则与鱼部一样后高化，向 u/v 发展，"五鱼女恙黄‖痒羊"也与白语具有同样的平行变化。"‖"号前的字作 uŋ，白语为 v 韵；"‖"号后的字作 u，白语为 o 韵。

(4) [耕] i 听名星、e 荣花茗/ai 黾蛙。齿音：ɿ 正青声。[锡] i 踢、ei 析、e 脉 。[支] i 卑知、ei 鸡。锡、支两韵部相似，唯"a 稗、an 卖"特殊。

(5) [药] u 桌嚼尿。[宵] o 高脑腰桥笑(鼻母：oŋ 恼)、au 毛盗跳刀_砍。"道、盗"上古汉语分属幽部、宵部不同音，白语保留这一区别，蔡家话称偷为"盗"dau⁵，称路为"道"ho³，区别一样很大。

(6) [谈] a 担瞻敢槏、an 含盐。[盍] a 蜡鸭盖、ei 叶。

(7) [侵] "a 潭三坎 an 蚕风苌薯饮心淋"与 [缉] "a 沓_二 an 十涩 en 念记"相似，唯"i 舔"特殊。-m 尾虽失，但侵韵细音作 an，跟真韵 en 区别也很明显。

(8) [元] a 寒肝满餐 | 园酸蒜、en 面前见 | 船转团、in 钱浅变、ei 饭返蔓、ui 大倦。

　　[月] a 大秫、an 艾、ai 太_很、e 曳拖、ei 八发、i 杀、ɿ 舌、əu 肺、u 脱雪、un 月、ua 蕨。

　　[歌] a 沙瓦茄、o 歌蛊么、u 禾鹅、e 地被、i 罴、ɿ 睡、ʅ 锤垂、ai 火、ue/uai 过_去些。

(9) [真] en 天千年身、in 烟新。齿音：ɿ 神信。[质] ien 日跌、ei 虱鬓、e 蚬、i 蜜一。齿音：ɿ 四血。

　　[脂] e 弟第_家、ie 底、i 米秕姊。齿音：ɿ 脂脐死 | 水佳、ʅ 霾。

(10)［文］en 很敦杯镦腆。齿音：ŋ 孙村。［物］ɯ 气、ei 出、ui 骨滑、u 胃肠。齿音：ŋ 醉。［微］ɯ 开几饥衣∕əu 唏哭,胡鸿雁也记 hɯ、ei 脆、ie 碓、u 飞肥。

蔡家话"微"部与"之职"部皆以 ɯ 为主(唇化字作 u),而"脂质"部以 i、e 为主,两者区别很大,这也是上古汉语的特点。洪音"开"字还与细音"几饥衣"同韵,这非常难得,这比白语还要古老。

跟上古汉语相似,蔡家话三四等字常无 i 介音(ie、uo 实际是 e、o 的变体,多数合口字也不带 u 介音)。所以,"高桥、熬腰"同是 o。注意,"桥、笑"白语也是 ku、so,也没有 i 介音。

虽然今天的蔡家话已没有塞尾,但有些词却以-d 对转成鼻尾-n 的形式保留下来,如"日月十涩"(-b 或先转为-d 尾);更有去声带-s 尾的也转为-n,如"艾、卖"。注意,其中除了"十涩跌",其余都为鼻母字,其形成可能跟"鱼语五女"读 uŋ 一样,历史上有过随鼻声母同化增音的现象。

（六）蔡家话核心词与古词

"华澳语言比较三百核心词表"最核心的一百词在蔡家话中的说法如下(其中,罗杰瑞先生的 24 词也有的,用下划线表示。表中"雾叶尾叫近"薄文泽文章中没列,是请胡鸿雁同志补的,方括号内为所对汉字及其战国时古音,多音词词根用下划线标示。只标词根古音,战国时有些音已接近秦汉时的读音)：

1. 日 ien⁴soŋ²［日阳 njid］

2. 月 un⁴ 月份［月 ŋod］

3. 星 çi³su⁵［星宿 seŋ］

4. 风 pan¹［风 plum］

5. 雨 zๅ⁴［雨 fiwa'］

6. 雾 phau⁵moŋˣ［泡雾 mogs］

7. 火 fai³［火 hwooi'］

8. 地 le⁵［地 l'jeeih］

9. 山 ti²ᐟ⁵［阺 di］

10. 河 sๅ³［水 hljui'］=

11. 水 sๅ³［水 hljui'］

12. 石 dza⁵［石 djag］

13. 树/柴 so³［树 djoh/樵 zew］

14. 草 tsho³［草 tshuu'］

15. 叶 se³ti³［叶柂 hljeb］

16. 马 me⁴［马 mraa'］

17. 牛 ŋu²［牛 ŋwɯ］

18. 猪 li⁵［彘 l'es］

19. 羊 zu²［羊 laŋ］

20. 狗 khui³［犬 khwiin'］

21. 鼠 su³［鼠 hlja'］

22. 鸟 tsๅ⁵tsๅˣ［隹 tjui］

23. 鸡 kei¹［鸡 kee］

24. 鱼 ɣuŋˣ［鱼 ŋa］

25. 蛇 fei¹［虺 h(ŋ)ui'］

26. 虱 sei³［虱 srig］

27. 角 ko³［角 kroog］

28. 尾 man⁴ta⁵［尾/末端 mɯi'/maad］

29. 毛 mau²［毛 maau］

30. 头 to¹to³［头头 doo］

31. 眼 ɲi⁴dzๅ⁴［眼睛 ŋrɯɯn'］

32. 鼻 bi⁵kei¹［鼻根 blis］

33. 耳 ɲi⁴kha¹［耳坎 njɯ'］

34. 嘴 pi⁵［嘴喙 hlos］

35. 齿 tshei³ pei³〔齿板 khjɯ'/thjɯ'〕

36. 舌 dzŋ⁴ ta¹〔舌端 fiiljed〕

37. 手 suo³〔手 hjɯɯ'〕

38. 脚 ku³〔脚 kag〕

39. 乳 mi³〔婴 me〕

40. 血 tshŋ⁴ tshŋ⁴〔赤血 s-hwiid〕

41. 肉 dza²/⁵〔炙 tjag〕

42. 皮 pəu²〔皮 brai/肤 pla〕

43. 骨 kui³ tuo²〔骨头 kuud〕

44. 屎 i¹〔泄余制切 les〕

45. 尿 ȵo⁵〔尿 neewh〕

46. 人 wu¹/⁴- tshu/vuo-tshuo¹/⁴〔户族 fiaa'-zog〕

47. 孩 ŋa³〔伢 ŋraa〕

48. 绳 su³〔索 saag〕

49. 油 tsi¹〔脂 tji〕

50. 盐 san¹〔盐 lam〕

51. 刀/铁 çi³〔铦 slem〕

52. 房 o³〔屋 ʔoog〕

53. 路 ho³〔道 duu'〕

54. 病 soŋ⁵〔恙 langh〕

55. 名 mi²〔名 meŋ〕

56. 看 tsan¹〔瞻 tjam〕

57. 听 thi³〔听 theŋ〕

58. 知/会 ti¹〔知 te〕

59. 吃 zu⁵〔食 fiiljɯg〕

60. 喝 an⁵〔饮 ʔrɯm'〕

61. 叫 han⁴〔喊下斩切 fiirɯɯm〕

62. 说 h/xa¹/⁴〔话 fiiwraas〕

63. 死 sŋ³〔死 hlji'/sji'〕

64. 飞 bu¹〔飞 pɯi〕

65. 走 ɣa²〔行 fiiraaŋ〕

66. 站 dan⁴〔站 treemh〕

67. 坐 ku⁵〔踞 kah〕

68. 睡 dzŋ⁴〔睡 djoih〕

69. 杀 çi¹〔杀 sreed〕

70. 高 ko¹〔高 kaaw〕=

71. 长 ko¹〔高 kaaw〕

72. 重 doŋ⁴〔重 doŋ'〕

73. 弯 ji1〔倚 ʔrai《集韵》于宜切"曲也,书倚乃身,徐邈读"〕

74. 近 dzin4〔借词〕

75. 新 çin1〔新 sin〕

76. 甜 tçan²〔甜〕

77. 酸 sa¹〔酸 soan〕

78. 辣 pei³〔燔烧 ban〕

79. 苦 khu³〔苦 kha'〕

80. 红 tshŋ³〔赤 thjag〕

81. 黄 ɣuŋ²〔黄 fiiwaaŋ〕

82. 蓝 tshŋ¹ 1〔青 tsheeŋ〕

83. 绿 lo⁴〔绿 rog〕

84. 黑 khɯ³〔黑 hɯɯg〕

85. 白 bia⁴〔白 braag〕

86. 一 ji⁴〔一 ʔig〕

87. 二 ta³〔沓 duub〕

88. 三 sa¹〔三 soom〕

89. 四 sŋ⁵〔四 sjis〕

90. 五 ɣuŋ³〔五 ŋaa'〕

91. 六 fu³〔六 rug〕

92. 七 tçhi³〔七 tshid〕

93. 八 pei³〔八 preed〕

94. 九 kuo³〔九 ku'〕

95. 十 dzan⁴〔十 djɯb〕

96. 百 pia³〔百 praag〕

97. 我 nuo⁴〔我 ŋaai'〕

98. 你 nɯ⁴〔汝 nja'〕

99. 这 oˣ〔阿 ʔaai〕

100. 不 pu¹〔不 pɯ〕

　　此外,雅洪托夫有最稳定35词项表,其中29条即上面百词表中用黑体印的,其余表中未列的6词,除了虚词"何、谁"外,还有"蛋满给年"。其中,〔年 niin〕对 nen²,〔满 man'〕对

ma^4，很清楚；蔡家语"给"说 sı^3，跟白语 si^7 一样，对[赐 slegs]或[贻 luɯs]。至于"蛋"说 bia^{4}kho^3，音同"白壳"，壳当为㲉，更正确的写法是"㲉"，空谷切或苦角切[khoog]，音义都相合。

蔡家话的古词，除应先生所列外，还可举一些，如名词：江河称"水"sı^3，筷称"箸"du^5，火炬称"烛"tsu^3，藤称"蔓"mei^2，话称"语"ŋoŋ^5，蛙称"黾"mai^x，鸟称"佳"tsı^3，雷说"霆"tı^1（温州话"水佳追醉"这些字也说 ı 韵，来自 ʯ），熊称"罴"bi$^{1/4}$，茶称"槚"gu^4，茶叶称"茗叶"mei^{2}sei^4，狗称"犬"khui^3，姐称"姊"tɕi^3，腹称"胪"luo^2，门称"门槾《说文》'户也'，苦减切"ma^{2}kha^1，碗称"盂"u^1，锄头称"钃/欘陟玉切"tu^5（声母比白语 tso^7 更古老一些），家称"第"he^5。

谓词：砍柴称"斫"to^3，烧说"燔"pei^2，回去称"返"pei^3，弯曲称"倚"ji^1，低头称"躬"kuŋ^5，肿说"臃"uŋ^1，哭说"唏"xəu^1，醒说"觉"ko$^{1/4}$，分娩出、降生称"笃"tu$^{1/4}$（为《诗·大雅·大明》"笃生"之遗存），还说"偿"dzu^4，拖说"曳拖"le^5，切说"莝"so^4，短说"矬"tshuo$^{1/4}$，红说"赤"tshı^3，亮说"彰"tsuo^5，慢说"迟"li^x，细说"么"mo^4，懒说"慵蜀庸切"tsuŋ^2。

虚词：也说"亦"la^4，他说"伊"je^1。

意义略变词：哥哥称"嫜"tsuo^1，日子称"工"koŋ^3，肉说"炙"tsa^5，说称"话"h/xa^4，跑说"猋"piau^1，圆说"团"ten^2。

从音韵格局、词汇构成上看，蔡家话应是汉白语族白语支的一支语言，它和白语有很多共同点。和白语一样，蔡家话数词都不用汉藏语的基本数词"二"，白语改为"两 k-"，蔡家话改为"沓"，取重沓义。蔡家话左右手说"正手、反手"，跟白语说"正手、偏手"相似。"来"两语都作 ɣɯ，"问"pia^3 近白语"娉/聘"piɛ^7，"矮"bi^{4}便俾切似白语"庳"pi^3，"猪"li^5 似白语"彘"te^5，"糠"tsha^1 如白语"稆"tshõ^1，"妹"n̪uŋ^{4}he^4 像白语"女弟"jṽ^{3}thi^3，"油"tsı^1 如白语"脂"，"锅"məu^2 如白语"鍪"mɯ^2，"麻"tshı^5 如白语"枲"si^3，"线"hu^3 似白语"缕"hɯ^3，"病、痛"suŋ^5（音似"日阳"的"阳"）如白语"恙"sṽ^6，"捉"ka^3 如白语"格"kɛ^7，"坐、住"ku^5 似白语"踞"kv^5，"在"tɯ^5 如白语"着"tsɯ^3，"够"lo$^{1/4}$ 如白语"裕"lu$^{1/4}$，"那"mo^x 如白语"某"mɯ^6。此外，蔡家话早饭为"餐"tsha^1，同白语，中饭为"饭"bei^4，晚饭为"舖"pu^1，则比白语"饭"pẽ^3 指晚饭区分得更细。

有些音要通过蔡家话和白语进行比较才能解释。如蔡家话"飞"bu^1、"肥"pu^2 都读 u 而无 i 尾，变化方向同白语"飞"fv、"肥"fṽ。蔡家话"肠"vu^5，白语也是 vu^5 二者应同源，从声音看，它可能来自"胃"，白语此与"雨"同音异调，温州话"雨、胃"也都读 vu，但东郊文读都作 zʯ，这个 z 是由舌尖元音增生的，蔡家话"雨"zı^3 明显也从 zʯ 来，不比较则两者都不能解释。又"瓜"，蔡家话说 luo^5，对汉语"瓜"（以主切）、"𤬜"（郎果切）都行，但白语碧江方言"瓜"也说 vu^5，则应选前字。"六"读 fu^3，同白语 fv^7，这要依据来母两语都有来母读 h（如"缕"hu^3、"虑"dɯ/hɯ^5）而在 u/v 前变 f 的规律才能进行解释。"嘴"说 bi^5，可能是"嘴"或"喙"的音变，这也需要依据白语碧江方言 pi（风𩛩盐）变 tɕui /tsui 的规律来进行解释。汉语方言只有西安话"锥"pfei、"吹"pfhei 与之相似。

蔡家话语法上 VO 宾动结构、修饰语前置等特点都和汉语、白语一样，只有数量词后置于名词，既是白语的特点，也是汉语甲金文语言的特点。动词、名词自身变调可形成动宾关系，穿衣说"衣去衣平"是上古汉语特色，白语说 ji^5 ji^1，蔡家话说 ɯ^5 ɯ^1，蔡家话跟白语一样作

"衣去衣平"(蔡家话元音更近上古汉语)。现在汉语各方言穿着只说"穿"或"着",不再说成"衣"的去声,而只有蔡家话和白语还在这样说。还有,蔡家话称吃饭为"食食"zu⁵ zu⁴,则此式比白语更古老。"衣食住行""天地水火"这些核心词语,在汉语、白语和蔡家话里都一致,不能说它们都是从汉语里借来的。想从汉语自己的方言里找"衣衣""食食"都无处可寻了,它们又怎么可能是从汉语里借来的呢?

蔡家话用罗杰瑞先生的 40 词表进行比对,可对上"天三鸡肝深,皮来牛,水火手,重近,破半四笑,旧树二,血七竹出甲,月白十石席"30 词,但有下画线的 5 词声调与汉语有异,故只能说六成以上相合。不足的 10 词,也因好些是换用同义词了,而不好比对,如"坐"跟白语一样说成了"踞"ku⁵。现将表首 1 调与表尾 8 调这 10 个词比较:

[1]	天	三	鸡	肝	深
蔡 33	khen	sa	kei	ka	san
白 55	hẽ	sã	ke	kã	sẽ
缅	mouh	sumh	krak	saŋh	nak＝黑①
彝	mv^B	sɑ^C	z̩i^{DL}	s̩ŋ^B	ni̱^{DS}-黑^{DL}
壮	bɯɯn^1	saam^1	kai^5	tap^7	lak^8

[8]	月	白	十	石	席
蔡 33	ŋun	bia	dzan	dza^5	tsa^x
白 42	ŋua^7	pɛ	tsɛ	tso	se^7
缅	la	phruu	chaj	kjauk	phjaa
彝	xɑ^C	fu^A	tçhi^A	lo^{DL}	fu^B
壮	dɯɯn^1	haau^1	çip^8	rin^1	bin^3

首字"天"不在最核心的百词里,但它可是出色的区别语族的特征词:汉白蔡都说"天"且作晓母(上古汉语为真部晓母*hl'iin),藏缅则是"雾/冒"或"南"(藏语),而苗瑶说"空",侗台说"宇"fa⁴ 或"旻",显示了不同语族的选择,真是选得很好的天字第一号的词。"三、十"在几种语言中都为同源词,但汉白与缅彝调类有别。"鸡肝深月白石席"则明显蔡白是一类,都同汉语,而缅彝则用另一类词("肝"近于[辛],"深"与"黑"说为[匿]或[涅],"月"说为[夕],"白"说为[紑]或[皅],"石"说为[砾],唯"席"近[铺],白语有说"铺"的)。区分相当明显,可见这个词表对区分方言和语言都有作用。

表中也列了壮语,因为《中国的语言》一书的蔡家话部分即据薄义泽义,把蔡家话暂列在侗台语中,说是"火、月、黄、熊、嘴、屎、茶、在、找"这些词似乎近于侗台语。其实,"火、屎"汉台语本同源,"月、黄"都更近古汉语,"熊 bi¹、嘴 pi⁵、茶 gu¹、在 tɯ⁵、找 guo¹"则对汉语"黑、喙、槚、住、求"。与上面列的壮语词进行比较可见,尽管"三、鸡、十"与蔡家话同源,但其他各词差别很

---

① 桑孔语"深"na̱^{DS}、"黑"nda̱^{DL}。

大,同时,"鸡"读去声不读平声,是侗台语声调的普遍特色,比如侗水语也是 5 调。

侗台语族另一音韵特征词系也可帮助鉴别。若"猪狗熊蚤蚁新"说 m-声母,尤其前面四词作清 m-声母而读阴调的,就基本属侗台语(拉珈语 hm-常变 hŋw> khw,但仍对应合律)。仡佬语的归属,有苗瑶、侗台两说,因它合于上述侗台语特征故应归侗台语族。然而,蔡家话这些词都没有读清 m-阴调的任何迹象,所以也可判定它不会属于侗台语。

(七)白语汉字同音字汇

说明

1. 本字汇是白汉对当字的同音字汇,收列白语旧有词汇中与汉字音义相对当,可以用汉字表示的单音根词及词素;明显的现代汉语借字及其音一律不收。由于白语语音有不同层次,其中某些层次也含有一些近代汉语借词,在合于旧有词声调系统时也先酌收一些,以供研究;疑为借词者在右上角加以[*]号为记,比如,日母字读 s-的如"染"se³、"让"so⁶、二月的"二"si⁶ 大致是近代汉语借词。

2. 一字可有两种写法的,另一种放在方括号里。某些汉字字形后起,但据丁声树《古今字音对照手册》考定原有更早字形,而原字形不习用的,则收入今形,原字形可查该书。该书认为无来历而用[ ]号标注的后起字,本字汇不予收录(如,字汇收"砸"而不收"炸")。

3. 少数字据音义有不止一个汉字对当的,先选一个列出,别的放在方括号中,或在小注中注明,供学者进一步选择讨论之用。

4. 最常用无歧义的字不加小注,其余则加注,说明意义和用例。例中以浪线代表该字,有的表示此字此音只见于此例,作为其中的词素或语素。同音同字不同义的,或另起字头各标用法,以示醒目。

5. 不常见的字形或音义,加注说明出处。注音一般用《广韵》音,放在方括号里,引别书时则另加注明。除最常用的字不守声韵调常规外,逢音有变化有别于原音的,标出"本读××切"。但为节约篇幅起见,全浊、全清、次清转换,阴入读阴平,以及明母读[p],来母、以母字有[l、j、s、ç、tç、k、h]等读而无变调的则不注。

6. 本字汇主要根据赵衍荪、徐琳《白汉词典》(下简称《词典》),徐琳、赵衍荪《白语简志》(下简称《简志》),徐琳《白族〈黄氏女对经〉研究(续)·词汇附录》(下简称《对经》)。多谢徐琳先生馈赠大作。此外还参考了徐琳《白文〈山花碑〉释读》注音(以大理音为主,下简称《山花碑》)。所收字音以《词典》为主,有的字后面注出《简志》《对经》《山花碑》者,即指明出于以上文献资料而不见于《词典》。

7. 本字汇的音系写法(如 x 写作 h)及声韵母次序,皆据徐琳《对经》。所收字先按韵,再按声和调排列。韵母依下列三十韵次序:

(1) i　　(2) ĩ　　(3) e　　(4) ẽ　　(5) ɛ　　(6) ɛ̃　　(7) a　　(8) ã

(9) o　　(10) õ　　(11) u　　(12) ũ　　(13) v　　(14) ṽ　　(15) ɯ　　(16) ɯ̃

(17) iɛ　(18) iɛ̃　(19) ia　(20) iã　(21) io　(22) iõ　(23) iɯ　(24) iɯ̃

(25) ui　(26) uĩ　(27) uɛ　(28) uɛ̃　(29) ua　　(30) uã

以上各材料对一些字是否有鼻化音意见不统一的,一般先据《词典》。[v]自成音节的,依《词典》分入 v、vu 两处。《词典》的 wei[ue]依《对经》《简志》归入 ui 韵。所有 a 原文写 ɑ。

声调依如下调类分列:

[1]阴平 55(东三千)　[2]阳平 21(人头毛)　[3]上声 33(手五柱)

[5]阴去=[8]阳入 42(见箭扇 舌白大)　[6]阳去 31(树地利)

[7]阴入 4(八角月 气肺外)　[9]特殊变调(来几杏)

白语中借自现代汉语的字则读为"阴 33、阳 42、上 31、去 55、入 35"五调,读如此音者除少量上声字外,一般不收。

白语汉字同音字汇

(一)i 韵(包括 ɿ 韵)

p [1]偏左,与右称"正"相对。~~正正:横竖,反正 风~飚:风["风"字古韵读侵部] 裨[畀]给。《广雅·释诂》"予也",又或作坿 貔~狸鼠:松鼠。《方言》:"貔,关西谓之狸。"[房脂切] 髀胯~:大腿[本读上声并弭切、旁礼切] 批泥~:泥刀 批倒=回信 非*~得要 彼他[大理白文作"敝",见《简志》第 129 页] 闭[憋]*憋气,昏过去 拯*插[《集韵》必结切] 壁*~虱子:臭虫 逼*逼迫 别*~起:别扭 [2]虮~蜉子:蚂蚁 牌[《对经》音] 琵~琶[文][琶在 a 韵] 比~日:连日,每日。《集韵》频脂切"相次也" 眉~心子 [3]庳低,矮 婢奴~ 陛阶头~:台阶[傍礼切] [6]坒方面。《说文》"地相次也" 比~我大 比一拃,拇指至中指间的距离 比模仿动作,指手画脚 逼*逼勒 鼻[大理语音] 革[薜]~绤:蓑衣。《说文》"雨衣,一曰衰衣[房益切]",此词也作写"薜",后音转为"被襟"。《国语·齐语》"身衣被襟"韦照注"襟薜衣也" 便才好,才行。句末语气助词 [7]胓女阴。《广韵》譬吉切"牝~"

ph [1]琵~琶[白][琶在 ɛ 韵] 劈破开,劈开。《集韵》攀縻切"刀析也" 跰走得慢。《广雅·释诂》"跰行"、"踦,蹇也"。《集韵》篇迷切 脾~气;~瘦:疟疾 犏~:野牛。《五经定本》只作"偏",颜师古《上林赋注》"旄牛即今所谓偏牛"。《正字通》引作"犏牛" 皮*~箱:筒子 [3]扁瘪 秕~粟子;秕谷[匹履切] 譬~比:比如[温州话也读上声]

m [1]筻竹蔑,《说文》"竹也"[武巾切,《集韵》眉贫切;又可对"篝",民卑切] 民湖~:渔民 眠瘤:说梦话 明~月 [3]怋想。《玉篇》"想也"[弥兖切] [5][8]麵粉末 面~庞、~情 面一面(镜、柜) 勔办得到,来得及,跟得上。在动词后表能成。《尔雅·释诂》"勉也"[弥兖切,本读上声] 目~挂:流泪。泗:眼泪 [6]尾[大理音] [7]蜜蜂~ 蜜甜,味道好 蔤根。莲~:藕。《说文》:"芙蕖本。"白语义扩大,指各种根

t [2]提~水 提揪。~耳:揪耳朵 碟*~子 [3]爹阿~:父[陟耶切] [5][8]抵[致]表可能达到 蜈~螂:蝉。《广韵》都计切"寒蝉" [6]第一、~五 弟~子:学生,徒弟 抵~抗、~赖 底*~子薄

th [1]梯梯子。踏~:台阶 提提及 替*~我(想)[见《对经》] 蹄*(猪)脚~子 题*出题 [3]弟弟弟。阿~:弟弟。~妇:弟媳。~女:妹妹 [6]第但,只 替替换,代替

n [1]尼~姑 俿比 捏握 捻拧,《说文新附》"指~也"[奴协切] 镊~子 褋*[联]褋~ [2]泥泥土 [6]廿[念二]二十 脸*唱花~ 热半温~:温吞 [7]腻灡~:滑 日几~[又音,《简志》第 46 页] [9]泥溺,贪(酒) 廿[念]~二:二十二

l [1]梨水~:梨 厘一文(钱) 狸貔~鼠:松鼠 俪和~比(如"一天比一天好")日~月:太阳和月亮 俪[也]也,再,还。副词 来听起~ 栗栗树 麟麒~ [3]里里程 礼~重:厚礼。~贡:财礼。~拜:把斋 理~真。~上:在理 [6]俪比上;比作……一样 理*眯 醴~清:酒汁,未蒸的甜酒。《说文》"黍酒也,一曰甜也",《玉篇》"米酒也"[移尔切,《集韵》又商支切] 林*~檎 [7]利*利息 利*~害 荔*~枝 逦[逦]传染 沥滤 蝶蝴~

ts [1]脂油,动物油 资用,凭借 资~赔:钱财 支摆放 支忍受,撑着,挺着 支~子:桌[或可对"椹"] 支一支(羊脚) 肢下~ 知~音:情人 兹今~:今年。《孟子·滕文公下》"今兹未能,请轻之,以待来年",《吕氏春秋·任地》"今兹美禾,来兹美麦",高诱注"兹,年也" 之~际:表……的时候 觢~羊:黄羊。见《说文》[本读此移切]。《本草纲目》"~羊出西北地" 訾诅~:咒骂 訾~何:怎么,怎样(办) 正~月 整~日、~夜 成成为 即则,就 值*~更:打更,值夜班 织*织网 质*对质 [3]子儿子。~女 士[子]~人:男人 市集市,街道 俟~日:后天 齿~齺:牙齿 纸 舐舔[同温州话] [6]柿 字契~:字契 [7]制制服,治住 字*八~ 置置备

tsh [1]伺~候:等待[本相吏切] 祠*~堂 辞~行 齝吐。《说文》"吐而嘽也"[《集韵》超之切] 坻堵(水)。《说文》"以土增大道上"[疾资切] 池~潭浦 弛~留下:丢下,卸(担)。~生夫:离弃丈夫。《左传·庄公二十二年》"弛于负担",杜预注:"弛,去离也"《集韵》赏是切"舍也",丑豸切"落也" 施施施肥 失输,与"胜"叫"得"相对称 [3]哆张口吐舌。《说文》"张口也"[尺氏切],《诗·小雅·巷伯》"哆兮侈兮,成是南箕",郑玄笺"箕星哆然,踌狭而舌广" 齿前门~:门牙。金~:保山市古称 尺*[6]氏种,种族。~种:同族人 [7]置*位~

s [1]诗作~ 思渴想 飔风~:风。~风:和风。《说文》"凉风也"[楚持切,《集韵》又新兹切],《广韵》尤韵直由切"飍,风~" 丝~线子 丝~柳 丝木料纹理 恃*~功 私~事、~房 私小便。《左传·襄公十五年》"师慧过宋朝,将私焉",杜预注"私,小便也" 时~年:年景,年成[同温州话] 撕斯~子女:小孩 师~兄 狮狮子 施~舍 疵瘝子 习习惯了 泅漾~:游泳。《说文》"浮行水上也"[本似由切][或可对"习",古游泳亦称"习水"] 食*积~ [3]祀祭拜 枲麻[胥里切] 屎锈[屎]铁~ [5]思意~ [6]使*叫,让 饲~婷:哺乳 寺尼姑~、礼拜 侍伏~[伏音 vu] 菽豆~腐:豆腐 餈[糍]~块:糍粑。亨~:饭。《说文》"稻饼也",段注"今江苏之餈饭也"[疾资切] 二*第~、~月 市~卖:做生意 寔放在 适[侍]嫁(人) 实面食不松软 [7]四*只用于人名。阿~哥 嗣~孙:曾孙 赐[贻]给[赐,斯义切],贻《集韵》羊吏切"遗也",大理说 zɯ(6),故可能是"贻" 嗜~酸:怀孕反应,好吃酸味[常利切] 势声~、威~ 食丐~子:乞丐 事*本~、公~

tç [1][多]多。~少:多少。《广雅·释诂》"多也",张衡《西京赋》"炙炰夥,清酷~",《集韵》章移切列为"多"字或体,此本即古音"多"字带 j 介音读法 之之际[《简志》作 ts 母] 犁犁[或可对"晏",《诗·周颂·良耜》"~~良耜",《集韵》节九切"耜利也"] 饥~渴 箕 麒~麟 金~瓜:南瓜[同温州话] 巾头~。~袱:包袱布 前[臻]~~倒倒:来来往往 前~门齿:门牙 积*~食 叮~嘱 [2]旗 麒麒麟 提 赊 啼唱。~曲 芹~菜 钳圆钳 钳手镯。"钳"为古刑具名,束颈铁圈。"镯"敦煌文献亦指手铐。温州话手镯犹称"手镣儿"。皆由古刑具来 填填(洞) 前~后。~庭:前院。~夕:昨天 连~枷 [3]杞枸~ 底海~、甑~、月~ 雉野鸡[碧江话] 姊~妹、~夫 呰次,短处。《说文》"窳也",《集韵》在礼切"短也,弱也" 搴拉,扯。《说文》"拔取也"[九辇切],《晏子春秋·谏下九》"~草而坐之" [5][8]济[涉]渡(江) 建~生:生(孩子) 定稳定。住~了 剧药性猛烈 集~合:搜集 疾快 佸节 百~草:木贼 逐追,撵,驱逐[《集韵》又亭历切"速也"。又或可对"及",《说文》"逮也"。《山花碑》也作"驱":"金乌~散天上星"] [6]递向……过去 地田地 地重叠摹状式形容词尾助 剂~刀:剪刀。《尔雅·释言》"剪齐也",郭璞注"南方人呼剪刀为剂刀" 橝*林~。《集韵》本读渠金切"林~,果名" [7]季四~ 计~策、~较、心~ 计*伏~:友[碧江话] 记心~、~性 忌~讳,忌嘴 挤拥挤 祭上~ 吸吮[本许及切] 急溲~:尿急 咥晴、咬 蛭蚂蟥

tçh [1]欺~人家 齐~全 茄~子 榛~栗:栗。《说文》写作"亲"(辛声)"果实如小栗"[侧诜切] 千~大百大:巨大 湿 圊粪:肥料 倾倒(茶、粪草) [6]刺草木刺 际之~ 气火~:大:上火 填塞窃暗中。~食:偷嘴 七用于"十"[7]七 漆 气空~、生~、~力 器银~ 揭~底、~短 饎酒食供品。酒~、茶~、亨糍。《说文》"酒食也"[昌志切] 出掏出。~粪灰 出作趋向动词。出[tshv]:生出。《广韵》至韵尺类切[《集韵》又敕类切"自中而外也"],与术韵赤律切音异。温州口语也有术韵、至韵二音,各有所用

ç [1]緦麻布。~衣 新~妇人:新娘。~姑爷:新郎 讯~话:话。《尔雅·释言》"言也"[息晋切] 寻~底:寻找[也读

j母] 寻一庹[也读j母] 仙跳~：跳神。~爸：巫师 筵酒席[本以然切] 熄*熄灭 吸*~进肚里 [3]死
[6]卅四十合音 喜*欢~、~欢 邪鬼邪[本似嗟切] 十用于"二十" [7]四 肆耗费：快当 戏唱~ 喜~得：
幸得 谢~木神

j [1]衣~服 姨 夷~方：傣族地区 倚~凶~喜：吉凶未卜 利~刀：刀子[本力至切] 音知~：恋人 臏(夤)~
骨(杆)：腰。《广韵》翼真切"夤~"。本作"夤"，《易·艮》"艮其限，列其夤"，王安石《易泛论》"夤，上体之接乎限(腰)者
也" 爷新姑~：新郎 冤~结：结冤仇 袖~头 [2]寻一庹 [3]遗拉屎。《史记·廉颇蔺相如列传》"顷之三遗矢
矣" [本以追切] [5][8]捩扭，执拗。《玉篇》"拗捩也"《广韵》练结切] 泪(涙)目~：眼泪[或可作"液"，《集
韵》至韵力遂切"泪，目液也中] 衣穿(衣) ~着：穿着 异相~：争执矛盾 立~厦：竖房。~墓基。~世界：传世 爷
老~：曾祖父。亚~：祖父。[6]味滋味[本无沸切] 依~起：就(事) 倚~势 义情~ 利锋利 世一辈子。~里
[古"世、叶"同字] 野顽皮；野的。~荞柢 麝~香 栗榛~：栗 十用于"四~" [7]一数目 翼翅膀 意~思、随~、
实~。~愿：愿意 翳~子层 异*~样

(二) ĩ韵

p [1]边边缘 编~索：打绳。~头毛：编辫子 鞭~杆：鞭子 鞭量词。一条(尾巴、辫子) 蝙盐。《广韵》薄泫切"蜀
人呼盐"，本读浊上 [2]便习惯。《说文》"安也。人有不便，更之"[毗连切] 鼻~涎：鼻涕 [5]变 遍一~ 鼻~
骨：鼻梁骨。牛穿~ [6]鼻白~骨：反复无常者

ph [1]篇一篇 偏~旋、~偏心 [3]坯铺(成场)。《集韵》皮变切"平土也" [6]片量词。一片(月、镰刀、蔻、菜叶)
避躲 遍遍地、到处 [7]片*相~

t [3]点点滴。雨~子 [6]典*典当 点*~名、~子、~心 滇*~池 [7]店 殿 垫~起、~子 地看~：看
风水

th [1]添再。~滴：添饭

l [1]连*~襟 镰铡~：一种大镰刀

tç [1]筋 斤 金 熊["熊"字上古在侵部云母，潘悟云说上古为G声母] 襟*连~ 肩 楗关。~门。《说文》"限门
也"[本其偃切，也作"键"] 尖~头：顶 櫼楔子。《说文》"楔也"《集韵》将廉切] 櫼~臀：动物交合 踮~脚子
颠~角：太阳穴，鬓角 [3]近 底底子，沉渣 [5]箭 筰扶正房子[《篇海类编》作旬切] 建~世界：创造世界
剑~川县 寄寄存；寄托。~语：捎话 芘荤芘 浸渗透 [6]跰老茧 件一件(东西) 碱

tçh [1]亲~爸：生父。~情：亲戚 ~手 辛辣 千 签抽~ [3]谨严~：严实 迁搬 浅 件一件(事) [7]沁
头垂[进水中]

ç [1]心心脏 心馅 薪柴 新先~魂：祖先。面~：面前 涎~尾汁：口水 [2]寻找 寻一庹 涎[漦]鼻~：
鼻涕 [5]戏鱼摆子 泗目~：眼泪。《广韵》息利切"涕~也"(或对"泪") 现现成。~钱子 [6]信相信，信仰。~
神、~佛 [7]现现世，丢脸 限*限定期限

j [1]龈~尾角：牙床 怜~穷：穷苦可怜 连[俪]和、或 烟*~子 胭*~脂白粉 腌*檐~嘴：尾檐口
严~谨：严实 零一百~五 爷您 [2]人 银~器、金~。~贝：钱财 寻~底：找寻 檐~坞：山墙 镰~刀 怜
爱情。《尔雅·释诂》"爱也"，《列子·杨朱》"生相~，死相捐" 弦~缕：弦线 船~艘：船。~旁：船舷 儿女~
[3]忍敢。《说文》"能也"，《玉篇》"强也" [7]日天。两~。~片：太阳。~岁：年龄 入进入。~梦：托梦 热
酽*(茶味)浓

(三) e韵

p [1]碑 蝇犬~：狗虱。《说文》"啮牛虫也"，边兮切。《一切经音义》七三"今牛马鸡狗皆有~也"，又五六《通俗文》狗
虱曰~。经文作'蜱'"[字本读"彼义切"，去声] 薇紫~ [2]皮皮肤。嘴~：唇 皮剥皮 梅*梅花 [3]被毡~：

被褥 贩贩卖。~子：小贩 [5][8]辈 背 脚大~：脚背 被 披、拟、插 服 衣~ [6]倍*百~ [7]柿 木~。推

花木~：刨花木片。《说文》"削木札朴也"，《广韵》方废切"斫木札也" 踤 走。《玉篇》"急行貌"，方未切。又《广韵》方味

切有"行疾" 算甑~底 褙*裱~。褙，衬贴其背 萹白~豆

ph [1]披撕 陪*培* [6]呸 蔽覆盖 [7]配

m [1]梅*椒溮：一种蜜饯梅子 [2]煤*眉眼、眯[瞑]闭眼 门 明~夕：明日 幪覆盖。《集韵》民坚切"覆

也"，引《仪礼》"~目用缩" [3]米 糜(麛)熟。[《广韵》糜为切]《说文》"烂也"，《广雅·释诂》"熟也"，《玉篇》"烂

熟也" 晚迟。不~ [5]霉《集韵》莫佩切，写作"徽" 瞑胡乱瞎(搞)，过分 蔓攀缘；藤子。《集韵》无贩切

f [1]非*~凡：漂亮 [2]费*花费 拂抚摸，捋

v [6]尾跟踪 [7]未~必 [8]佛

t [5]帝皇~爸：皇帝 彘猪[《广韵》直例切] [7]商 [柢]根；足跟 的额~ 缔结子，打结，结网 惦

th [7]剔解结 铁 拆~房

n [2]尔罢了；而已 尔然，语尾 莲荷花 儿借为量词。轱~ [5][8]腻柔 腻~~肜肜("肜"乃嫁切)：很油腻

炼 楝 恋姻：爱怜 染感染，波及。[《广韵》有"而艳切"去声] 捏拿 热~浦：温泉 爇窝坪：烧野火，烧山。

[《广韵》如劣切] [7]二 祢阿~：奶奶

l [7]劣懒

ts [1]毡~被：被褥，铺盖 [2]齐钱有~ 缠缝衣 [3]姐 盏 [5][8]济[涉]横渡 祭 节节日。也作

量词。一~ 舌 折~价：减价。截留下。~客 积沙~坪 [6]柿 盏量词。灯~ [7]再再，还 折压~ 折

(摘)~花、~果 节竹~、一~手指

tsh [1]妻 栖 [2]裁*~缝 [7]扨磨。《集韵》千结切"《博雅》：磨也" 撤~火：灭熄灶火

s [3]洗 [5][8]世~界：社会 [6]细小 [7]叶 緆布 裰被(pi)~：襄衣 惜宠爱，溺爱；疼爱 席铺席；

席子 习~惯 习~御：驯服(马) 净干~

k [1]鸡 今~日 [2]跍在 [5]簋碗 [7]锲雕凿

kh [1]开解开，走开

ŋ [2]鞋 悬挂

ɣ [8]裂破

（四）ẽ韵

p [3]饭晚饭 鞷遮蔽[扶晚切]

ts [1]煎 [3]栈堆放

tsh [3]钱~粮、几两几~

s [1]山石宝~、神、~雀 山寺庙 仙~人、~丹 西 鲜 [3]省知；懂 [5]线 扇 擅~哭 卵[健产]生

蛋。蛋或可对"健" [6]捷走~滴：走快点

k [1]坚结实 [5]见相~、看~

kh [1]牵搀

h [1]天

O [5][8]咽吞咽；受，挨 [9]唉嗯；是，好

（五）ɛ韵

p [1]逓张开(口) [2]把动词 琶琵~[白] 扒鸡~：吃谷米 牌一~：一会儿 赔*赔偿；还。~书 盘营盘 [5]

[8]把量词。一~(刀、锁) 稗稗子 稗乌~：芝麻 拜 白~色、~族 白精光 [6]鞴~马 背*~书 病害~、猪

瘟~ 坪地~ [7]百 擘分开 败打~仗 白~伙(户)：白族

ph [1]迸裂开 牌~位 排安~ 帊破烂;稀烂;软。《集韵》披巴切"残帛" 抨敲~：敲竹杠 [6]旆一庹，一寻长。古两臂平伸为寻，长八尺(当今五尺)。旆古长八尺故可作"寻"用 脈敞开 [7]派 魄魄力;气力 脈剖开;剖白。《广韵》普伯切"破物也"

m [1]盟盟誓 [2]蟆虾~ 鸣虫叫，鸡啼 明明亮。~白：黎明。~日：大大后天 [3]马 [5]买[本莫蟹切，上声] 暝天黑 [6]命魄~：魂魄 [7]蓦爬登。《集韵》莫驾切"登也" 脉

f [7]发~笑、~病 发发(工资) 发肉肥 法 罚

v [5][8]划[画]写

t [2]妖同庚结盟姊妹。《字汇补》"姊称也" [6]逮捕捉 [7]带 代世~ 得该 得非~ 打*~发

th [1]台*花~;戏~ [7]坼破;破烂

n [3]领带领;教养 拧腰~ 泞水深满 [5]黟胶~~。《集韵》乃嫁切"黏也" 龄年限 嬾掉下。《集韵》落盖切"《博雅》：堕也" 豚 ~~似：胖的样子。《集韵》曩亥切"肥也"。又可作"胗"，乃嫁切

l [1]斜[邪] 倾斜 拿[拎] [2]斜[邪] 偏斜 [6]另又 耶句末疑问语尾 [7]赖*抵~ 赖胡乱(说) 蜡白~子(树) 沥浇淋

ts [1]灾*~难 折折叠 折~倒：折回 [2]时[辰]~界：时候 时[辰]~世(ji)：年纪 成不~ 阵一阵。量词 [5][8]正准确 正右 实结果实 实真心~意 实~~：密 拾拣起 十 [6]盏量词。一~(灯) 楫桨(秦入切) [7]食彘~：猪食 汁汤;汁水。又乳汁 口水， 窄 责~怪 志~气

tsh [1]差*~官 车*~子 拆* [7]赤红

s [1]色颜色 蚀~本 [3]染* [6]舍*舍掉 试 事 师巫 甚~似：怎样 [7]析分开;分离 析割开 涩 失~水、~种 实实在 拾收~ 式乃~：这样 势得~ 誓盟~ 世现~：出丑;现眼

tɕ [2]庭院子;天井 停积物 情情份。~义 [5][8]靓美好[疾政切] 掷赌;掷色子 宅量词。一~房屋 垫~彘窝：垫猪圈 [6]净~水 [7]摘 滴一点 借

tɕh [7]踢 刺绣

ɕ [7]夕日~：一天;日子

k [1]葭芦苇。~薄：芦席 枷刑具。~面：一面枷 枷连枷 家张~、杨~厦。~母：亲家母 家人~：人。嘴~：口 阶~头陛、~头梯 稼[耕]种 埂地~子 茎谷秆;柄。~骨：茎[本读户耕切] 该*应 今[该]~兹：今年 [2]膎肉[户佳切] 何[形]訾~：怎样 胻~茎子：胫骨[户耕切] [3]鲠[硻]坚硬 [6]下去一~。幺~子：一会儿 个一个;一枚 [5][8]价价钱。~大：贵 界世~：社会 戒 閉 ~门：大门。《说文》"门扇也"[胡介切] 挂下垂。~柳：垂柳 梗量词。一~ 屐草鞋。玄应《一切经音义》卷二五"履属也，见《说文》，屐有草有帛者，非总用木杝" 夹~菜、~脚 夹[铗]剪断 狭[7]嫁 解~款 介壳 甲鳞 甲铁~。手头~：指甲 膈七嗦八~ 隔 革头巴~：头皮 格捕捉。《集韵》各额切从戈"捕也"，古亦作"格" 剧最;极 劆裂开

kh [1]开*~学。~菜：开荤 开~头：早晨 髂~股[fv]：屁股 [5]卡卡住[卡是"夹陋"的变音] [6]磬 庆鹤~县 [7]客 卡鱼刺~住 喀~出、~血[苦格切]

ŋ [2]牙大牙;臼齿 芽 衙~门 行去 行~礼：送礼 迎接 岩 [3]下打天~ 雅天~子：燕 盔篮~：碗钵。《方言》《广雅》"杯也"[伍下切] 崖岭;河埂;江岸 限门~ [6]硬 [7]额 轭

h [1]亨~糍：饭 [6]罅裂缝;稀疏 [7]罅地迸~ 喝叱骂;吆喝(牲口) 害坑~、~人 害*利~

ɣ [3]下 [5][8]行行列;一行(字) [6]杏 滥润湿[同温州话]

O [1]鸦~乌：白颈乌鸦 捱耽误[《集韵》宜佳切] [2]唉 [3]哑~巴 呆[騃]傻。"騃"字见《仓颉篇》《广雅》

［五骇切］［7］嗌颈脖子 隘［轧］拥挤 压［轧］~油：榨油 扼~心：愁；操心 腌~菜、~鱼［于业切］ 瘫发炎［《集韵》乙洽切］ 浥涝；淤积［乌洽切，《集韵》乙洽切、乙甲切］ 餲~圛：沤肥［於辖切］

（六）ɛ̃ 韵

p ［1］迸裂 掰 班 攀~树 ［2］牌~子：牌儿 牌先魂~：牌位 平路平 坪平场：草~ ［3］把把握；扶。~脉 把拜把 板木板 板量词。一整块 秉拿 ［7］办

ph ［1］培培植 ［3］板楼~（又） ［6］魄魂~ ［7］拼~命 襻鞋~

f ［3］翻 反

t ［1］丁幺~子：一丁点儿 ［7］打

ts ［1］针 真 ［2］搢秧。《集韵》锄簪切"禾苗将秀曰~" 成去~ 成~熟 城 辰［阵］幺~：一会儿；马上 辰［时］~世：时代。~~：时时 ［3］枕~头 整平~ ［5］［8］耆老人斑［本读都念切］ 崭*~新 ［7］占占（人屋）

tsh ［1］搀 姑轻。《说文》"小弱也，一曰女轻薄善走也"［处占切］，或可对"纤" 身~己：身体 铛铁锅 声 撑钟 ［3］寝躺；睡 ［5］馋*斟~酌 ［6］铲*

s ［1］深 洒 阵一阵（雨）。一~：一溜烟 糁肉末；丸子 ［2］神门~、山~爸 晨~影：晨曦 瓶［埕］罐子；坛子。《方言》卷五瓶，"罂也，秦之旧都谓之~"。原读如"郑"，但粤闽温州皆说作平声，音"呈"，俗作"埕"，明人作品也多作"埕" ［3］蕈菌子 祀祭祀 使~用 使让 ［6］甚阿~：什么 ［7］骗~马

tɕ ［1］揁拉。《玉篇》"引也"［《集韵》知盈切］ 争争辨 撑~开 钉 疔疖。毒~子 经五~、诵~ ［2］定安定 ［3］井 静 顶量词。用于钟、鼓等 ［5］［8］钉动词。~钉、~书皮、~缀 打揍［本都挺切］ 顶对着干 定 硍噎［与温州话同］。《广韵》除更切"塞也"。温州硬塞狠噎说"硍"。《集韵》又作"朾，楔也"。［6］净白白~~ 净~胡：剃胡须；剃头 定使安心

tɕh ［1］牵牵挂 听 厅房 静人静 清水清；粥稀 清［净］钱用光 青~山、~豆子、~筋 ［3］请 ［6］青青绿色。~竹、~菜、~草

ɕ ［1］星 腥 醒 惺性情奇怪 ［5］姓 性

j ［2］盈溢出 营营盘 ［3］瘿瘿袋［于郢切］ 也句末助词 ［5］攍背挎。《方言》"担也"，《广雅》"负也"。《庄子·胠箧》作"赢粮"［本读以成切］

k ［1］惊怕 间厦~：房子 更五~ ［3］境仙人~谷：仙境 景 影影子。"影"古只写作"景"字 憬醒觉，失去睡意，睡不着觉。《说文》"觉寤也。诗曰：~彼淮夷"［俱永切］。《诗·邶风·柏舟》"耿耿不寐"的"耿"可能也与此同源［古幸切，又《集韵》畎迥切］ 槩狂奔；马惊跑。《说文》"惊走也"［俱永切］ 金铜。此为"金"字的古音义。为区别时亦可作"锴"。张衡《吴都赋》"铜锴之垠"李注"锴，金属也" ［5］更更改 拣挑选 敬供奉 镜 辖阉［《广韵》夬韵古喝切，《集韵》怪韵居拜切］。此词也可对"羯、劇"

kh ［3］槩马惊

h ［1］生生的；生孩子 羹汤。《集韵》何耕切"肉涪"

O ［7］爱喜欢 轭曲~子 嗌牛脖子

（七）a 韵

p ［1］扒*扒开（稻草） ［3］瀑泡沫。《集韵》薄报切"《说文》'一曰沫也'" 拌调~ 饽~~：饼 ［5］［8］婷乳。《集韵》普没切"乳，母字"，"字"指乳育 饽面~子：一种小食品 橐囊~：大口袋［《集韵》叵到切］ ［6］薄~荷：一种植物名 拌搅拌 拌吵闹。或对"諄" ［7］钵大碗 跋倒 龅齿~：牙齿。《说文》补各切"噍坚也" 霸把持

ph ［1］耙耙子 齙龅牙［《集韵》步化切］ 琶琵~［文］ 攀乱供，牵扯人 ［7］粕渣滓［匹各切］ 艴生气；赌气 勃翘起 拨挑出（刺） 拨从事某种行业的一批人。一~人

m 　[1]麻~风 牤~犅：牤牛 氓他们[某mo的复数音变] [2]毛 芼拔(草) 妈~~：饭(儿语,同温州话) 满
　[6]帽~盖笠：笠帽 万 挽背(小孩) [7]物[没]阿~：什么 圽久。《集韵》莫葛切"久也" 末烟~子 秣干
草；稻草 帽*~子 [9]毛[没]没有

f 　[1]发*~衣

v 　[5][8]物的,被饰代词

t 　[1]答*~礼、~应 褡*~裢 沓*一沓(纸) 刀剂~：剪刀 耽*~搁 大[爹]~~：伯父 [2]挑 弹~三
弦、~棉花 弹发抖；弹跳 瘅传染性疾病。《集韵》唐干切"疫病" 髫~子：小儿辫[徒感切] 燂[惔]生火 棠~梨子：
海棠果 [5][8]沓可行,能及,能达到。《方言》"及也"[徒合切] 沓再加 沓~圊：积肥 沓~力：帮忙 踏踩
　[6]盗偷 打*~伙、~量 [7]沓[搭]和、同 搭架搭 埮量词。一片地。《集韵》德盍切"地之区处" 埮阿~：
这里

th 　[1]塌脱,滑脱 搨*~碑 [7]塔 罨[鍀]盖。《集韵》托合切"覆也" 罨幺~：一层 托[踏]落脚 逿遢~：
脏 獭水~头：海獭

n 　[1]南云~ 难~为：谢谢 廊[栏]~杆子：走廊 榄橄~[本卢敢切] 偌[侬]你们["若"no的复数音变]
　[2]南南方 蓝靛蓝 兰 栏花圊；一丛(花) 难男~侄、~儿侄女 曩~兹：去年 [5]狼*壤故乡 娘女~
子：女青年 [7]纳~鞋底 难灾~ 若[那](哪)阿~：哪。阿~里：哪里

l 　[1]腊*~味 褴~褛 撩掀开 [2]燎火旺；熊熊燃烧 [5]了食~几篓 了~后：以后 [7]腊~肉 逻~逼：逼
脏 癞~疥：癞痢 蜡~烛 镴[碧江说"锡"] 笠帽盖~ 粒些[浙江处州也以"粒"表些] 喇喝骂。《集韵》郎达切
"喝~,言急" [9]辣*~子

ts 　[1]扎*捆扎 杂* [2]匝~身：周身 [5][8]煠油炸 杂掺和 咂尝试。~摸：试探 [6]拃*[奓]一拃
醡咀嚼。《集韵》助驾切"啃也" 鲊[鮺] 奓[扡]撑开。~伞。《集韵》陟加切"张也" [7]匝~算：合计 嘈虫
咬[子苦切]。见《庄子·天运》,后作"喳" 硾[擻]㲱水击。《集韵》曷韵子末初"水激石貌"[温州话堵水流缺口也说
"㲱",当地韵书《因音求字》即作此字] 闸*~子：闸门 栅*~子：栅栏 作制作。~柜 [9]匝全 残只剩

tsh 　[1]擦*差错 残饮食或劳动过量而受损伤~。 [6]插针 [7]插岔走岔道 察查,查看

s 　[1]跶~鞋 丧担~：抬棺,起灵 [5]散散架；发散 [6]檐 伞*洒 磉柱脚石 [7]趖奔跑。《广韵》土洧切
"行疾也" 撒洒；播种 煞罢休；完了 赛~马 [9]趖打从

tç 　[5][8]叠折叠 叠四分之一匹(布) 鰈情侣。《说文新附》"比目鱼也" [7]接迎 接连接 掫手抓。《说文》
"拈也"《集韵》的协切 借挪借 脊屋脊 卿节日

tçh 　[7]贴~对联 贴偎依 帖一~(药) 獭水~ 鹊白~乌：喜鹊[见《简志》]

ç 　[7]鬖马鬃。《集韵》苏暂切"长毛貌" 杀~猪 鹊白~乌：喜鹊[见《词典》] 泻腹~ 析~薪：砍柴 硝硝制毛皮

j 　[7]鹞~子 [3]也吧;呀 [5][8]样幺~：一样,一律 蜡 粒些[也说la] [7]压*踅回去。《集韵》似绝切
"旋倒也" 踅溜弯~ 踅~马 [9]杳不。~无：没有

k 　[2]豪~猪 佥 衔犬~ 寒冷 [6]话讲、告诉 衔月从山口升起。~屾嘴 [7]合合拢；荷 合和,跟(他说)
匦藏粮大柜[温州话也说"谷匦"] 丐讨：~火 丐给；把 汔试做。置动词前,亦相当于"姑、且" 葛野葛 盖锅~ 盖
帽~笠：斗笠

kh 　[1]敲~捶：敲竹杠 [7]柙鸭~头：鸭笼[胡甲切] 磕[盍]盖罩。动词。[同温州话] 渴 靠~托

ŋ 　[1]卬我们["我"的复数音变] [2]汗 [6]汗受潮 苔受胎。《广韵》胡纽切"苗~心欲秀也" [7]龁咬[下没
切,属痕韵入声开口字]

h 　[6]哈~气 闬~庙：家。《说文》"闬也,汝南平舆'里门'曰~"[侯旰切]。《招魂》"去君之恒干何为四方些",王逸注

"闲，里也，楚人名里曰闲也"。张衡《西京赋》"闲庭诡异，门千户万"，李善注"《仓颉篇》曰：'～，垣也'" ［7］杀死。

打～：打死 煞极

γ ［8］盒 合合拢 阖—～门。《说文》"门扇也" ［9］盍不

O ［1］熬～煎：困倦难熬 阿～弟、～四哥 阿～哪。～没：哪 ［6］幺—个 杳不 阿～三、～母 ［7］鸭

（八）ã 韵

p ［1］料升子。《广韵》博慢切"五升"，《集韵》"一曰升五十谓之料" 帮*一帮子(人)。～人：帮工 ［2］蹒蹄 盘～子 搬番一～ 盆脸盆 盆量词。一～(花) 氛气味［符分切］［5］［8］豹 半～夜、～斤 绊绊倒绊［襻］扣 (门、纽扣) 伴～单：单干［6］膀*手～子：胳臂 ［7］棒*拳～

ph ［1］盼指望 盘～缠 番量词。一件；一次 番轮番做庄、做会首［或对当"盘"］［6］疱起水泡

m ［1］搌推挤；划船。《集韵》模元切"引也" 抹 馒～桶：馒头

f ［1］防*防备：～贼 方*～便 ［7］放*～学 犯*

t ［2］叨叼 担扛抬：拿取 单 丹仙～ 醃［覃］酒成色。《集韵》徒南切"厚味" 大［爹］～母：伯母 当*～军：当兵。～顶：当空 ［2］痰 堂*量词。一～(佛像) ［3］胆 啴冰齿。《集韵》党旱切"栗也" ［5］［8］担—石为一担；担子。担～ 甌 甌甌：器物，东西(取义于瓶瓶罐罐) 倒回来 倒漾奶，吐出酸水 多多少 答回答 搭搭配 ［6］坛平场。［同温州话，《集韵》徒案切］坛—片(地)；一次 挡*挡住 荡转悠 ［7］旦*旦角 当*典当 当* 当做 挡*荡*磨刀；捺笔。《集韵》大浪切"动也"(指摆动，后作"荡")

th 探够。《说文》"远取之"［他含切］坛坛子［徒含切］摊～子 潭［塘］龙～浦。～浦：池 堂*祠～ 趟*［6］毯*～子 炭火～ ［7］叹

ts ［1］焦皮～ 焦～介子：锅巴 ［2］蚕 残剩 儳大小不齐。～子合母［士咸切］［3］劖刺。《集韵》徂感切"刺也" ［6］攒积蓄 丈*仗*扶着［同温州话］ 杖棍打 ［7］躁暴躁 錾*帐*帐子 帐*算账 帐*债。负～、借～ 胀瘴*～气 仗*败～、水～ 葬

tsh ［1］餐早饭 唱*菖*～蒲 仓～皇：匆忙 ［5］散散场 撒撒肥 ［6］鞘刀鞘 插针～ 散散架

s ［1］三 相互相 丧灵柩。发～ 伤～残、～重 伤～情：伤心 ［7］上*～菜、～祭

tç ［1］将*～军 刚*刚刚

tçh ［6］枪*

ç ［1］逍［闲］闲；歇息：玩 镶 乡～约 ［3］想句末助词，表推想。也许；恐怕 ［6］饷*兵饷 ［7］相貌。～片 相～面：看相

j ［1］阳［姎］咱们。《尔雅·释诂》"阳，予也"，郭璞注："《鲁诗》曰'阳如之何'，今巴濮之人自呼阿阳。"按，"阳"为"余(予)"古音的阳声韵读法。央*央求 眻～迷：头昏脑胀 ［2］漾～泗(si)：游泳 ［5］［8］腊～月：农历十二月 ［6］养*～病 ［7］耀炫耀 漾漾出沙粒 样异～、～范

k ［1］高 教教(你) 柑甘～蔗 干干的。～地 杆鞭～ 肝 缸钢 ［3］减 秆［稿］稻～ 杆旗～ ［5］［8］间缝隙；其间 杠杠棒［本平声］杠碢。～脚 ［6］敢 感感激 橄*～榄 揅秆薪～子

kh ［5］抗杠 ［6］看［瞰］寻思：计划谋算 ［7］炕烘烤。《说文》"干也"［苦浪切］

h ［1］蒿白～ 看看；牧养。～羊 含～羞：害羞 ［5］［8］汉汉族；汉语 ［7］陷

γ ［2］汗匝嘴眼子壤着～：满面流汗

O ［1］鞍 安 ［3］暖找；看［本去声乌涧切］

（九）o 韵

p ［1］爸父；祖父［本部可切，"父"的变读］爸［夫］～人：丈夫。弛生～：离弃丈夫 爸［父、甫］鸡～：公鸡。老～：

老大爷。阿三~：阿三哥、阿三公 爸[巴]_哑~ 薄~荷子 [2]蜉_蚰~：蚁 陂坡[《集韵》浦波切] 旁那儿。~壤：旁边 旁_幺~：一边；一半 枋门~：门框 傍_{神鬼附体} 芒~种 [3]爸父亲[部可切] 簸~米 簸_{颠簸} 膀[*]~头：肩膀["髈"的阳声韵字] [5][8]布麻~、裹脚。~衣：麻布衣 薄单薄 薄蕟：芦席。后作"箔" 箔金、锡~子 报[*]~喜、~信 [6]幞_褊：被子 [7]搏拍。《集韵》拍各切"一曰拊也"，此据《考工记·叙官》"搏埴之工"郑玄注 剥(涂层)剥落 蝠~~子：蝙蝠 暴~跳

ph [1]夫[爸]两~姥：两夫妻 帮群伙 [6]破破开。~薪：劈柴。~命：拼命 [7]胞黄瓜。谚语"檐铺下金瓜成黄瓜"，表越长越小。《集韵》匹角切"小瓜"。又量词 炮[碧江、大理音] 塝方面。《集韵》蒲浪切"地畔也"

m [1]无~名手头：无名指 芒[茫]~草：茅草 寐眠：说梦话。《广韵》莫郎切"寐语也" 蒙蒙头转向 牦[犛]~犏：牦牛 毛[*]~蓝 [2]磨磨擦。~刀 芒麦 亡逃 [3]母[妈]阿~：妈妈 姥鸡：母鸡。娘~：老婆 拇手头~：拇指 无[没]没有 无[没]吗。句末语助词。"没"，《集韵》母果切。也可对"蒙"[莫孔切] 贸换 [5]么细小[母果切]。也可对"蒙"[莫孔切] 望名~ [6]某某某 某他 墓上~ [7]磨~面：面粉 摸 蠓~子：蚊子

t [1]多更添 爹~爸：先人 爹~母：父母(考妣) 当~射：射中。见~：见着 当~相：相遇 嗰嘮：唠叨 桃胡~ 淘_{量词}一道；一次 [2]搪搞。或可对"治"[平声] [3]朵花、一~ 抖弹跳：颠簸 陡 [5][8]大 [6]妳~媳父：岳父，公公。~媳母：岳母，婆婆。《方言》"南楚瀑洭之间谓妇妣曰母妳，称妇考曰父妳"，《集韵》典可切《博雅》：妻父谓之父妳，妻母谓之母妳" 毒~老鼠 毒蛊 捣 [7]跺[*]跺脚 斗配凑；碰上。~榫 当抵 豆[*]~豉 啄~头巴：磕头 沰滴下。《集韵》当各切"滴也"[温州也说"滴沰"]

th [1]拖~大：拉扯大 投[*]~降 铜[*]~锣 萄~葡~ [6]唾唾液 操一拃。《集韵》都唾切"量也"。《说文》从女旁 [7]托捧，端。~盘 畅杳：不适，不畅快 套_{量词}

n [1]粱其米比小米小的粮食作物 跟翻越 良~外：老远。一万~：一万多 良~羊：绵羊 [2]囊 粮~米：公粮 [3]脑 若的。助词用于形容词动词后。辛~：辣的 壤桥~：桥上。我~：我处。用于名词、代词后 [5]两斤两 晾挂晒 谅信托 [6]若你 [7]朘油腻。《集韵》乃嫁切"腻也"

l [1]螺蜗~蚌 骡~子 犝~犅头：公的小水牛。《淮南子·时则》高诱注"~牛，特牛也"，《说文》"犅，特牛" [2]罗筛子；筛。~面 貐虎。《尔雅》"类貙虎爪，食人"[《集韵》容朱切，古音为lo(或可对"狸")]。张衡《西京赋》"挅窳狻"作"窳"，五臣本《文选》又加犬旁 [5][8]落完 [6]繻~幞：被子。《广韵》鲁过切"不细"，《集韵》作"丝有节"。作被絮用的丝质量较次 楼褴~ 溜退退后。《说文》"匛，侧逃也"[《集韵》郎豆切]，作作"溜" [7]络裹脚 溜~索 漏~子：漏斗

ts [1]桩[*]量词。一~事 作[*]~揖、~死 诅~訾：咒骂[庄助切]。又古"诅、作"通。《诗·大雅·荡》"侯作侯祝"，《毛传》"作，祝，诅也"，《释文》"作，本或作'诅'" 招[*]惹 糟弄糟；坏事 [2]茶 槎~骨：根子 刍回~：反刍 场_山箐 常~头：常常 丈~夫(诗歌用) 杨白~ [3]臧好，对。~否。《集韵》子郎切"善也" [5][8]麝獐 射喷射；飞奔 嚼 钥锁 石 作~息：工作 咋[喳]说 着结果实 着助词。打~、趁~(雨未下就走) 着被，挨 咄叹词 勺 凿 少老少 灶 [6]座量词。又星座 走[*]~味、~廊 [7]雀鸟[即略切]，古本写本作"爵" 斫砍 着穿戴 作耕作。~田 照照耀；照射 照依照

tsh [1]抽[*]~水、~筋、~签 绸[*]~子 粗~罗子头：粗筛子 [7]凑[*]锉 螶蟸蜂蚕(字见《山海经》《汉书》)。《广韵》丑略切"虫行毒"

s [1]沙沙子。~糖 袋架~ 梭~板门 趄奔，奔走。《说文》"走意"[苏禾切] 杉搔 饶[*]恕 从依从 [2]麷糜~：大麦。《说文》"磨麦也"[咋何切] 尝~新 裳衣~ 朝向 瑜狱~：地狱。《方言》"㝉，秦晋之间谓之~"[《集韵》容朱切] [3]锁 [5][8]傻傻气 藉[饷]~力：丈夫。芍~药 [6]溲尿[所鸠切] 嫂大~ 笑 [7]粟青稞 朔~~：一大早 尺三~ 索绳 杉~树 恕容~

tɕ [1]浇淋 [2]跤小腿《集韵》丘交切。《说文》"胫也"（正体从"骨"旁），又何交切作"胶" 绞绕。《玉篇》"绕也"
[5]调哄小孩 [6]裆尿布 [7]轿 就趁着;借着 嘱~咐:告诫

tɕh [6]强强于;更好于 [7]跷脚~起 撬雀孔、山~

ɕ [1]乡~邑:乡村 销插（门闩） 消何~ 修*~理 [2]哨嗾狗咬人。《方言》"使犬曰哨"[《集韵》苏遭切] 邪~
道 [5][8]朽腐烂 [6]劭[邵]好 享享福 [7]乡 孝*削~皮

j [1]约*相约 约*乡~ 游*~逛 凉~粉 扬~耀:炫耀 疡疮 [2]鹞~子:鸟媒 [3]蠡[癗]癞皮。《集
韵》鲁果切"瘰",皮肥(痱)也,一曰疥病" [5][8]娘婆。~姥:妇人,老婆 渝文火炖煮 [6]夜 [7]药~草
药~生:医生 耀扬~:炫耀

k [1]和同"脉",制棺。《集韵》胡戈切《博雅》:棺常谓之~" 锅~盖 蜗~螺蚌 蝴~蝶 鹕~头:鱼鹰 鸪鸽 庂
长大;长高了。《说文》"大也"[古胡切]。此字或可对"高" 袈~裟 勾*~诱 犅~犗头:公的小水牛 [2]禾稻 湄
多油脂。《说文》"多汁也"[古俄切] 馃~子:甜食小供品 河湖、海 姻爱。《广韵》胡误切"恋惜也" 罛罾网[古胡
切] 壶 桥 [3]裹包裹（动词） 哥阿~[河南济源哥亦读上声] 剐断。《集韵》古火切"割也" 跐[哿]踏~:跳
舞。八丈;欢跃。《集韵》举朗切"伸足也,一曰击踝"。又"哿"古为乐义（此条又或可对"踏歌"） 供~先魂:祭祖先
[5][8]过来~、~桥 羸懒散无能。《说文》"痿也"[鲁过切] 攍拍打[鲁过切] 个~子 窖埋 稿~荐 故破
旧。~衣、~鞋 [7]落[搁]下米,放盐,下种 脚 斛 告告状 椢陷捕（鼠、松鼠）。《广韵》古暮切"射鼠斗也"
枸~杞

kh [1]科劈,砍。《宣室志》"执斧,科古松枝垂且尽,如削" 剐剖 刉~镰。《说文》"镰也"[古侯切] 坑小沟 敲~抨:
敲竹杠 [3]颗粒 课租;雇 果~子 口嘴的量词。嘴~硬:口严 [6]坑水沟 口*~味、~气 [7]哭 靠
扣罩

ŋ [2]熬炒 [5]饿 [6]我

h [1]呵~~笑 呵~欠 花开、花 花~柳:恋爱 花~布 何~必 和~乐:和蔼 [5]赫得势 伙~计:朋友[碧江
方言] 荷薄~子 [6]厦房屋 荷薄~ 晒晒。《集韵》所嫁切《博雅》:暴也" [7]户用~ 伙(夥,户)们。同
越文 ho。姓:家族种属;亲戚。应来自"户"字 好~客 号号筒

ɣ [2]夏夏季 虾[本胡加切] 华一苤。《集韵》又从禾"禾盛"《诗·小雅·出车》"黍稷方华" 鹤白~子 罗网
胡~桃、~蜂、~狲 岵山,山坡[本侯古切] 卢赢。卢为古樗蒲戏最高彩 护照管 良好处 粮禾民~:庄稼 凰凤
皇龙:~龙:龙王 [3]坞墙 [5][8]鹤~庆（地名） 落下。雨~:下雨 篕~皮:箩筐 背~:背篓[卢各切] 话
讯~:言语 [6]夏~月:夏天 和拌和。~麵 凰凤~[《山花碑》音]

O [7]沃浇 恶凶恶 恶发怒;生气

（十）õ韵

p [1]波*~浪 绷*~紧、~子 篷~子:帐篷 [3]榜*膀[髈]~头:肩 奉给予

ph [3]跑

t [1]东*~瓜 [2]唐话。《说文》"大言也" 臀臀部;腰部 [3]上上方 荡涮洗;漱。~嘴家 [5][8]剁
择挑选

th [1]汤浸泡 汤面~:面糊 [6]荡移动 [7]桐*梧~

l [2]浪*波~

ts [1]庄~子 装放 张一~(弓、桌) 蒋茭子:野茭草。此为《说文》《广雅》"蒋"字本义。二书将"蒋"解为"苽","苽"
即今"茭" 将带领 樟树~:樟树 [2]床 肠 场山箐 尝 常 长长的;长久 长伸长 藏藏起 [3]上~墓、~
门。~心:用心 涨~价 杖拄 杖编~:盐杵 长[藏]会,能;能干;善于 [5]照太阳照。~镜 射射箭 状告~

少老人~人：男女老少［7］跃跳〔《简志》第159页入声、第124页又标上声，《词典》未收〕

tsh　［1］充*~英雄、~军 冲* 聪*~明 丧尸 稆糠。《集韵》蚩良切"糠也" 謽千唐万~：千言万语〔《集韵》千羊切〕
　　［3］从跟随 ［6］醋咸。《玉篇》音昌，"卤渍"。也可能对"蠿"，《广韵》仓奏切"南夷名盐" ［7］铳*枪 冲
　　（衝）~出去、气味~

s　［1］旸晾 霜 伤~风 松~开、~快 鬆差劲 ［3］养生育（孩子） 上~鞋、~香、~灯 送 ［5］葬［丧］下葬
　　漴精液〔士绛切〕。《集韵》锄江切"雨急"，又《广韵》士江切"淙，水流貌" ［6］让*

tɕ　［2］跫脚步声。~~似 ［5］［8］浆面浆 酱 匠 嶂小丘

tɕh　［1］强好

ɕ　［1］香~味 香线香 箱 凶 芎川芎 兄*师~ ［2］松~树 ［5］向~东、~西

j　［1］兄哥哥〔本许荣切，从晓变影母〕 毸柔软；温柔。《书·尧典》"鸟兽~毛"，释文："马（融）云：温柔貌" 慵有气无
　　力 容~恕 穰稻麦碎叶芒 ［2］犅~牦：牦牛。《上林赋》"~旄獏牦"，《文选》从犬，《说文》从豸。此据《史记·司马相
　　如列传》 羊 扬~杨 杨~柳 松~毛：松毛，松针 诵~书 ［3］要应该；要是 痒 ［5］样 用 佣雇佣 浴烫
　　洗 ［7］欲［要］要 要讨

k　［1］姜生姜 刚~直：老实忠厚 供供读 弓* 功*~德 公*~平 ［2］箍圈儿 ［3］两数词。~千、~面、~子侄
　　供祭祀 ［5］谷山谷 降霜~ 拱弯 赢萎靡不振，癞皮（马）。《说文》"瘘也"〔鲁过切〕 露~水。雾：雾
　　［6］量长度。薪~ 炕烤 矿 拱（猪）~出 拱驼背

kh　［1］炕烤 烤烤（饼子）；地干枯。《集韵》丘冈切"灼也"

h　［1］红*红色彩绸 荒~~似：饿的状态 ［3］浑呆头呆脑〔胡本切〕 浑不可。"不兴"的合音

ɣ　［2］粮~米秆：爆米花

O　［1］泱阴云。天~：天阴。《说文》"滃也，谓云气起貌"〔於良切〕 ［2］虾~蟆〔胡加切〕 鹅 ［3］壅培土 拥据有
　　宨凹陷

（十一）u 韵

p　［3］补 饱 抱 ［6］步一~ ［7］咐嘱~

ph　［1］胕膀胱 铺~开 葡~萄 仆俯伏 扑 朴*~素 泡水~子 ［6］稃粮米~：爆米花 铺席，席子 铺~子：店
　　谱

m　［3］无没 死亡。~名指

v　［1］乌黑~：老鸦。~雀：鸟 蜈~蚣 ［2］扶~侍 疯 ［3］负背。动词 负欠 妇妻。新~：新娘。~人：妻。
　　子~：儿媳 务事 雨 ［5］［8］腐豆豉 符符咒 附香~子 麝麝。扬雄《蜀都赋》"~麝"，章樵注"音预" 胃
　　伏孵 袯 裔［镭］~子：钻子。《说文》"以锥有所穿也"〔徐律切〕 ［6］瘦脾~：疟疾。《集韵》扶富切"再病也"
　　膍皮~：皮肤，皮肉。《玉篇》"皮也"《集韵》于贵切 风~凰 晕日~、月~

t　［3］捣［擣］击，打 鸟［屌］男阴 ［7］镀 度*超度 大~柜

th　［1］讨~妇、~食、~生活 图*企图 ［3］土 道路 ［6］土*~气。~瓜：凉薯

l　［1］蓼花凋谢 勠尽力 裕够 ［2］炉 芦葭~葭草：芦苇统称 嘹［哗］说了又说 ［3］鲁鲁莽 卤沾上盐
　　［7］料饲料。马~ 卤卤肉

ts　［1］做* ［2］槽马~、猪~、列~ 咀用牙根咀嚼 ［3］早 藻水草 ［9］堲*塞，塞子。《玉篇》侧六切"塞也"

tsh　［1］粗 嗅 ［3］炒草 嫂 就 ［5］燥烦 ［6］臭 嗉鸡嗉子

s　［1］苏紫~ 艘船~〔《广韵》心遭切〕 燠《广雅·释诂》"地也" 烧 椒花椒 缩* ［3］扫〔大理话〕 少遗失
　　［7］素朴素 塑~佛

th　　[3]炒~菜

　　　[1]消消化　[3]少

j　　[1]腰~里：半中腰　腰量词。一~裤　鹞~子　乐~器　[2]摇摇动　窑[6]摇

k　　[1]姑阿~　枒树枝　箍~盆　箍手：戒指　胶胶。~药：膏药　胶黏；稠　锅~腔：锅灶。~铲　[2]壶　瓠~颗：葫芦　喉　桥　穷[窭]　[3]鼓　老蓼　[6]故~话：故事　古　股一~　估　盬~子　[7]顾照顾；顾及　护护(林)　过*~路

kh　　[1]蕲　估预料　刿缺　刿刻　考投~：赶考(旧词)　[3]苦咸苦　巧很能；很会　[6]苦辛苦；痛苦　枯

h　　[1]呼称~　戽量　烧　[3]好

　　　[2]孤　胡胡须　搂拥抱

O　　[1]窝~蓬：蓬，茅草棚。~铺　窝量词。一伙　窝寒酸　宇城~：城市。仙~：庙宇　梧*~桐　杌*~子　[2]扶~合：扶持　胡白~：白胡须　[6]护　瓠~缕：干晒葫芦丝　窝圈，厩。牛~　[7]误误事

（十二）ū韵

s　　[3]榫转~

v　　[6]份量词

kh　　[3]款*公~

h　　[1]昏装佯装~：装聋作哑

（十三）v 韵

f　　[1]飞[保山旧寨话作 p 母]　菲细碎　毳细毛。~毛子：新生绒毛。松~：松针　抚~心：安慰　夫夫役　夫丈夫(歌曲中使用)　寤睡一觉[呼骨切]　缝裁~　[3]奉拜寄；拜认(义父母)　份分内　本~事：本领　股髀：屁股[本读见母]　辅方面。外~壤：外面　剖一半。《集韵》斐父切"判也"[又可或对"劈"，《集韵》父吻切"分也"]　[5][8]副一~(纸牌、绑腿)　拊哄睡(小儿)　锯锯子[本读见母]　缚拴；捆　[6]糒[屁]屁。《集韵》芳未切"食失气者糒"　抚抚养　[7]福　腹肚子[旧寨话作 p 母]　六[本读力竹切。参古台语 hok，应从 hv 变 fv]　唰[欶]吸入《集韵》本读色角切，白语"生、杀"字也读 h 母]　笔[旧寨话作 p 母]

v　　[见 u 韵]

t　　[1]冬　遁逃匿　[2]童秃。笔管~　[5][8]墩小山丘。原作"敦"，《集韵》都困切《尔雅》："丘一成为敦丘"　怼生气；恨　毒~疔子：毒疮　[6]渡涉水。~济：横渡　[7]劚挖[陟玉切]　啄雀~虫[竹角切]　啄作一个揖

th　　[1]铜~绿(又)　[6]突顶撞　茁发芽。《集韵》竹律切"草初生貌"

n　　[2]脓　龙属~。~王。~浦：龙潭。地~王：阎王　笼蒙上　浓~滗：滤清　癃~病：肺病。《淮南子·览冥》高诱注"癃病，笃疾"　奴~婢　[3]笼背筐　[5]枕关押

l　　[2]绿铜~　[7]绿~色　绿铜~[又]　禄福~　落角~

ts　　[1]朱银~　珠　[3]煮　揻搂。《广韵》子于切"击也"[又侧九切]　[5]踵脚~抵：脚后跟　[6]仲老二。~子：二儿子　箸筷子　蛀　主本~：白族守护神　[7]竹　筑用拳捶　逐角~：闹意见　足过饱　烛浊属~龙、~马　熟成~　熟~悉　昼白~日：白天　住*(坐不)住

tsh　　[1]磋磨擦　厨*~子　[6]楚山草　处出~、相~、坏~。平~：平地　暑~天　薯红薯。番~　挂~拐棍　杵暗地击人下部　杵~桩颗：筑土墙用的杵棒　触顶撞：~动　筑盖房子　凿~~：木工细凿　[7]出出产；出来。~门、~汗、~身　促[蹙]短　蹙蜷缩《集韵》七六切]。此应为该字本义　畜*~牲　酌掛~

s　　[1]书书；文字　梳~子　蔬菜~　羞含~：害羞　[3]鼠枢门~头　黍~米：江米。《说文》"禾属而黏者也"[书吕

切]。当以黏而引申指江米 [5][8]训~练 蹴踩(蒿) 狩[兽]逐(及)~:猎 岫山(或对"崧""嵩""崇")
数*倍~ 素*食~ [6]梳~头 [7]粟稻谷 宿住~ 鄹细切。《玉篇》"细切"[才奏切]

k [1]蝌~蚪 盐腌 呼[叫]叫喊 [2]群一~[见《简志》] 畦[户圭切,本合口字] 荞[菾]~麦 垄 绿铜~
[口语] [3]鬼 [5][8]项~面:脖子[面为量词后置] 踞住;坐 贵~州 [6]菌~子:白风菌 柜 跪
[7]菊 角牛羊角;边角 角~逐:闹意见 桷椽 ~子

kh [1]科~蚪 箕[簀]簸箕[求位切] 亏~钱、~理 [3]虺蛇[本呼恢切] 孔*~雀 [6]窟窝;家 [7]曲
弯~ 曲民歌 曲酒药 屈弯折。~指 嗅闻~头:鼻子[许救切,《文件柜韵》又香仲切]。或对"闻窟头"

ŋ [1]鱼 御驯服(马) 隅边,表近旁方位。身~、门~ 蜈蜈蚣 恧亲热。《说文》"爱也"。韩郑曰~[文甫切,又武夫
切,从某] [2]云天上~ 云~南 匀均匀。~算:公平 闻~嗅头:鼻子 文~章 黄黄色 黄牛 皇~帝爸:皇
帝 王蜂~母 膴脂肪[武夫切、文甫切] [3]五 圉拴关(牲口)。~马 甒~瓶:器物,东西(取义于瓶瓶罐罐) 膴
甘:甜美。《集韵》冈甫切"美也"。《诗》:周原~~ 尾~雏:尾巴 魂先~:祖先 项牛~:牛颈 [5][8]卧睡
[碧江话] 寤梦~:睡梦。《说文》"寤觉而有信,一曰昼见而夜梦也" 语汉~ 虞~五:顾忌 寓心~:居心 甒坛
子[文甫切] 御[物]的,被饰代词 御亲自 熨~斗[纡物切] 万一~、~样 [7]木树~、~匠 榍栎树叶 狱
地~ 墓立~基

O [1]乌~鸦 [7]凤~凰[《山花碑》,大理音] [7]育生(小孩) 伏孵(小鸡) 袄衣~:包袱 梮门~:门坎 熨在
炉灰中爆(豆) 郁阴,发霉 酝酿(甜酒),作曲 鱼泥鳅。《玉篇》"小鳝也"[乌到切]

(十四)ṽ韵

f [1]蜂[保山旧寨话作ph母] 峰 锋锐利。利~~ 讽[唪]背诵。~书 风*伤~ 疯*风湿,麻风。麻~ 封~
口 封一封(信)。书~:信 封插秧。"封"字古义为栽植。又或以秧义对"菾",《集韵》敷容切"草芽始生" 分~开、~配
[旧寨话作p母] 熏蒸气上嘘 夫姊~ [2]坋尘土飞扬。《说文》"尘也"[房吻切、同同切] 肥胖,丰满 [3]濆水
沸溢出。《集韵》父吻切"涌也" 愤浮躁(亢奋,见《庄子·在宥》) [6]粉*豌豆粉。~铛:一锅豌豆粉

ɣ [见u韵]

t [1]东 冬~月 髻尾~:尾巴[宅江切][温州话尾骨也叫"尾巴~骨"] 庲家。《广雅·释宫》"舍也",《集韵》徒浑切
"居也" [2]铜~钱子、~绿、~匠 筒瓦~子:圆瓦,筒瓦。本作"甋",《广韵》徒红切"甋瓦"。《六书故·工事四》"小牡
瓦如筒者也" [3]恫生闷气。《集韵》徒困切"意不乐" [6]动不兴~:别动 [7]冻 洞

th [1]通打~ 通~晓 筒量词,一筒。~子:筒盐 捅 [6]捅

ts [1]盅[锺]杯 踪脚~:足迹;脚印桩位置 撞碰 瘲疤痕[《集韵》陈如切] [2]虫 賝聚会交钱[藏宗切] 唇
边沿 锄 [3]种种子 中考~ 重酒 [5][8]种动词 纵放。~火、~血、~生:放生。~牛:放牛 铸 赎

tsh [1]葱 冲巷道。《说文》"通道也",左思《魏都赋》"内则街~辐辏" 春~季 春玩~:发情 椿香椿。~树尖 穿~
针、~鼻 皴 [6]喘呼吸;喘气 憃恨。《玉篇》"恨也"[丑六切]

s [1]双 [2]松松树[又音] 循沿着,顺着(走) [6]诵念 恙病 顺~手、~飚

ç [2]松~树、~板、~子 [6]象大象

j [3]女

k [1]江江、河 蚣蜈~ 弓~鱼 聋耳聋 聋~头巴:聋子 军兵 [5]供~敬:侍奉(父母) 贡礼~:财礼 绲衣
边 句几~(话)

kh [1]空天~ 空空的 空白白 倾倾倒出来

O [1]揾淹。《说文》"没也"[《集韵》"于云切"] 蕴隐藏 [5]瓮 揾淹[《广韵》乌困切、乌没切][又可对"颎",乌没
切] 愠嫌弃;心情不舒展[又可对"殟",气闷,乌没切] 熨~斗头:熨斗。《集韵》纡问切"以火伸物"

151

（十五）ɯ 韵

p [2]浮 蜉蚍~:蚂蚁[《对经》] 凫野鸭 赙利息。《集韵》蒲故切"以财相酬" [3]斧 父父亲[老辈用语];(岳)父 脯牛干~子 浦水潭,池 [5]敷*~药 桴筏[碧江话] 俯俯身 [6]附[傅]因;依;为了 附~身:随身附捎寄,托带(信) [7]北 幅一~(布) 幅地~:地面积

ph [1]呼吹,《广韵》甫鸠切"吹气",或可对"喷" 敷撒water(药粉),或可对"喷" [6]覆盖

m [1]枚一根 鍪顶尖 侔对称构词,表连齐。~头:刚才。~头~尾:从头至尾,始终。~亲~情:亲朋 某他的 默背诵 [2]鍪锅(陶土的或铜制的) 霂~露:雾[莫浮切] 猫野猫。担鸡~ [3]貿换 母(岳)母。寡陋~:寡妇。两子~:两母妇 牡阿姑~:姑父 [6]牦下小畜。《说文》"六月生羔也"[亡遇切] 某那,那个 墓坟 梦入~:托梦 [7]墨 默埋没 默~起:不吱声,沉默 麦 木瓜 闷闷气;憋闷 没~泗:泗水 闷[焖]~饭 蚊[蠓]~子[又第九韵]

t [1]咮面~:面颊[章俱、中句、陟救三切]《集韵》张流切"温州话叫'两颔咮儿'" 篼笭筐。马料~。《说文》"饮马器也" 兜忍受 抖抖擞 得*~意 [2]头~巴:头。~毛:头发 头量词。一~(驴)头前 兜接住 腾越(地名,即腾冲) [3]斗 蚪蝌蚪 待[等]等候 [5][8]特单独。~单:单人:独个儿。~单子:独子 毒毒药草乌。~箭笃厚厚~~:稠密 头白~帖:匿名帖子 [6]豆 [7]得得到。赢钱 得会得。记~着看~羊、种~树。皆置动词后

th [1]投下去 投~考:赶考[古] [6]透穿透;(疹疮)长出来 透一直。~雨

n [1]汝你的 [2]楼篓 [3]蕊花苞[同温州话等] 屡老是 倭(草木)倒伏[力主切] [5][8]眰瞪。《集韵》间承切"~瞪,直视"

l [1]刘割;砍 勒*~马 [3]里[已]助词。地 哩[已]句末语气词。古皆作"已"或"以"[以母古音读l母] [6]乃[已、以]这。《尔雅·释诂》"已,此也",《论语·阳货》"不有博弈者乎,为之犹贤乎已",《论语·宪问》"以告者过也" [7]勒捆;勒。~紧 立~夏 詈咒骂。《集韵》陵之切"骂也" 愈~~:越发

ts [1]州贵~、~官、~城 [2]豺狼;赤狼 财~贿:牲畜。古人以牲畜为财宝 沉浸[又或对"涵",见下十六韵] 尘~烟:烟尘 住~厦:房屋 陬处,地方 走[趋]用于动词后表趋向。拿~ 载~守:责任 载~手:事;物。《小尔雅·广诂》"载,功,物,事也" 载~量:产量。《释名·释天》"生物也" [3]着[在、仁]在[丁吕切]《韩非子·十过》"兵之着于晋阳三年" 着[宁、贮]有[着字古即通"宁"、"贮"] 寔[即]是。《尔雅·释诂》"寔,是也"[常职切] 主 柱 挂撷揍 [5][8]贼 似好像 似像。用于句末,表大约 实硬 [6]树树立 尌[竖]站立。《说文》"立也",又"竖,立也"。后通作"树" [7]志[识]记住。~心壤 字书~:字

tsh [1]侏短[本读章俱切] 除在动词后表完成、做了、干掉。拔~看~了 塞 [2]愁* [3]丑难看;恶劣;天阴 [6]菜 徐~~:似:慢慢地 衬里~:(衣被)里子 [7]饬绑紧[同温州话]。《说文》"致坚也",《广韵》力切"牢密"。又或对"稄"。《集韵》札色切"禾束也"

s [1]收 飕~~:似:冷得发抖 擞动词。~钱 [3]手 守 似样样;貌;似的。置状词后,又句末助词,表恐怕、大约 媳~父:公公;岳父。~母:婆婆;岳母 息作~:工作 [5][8]嗽 [6]螫*叮 [7]息停,歇 识懂,认识。相~ 拭揩 式样式。~种类。样~ 色[式]种类 色~变:变色 寔搁置,放下。《说文》"止也"[常职切]

tç [1]鸼~鸠:斑鸠[《简志》第6、7页,《词典》作i韵] [3]九 [6]就靠近;趁着;到 就将就

tçh [1]秋秋季 楸~木 鞧马~

ç [1]修~仙 驞阄。《说文》"犗马也"[食陵切] [7]歆供献祖先茶酒。动词。《说文》"神食气也"[《集韵》又去声]

j [1]油 [6]油上漆 [7]食吃 邑村 噎噎着

k [1]鸠鸼~ 钩钩住;钩子。担~相结:勾结 绚一缯(线) 驹马~头:小马 跔冷。《广韵》"手足寒也" 斛舀。《说文》"挹也"[举朱切]《诗·小雅·大东》"挹彼酒浆",毛传解"挹,斛也"。《诗·小雅·宾之初筵》"宾载手仇"作"仇",释文"谓挹取酒" 期时 归短~:回来 [2]腒卖。《广雅·释诂》"卖也"[《广韵》九鱼切] 骑~马 流淌

152

[3]垢干泥 笱鱼罟 篓鱼篓 白纠~葛:心有疙瘩 韭 [5][8]救 恨[忌]怨恨 鞠弯腰 旧 拘~舌:口吃。《集韵》俱遇切"拘挈不展" [6]旧 己身~:身体。《朱子语类》多见 [7]构~子:构树 革皮革;熟皮 棘麻嘴

kh　[1]开~花、~门 [3]起起来 [6]里~衬:里子 里内部,里头。或可对"菁",此字又义"室深密处"

ŋ　[1]虞庐我的 [2]牛 偶鲽~:伴侣 凝

h　[1]虚白白地 鸺~鹠:猫头鹰 [3]李~子 缕线 [6]里里面 臭 散发恶味

ɣ　[3]后后面 柳丝~、杨~ 柳花~:恋爱 [5][8]力力气 力工。请~。~价:工钱 学学;读(书) 溜[里]处;里。乃~:这里 [6]候偷偷等候 漏 鹠鸺~[力求切] [9]来

O　[1]讴唤,喊;请谁;娶 [7]劾骂[胡得切]

（十六）ɯ̃ 韵

p　[1]崩塌 崩死 崩凸出[同温州话] 锛~子 奔~忙 奔一回;一趟 [5][8]奔 笨本作"体" 服驯服(马) [6]本*~地、~主

ph　[3]濆涌。《公羊传·昭公五年》"~泉者何,……涌泉也"。《集韵》父吻切"涌也"

v　[1]魂关~

t　[1]灯 登马~[地名] 膯鼓胀(肚子)。《集韵》他登切"吴人谓饱曰膯" 蹬 屯村甸 臀 墩厚~子 [2]蹾~~似:走。《集韵》徒等切"蹾蹾行貌" [5][8]镫马镫 斗争;抢着 斗~角:顶牛 戴~子:中举 [6]戥~子 憕放心。《集韵》澄应切"心静" [7]澄~清。《集韵》唐亘切"清浊分也" 磴蹬~[徒亘切]

th　[1]藤 腾腾房子 誊 [6]磴[蹬]级。量词

l　[2]楼[《简志》音]

ts　[1]增添(饭);涨(水) 憎~牛:黄牛[《集韵》慈陵切] 罾 憎心:厌烦 蒸 泝~水:游泳。《集韵》辰陵切"《博雅》:潜泝,没也" 斟*~酒、~茶 争*[2]层 [5][8]乘用马驮 测猜 [6]砧~子 直刚~:忠实 [7]震震耳

tsh　[1]称掂量 称~呼 [7]蹭~蹬 瞪惊愕 称合适;称(身) 趁[乘]~温若食:趁热吃 衬*

s　[1]升升起 [2]蝇[大理z母] 殑昏昏沉沉的。《集韵》色矜切"欲死貌" [5]承承担 [6]剩多余。~得:剩余[7]承承认

tɕ　[1]禁*禁受 金*~菊 尽*全;总 尽*尽管 [6]紧*时间紧;忙 紧性~:性急 [7]浸

tɕh　[1]勤*~紧:勤快 亲*~事

ɕ　[1]兴时兴,流行[温州话也读上声]。~食生肉、~衣阔衣

j　[1]柔柔嫩 柔嫩。菜炒得~ 揉搓揉 游~春:春耕前的游行庆祝 [3]耳~头官:耳朵 饵~昼:中饭[本仍吏切。《集韵》又忍止切] 乳~扇:白族特有乳制品 引*~火 [5][8]润 沏湿 应~声气:回声 印*印章 [6]尹姓 纽~子 诱~[引*]勾~

k　[3]厚

kh　[1]垦~坪:已垦未种的地

h　[2]雄英~ [3]兴兴隆,旺 兴行了;可以[温州话也这样说,同说上声] 兴病康复[也可对"狠",温州话即说"狠"] 狠心狠 鼾《广韵》虚当切"~鼻" [6]狠绷(脸)

O　[2]英~雄[此字音被"雄"字逆同化] [3]饮喝 欸叹词,表答应或同意 [6]应答~ [9]欸叹词,表诧异

（十七）iɛ 韵

p　[1]撇丢弃[或可对"摒",《广韵》卑政切。《广雅·释诂》"摒,除也" [5][8]滗滤(汁) [7]娉问。《说文》

"问也" 聘~妇 碧天蓝色 壁 鐴犁头 滗滗(汤) [9]必置句末表示必须

ph [1]偏歪斜 偏陡 偏偏要 [7]泼

m [1]名 [2]马兔~:驴 [5]冥暗;昏 暝天~:夜里 瞑 肓 命生命。侏~:短命

t [1]丁~子:丁点儿

（十八）iɛ 韵

p [1]瓶 [3]饼 扁*压扁;瘪 [5]搬搬物

ph [7]骗*

（十九）ia 韵

p [1]标*液体喷射出 [5][8]吠狗叫 拔 [6]褙*[7]贝贝壳 贝钱 伏潜藏 服一~中药

ph [7]肺 薄到 票*

m [7]沫吐唾沫 溁淋湿;涂抹[《集韵》莫结切、莫葛切] 莫不要 庙*本主~

n [1]量*~身子 娘*~~ [7]量*胆~ 亮*~~似

l [1]凉*

（二十）iã 韵

p [5]橐橐~:大口袋。[又音 pa⁵:符霄切、普袍切,《集韵》又巨到切] 橐大口吃

（二十一）io 韵

p [3]否成~:臧连~:是或否

ph [1]瓢*[7]扑抽打

m [1]无不 毋不必 渺小股(气) [7]庙*城隍~

t [1]刁*聪明;能干 条*竹~ [5]条*一~ 跳* 蜩蜺~:蝉。《说文》"蝉也"[本徒聊切] [7]吊*垂钓*
~鱼 调*样式;派头 调*调走

th [6]挑*~嘴 [7]跳*~出

l [1]刘姓 留挽留 [7]溜~索 料*推~:刨花

（二十二）iõ 韵

ph [1]庞面貌

（二十三）iɯ 韵

p [2]苗嫩芽 苗(事情的)苗头 毛~病

ph [1]淼遁走无踪 [3]罞丝~子:细网。《集韵》满捕切"罗也"

（二十四）iɯ̃ 韵

p [1]冰*~糖 槟*~na[1]:~椰

（二十五）ui 韵

t [1]堆~起 [5]对一~、~联、~歌。又义为辨折是非 对~水 碓

th [1]推 [6]煨 [7]退打~

l [1]裸脱衣 [2]雷 旋绕圈飞翔 [5]礧石头滚

ts [1]传传递 [3]罪 催~种:催芽。《集韵》取猥切作"崔" [5][8]灉滑[《广韵》本思累切,"滑也"]字见《礼
记·内则》绝断。气~ [7]坠 篧帚 绝尽 捽拧(毛巾) 燧薪木~:烧过的柴火

tsh [1]催 [6]抄搓。~绳、~线。与下"莎"同源 [7]脆

s [1]随~意、~心 酸酸痛 莎[抄]揉搓。《集韵》宣佳切"挼莎,以手切摩也" [5]税 灉肚沔 [7]雪 撦扫

灭;拂平。《集韵》相绝切"扫灭也" 摔拧[慈恤切]

tɕ　[2]锤 [3]嘴 牶牛~ [7]醉

tɕh　[1]圈铁~:铁环 缺 [6]淬 [7]焌烫[仓聿切]

ɕ　[3]水 髓脑~ [6]允允许;答允

j　[1]原 饶恕

k　[1]归 [5][8]贵~兄:尊兄 坏动词 [7]柜

kh　[1]盔 亏~帐:负债 睽~开:分家。~新人:别人 块石~[本苦对切] [5]揆揣想

ŋ　[1]为难~:谢谢 [2]茴~香子 槐~子:槐树 圆丸~子 甋甑。《说文》"甑也,一穿也,读若言"[《广韵》语轩切、鱼蹇切、鱼变切] [3]眼 [5][8]硙磨。名词、动词[《广韵》五灰切、五对切] 援互助

h　[1]灰 回~信、~礼 [3]火 贿资~ [6]悔 [7]会会见 会赛~、庙~ 讳忌~

O　[1]为千难~,万难~ 围 威~势 [2]为巧做巧~:善于做事做人 [5]喂喂养 [7]为表示行为的对象;作为 位一~~ 位牌~ 魏姓

(二十六) uĩ 韵

t　[1]墩桥~子 端一匹 端正;直 端竖起 [3]转[遁]远 [6]趸*~卖 [7]顿一~(饭)

th　[1]段节。断成四~

ts　[1]砖 尊一~(佛) [5]转旋转 [7]转一圈。量词

tsh　[1]川剑~ [3]睡寝~:入睡

tɕ　[1]尊罍罐 捐 [6]卷一~ 卷动词

tɕh　[1]权称东西 拳~棒 [2]啐 [5]蜷 [6]寸一~ [7]劝 蜷

ɕ　[2]轮轮流 伦像 [3]髓骨~ [5][8]类相~:像 [7]旋毛发~ 旋~钻 旋临时。~吃饭 碹一~酒

j　[2]轮半月一~:半个月轮一次 [6]旋转向。倒~ [7]愿

k　[1]昆~明 [5]桂 卷 [6]滚

O　[1]温和 温热一~(饭) [3]眼洞眼

(二十七) ue 韵

ts　[1]蹉歪~:站不稳。《广韵》中全切"行不正貌" [7]摔用力扔下。字见《篇海类编》。明人作品多写作"摔" 摔跌 斥训斥

tsh　[7]册一本 浙漂洗 窜闲逛 窜跳跃

s　[1]衰[朘]萎靡;差劲

tɕh　[7]窜蹦跳

ɕ　[1]全齐~

k　[1]瓜木~ 怪责~ 关关口。上~[地名] 国* [2]瘸跛 [3]寡孤寡;鳏 [5]坏恶劣 [6]坏做坏了;错 拐手~子:肘 [7]怪奇怪;怨 坏邪恶

kh　[1]倾 [6]胯髀:大腿

ŋ　[2]怀抱。量词 魂~魄 甍梁。《说文》"屋栋也"[莫耕切] [5]瓦

h　[1]花眼~。~眼睛:晃眼 [7]坏破烂

O　[1]洼泥~:稀泥 歪 [5]限弯(身) 哇~~似:哇哇高叫

(二十八) uẽ 韵

t　[5]团一~~ [6]短拦截 [7]段姓

th　　[1]吞

l　　　[1]乱

ts　　[1]钻钻营 [3]蕊穗子。《集韵》子兖切"华聚貌" [7]钻钻头 攥(拳或手指头) ~起[《广韵》子括切]、转~

tsh　[1]传传递;留传 川~苇 [7]串 寸手~子:手腕

s　　　[7]算 涮《广韵》生患切"涮洗也"

tɕh　[7]劝 券拱券。~桥、~门

ɕ　　　[1]喧公开责骂 脔细割 [7]旋头顶旋儿 绚鲜~

k　　　[1]关关照 关~魂:问亡灵 [2]横横放 横蛮横 [3]逛

kh　　[1]宽~心:宽慰

O　　　[1]限中间 腕手~ [3]偎~依 哇哭声 [5]瓦覆~:盖瓦

(二十九) ua 韵

t　　　[1]段~子:成段的厚木。《集韵》都玩切作"椴,杙也" [5][8]啜吸吮 踹掉落[丁贯切。同闽语、温州话] [6]钝 毈蛋孵不出。《说文》"卵不孚也"[徒玩切]

th　　[7]脱打~、~孝 拓~砖、~鞋

l　　　[6]呀鸟叫。《玉篇》"鸡鸣也" [7]将~袖子 蜕蛇~:皮[弋雪切]

ts　　[5][8]猝疾:快 樏做~ 镌凿子 [7]缀连缀。补~:缝补 钻钻子 蕞小家伙 卒衣起绉。按,据包拟古所考,"卒"本义为衣褶

tsh　[7]纂小捆[本读宗括切]

s　　　[1]刷* [5]算打~ [6]耍愚弄 [7]说 血 将~袖子 岁年

tɕh　[7]撮一把(盐、糖)

k　　　[1]瓜* [5]刮 棍 [7]卦打~ 挂 蕨 骨骨头 稈秆。《集韵》吉忽切"禾茎"[此字白语用得很多,他处用例中,为印刷方便,即写为"骨"或"骨(秆)"]

kh　　[7]阔宽。空~:宽敞 撅摘[期月、居月二切]

ŋ　　　[6]浣洗涤[胡管切。《集韵》胡玩切] 扤撼 [7]外 月

h　　　[1]花* [5][8]混~饭吃 [7]话故~:故事 画 化融化 汃水涌出。《说文》"水从孔穴疾出也"[《集韵》呼决切]

O　　　[5][8]越腾~[地名,即腾冲旧名] 越~过 越飞~:飞奔 棚核 杏~。雪~子:雹 玩~世:玩耍;游戏 滑瀡~:光滑 鹘鹰 挖揈~井、~墓。生~窖:活埋 [6]悦~盖笠:斗笠。《集韵》欲雪切"佩巾",文籍中又有覆盖义[又可能对"幯",《集韵》户括切] [7]悦箬~:笠 活做作~息:做活 斡~倒:归还。~溜:轮流

(三十) uã 韵

ts　　[1]桩*树~ 装*扮演 [7]撞*碰见

tsh　[1]窗*~子 窜跳,跳越 [3]剗切。~菜利刀:菜刀 [6]闯* [7]撞碰撞

s　　　[1]酸 孙 狲胡~:猴子 欑丛木。细树~:幼林 欑菜园 煊烧煨。《集韵》本许元切同"暖"[《山花碑》"煊(温)煊茶水"即作此字。依"血"读s母,此字也可读如"宣"] [5]算 蒜

k　　　[1]裤裤子 官 棺人~ 光*光滑 [7]贯量词。一~(铜钱)

kh　　[1]宽慢 框* [3]犬狗 [5]夸~口 [6]窾洞穴 [7]圹*

h　　　[1]欢喜欢 矿* 慌* [7]晃*晃动

O　　　[1]王*龙~ [3]汪*水停聚 [6]斡搅拌 玩~水 枉*白费心 浣~洗:漂洗(麻皮)

参考文献

白保罗　1982　Sintic and Proto-chines，Part II，Bai and LPT。

薄文泽　2004　蔡家话概况，《民族语文》(2)。

陈　康　1992　白语促声考，《中央民族学院学报》(5)。

戴庆厦　1990　藏缅语松紧元音研究，《藏缅语族语言研究》，昆明：云南民族出版社。

丁声树　1958　《古今字音对照手册》，北京：科学出版社。

黄布凡　1992　《藏缅语族语言词汇》，北京：中央民族学院出版社。

黄树先　2003　《汉缅语比较研究》，武汉：华中科技大学出版社。

李永燧　1992　缅彝语言声调比较研究，《民族语文》(6)。

李永燧　2002　《桑孔语研究》，北京：中央民族大学出版社。

罗杰瑞　1995　《汉语概况》，张惠英译，北京：语文出版社。

罗杰瑞　2006　从音韵看汉语方言，《方言》(1)，陈秀琪译，原作 The Chinese Dialects：Phonlogy，见杜冠明、罗仁地编 The Sino-Tibetan Languages，2003。

罗杰瑞、梅祖麟　1976　古代江南的南亚民族：一些词汇证据，Monumenta Serica(32)。

孙宏开等　2008　《中国的语言》，北京：商务印书馆。

徐　琳　1982　明代白文《故善士杨宗墓志》译释，第十五届国际汉藏语言学会议论文，中国社会科学院民族所。

徐　琳　1986　白族《黄氏女对经》研究，《亚非语之计数研究》第27号，29号，亚非语言文化研究所。

徐　琳、赵衍荪　1980　白文《山花碑》释读，《民族语文》(3)。

徐　琳、赵衍荪　1984　《白语简志》，北京：民族出版社。

应　琳　1995　中国南方民族·语言·文化小议，日本东京外国语大学亚非言语文化研究所通讯第83号。

张福延　1937　剑属语音在吾国语音学上之地位，《南强月刊》1卷第4－5期。

赵式铭　1949　白文考，《新纂云南通志》第六十八、六十九册，云南省地方志编纂委员会。

赵衍荪　1982　白语的系属问题，《民族语文研究文集》，西宁：青海民族出版社。

赵衍荪、徐琳　1996　《白汉词典》，成都：四川民族出版社。

郑张尚芳　1993　从云南白语与上古汉语的音韵、词汇、语法联系看其系属问题，中国语言学会第七届年会论文。

郑张尚芳　1995　汉语与新属语同源根词及附缀成分比较上的择对问题，《中国语言学报》(JCL)单刊8号《汉语的祖先》。

郑张尚芳　1999　白语是汉白语族的一支独立语言，《中国语言学的新拓展——庆祝王士元教授六十五岁华诞》，石锋、潘悟云编，香港：香港城市大学出版社。

八 苗 瑶 语

（一）苗 瑶 语 源 流

古中国长江以南区域原来分布较广的民族是南蛮和百越。西为蛮,主要在荆州及周边山地;东为越,主要在沿海地带,亦为江北东夷的连续体。学界一般认为,南蛮为苗瑶各族的先民,百越是侗台各族的先民。顾炎武《天下郡国利病书》就已说:"瑶乃荆蛮,僮则旧越人。"

《诗·小雅·采芑》"蠢尔蛮荆,大邦为雠",《释名·释州国·荆州》"荆,警也,南蛮数为寇逆",《册府元龟·外臣部·国邑》"荆蛮,盘瓠之后也,其邑君长所居皆深山重阻,人迹罕至,长沙黔中五溪蛮皆是也",这些记载说明荆蛮先住荆州、五溪至洞庭湖一带,随着两湖的逐步开发,荆蛮各支陆续南迁。苗族犹以湘西、黔东为主扩向川滇桂,瑶族向南去五岭,而畲族更向东南去粤东。今畲族浙闽最多,唯一的畲族自治县在浙江景宁,但都相传来自粤东潮州,但丽水畲民祖歌《高皇歌》"走落潮州凤凰山",说明潮州也是迁往地。那他们更早是从哪里迁来的呢? 福建顺昌《盘王歌》"南京路上有祖坟,应出盘蓝雷子孙,京城人多难讨食,送去潮州凤凰村",这歌中高皇祖先时代的"南京"自非明代的南京,依清迈瑶人文书《游梅山书·盘古歌》"初世声,郎在湖南,妹在京州,郎在湖南松柏院,……立有梅山学堂院,……立有连州行平庙,……流落广东潮州府",可知"南京"原来指的是靠近湖南的京州。瑶人文书地名多同音替代,"京州"当是"荆州"写的同音字,则南京应是南荆,即"荆南"。那么《高皇歌》"南京不住走出来""都是元山一路人",也应指荆南沅陵一带。荆南称南荆也合于苗瑶语固有语法。虽然闽浙畲民已改操近于客家话的畲话,但广东博罗、增城、惠东、海丰等地还有千余人所操畲语是属于苗语支的,近似瑶族布努语炯奈话。

因为荆蛮原居百越之西,更近羌戎,所以比起侗台语,苗瑶语核心词更近藏缅语些。比如"日、月"用 n-、l-作词根声母,"四、九"用 p-、d-作声母,都是来自与藏文同样的冠音。藏文"七"以鼻尾 un 为韵,也只有苗语有与之相似的发音。由于原居荆楚,最初接触的汉语是楚语,所以苗瑶语借汉语词的音韵亦具楚语特色,如阳韵字读 ong、jung。

古音"蛮"是二等 mroon、"苗"是重三 mrew,都与苗族自称 hmu、hmun、hmlo,瑶族自称 mun、mon、mjen 接近,应该就是其自称的音译。开阳石头寨苗族自称的 hmlo,表明原来声母确与 mr-相关。布努语称 nu、畲语称 ne,应该属于 mr＞n 音变的结果。李永燧(1983)拟古苗族自称为 hmrong[1],而"蛮"＊mlwan 为其译音。依我们的拟音系统改拟"蛮"为 mroon,跟他的 hmrong[1] 就更相近了。

　　苗瑶语古音,以及苗瑶语与其他语言的比较研究上,要重视张琨、王辅世、李永燧、陈其光等先生的研究系列成果:张琨(1947),王辅世(1994),王辅世、毛宗武(1995),李永燧、陈克炯、陈其光(1959),陈其光(1990、2001、2013)。

（二）语 音 比 较

1　苗瑶语音系特色

　　在苗瑶语里,苗语、瑶语的语音结构有很大的不同。瑶语尤其勉瑶有 cl 式复辅音声母,以及成套的鼻音、塞音韵尾,音系结构比较接近上古汉语后期或中古汉语,所以元音系统也比较稳定,通常还能反映较早期的语音面貌。苗语的复辅音声母则更为发达,有多套鼻冠、喉冠复辅音,这在构拟原始声母系统方面可以起到重要作用。但因塞尾消失,鼻尾萎缩,元音系统因无韵尾制约而自由发展,变化多端差异较大,所以元音与兄弟语较难比较,如不先进行同韵各词的比较构拟,尤其从与勉瑶同源的词中求取较早的形式,很难从今音判断其实际音韵地位,从而易在比较中出现择对差误。

　　比如“路”,养蒿 ki³、高坡 kæ³、青岩 ka³,最初王辅世先生(1994)将其拟为 4 地韵[æ],这会引人将之与汉语“馗、蹊”甚或“路”进行比较。后来,王辅世(1995)加入瑶语 kjau、klɔu,将其改列为 96 韵[au],这样,与同韵“稻、畴地”以及 95 韵[aau]“酬答”一比,就能发现它们应该对“道”才是。

　　苗瑶语声调发达,而且主要属于汉语型的四声八调系统。张琨(1947),李永燧、陈克炯、陈其光(1959)对此作了很全面的论证。这些研究成果表明,苗瑶语各方言发展不同,有只分四调而清浊未分化的,有因全清次清分化,或加鼻冠再分化而达 9 至 11 调的,但其基础都属于四声阴阳八调系统。

2　苗瑶语声母中流音 r、l 的重建

　　高本汉运用历史比较法构拟汉语中古音系所取得的成功很是激动人心,但在古音重建的理论方面,却助长了“方言综合至上论”的倾向,宣扬必须从今方言起步,以最小公倍数来综合构拟共同语的古音。然而,事实上,在方言的各种新增变音读层、渗透层的干扰下,综合后常常只拟得晚后形式,比如来母,因方言只有 l,综合方言也只能拟出 l 而拟不出汉以前的 r 来就是一个显例。该理论不但在汉语古音研究上有这种消极影响,在苗瑶语的古音构拟上也是这样。王辅世先生在苗瑶古音方面成就卓著,他是我非常敬佩的先生,给过我最亲切的指导,但我也曾直言无忌地对他提过,他的《苗语古音构拟》中没有 r、pr 等是有问题的,而问题就跟过于侧重综合方言有关。

　　王辅世(1979)原来拟有三个 r 声母:“65 石 ʔr,66 写 r̥,67 梨 r”。带 r 的复辅音声母,也拟了“22－25 簸吹套听”pr 系列、“26－27 肺鼻”mpr 系列,拟得相当好,这些 r 可与汉语、藏语的 r 相对。

　　但王辅世(1994)却改 r 为 ʐ“30 石 ʔvʐ、31 写 fʂ、32 梨 vʐ”,复声母也相应改为“23 簸 ptʂ、24 吹 phtʂh、25 套 bdʐ、26 苗 m̥ʂ、27 听 mʐ、28 肺 mptʂ、29 鼻 mbdʐ”。表面上,这是为了

更好地体现方言形式而改的,但它们应是后起变化形式,拿它们替换原始形式 r、pr 等,其实是倒退。因过于侧重综合方言,后起变化成分被揉进了重建形式。

其实这类 ptʂ-结构复声母在藏语方言中也可见到,对比藏文可见,ptʂ-正是 pr-结构的一种晚起变化,如藏文"升"bre,今泽库方言说 ptʂe,炉霍方言说 ptʂi。可见 ptʂ-就是拉萨 tʂe 的前期音:bre> ptʂe> tʂe。幸亏有藏文可确证这类复声母为后起形式,拟古音时是应注意予以排除的。

王辅世(1979)中的梨母列了 10 例,其中一半的字即"梨、利锐、力、龙、廩仓"显然与汉语来母字同源,又宗地话 z̥oŋ⁴"村寨"也与［巷］grooŋs(南方说［弄 rooŋs］)同根。王辅世(1994)中这 10 例因想综合多数方言的 z̥-及青岩摆托的 v-和野鸡坡的 wj,改拟为 vz̥,但仍无法兼顾重要的养蒿、枫香方言的 ɣ。王辅世、毛宗武(1995)中加入了瑶语,除保留 ptʂ-系列外,vz̥ 类又被"580 石 ŋkl、581 写 ŋkhl、582 梨 ŋgl、605 力 ŋglj"等替换。因为瑶语"利"这类字又有 g、ŋk、甚至单 ŋ 的读法,所以就连 vz̥ 也被抛弃了(只留一例"尿")。这就是企图综合各方言必然要面临的困境。其实语言类型学表明,r 变 z̥、ɣ、g、v 都属平常音变类型,它们原来就不是词根形式,类型学表明 z̥、ʂ 这种卷舌擦音也不属原始音类。

据王辅世、毛宗武(1995),梨母读 g 等是依据罗香、梁子、览金方言的 g 声母综合的。正好赵元任《广西瑶歌记音》也是 1928 年在大瑶山罗香乡记的,瑶歌是用汉语唱的,来母除读 l 外大多也正读 g 母,如四首中有来母末字的(本七言取后五字)均读 g 母:

11 "那岸青山岭［giŋ］……心中你梦连［gin］"

33 "屋背着霜淋［giem］"

40 "风来吹树离［gɛi］"

41 "何日得成龙［goŋ］"

其中"淋"也跟王辅世、毛宗武(1995)中的 605 类所引罗香方言"浇淋"gjem 一样,表明早期汉语借词的来母字和其本语的 r 都一起变成了 g,这该来自 r 变体 ɣ 的塞化而非本原形式。可以类比的是,南岛语中马来语、印度尼西亚语的 r 在菲律宾语中也变成了 g,如"米"beras 变为 bigas,它们都并非是罕见的变化。g 甚至还可清化为 k,白语"老流聋两二露卵睾丸"都读为 k-母,故可知长垌方言 ŋk、多祝方言 ŋ 也是 g 的变式,这两个方言点无浊声母,故部分浊母反映作 ŋk 式,但从调兼阴阳仍可推知其来源为 g。

至于变 v、w 的问题,丁邦新(1997)在解释重纽三等为何容易变为合口音时,就曾指出:r 易含"有圆唇成分"或"在听觉上接近合口音",说连英语的 r-都像有一个合口介音。这可以充分说明 r 变 v、w 的合口势也不是词根固有的音段成分,不值得特意反映在所拟古音形式中〔王辅世(1994)vz̥ 之 v 到王辅世(1995)改 ŋkl 式时也被他舍弃了〕。

依此分析,来母在瑶语中可反映为 g 及 l,那么苗瑶语古拟音不必从它们取公倍数,拟成 ŋgl 什么的,应该恢复王辅世(1979)的拟音系列。王辅世、毛宗武(1995)的"580 石、582 梨、605 力",只是依阴阳调分的,其词根都是 r,不过在阴调字前加个 ʔ-罢了(605 则是从 582 加 j 表细音来的)。

阴调 9 例中与汉语来母字同源的有 4 字,王辅世(1994)中石母 8 例中还有一例"蜡"字。下面注出汉字古音及吉卫、罗香音(平声不标调,无音则标-):

［莱 rɯɯ］ʐei、gai，［碌 roog］ʐɯ、gau 石，［林 rɯɯ］ʐu³，［令 rengs］ʐu⁵、gwəng 好，［蜡 raab］枫香 ɣa 蜜

阳调字分洪音 5 例、细音 10 例，与汉语来母同源的有（洪）"梨龙两双"、（细）"淋凛弄力利鲤流立笠"共 12 例：

［梨 ri］ʐɑ、gei，［龙 rong］ʐong、长垌 ŋkjaŋ，［两 rang'］梁子 geng⁶

［淋 rɯɯ］-、gjem，［凛 rɯɯ'］ʐe⁴、gam⁴，［弄 rongs］ʐɑng⁴、gang⁴ 村，［力 rɯg］ʐo⁶、长垌 ŋkjeu⁶，［利 ris］ʐɑ⁶、梁子 gjai⁶、长垌 ŋkja⁶，［鲤 rɯ' 鲅鲤］ʐɔ⁶、梁子 gjai⁶，［流 ru］-、gjeu⁶，［立 rɯb］-、gjep⁸ 竖，［笠 rɯb］-、gap⁸

因此，苗语现代方言中的 ʐ、ɣ、w 及瑶语部分 g 等都可看作 r 母的变体，它们正合于 r>ʐ> z> dz、r>ɣ>g、r>ɣ>w>v 等音变链类型。

恢复苗瑶古音 pr-、mpr-系列对苗瑶语与汉藏语的比较更有利，如 br 母"鼠"可对藏文 bra；mbr 母"鱼"可对独龙语 apla 或 am-pla、泰文 pla，"辣"可对汉语［厉 mrads>辣］；mr 母"苗族"让我们更清楚地认识到古汉语［蛮 mroon］是其自称的译音。

以母多对苗语 ʐ、瑶语 j，这也跟汉语以母的演变链一致：l<ʎ>j。ʐ 也该是 ʎ 的变体形式。

对兄弟语言古音的构拟，是为了作词根的比较。我们必须十分谨慎，不要把方言里非词根的变化成分综合进重建的古音形式里去，以致造成词根认同上的差讹。拟音要经得起类型学尤其是音变类型学的检验，而不要追求最小公倍数。

3　汉藏元音三角韵字在苗瑶语中的对应

元音三角 a、i、u 是舌面元音的三个端点，可构成语言元音系统最基本的构架。藏文有较古的拼音记录，汉语上古音研究较为成熟，我们可以参照汉藏古音的元音三角韵的同源字，来帮助判认苗瑶、侗台语言的古元音三角韵。苗瑶、侗台语言没有藏文那么古老的拼音文献可供参照，只能依据方言来拟构古音。但上古汉语三端点 a 鱼部、i 脂部、u 幽部，在苗瑶语有很规则的对应，不过，有的对的是方言的裂化形式，像"屎"为脂部字 i，在苗瑶古音构拟中列于 151 ɑi 韵，但那是 i 的方言裂化形式。

王辅世先生《苗语古音构拟》原拟有"4 借韵［a］，5 拍韵［ɑ］，1 果韵［i］，6 髓韵［u］"，三个端点元音是全的。后来与毛宗武先生合写《苗瑶语古音构拟》，因概括的方言增多了，就把各端点元音都进行增加，结果出现了让人难以置信的低元音［a、ʌ、ɑ］三对立，而苗语的古拟音中 i 元音竟然无字的现象。当然，该书也有改得好的地方，例如由于把 3 地韵［æ］改正为 96 韵［au］，就可从瑶语 au 找到苗语已经消失的 u 的痕迹，因为瑶语的 au 一般即为上古汉语的幽部 u、侯部 o 对应的分裂式，下文还将再进行论述。

下面依上述二书所举，选出三端点元音的同源对应语例，古汉语所用汉字及其拟音写在方括号［ ］里，破折号后是所对的上古韵部。藏文、泰文皆为字母转写形式（各方言如非第 1 调才标调）。

苗瑶语 a 元音：

92 a 韵 "蒜"养蒿 qa²、复员 ʁa² 对［葫 Gaa］。"黄瓜"复员 qwa、高坡 kɑ 对［瓜 kwraa］。"借"吉卫 qɑ³、江底 ka³ 对［假 kraa'］。"价"养蒿 qa⁵、高坡 nqa⁵ 对［价 kraah］。"父、公的"

养蒿 pa³、吉卫 pɑ³、罗香 pwa³ 对［父 ba'］。

130 ɐ 韵 "补"高坡 mpɑ³、罗香 bwa³、东山 bja³ 对［补 paa'］。"草"长坪 mwa³、东山 m̩ja³ 对［莽 maa'］。"下（山）"高坡 nqɑ⁴、大坪 ga⁶ 对［下 graa'］。"步"罗香 bwa⁶、东山 bja⁶ 对［步 baah］。

149 ɑ 韵 "耙"江底 pa²、三江 ba² 对［耙 braah"杷"分化字］。

168 ɒ 韵 "拍手"宗地 mpa² 对［抚 mha'］。"含"宗地 mpa³ 对［哺 baah］。"猪"养蒿 pa⁵、宗地 mpa⁵ 对［豝 praa］。

263 əu 韵 "纸"高坡 ntə³、长垌 ntau³ 对［楮 tha'］。"脸"高坡 pə⁴、青岩 pau⁴ 对［辅 ba'］。

——以上皆对古汉语鱼部字。

92 a 韵 "月"养蒿 l̩ha⁵、高坡 l̩hɑ⁵、江底 ɬa⁵、罗香 la⁵ 对［夕 ljaag］。"魂"高坡 plɑ⁶、青岩 ple⁶ 对［魄 phraag］。

149 ɑ 韵 "绳"养蒿、枫香 lha⁵ 对［索 slaag］。

——以上对铎部字。

苗瑶语 i 元音：

1 i 韵 "臭虫"罗香 pi、江底 pje 对［蜹 pii］。"泥"罗香 ni、江底 nje 对［泥 nii］。

18 ɪ 韵 "下"罗香 di³、江底 dje³ 对［底 tiil'］。

37 ei 韵 "肉"先进 nqai²、三江 kai² 对［肌 kril］。

94 ai 韵 "梨"养蒿、枫香 ɣa²、江底 lai²、罗香 gei²、三江 lwei² 对［梨 ri］。

151 ɑi 韵 "屎"养蒿 qa³、宗地 ha³、江底 gai³、大坪 kai³ 对［屎 hli'］。"死"养蒿 ta⁶、江底 tai⁶ 对［尸 hli］。"锐利"养蒿 ɣa⁶、长垌 ŋkja⁶、江底 lai⁶、罗香 gai⁶ 对［利 rih］。

208 oi 韵 "四"吉卫 prei、长垌 ple、三江 pli 对［四 hljih］、藏 bzji。

——以上对脂部字。

8 iiŋ 韵 "田"养蒿 lji²、复员 len、江底 liiŋ²、罗香 giŋ>r-对［田 l'iiŋ］。

24 ɯn 韵 "千"复员 tshen、江底 tshin、罗香 ɵin 对［千 snhiin］。"七"江底 sje⁶、罗香 ȵi⁶ 对［七 snhid］。"蜜蜂"江底 mwei⁴、三江 mi⁴ 对［蜜 mid］。

51 et 韵 "漆"养蒿 shei⁷、多祝 tshe⁷、江底 tshjet 对［漆 shid］。瑶语入声则带韵尾。

——以上对真、质部字，此组带韵尾。

36 eei 韵 "这"吉卫 nei³、江底 naai³、长坪 ni³ 对［尔 njel'］。

37 ei 韵 "蹄"江底 tei²、三江 di² 对［蹄 dee］。"旱地"江底 dei⁶、三江 ti⁶ 对［地 filjeels］。

261 ei 韵 "鸡"养蒿 qei、长坪 kai 对［鸡 kee］。元音 e 为 i 的低化音

——以上对支部及歌三地韵字。

苗瑶语 u 元音：

95 aau 韵 "答"养蒿 ta、高坡 tæ、文界 nto、江底 tau、大坪 du 对［酬 dju］。

96 au 韵 "地"养蒿 ta、高坡 tæ、文界 to、江底 dau 对［畴 du］。"稻"养蒿 na²、高坡 mplæ²、文界 mpɸijo²、江底 bjau²、罗香 blau² 对［稻 l'uu'］。"路"养蒿 ki³、高坡 kæ³、文界 qo³、罗香 kjau³ 对［道 l'uu'］，此前缀夺位为声母，比较泰文"首"klau'。"久"养蒿 la²、高坡 læ²、江

底 lau²、大坪 lu² 对［悠 luɯu］。"妻"江底、罗香 au³、东山 kau³ 对［媪 quu'］。

152 ɑɑu 韵 "爪"江底 ȵiu³、罗香 ŋau 对［手 hnjɯu'］。

191 ɔu 韵 "粑"高坡 ŋku³、长坪 gju 对［糇 khjuh］。"鸽"高坡 nqu、瑶里 ŋkau 对［鸠 ku］。"九"高坡 tçu²、多祝 khju²、罗香 du² 对［九 ku'］、藏文 dgu。"圈"复员 ŋka、长坪 gju² 对［厩 kuh］。

206 o 韵 "旧"养蒿 qo⁵、瑶里 kau⁵ 对［旧 gwɯɯs＞guh］"到"养蒿 so⁶、复员 zuᶜ、枫香 sau⁶ 对［造 shuuh］。

210 ou 韵 "浮"江底、梁子 bjou² 对［浮 bu］。"流"江底 ljou⁵、梁子 gjou⁵ 对［流 ru］。

——以上对幽部字。

96 au 韵 "生崽"高坡 ntæ⁶、瑶里 ntou⁷、江底 dau⁶、大坪 du⁶ 对［笃 tuug《诗·大雅·大明》"笃生武王"即降生武王，"笃、降"常互文，非厚义］，与泰文"降落"tok 同源。

204 ɔɔk 韵 "六"青岩 ʈu⁵、长坪 kju⁷、湘江 ku⁷ 对［六 rug］、藏文 drug、独龙 kru'。

225 ʋ 韵 "灶"养蒿 so⁵、江底 dzu⁵ 对［灶 'suugs］。"告诉"罗香 bu⁵'、三江 bau⁵ 对［报 puugs］。

——以上对觉部字。

96 au 韵 "房"高坡 plæ³、瑶里 ptse³、文界 pjo³、江底 pjau³、长坪 plau³、大坪 pju³ 对［府 po'］。"鱼"高坡 mplæ³、文界 mpjo⁴、长坪 blau⁴、江底 bjau³、大坪 bju⁴ 对［鮒 boh］。"姐"高坡 a³、梁子 o³ 对［妪 qoh］。"盐"高坡 nzæ³、青岩 tsa³、江底 dzau³ 对［䪥 shooh］。

115 ʌu 韵 "狗"复员 qleiᴮ、长垌 kla³、罗香 klo³、三江 klu³ 对［狗 kloo'］。"老"江底 ku⁵、罗香 ko⁵' 对［耉 koo'］。"钩"养蒿 qa⁵、枫香 nqei⁵、瑶里 ŋke⁵ 对［钩 koo］。

263 əu 韵 "火"养蒿 tu⁴、七百弄 to⁵、罗香 tou⁴ 对［炷 tjo'］。

——以上对侯部字。

96 au 韵 "石"养蒿 ɣi、高坡 ræ、长垌 ŋkja、罗香 gau、东山 lau 对［碌 roog］。"蛋"养蒿 ki⁵、高坡 qæ⁵、文界 qo⁵、罗香 kjau⁵'、东山 klau⁵ 对［縠 khoogs（縠 khoog）］。

——以上对屋部字。

（三）瑶 语 核 心 词

苗瑶语没有古文字记录。相对汉藏共同语来说，苗语方言变化较大，而瑶语声韵母变化较小而容易进行对比，所以核心词比较主要选择勉瑶语作为代表。由于苗语复辅音保留较多，某些复声母的不同变化需要进行解释时也附加苗语形式。又瑶语遇清鼻流音记为 hm、hn、hl 等。

1. 日 -hnooi¹［日 njig］
2. 月 hla⁵［夕 lja］转义
3. 星 hlei⁵［曐 qhweeds 小星］
4. 风 dzjaau⁵［飇 sru］
5. 雨 bjuŋ⁶［霣 ɢwun］
6. 雾 mou⁶［雾 mogs］
7. 火 tou⁴［炷 tjo'］
8. 地 dau¹［畴 du］
9. 山 tçiim²［岑 sgrɯm］
10. 河 swaŋ¹［江 krooŋ］
11. 水 wam¹［飲 qrɯm'］
12. 石 lau¹ 湘江［砾 reewɢ］

13. 树 djaŋ⁵［树 djos］

14. 草 mje³［茻 mlaaŋ'］

15. 叶 noom²（宗地苗 mlplaŋ²）［叶 lab］

16. 马 ma⁴［马 mraa'］

17. 牛 ŋoŋ²［牛 ŋwɯ］

18. 猪 tuŋ⁴［豚 duun］

19. 羊 juŋ² 借汉 ［羊 laŋ］

20. 狗 tɕu³＜kju［狗 kloo'］

21. 鼠 naau⁴［鼲 noo］

22. 鸟 no⁸［鹜 mlog］

23. 鸡 tɕai¹＜kjai［鸡 kee］

24. 鱼 bjau⁴［鮒 bo］

25. 蛇 naaŋ¹［蚺 njam］

26. 虱 tam³［蟫 lɯɯm、l'ɯɯm］转义

27. 角 tɕooŋ¹＜kjooŋ、kloŋ 三江［角 kroog］

28. 尾 twei³［膣 ʔsul'］

29. 毛 pjei¹［髟 piw］

30. 头 pje⁵ 罗香［頏 pr'aag］

31. 目 mwei⁶［眸 mu、目 mog］

32. 鼻 bjut⁸［鼻 blid］

33. 耳 ba² 长坪（宗地苗 mpræ²、养蒿苗 zɛ²、nɛ²）［耳 njɯ'］

34. 嘴 dzuui²［嘴 ʔse'、嚟 ʔslul'］

35. 齿 n̥a²［牙 ŋraa］

36. 舌 bjet⁸［舌 filjed］

37. 手 pwo⁴［髆 baag］ 爪 n̥iu³［手 hnjɯw'］

38. 脚 tsau⁵［足 ʔsog］

39. 乳 n̥o⁵［乳 njo'］

40. 血 dzjaam³［峆 khlooms］

41. 肉 o³、kai² 三江 ［膏 kaaw、肌 kril］

42. 皮 dop⁷［皱 taab］

43. 骨 buŋ³、hiŋ³ 大坪［肯 khɯɯŋ'］

44. 屎 gai³［屎 qhli'］

45. 尿 jwe⁴［污 qwaa］

46. 人 mjen²［民 min］

47. 孩 tɕwei³、sei³ 梁子［崽 ʔsɯɯ'］

48. 绳 hlaaŋ［绳 ɦlɯŋ］

49. 油 jou² 借汉 ［油 lu］

50. 盐 dzau³［鹾 shoos］

51. 刀 dzu⁸［戚 shlɯɯwɢ 斧］转义

52. 房 piau³［府 pjo'］

53. 路 tɕau³＜kjau ［道 l'uu'］

54. 病 pɛŋ⁶ 借汉［病 braŋs］

55. 名 bwo⁵［表 praw'］

56. 看 maŋ⁶［望 mlaŋs］

57. 听 mwaŋ⁵［闻 mɯn ＜ mnɯn］

58. 知 pei¹［誷 pred］

59. 吃 n̥en⁶［啮 ŋed］

60. 喝 hop⁷［欲 qhuub］

61. 舔 bje⁶［舐 file'］ ①

62. 说 kooŋ³［讲 krooŋ'］

63. 死 tai⁶［死 hlji'／sji'、尸 hli］

64. 飞 dai⁵［翊 lɯg《说文》"飞貌"］

65. 走 jaŋ²［行 graaŋ］

66. 站 sou³［竖 djo'］

67. 坐 tswei⁴［坐 tsool'］

68. 睡 pwei⁵［疲 braal］

69. 杀 tai⁵［薙 l'i'、lhiis］

70. 高 hlaŋ¹［嵩 soŋ］

71. 长 daau³［遥 lew］

72. 重 hnje³［仍 njɯŋ 厚也］

73. 弯 ŋau¹［桡 rŋaaw］

74. 近 fat⁷［亲 shin］

75. 新 sjaŋ¹［鲜 sen］

76. 甜 kaam¹［甘 kaam］

77. 酸 suui¹［酸 sloon］

78. 辣 bjaat⁸［厉 b·raads 或烈］

79. 苦 iim¹［厌 qems］

---

① 郑张尚芳（1995）原表 ＊ 号误标于"叫"，现移于"舔"。由于称说不同动物的叫鸣有"鸣、啼、吠、号、噑、吼、嘶"的不同，很不便于比较。

80. 红 si⁷〔赤 khljaag〕
81. 黄 jwaŋ²〔黄 ɢwaaŋ〕
82. 蓝 mɛɛŋ¹〔冥 meeŋ 幽也〕, dʐaam² < gjaam 靛蓝（klan 三江、先进苗、ŋkaŋ²）〔蓝 ɦkraam〕
83. 绿 lwo⁸〔绿 rog〕
84. 黑 tɕe⁷< kje〔黰 khɯg〕
85. 白 pɛ⁸ 借汉〔白 braag〕
86. 一 jet⁸〔一 ʔlig〕
87. 二 i¹〔二 njis〕
88. 三 pwo¹〔与汉藏不同源，与孟语 pae 同源〕
89. 四 pjei¹〔四 hljids〕

90. 五 pja¹〔五 ŋaa'〕
91. 六 tɕu⁷ <kju〔六 rug〕
92. 七 sje⁶〔七 tshid<snhid，苗语另与藏语 bdun 同源〕
93. 八 ɕet⁸〔八 preed〕
94. 九 dwo²〔九 ku'〕
95. 十 tsjop⁸〔十 djɯb〕
96. 百 bɛ⁷〔百 praag〕
97. 我 je¹〔吾 ŋaa〕
98. 你 mwei²〔某 mɯ'〕
99. 这 naai³〔尔 njel'〕
100. 不 ŋ〔无 ma〕

"四、五、六、七、八、九"独龙语作 bli、p-ŋa、kru'、s-nit、ɕat、d-gɯ，正可以解释瑶语声母为啥与汉语对不上，原因是冠音夺位。这些变化足为苗瑶语数词来自汉藏语提供了铁证。藏文"七 bdun"别有来源（近于吉卫苗语 tɕoŋ⁶、南岛语 pitu），跟独龙、羌、缅语也不同。

参考文献

陈其光　1990　苗汉同源字谱，《中央民族学院学报》增刊。
陈其光　2001　汉语苗瑶语比较研究，丁邦新、孙宏开主编《汉藏语同源词研究(二)》，南宁：广西民族出版社。
陈其光　2013　《苗瑶语文》，北京：中央民族大学出版社。
陈其光、李永燧　1981　汉语苗瑶语同源例证，《民族语文》(2)。
丁邦新　1997　重纽的介音差异，《声韵论丛》第六辑，台北：台湾学生书局。
黄　行　2004　汉藏语言关系的计量分析，丁邦新、孙宏开主编《汉藏语同源词研究(三)》，南宁：广西民族出版社。
李永燧　1983　关于苗瑶族的自称——兼说蛮，《民族语文》(6)。
李永燧、陈克炯、陈其光　1959　苗语声母和声调中的几个问题，《语言研究》(4)，北京：科学出版社。
刘叔新　1998　《连山壮语述要》，北京：高等教育出版社。
龙国贻　2011　《藻敏瑶语语音研究》，中央民族大学博士学位论文。
毛宗武、蒙朝吉　1986　《畲语简志》，北京：民族出版社。
毛宗武、蒙朝吉、郑宗泽　1982　《瑶族语言简志》，北京：民族出版社。
王辅世　1979　《苗语方言声韵母比较》，中国社会科学院民族研究所油印。
王辅世　1985　《苗语简志》，北京：民族出版社。
王辅世　1994　《苗语古音构拟》，东京：亚非语言文化研究所。
王辅世、毛宗武　1995　《苗瑶语古音构拟》，北京：中国社会科学出版社。
张　琨　1947　苗瑶语声调问题，《史语所集刊》第 16 本。
中央民族学院苗瑶语研究室　1987　《苗瑶语方言词汇集》，北京：中央民族学院出版社。

九 侗台语

（一）侗台语言源流与汉台词根比较

学界早就认为百越是侗台各族的先民，顾炎武《天下郡国利病书》就已说："瑶乃荆蛮，僮则旧越人。""僮"今写为"壮"，壮族主要分布在广西，但历史记录僮人曾居住在徐州地区。

上古时期，江南沿海分布的民族为"越"，从东海到南海都有越人居住，而江北沿渤海、黄海则分布的是"东夷"，夷越实际是同一滨海民族的连续体。吕思勉《先秦史·民族疆域》："此族在江以北者古皆称夷，《禹贡》冀州、扬州之鸟夷、莱夷，徐州之淮夷是也。在江以南者则称越，今绍兴之于越，永嘉之瓯越，福建之闽越，两广、越南之南越是也。"此说很对，只是广西越南，史家还称为西瓯越、骆越。夷越原为一体，这在历史记载、考古、语言上都是有根据的，《墨子·节葬下》"禹东教乎九夷，道死，葬会稽之山"，《论衡·恢国》"唐虞国界，吴为荒服，越在九夷"。东夷人因国灭往往南迁入越，《吕氏春秋·古乐》"商人服象，为虐于东夷。周公遂以师逐之，至于江南"，因此"蒲姑、奄城"古城皆在吴地发现，"会稽、诸暨"等地名都从齐鲁地区南迁入越。西周墙盘有称颂武王平服东夷的铭文"通征四方……端伐尸（夷）童（僮）"，称东夷为"夷童"；《史记·货殖列传》"彭城以东，东海、吴、广陵，此东楚也。其俗类徐僮"，徐夷也被称为"徐僮"，跟壮族旧名同〔详郑张尚芳（1998）〕。笔者又考证，越王"者旨于赐"器与"徐令尹者旨型"炉盘的"者旨"相同，也同于《国语·吴语》越王命"诸稽郢行成于吴"的"诸稽"，它们相当于泰文 cah（首长）crii<krii（剑戟）。《春秋》仲孙蔑会吴于善道，善道即今盱眙，《谷梁传》记原音为"缓伊"gwan-'li，相当于泰文 hon-（道路）'di（好）。《越绝书·吴内传》记勾践《维甲令》"习之于夷，夷，海也"，越人语"海"为"夷"，正表明"夷"（古音 li）的语源，这也相当于泰文（da'）le。古夷越旧语通行地区今都说汉语了，但越人留下的汉字记音的古文献《越人歌》《维甲令》，笔者用泰文解读通了，证明它们正是最古的侗台语篇章的记录。此外，《越绝》的"绝"dzod，笔者以之对泰文 cod"记录"，这样"越绝"就是"越录"之义。

台语的"台"就来自"夷"li 的声母塞化与元音裂化，泰文作 djai，后来变 djoi 的为布依的"侬"，变 tai 的为"傣"，变 thai 的为"泰"，变 ɬai 的为"黎"，原是同一民族的自称。

《孟子·离娄下》"舜生于诸冯，迁于负夏，卒于鸣条，东夷之人也"，舜应说东夷话；《史记索隐》称皇甫谧曰，孟子称"禹生石纽，西夷人也"，禹本说西羌话。那么在上古部落联盟时期，君臣如何对话呢？《尚书·尧典》和《尚书·皋陶谟》有他们的对话记录。仅以代词为例，"予 la、朕 l'ɯm'、我 ngaal'、汝 nja'"和应答词"俞（喻）lo、吁 wa'"，虽然台语和羌语中都有能对上的词语,但台语成分明显多于羌语,比如上古使用最多的"予",更合于台语 ra"吾人"(藏语 rang 义为"自己");"朕"合于泰文 rəm"兄弟我",都比"我"(对藏缅语 ngaa')的使用频率高。"汝"更合于侗水语 nja²(缅文是 nang)。而君王应答说"俞(喻)""吁","俞(喻)",合于台语 ruu'"知道了",直到清代皇帝批语还在写"知道了"。"吁"合于泰语 wa'(表不满),这仍是至今泰语普遍使用的骇异叹词。由此可见,上古华夏通语就当由羌夷语言融合形成。

国内学者一般依李方桂 1937 年的划分方法,认为汉藏语系除汉语藏缅语外,还包括侗台、苗瑶语族。早在 1934 年吴克德(Wulff)写《汉语与台语》时,就提出汉泰声调对应规则,并比较了二百多词。有关比较的重要著作有李方桂(1977)、邢公畹(1999)、巴苹·玛诺迈韦奔(Manomaivibool Prapin)(1975)、龚群虎(2002)等。但有些学者不同意此说,如白保罗、闻宥等先生就极力否定侗台语归汉藏语系,认为它们与汉藏语共同的基本词汇太少,应另归澳泰语系。其实,汉台语之间有大量基本词是相同的,只是他们在辨认复声母的不同发展、韵尾的对转变化等方面过于保守了。事实上,语言分开的时间越久,这类变异就会越多。比如上古汉语[风 plum、谷 kloog、降 kroons、萌 mraan]对当壮语 lum/rum、luuk、ron² 下山、raan² 笋(侗水语 naan²),台语皆取了 cl 复辅音的流音部分,这是复声母发展的差异,不足为怪。但对这种差异如若认识不清,就将错失变化复杂的重要根词,比如[水 qhwli'],正对壮语武鸣 ri³、龙州 vui³ 以及泰文 huaj' 溪水,它们各自留下了复声母的不同成分,与缅文 reih、载瓦语 vui 水的变化正相似。又韵尾差异也容易让人认不出同源关系,比如壮傣语带鼻尾的"腹 bun、舌 lin、斧 khwan、寨 ban",按鼻塞尾交替的阳入对转,明显可对汉语入声字"腹 pug、舌 filed、钺 gwad、苂 pood",然而学术界极少把它们对应起来。反过来,鼻尾转塞尾的也应进行一一对应,如[奔 pɯɯn]对壮语 puut,[限 grɯɯn']对 rɯɯt 腰(《易·艮》"艮其限"释文将"限"解释为"腰")。

还有些词辨认不出汉台语间的同源关系,是因为词义变化较大,如"亢"移对下巴,"肩"移对胳膊,"辅"移对口,等等。也有可能是因为对一些古词古义不熟悉造成的,比如"蓲恶菜"对蔬菜、"潫山水"对水、"及"对壮语 kjap 追,等等。

在同源词语音对应上,讲求语音对应规则是很重要的,但要求每个原始音类只有一种对应则是一个观念上的偏差,这与语音含有不同历史滞留层次,同层次又具有不同方向的变异的看法相违背。比如,中古歌韵在温州吴语中就有十来种变化,其中至少有 ai、a、o 等来自历史滞留层次的变化,e、i 又是 ai 的变异,但都比主流 u 要早。① 要知道上古歌部读 ai,它还保留于很多汉语方言和朝越古借词中,连北京话的"踝"(《广韵》胡瓦切)读 huai 都是其遗迹。又如汉语方言来母字大多对 l,以母大多对 j,但闽语以母、来母都有对 s 的层次,如以母"蝇翼檐盐″和闽北来母"李老螺卵鳞"都白读 s 声母,这反映了更早的语音来源。② 各亲属语言不是汉语的方言,它们的形式来自更早共同的同源音类,这又非单纯的歌韵、来母、以母可比了,所以汉语的某一音类在兄弟语中出现不同的对应是很正常的,否则倒有借词的可能。郑

① 郑张尚芳,温州方言歌韵读音的分化和历史层次,《语言研究》,1983 年第 2 期。
② 郑张尚芳,古来母以母今方言读擦音塞擦音问题,《语言》第 3 卷,北京:首都师范大学出版社,2002 年。

张《白语是汉白语族的一支独立语言》在汉白两语声韵对应中,对各音类都不止设置了一种对应,除考虑到条件变化外,也是为了提供更多的历史层次分析的信息。①

高本汉曾批评马伯乐把泰文 khua、khao 都对汉语的"丘",闻宥先生对高说大为赞赏,认为这充分说明马伯乐乱点鸳鸯谱。事实上,马伯乐没错,那正表示了同一音的两个层次,"丘"上古属之部 khwɯ,汉代同化为 khwu,才混同幽部。khua 音对之部,khao 音对幽部,汉台语演变层次完全平行(古汉语之部合口字泰语变 ua 的,还有"牛"ngua、wua)。khua 是今词典不收的罕用词,但它却是同源词里分层次平行对应的佳例。

一般说来,藏文、缅文、泰文等虽晚于上古汉语,但因其语言发展比汉语迟缓,至今仍是 a 阶段语言——其低元音 a 与上古汉语鱼部相对当,尚未发生高化链变,因此其元音格局仍与上古汉语处于同一阶段。所以,如果双方元音只在上古汉语六元音表的邻位范围内变化,就不必另作说明:

i	脂真	ɯ	之蒸	u	幽终
e	支耕	a	鱼阳	o	侯东

在汉台语比较中,除了高元音裂化及某些特别变化外,多数音类的反映形式是相似的,也不需逐项作音系的比较。

复声母应予特别关注,汉语到中古时期它们已经消失了,而在台语中尚存。台语中,既有全存的复声母,也有残存的前冠音或后垫音,形成与汉语不同的形式。这是证明两者间为同源关系而非借用关系的最佳证据,因周边语言借用汉语最盛的唐代,汉语已无复声母。其实早在汉代,复声母就已经趋向衰落了。而泰语"拣 klanh、关 klɔɔn 门曰、港 glɔɔng、棒 blɔɔng"的复声母却很完整,如果说这是借用汉语,那就应在上古,但又为何有的词只借用了一半,与汉语声母的取向完全不同,例如泰语"五 haa'、六 hok"的主辅音为什么没有了,而取一个 h-冠音作声母? 泰语"风 lom、降 long"(壮语为 r-)的声母为什么不借主辅音而借一个 l/r-垫音作声母?"蓝懒林铃"汉语都是简单的来母,而泰文都读 gr-复声母,怎么多了个 g-? 这些是借词说不能解释的。像闻宥先生这样的大家,不知为何无视这些现象,非要说两语有关联的都是借词。

最有意义的是下表显示的关于 pr、mr 式复声母在侗台语言中的不同反映。它们在武鸣壮语中的单化方式以保存后-r 为主,在其他壮语方言和同语族语言中却有存前、融合等不同反映形式,没有一定之规(复声母融合指依前辅音发音方法、后辅音发音部位交融成一个新辅音,如 pr-、mr-后期融合成 t-、n-等,表中以下加线表示)。既然同一方言或语言中,都可出现融合与不融合的变化,表明在语言和语族内部都难以做到统一对应,又怎能企图用汉-侗台语言间单一的对应模式来判定它们之间的同源关系? 所以,这分明是一种简单化的思维方式导致的错误。

下表各语参梁敏、张均如(1996)古声母韵母词表,增石家语,表内逢 1、7/9 调省标调,武鸣壮语、仫佬语 r 发 ɣ,鼻流音后加-h 表清音;泰文改用笔者转写方案。汉语上古音依郑张

---

① 郑张尚芳,白语是汉白语族的一支独立语言,《中国语言学的新拓展——庆祝王士元教授六十五岁华诞》,香港:香港城市大学出版社,1999 年。

尚芳（2013）的拟音。

	眼	芳香	晒	竹篾	蚱蜢	死	籽粒	鸟	水	笋	鲤	口水
武鸣壮语	ra	raaŋ	raak	ruk	rak	raai		rok^8	ram^4	raaŋ^2	lai^4	mlaai^2
柳江壮语	pja	pjaaŋ	taak	tuk	tak	taai	nat^8	hjok^8	hjam^4	hjaaŋ^2	pjai^4	mjaai^2
邕宁壮语	tha	——	thaak	thuk	thak	thaai	mat^8	nok^8	nam^4	naaŋ^2		mlaai^2
布依语	ta		tak^5	tu^5	ta^5	taai	nɛt^8	zɔ^2	zam^4	zaaŋ^2		naai^2
石家语	praa		praak^3	pruk^2	——	praaj	mlɛk^4	nɔk^6	nam^4	naaŋ^2		mlaaj^2
龙州壮语	ha		phjaak	phjook	——	haai	——	nuk^{10}	nam^4	——	nai^2	laai^2
泰　文	taa		taak	tɔɔk	tak^3	taai	mled	nok	nam'		nai	-laai
傣　语	ta^6		taak	tɔk	tak	taai	met^8	nok^8	nam^4		nai^2	laai^2
侗　语	ta	taaŋ	——		tjak	tai	nat	mok^8	nam^4	naaŋ^2	mi^4	ŋwe^2
水　语	nda	ndaaŋ	——	ndjuk	djak	tai	——	nok^8	nam^3	naaŋ^2		ʁe
毛南语	nda	ndaaŋ	——	nduk	djak^8	tai	——	nɔk^8	nam^3	naaŋ^2		ndʑi/ȵi
佯僙语	la	laaŋ		luk	rjɛɛk	tai		Ɂnɔɔk	ram^4	raaŋ^2		ji^2
仫佬语	lha	mhraaŋ	——			tai		nɔk^8	nəm^4	naaŋ^2	mrai^4	ŋø
拉珈语	pla	plaaŋ	——	pluk	plak	plei	mlɛt^8	mlok	num^4	sãaŋ	plai^4	lei^2
古汉语	矑	芳	曝	竹	虷	尸	米	鷔	澢	萌	鲤	漦
	raa	phlaŋ	paawG	tug	pr'aag	hli	mlii'	mog	rɯm	raaŋ	m-rɯ'	rjɯ

以上各词，汉语皆有很好的对当词，如[矑 raa]见扬雄《甘泉赋》"玉女亡所眺其清卢兮"，李善注引服虔曰："卢，瞳子也"《楚辞》解瞳，[芳 phlaŋ][曝 paawG]今闽语仍在说，[鷔 mog]古有野鸭、鸟雏二义，[萌 mraaŋ]《尔雅·释草》"笋，竹萌"。[澢 rɯm]《说文》"谷也"，"谷"，《说文》"泉出通川为谷"，《韩非子·五蠹》"山居而谷汲"，《墨子·节用》"大川广谷之不可济"，皆说明"谷"古本指山间水流。《易·临》卦写作"临"，云"临，……至于八月有凶"，《孟子·离娄下》"七八月之间雨集，沟浍皆盈"，《庄子·秋水》"秋水时至，百川灌河"，皆同其义，闻一多亦云"临"读为"澢"。有人说，台语"眼、鸟"与南岛语 mata、manuk 对得很好，而与汉语没法对，但从上表的对当却可看出，汉语比南岛语更佳，连"水"ram 都对上了，这一说法就不攻自破了。

今侗台语有些声母更是进一步演变的结果，如龙州的 h 是邕宁式 th 的擦化，侗、仫佬的 ŋw 是 m 的裂化，而 ȵ 是 ml 在 i 前的融合式，ji 则是 ȵi 进一步的弱化。

只要把在上古汉语中出现过的共义词（包括等义词、同义词，及可交替的近义词），都作为择词对象，在汉语、泰文身体词中可建立起同源对应关系的其实能达到五十例之多（这将在第四节逐条说明，连附加副条算上，凡 53 例。由于泰文在侗台语中有较早的文献记录形式，元音长短明显，故将它作为台语的代表来与汉语进行对比，并列出其他同语族语言中有比较意义的形式）。

有人曾怀疑台语与汉语古词相通的都为汉语的借词,但有的词在汉、藏、台语中都通用,如泰文 thak"编织"对汉语"织"tjɯɡ,也对藏文 thags 织物、hthag-pa 纺织、缅文 rak 编织。锦话 thak[8] 公的、雄的、泰文 thɯɡ 青壮(兽)对汉语"特"dɯɯɡ,也对藏文 thug 种公羊、种猪。泰文 ʔbaajh 步、行、pai 去、往、壮语 pjaai[3] 走、pai[1] 去,对汉语"彼"pralʔ《说文》"往有所加也",也对藏文 hbjer-ba 逃散,《丁香帐》"行走"、缅文 preih 跑。泰文 ta 眼实际是个晚期形式,源于壮语 ra、石家语 pra,可对藏文 hbras 瞳。

(二) 古 文 字

侗台语族虽然很早就有用汉字表音记录的文献,如公元前 528 年的《越人拥楫歌》、公元前 484 年的《勾践维甲令》,但直到 13 世纪才有了自己的民族文字,创制了泰文与傣文。杨光远《十三世纪傣泰语言的语音系统研究》是研究这些文字音系的专书。

作为侗台人一支的泰人迁入到更南边的中南半岛,当时这里还是孟高棉人的治下。公元 1257 年,泰人建立起素可泰(Sukhothai)王国,1283 年其王兰甘亨敕令撰写碑文称,国王创制泰文并于当年建立此碑叙其功绩。泰文应是依傍高棉文字制字,所以一经使用就畅行无阻。泰文在 1357 年和 1680 年曾作过一些变动,但基本架构没动。

我国的傣族旧时被称为摆夷或摆彝,罗常培、邢公畹(庆兰)1950 年写有《莲山摆彝语文初探》一书记录了德宏傣文与傣语。傣文有四种,即西双版纳的傣仂文、德宏的傣那文、金平的傣端文以及勐定的傣绷文。罗、邢二先生研探的为傣那文。这些傣文虽都源于印度婆罗米字母,但从形体类型上看却有不同,傣仂文、傣绷文为圆弧形近于缅文,傣那文字母为长方形,傣端文兼有方圆尖角。印度阿萨姆邦阿洪(或译阿含)傣文则是 700 年前从德宏传入的。西双版纳傣文文献《多拉维梯》记载,傣历 639 年(公元 1277 年)佛爷督英达首用傣文刻写贝叶经,则老傣文最晚于 13 世纪也已产生。

从字母系统说,傣文全都源自孟文,而不同于泰文、老挝文之源于高棉文,不过,追溯其最初的源头,它们都属于婆罗米字母系统。明代四夷馆的百夷馆,负责编译德宏傣文文书,正德年间,又增设八百馆,编《八百译语》译泰国清迈的兰纳傣文,又编《车里译语》译西双版纳傣语,但用的都是民间字体,接近老挝文字母,与傣仂文的经书字体具有不同来源。

下文中,泰、傣文皆用拉丁字母转写。低声母用浊声母表示,先喉塞用 ʼb、ʼd 表示。泰文 9 元音 a、i、u、e、ɛ、o、ɔ、ɯ、ə 皆分长短,复韵母 ua、ia、ɯa 也分长短。韵母还有 aɯ、ai(两个专用字母,今音并为 ai)和 aj、əj,韵尾-b、-d、-k、-m、-n、-ŋ 齐全,m 尾还从梵文继承了一种上加小圈的形式,在必要区别时可另标为-m̥。

声调除平入不标调外,又加仄声 1 调(mai'ek),此用-h 表示,主要对汉语去声;2 调(mai'do),此用-ʼ 表示,主要对汉语上声。只是次序上先去后上,与汉语的习惯倒了个个儿。

虽然这些 13 世纪的文字不如藏缅文古老,但比起今方言还是能反映出好些更早的语音状况。比如,古浊音声母泰、傣文用的是低组声母,不然,今音都已清化,同是清声母,但有些方言送气,有些方言不送气,就不知缘由了。"马"傣语今作 ma[4],跟汉语一样,是否是晚近借自汉语的呢? 但老傣文是 mla[4],还保留了复声母,就可知它不是晚近借自汉语的了。

（三）音 系 比 较

侗台语族语言、方言众多，变化复杂，有的词从今音不易看出与汉藏共同语的关系。所以，需要从古文字，或通过语言比较，构拟原始台语共同形式的语音系统。

1　声母

今语大多已经没有浊塞声母，古文字里古浊音声母另用低组声母标示，说明有过清化的历程，低组声母皆应恢复标为浊母。

清调次浊有前冠 h-复声母，如 hm、hn、hng、hr、hl，但有些更古的已发生前冠夺位，如"五"haa' <hngaa'、"六"hok<hrok、"溪水"huai' <hruai'。

有带垫音的 cl 式复声母。主要在 k、p 组，少数在 s、t 组。

梁敏、张均如先生《侗台语族概论》拟了 163（编了 213 号）个古声母。其中复声母拟 tr（"头虱""挑担""折断"武鸣壮语、石家语作 rau、raap、rak）是因为要对应有些侗水语 tau、taap、tak，但这不能解释为何仫佬语对应的是 khr-。一般来说，同部位的 tr、tl 多为后起变化，t 很可能来自流音本身的塞化。

2　韵母

梁敏、张均如先生《侗台语族概论》拟了 213（编了 276 号）个原始韵母，其 a、ia、ua 基本对汉语鱼部，但为了体现更多的区别，该书在古韵母拟构上仿用了汉语晚起的 i-、u-介音，但这些在汉语其实都是由声母的垫音或元音分裂来的。而且，由于 i、u 元音在方言中多为裂化形式，因此该书在其古韵母系统里竟然没有构拟单 i、单 u 元音。

由于藏文有较古的拼音记录，汉语上古音研究也较为成熟，我们就可以通过参照汉藏古音的元音三角韵的同源字，来帮助判认侗台语言的古元音三角韵 a、i、u，这样可以从有些分裂为复元音的现代形式，追溯古代原先的单元音 i、u 形式。

侗台语 a 元音：

1 a 韵 "眼睛"泰 ta、武鸣 ra、拉珈 pla 对［瞦 raa 瞳］、藏 aɦbras 瞳。"腿脚"泰 kha、布依 ka、石家 kwaa、水 pa 对［股 kwlaa'］（泰"下人、仆"kha' 则对［下 graa'］）。"杀"泰 kha'、武鸣 ka³、拉珈 a⁴ 对［辜］。"乌鸦"泰 ka、柳江 a、水 qa 对［乌 qaa］。"狗"泰 hma、武鸣 ma 对［莽 maa 莫补切］《集韵》"犬逐兔卟中"］。"鱼"泰 pla、武鸣 pla、临高 ba 对［鮒 baa《集韵》"蓬逋切"，小鱼通称］。

10 ia 韵 "秧"泰 kla'、仫佬 kra³ 对［稼 kraah］。"茅"泰 ga、武鸣 ha²、水 ja² 对［葭 kraa］。"芝麻"泰 ŋa、布依 za² 对［菩 ŋa 苣］。"肩"泰 ʔbah、武鸣 ʔba⁵、临高 via³ 对［髆 phaag］、藏 phrag。

9 ak 韵 "口"泰 paak、布依 pa⁵ 对［辅 ba' 颊车］。

27 uak 韵 "呕吐"泰 raak、龙州 ɬaak⁸、布依 zuə⁶ 对［吐 lhaa'］，可比较泰 raak"根"对［杜 l'aa'］，hla'"土地"对［土 lhaa'］、藏 sa 土地。

18 iak 韵 “鹊”傣 tsaak^{9}、水 çaak^{7} 对［鹊 shjaag］。

273 ɯak “皮”泰 plɯak、布依 pja^{5} 对［肤 pla］、藏 lpag。

224 uak “锄”武鸣、黎 kwaak^{7} 对［镢(钁)kwag］。

——以上对鱼、铎部字。

侗台语 i 元音：

88 iei 韵 “年”泰 pi、水 mbe、拉珈 pei 对［祀 pi’ 司命岁祭］(嘉戎语 pie 岁)。

162 iəi 韵 “屎”泰 khi’、武鸣 hai^{4}、水 qe^{4} 对［屎 hli’］。

43 i̯əi 韵 “远”泰 klai、傣拉 kui、龙州 kwai、武鸣 kjai 对［睽 khwii］。

——以上对脂部字。

179 iɛi “鸡”泰 kaih、水 qaai^{5} 对［鸡 kee］。“好”泰 ’di、武鸣 ’dai 对［媞 dee 美好］。“肠”泰 sai、临高 tse^{4} 对［胔 ze 小肠］。“旱地”泰 rai’、邕宁 hlei^{6}、莫语 djaai^{5} 对［地 filjeels］。“这”泰 nii’、武鸣 nai^{4}、拉珈 ni^{4}对［尔 njel’］。

——以上对支部及歌三地韵字，元音 e 是 i 的开化变体。

侗台语 u 元音：

3 au 韵 “白”泰 khaau、武鸣 haau、布依 ɦaau^{2} 对［皓 guu’］。

35 əu 韵 “鸠”泰 khau、龙州 ku、仫佬 kau^{2} 对［鸠 ku］。“吠”泰 hauh、邕宁 hlau^{6}、仫佬 khrau^{5} 对［嗥 guu］(或对［号 hlaawh］)。

44 iəu 韵 “臭”泰 khiau、龙州 khiiu、邕宁 heeu 对［臭 khjuh］。“猫头鹰”泰 gau’、武鸣 ku^{4}、水 qau 对［旧 gwɯh>guh］(比较泰“小山”khau 对［丘 khwɯ>khu］)。

52 uəu 韵 “米”泰 khau’、武鸣 hau^{4}、仫佬 hu^{3} 对［糗 khu’］。“头”泰 klau’、邕宁 hlau^{5}、武鸣 rau^{3} 对［首 hlu’］。

145 iu 韵 “手指”泰 niu’、琼山 niau^{3} 对［手 hnjɯu’］。

180 iɛu 韵 “酒”泰 hlau’、武鸣 lau^{3}、仫佬 khrəəu^{3} 对［酉 lu’］。“角”泰 khau、柳江 kau、拉珈 kou^{2} 对［觩 gu］。“旧”泰 kauh、武鸣 kau^{5}、水 qaau^{5} 对［旧 gwɯh>guh 故旧］。

——以上都对幽部。汉语“旧”本表猫头鹰，借表同音共形词的故旧义，泰语则分化为清浊两音，是极妙的共形词平行对应，足为两语同源的佳证。

120 ou 韵 “猪”泰 hmu、邕宁 mou 对［𧰲 hmuud《说文》原字较怪，似“曰象巾”连写，与“豪、彙”同列豕后一部，“豕属，呼骨切”。《玉篇》作此形］。

200 ɯu 韵 “蛇”泰 ŋuu、布依 ŋɯə^{2}、侗北 hi^{2} 对［虺 hŋuul］。

——以上对物部字，都是汉语带尾而台语失尾，这在汉藏语比较中也可见。

35 əu 韵 “看”柳江 kau^{3}、水 qau^{5} 对［觏 kooh］。“笼”水 ru^{2}、佯黄 rəu^{2} 对［篓 roo’］。

44 iəu 韵 “主人”泰 cau’、武鸣 çaɯ^{3}、邕宁 tsou^{3}、拉珈 tsu^{3} 对［主 tjo’］。

120 ou 韵 “住”泰 juuh、邕宁 jou^{6}、水 ȵaau^{6} 对［寓 ŋoh］。

187? u 韵 “窟窿”泰 ru、龙州 ɬu^{2} 对［俞、窬 lo 中空木］。

——以上对侯部字。元音 o 是 u 的开化变体。

3 声调 分四声 ABCD,相当于汉语"平去上入"。上去次序颠倒只是因为其古文字标调以 1 标去声,以 2 标上声而已,在音韵上并没有特殊意义。所以我们一般就仿用汉语"平 1、2,上 3、4,去 5、6,入 7、8"来为侗台语声调标调,并与苗瑶语标法一致。

（四）同源身体词比较

1　同源身体词

在语言中,身体词属于核心词汇,马提索夫说,身体部位这一语义场是词汇的核心中的核心。[①] 因为语言的身体词部分,固有词比例通常较大而借词相对较少,所以在语言同源词比较上常列为有力证据,对判定语言间的亲缘关系有着重要地位。国内外一些学者否定汉语与侗台语言具有亲属关系,常用的一个理由就是两者之间身体词能对上的很少。闻宥先生的《"台"语与汉语》首先比较了 36 个身体词,然后说除了借词和偶似之外,绝大多数截然不同,基本上没有亲缘关系,以此为否定汉语与侗台语的亲缘关系定调。

然而,汉台语身体词中到底有多少词有同源对应关系呢?

马提索夫说,1934 年吴克德在其开创性的研究《汉语和台语》中已经举出 8 例"[汉]:泰"身体词对应的词例:

[脸]: kɛɛm 颊　　　　　　　[尿]: jiaw

[肩]: khɛɛn 臂　　　　　　　[脟/血]: lyad 血

[肤]: phiw 表皮　　　　　　[脓]: nɔɔŋ

[肥]: phii　　　　　　　　　[腰]: ʔeew

持否定汉台亲缘说的白保罗,在其《澳泰语言和文化》第 452 页所列身体部位词表中也承认汉台语"肩、腰、脓、尿、肤"的对应,还加上了"[胫]: khɛɛng',[把]: pfaah 掌"(泰文改用引者转写形式),但是他在白保罗(1975)中强调说:"部分基本词根如'眼睛、鼻子'等在这张表中非常缺乏。"他还认为"尿、肩、卵、肺、粪"都是由澳泰语言借入汉语的(他还把"蛋"作为"卵"的语音变式,不知"蛋"只是"卵"避讳为"弹"后的假借字)。

马提索夫在其文章里已经比对了 20 例白保罗所拟澳泰语言原始形式和汉藏语言原始形式相近的身体词:"掌、颊、唇、乳、颈、男根、鬃、尿、精、彭、眉、胸胁、角、牙、腋、翅、血、鳞、粪/屁、肺"。其中,除了"唇、男根、精、腋、翅"5 例外,也多与汉语相关联(不过,他没指出"掌、颈、尿、胸胁"的汉语相关形式)。它们是同源根词,还是原始澳泰语借来的汉藏语词?马氏倾向后者。

为什么不能肯定它们是同源词呢?白保罗认为汉台语更基本的"眼睛、鼻子"等词对不上,大概是因为"眼"藏语 mig、缅语 mjak 明显对古汉语"目",而侗台语的眼则对不上"目"的缘故。但其实即使是现代汉语"眼"也对不上"目",连白保罗所同意的与汉语有亲缘关系的藏缅语"鼻"sna、hna 也是对不上汉语"鼻"字的,所以他的质疑根本是没有说服力的。

---

① 马提索夫 1976 澳泰语系和汉藏语系有关身体部分词接触关系的检验,王德温译,《民族语文研究情报资料集》第六集,中国社会科学院民族研究所语言室,1985.

邢公畹、张元生先生都主张汉语与侗台语有亲属关系。张元生、王伟(1990)所比对的34例名词中仅有"胡、髆、臆、跟、髂、觜、痏、粪、尿"9例为身体词,而"胡、跟、髂"的比对是否准确还很难说。邢先生《汉台语比较手册》比对得较多,有49例身体词,其中"髆、肩、腭、髟、鬓、首、瞳、脸、喉、拇、股、胫、骹、臆、腋、腰、筋、肺、肠、尿、屎、脓"等22字音义对应颇切合,应可成立。虽然"臀、準、脆、肘、头、兀(喉)、白(口)、额(脸)、胁(肝)、液(汗)、廪(胃)、颔(下巴)、项(背)、摎(鬆鬓)、涙(血)、囊(肤)、脱(屁)、腬(肉)、言(舌)、牙(齿)、也(女阴)、纽(指)、甲(爪)"以及对"奶、髓、身、额"的4个冷字的比对,音或义不免有可疑处,但给我们提供了比对的新思路。

由此看来,汉台间能比对的词并不少,但为什么有的先生认为比不上,或把它们个个列为借词呢?这跟一些比较偏颇的流行观点有关。在同源词的比对上,这些流行想法和做法其实是不妥的,既经不起事实检验,又不利于比较实践。

例如,常见的偏差之一是,只求简单化的等义对应,不善于近义择词。其实,我们不仅要比对等义词、同义词,还要比对可交替的近义词,并且后者比对的难度和要求远高于前者。汉语身体词根古今替换的有"首/头,题/额,目/眼,自/鼻,口/嘴,兀/颈,乳/奶,膺/胸,腹/肚,尻/臀股,足/腿脚,踵/跟"等,在方言中,闽语"嘴"又说"喙",也并不顾忌"嘴、喙"原指鸟嘴或动物嘴。"肱"今称"胳膊",而"胳"古原指腋,"膊"《说文》原从骨旁,表示肩,这说明语义是可转移的。但在亲属语言的对比中,有的学者却要求需要原词原义一一对上,不然就说对应不严,应予以否定,这就过分了。这样的对法貌似要求严格,其实是把词汇对应研究简单化了,还成了某些贪图省力者的遁词。这种简单化做法连在汉语方言内部比较中都是行不通的(例如颈,汉语北方话说"脖"来自"襮",原指领子,闽南话说"颔",原指下巴,而"颔"在温州吴语中则指脸颊,它们都是转义词),怎么可用在亲属语言的比较上呢?其实,换用为转义词,这些词倒是可保证的正宗本土词,而确定不是借词。

闻先生常要求语族内各语支都能对上才算具有同源关系,于是常常把只在一个语支里出现的词定为借词(尤其是要求黎语支也有该词才算同源。其实,黎语含有较多的南岛南亚语层次,比如"五"至"九"的基数词都用的是南岛语)。这就忽视了不同语支应有的词汇选用的差异,以及历史交替变化。其实,有的只在一两个方言里出现的词,反而会是古语的遗留。比如汉语方言中,绝大多数取"眼"为词根,唯闽语、客家话仍取"目"为词根,如依闻先生的推理,就会推出闽客语的"目"应来自借词了,这显然是违背历史事实的。

2 汉泰身体词同源比较 50 例

1 [首 *hlu']:泰文 hua'/klau' 头、壮语 rau³/kjau³。汉语幽部音 u,泰文一般裂化为 au,如"九 kau、考(老)kauh"都是 au。

2 [髟 piw、priw]:泰文 phau' 头发。

3 [颅 raa/顸 ?r'aag]:泰文 phaak 额、壮语 plaak⁷、拉珈语-plaak⁷、仫佬语-praak⁷、石家语 phraak⁴ 额头。此词的 pr 声母不像下条那样在壮语失 p,在泰文 t 化。

4 [瞳 raa 瞳仁]:泰文 taa、壮语 ra¹、石家语 pra、拉珈语 pla 眼睛。参藏文 a-hbras 瞳仁。

5 [颂、容 loŋ]:泰文 ?daŋ' 鼻梁,参藏文 gdong 面、鼻梁。

6 [颐 lɯ]:泰文 huu、壮语 rɯ²、石家语 rua²、仫佬语 khra¹ 耳朵。

7〔腮 snɯɯ〕：泰文 hnaa' 面、脸。参缅文 hnaa 鼻子、mjak-hnaa "目-鼻" 表面、脸，藏文 sna 鼻子、gdong 脸、鼻梁。

8〔脸 kram'〕（《集韵》）：泰文 kɛɛm 颊，或对 "颊" kleeb。参藏文 hgram-pa 颊、腮。

9〔辅 ba'〕（《说文》又从面，颊也。《左传·僖公五年》"辅车" 孔疏 "口旁肌之名也"，《易·艮》"艮其辅，言有序"，是必指口而言）：泰文 paak 口、嘴巴。参缅文 paah 颊。

10〔亢 kaaŋ〕（《说文》"人颈也"，后又作 "吭" gaaŋ 咽）：泰文 gaaŋ 下巴。

11〔喉 goo〕：泰文 gɔɔ 颈。参藏文 lkog-ma 喉头、og-ma 喉、下颏。

12〔髆 paag〕：泰文 ʔbaah 肩部、sa-ʔbak 肩胛骨，石家语 vaa⁶ 肩。参藏文 phrag-pa 肩头、缅文 lak-prang 肩胛（lak 手）。

13〔肩 keen〕：泰文 kɛɛn 手臂、手。

14〔腋 laag〕：泰文 rak-rɛɛ' 腋下、腋窝。参藏文 bzjag-hog 腋下（hog 下）。

15〔拇 mɯ'〕：泰文 mɯɯ 手，意义扩大。参藏文 rmig-pa 蹄子（《集韵》足旁 "足将指"）。

16〔手 hnjɯɯ'〕：泰文 niw' 手指、石家语 niw² 指头。参缅文 hnou' 拇指至食指长度、lak-hnouh 食指（lak 手），阿昌语 lɔʔ-ŋau，浪速语 lɔʔ-ŋjuk 手指（lɔʔ 手）。

17〔扶 pa 并四指〕（或对〔把 praa'〕）：泰文 pfaah 掌、石家语 paa⁴。参缅文 lak-waah 手掌（lak 手）。

18〔甲 kraab〕：泰文 leb 指甲、兽爪、石家语 liip⁶ 指甲、蹄（比较石家语 "匣" hiip²）。

19〔左 ʔsaal'〕：泰文 zaaj'（djhaaj'）左的、傣语 saai⁴、侗语 ɕe³ 左。"左、右" 字的本义指左右手。

20〔右 ɢwɯɯ〕：泰文 khwaa 右方的，石家语 khwaa²、khua²，壮语 kwa²，傣语 xwa¹，侗语 wa¹ 右。参缅文 njaa、jaa，藏文 g-jas 右、右边。

21〔肊、臆 qɯg〕：泰文 ok 胸、胸部，壮语 ak⁷、傣语 ək⁷ 胸脯。

22〔乳 njo'〕：泰文 nom 乳水、乳房、石家语 nɔm 乳汁、傣语 -num⁴。参缅文 nou' 乳、奶、乳房，藏文 nu-ma 乳房、奶头、nu-ba 咂奶。

23〔腰 qew〕：泰文 ʔeew 腰、腰部。

24〔腹 pug〕：泰文 bung 肚腹。参缅文 pouk 肚、腹，藏文 pho-ba 胃、bru-ba 腹、肚（古）。

25〔髋、臗 khoon〕（《说文》"髀上"）：泰文 kon' 臀部、屁股。

26〔屒 khis〕（《说文》"尻也"）：泰文 hii 阴户。

27〔股 kwlaa'〕：泰文 khaa 脚、足、石家语 kwaa¹ 腿。参藏文 rkang-ba 脚。

28〔骹 kraaw 膝骨〕：泰文 khauh 膝。

29〔胫 geeŋ'〕：泰文 khɛɛŋ' 外胫、小腿，石家语 geeŋ⁴ 脚。

30〔肉 njug〕（又 njogs * 儒遇切 "肌肉也"）：泰文 nɯa' 肉、肌肉，藏文 snag 肌肉。

31〔脂 kji〕：泰文 khai 脂肪。石家语 khaj¹ 油脂。

又〔肥 bɯl〕：泰文 bii 肥大的。

32〔血 qhwliig〕：泰文 lɯad 血、石家语 luat⁶ 血。参缅文 sweih 血。吴克德对〔膵 血祭肉〕。

33〔筋 kɯn〕：泰文 en 筋腱。

34〔肤（膚）pla〕：泰文 plɯak 皮、树皮、pfaa' 薄膜，石家语 plaak⁵ 皮、壳。参藏文 lpags 皮肤、皮子。

又邢公畹先生以［囊 naaŋ］对泰文 hnang 薄皮、皮、石家 naŋ⁵ 皮。

35 ［表 praw’］：泰文 phiw 表皮。

36 ［髑 doog］：泰文 kra’-’duuk 骨头。

37 ［齩 ŋgreew’］：泰文 khiaw 犬齿、尖牙；又泰文 giaw’ 嚼、石家语 khiw⁵ 嚼。名动相应（李方桂（1976）也把泰文此二词列为声母与声调交替成对的派生词）。

38 ［齶、腭 ŋaag］：泰文 hngɯak 牙龈。

39 ［舌 ɦled］：泰文 lin’ 舌。参缅文 hljaa、藏文 ltje 舌。

40 ［漦 rjɯ］：泰文 nam’-laaj 口水（nam’-水）、壮语 mlaai² 口水。

41 ［肺 pods］：泰文 pɔɔd 肺部。

42 ［胆 taam’］：泰文 tab 肝，转义。

43 ［脾 be］：泰文 ʔdii<ʔblii 胆，转义。

44 ［骱 ze］（《玉篇》"人子肠"）：泰文 sai’ 肠。

45 ［屎 hli’］：泰文 khii’ 粪、屎。参缅文 khjeh 屎、粪（读 khjiih）、门巴语 khi、浪速语 khjik 粪、屎。

46 ［尿、溺 neewɢs］：泰文 jiawh 尿溺、小便（名动）。参藏文 njog-pa 污秽、缅文 nook 污浊。

47 ［㾗 ŋrɯns］：泰文 hŋɯa⁵ 汗、龙州壮语 hɯ⁵ 汗。参藏文 rngul 汗、汗水、rngul-ba 出汗、流汗（已行 brngul）。

48 ［脓 nuuŋ］：泰文 hnɔɔŋ 脓。参藏文 snung-ba 染病、病痛。

49 ［翰、乾 gaan《说文》"乾，兽豪也"］：泰文 khon 毛。

又［绺 g·rɯw’］：泰文 grau 胡须（汉语常用"绺"作胡须的量词）。

50 ［育 lug］：泰文 rok 胞衣。参藏文 rog 胞衣、胎胞。

（五）与汉语古词的对应

《诗经·国风》首篇《关雎》的首章为"关关雎鸠，在河之洲。窈窕淑女，君子好逑"，四句中的十个重点字"关、鸠、在、洲、淑、女、君、子、好、逑"，都有泰文的对当字：

"关"［kroon］，古义原指门闩，正对泰文 glɔɔn 门闩。在此句诗内借作象声词。

"鸠"［ku］，《毛传》说是鱼鹰，这是以鱼鹰逮鱼象征君子求偶，合于闻一多《说鱼》所考。古汉语以"鸠"命名的鸟种类不一，如"鸤鸠"即是杜鹃（布谷鸟，藏文 khu-bjug）。也有人说，依雎鸠的鸣声及洲渚生活的习性看，当非鱼鹰而应是大苇莺。通常所指的像鸽的"鸠"，则正对泰文 khau 鸽子。又泰文 kuu 也表鸠鸽寻偶时的鸣叫。

"在"［zɯɯ’］，对泰文 zuk 躲在。汉泰语有部分词上声ʔ尾对 -k 尾（参上文"辅、吐、杜"及下文"子"等例）。

"洲"［tju<kju］，对泰文 kɔ’ 岛屿。

"淑"［ɦljuwɢ］，对泰文 sukh 安静。su-为表美好、善的前缀，如 suɟon 好人。

"女"［na’］，对泰文 naang 女子，汉泰语同根而韵尾阴阳对转。藏文 nja-ma、njag-mo 妇女。

"君"[kun]，对泰文 khun 首领。

"子"['ljɯ']，对泰文 luuk 孩子、子女。同根词有[息 slɯg]。"君子"相当于后世的"公子"。

"好"[qhuu']，对泰文 khau' 投合。

"逑"[gu]也作"仇"，对泰文 guuh 成对、成双(伴侣、配偶)。

此章正以三角韵端点元音之一的幽部[u]相叶。上列这些词汉泰语彼此对应是非常明显的，照这样密切的关联看，那种断言汉语与侗台语没有亲缘关系，所有关联词都是借词的论调，是难以令人信服的。如果把这些词都看成汉语的借词，那不是意味着侗台语族的人离了汉语借词简直就无法表达自己的情怀了？

（六）台语人称称谓与汉语的对应

在汉语与亲属语言比较中，我们常常感到在人称称谓方面，侗台语等比起藏缅语来，与汉语要难对比一些，因为它们不像藏缅语那样，第一人称 ŋa 就明显对汉语的"吾/我"。其实，这是受礼貌因素的影响，就像越南语日常不用 tao 我、may 你、nɔ⁵ 他，他们认为，自称用 toi，对称说 ong 翁、anh 兄、chi⁶ 姊、co 姑等才是礼貌的。

台语在称呼上同样非常讲究礼节，许多代词源于尊称、谦称(吴超强 1990)；威莱弯《石家语》说，因年龄礼貌关系，石家语自称有六，对称、他称各三，要配对使用；《傣语简志》指出，傣语还分通称、谦称、卑称、敬称、非敬称、亲密称等，所以侗台语的人称称谓是很复杂的。有人认为汉台两语的代词对不上，这也是单从"我、尔"的比对来看的，实际上，古汉语"我、尔"也只是用在不需客气的场合，在讲究礼貌时并不用。众所周知，中国古代非常重礼，而台语的礼貌称谓同样是承袭了中华古礼节，只不过以前没有把台语的称谓从这方面跟古汉语进行深入比对而已。

1　自称

第一人称分谦称和非谦称。晚辈对长辈只能用谦称，壮语有自称"子"lɯk 的，此对汉语[子 *ʔljɯg'][息 *slɯg]；有自称"幼"ŋe/ŋai¹ 的，此对汉语[儿 *ŋje]。最常用的自称为"奴隶"hoi³，石家语作 hɔj⁶，泰文作 khɔcj'①。大家都知道此词古为奴隶义，但是都未详所出。

此词可追踪到东夷老祖宗舜的时代。《孟子·尽心下》说舜为天子后"被袗衣，鼓琴，二女果"，赵岐注："果，侍也。""果"*kooi'，《说文》写作"婐"："婐，婑也。一曰女侍曰婐。读若騧，或若委。孟轲曰：舜为天子，二女婐。""婐"，《广韵》古华切 *krooi"女侍"，又乌果切 *qooiʔ，《集韵》吾瓜切"婥，婢也"，"婥"也是"婐"字之讹体。因为此字最先有侍婢义，所以德保、靖西话的 koi³ 专做媳妇对公婆的谦称，后来扩大为一般谦称。石家语此词与 caw³

---

① 石家语 6 调，标调统一改依壮傣调式以利于对比，故原文 2、4、5、6 改标 5、2、6、4。泰文转写，0 调不标，1 调标 h，常对汉语去声，2 调标 -'，常对上声。

"主"相对称,犹如封建王朝时期臣子称皇帝为主子,自称为奴婢、奴才。

傣语卑称用 xɔi³,而谦称则用 xa³,此即泰文的 khaa',也是奴仆的意思。泰文此词还可对小辈、好友作自称用,但不雅。古汉语中,自称"仆"则是很平常的。此字当对汉语[下]*ɢraa',本意为下人,汉语自称之谦词也说"在下"。

壮语 kou¹ 则不是谦称,原本含有自大的意味,泰文 kuu 是自负的不礼貌的自称,傣语用为高傲的自称。按,此对汉语[舅]*gwu'(闽语也作 ku⁶),在远古社会,它是长辈男子的通称,故只能对后辈用,后来,该词在某些语言里词义淡化而通用了。石家语 kuu⁴ 虽已无不礼貌的意思,仍表示说话人比对方年纪大。总之,晚辈自称为 kuu 是失礼的。可以比较藏文 khu-bo 伯叔和 kho-bo 我,后者可对[己]*kɯ'。

石家语于平辈自称 phaan³,此即泰文 bɯanh 朋友。在易家乐调查的爱语中,pən 也指朋友,以及女子对女友的自称(有时还指"他们",傣语 pən⁶ 也是用来称别人家),此对汉语[伴]*baan'。

泰文 riam 本指兄弟,诗词常用为自称,尤其是男子对情人的自称,此对汉语[朕]*rlɯm'。这个词在秦始皇定为皇帝自称以前,在汉语里也是可以随便说的。《尔雅·释诂下》"朕,我也",郭璞注:"古者贵贱皆自称朕。"《孟子·万章上》又记舜的弟弟象,他想谋害哥哥,然后"二嫂使治朕栖",这里的"朕"可说用得最合原义,汉语至今还有自称"兄弟我"的。

泰文中原还有个 raa,表"吾人"(还表"人"与"男人"义),现在用得少了;傣语密友间还用亲密称谓,依例音变作 ha²。但这是个很古老的词,《越人歌》用了三次,都写作"予"(如"予昌枑"表示余善操舟),即对汉语[余/予]*la。

泰文第一人称复数"我们、咱们"说 rau(傣语依例音变作 hau²),此对汉语[僚]*reew。《仪礼·士冠礼》"主人戒宾"郑玄注:"宾,主人之僚友。"贾公彦疏:"同官为僚。"(《集韵》怜萧切"僚,贱称,《春秋传》:隶臣僚",则为其他的意义)。至于石家语把 raw² 当作第三人称用,平辈自称用 ruu⁴,那也当对"僚"(《广韵》《集韵》鲁皓切音"老",本作豸旁、犬旁):"西南夷谓之獠,……一曰土人自谓。"

"我们",壮语说 tou¹,泰文 tuu 表"我们、我自己",水语为 djeu¹。此对汉语[倒]*du,《广韵》直由切"倒侣也",《说文系传》"匹俪也",《玉篇》"侣也",《潜夫论·实贡》"夫志道者少友,逐俗者多倒"。傣语作 tu¹,可加在单数的 xa³、xɔi³ 前表"我们",表明它确有"倒"义。

壮语谦称 çai¹是"我们大家"之义,对汉语[侪]*zrii。《说文》:"侪,等辈也。《春秋传》曰:吾侪小人。"

2 对称

第二人称之尊称,石家语为 caw³,泰文 cau' 还有"君主、主人"之义,所以正与 hɔj⁶、khɔɔj'"奴婢"相对称。傣语也作 tsau³,都对汉语[主]*tjo'。此犹古汉语客人尊称主人为"主翁、东家",而自称为"仆"。可比较藏文 djo-bo"主,主人",khol-bo"仆人"、khol-mo"女仆、婢女",很明显,这主仆二词汉台藏都同源,只是汉语后来没有传承"婐",而是换了个同源异式的"倌"。

"你"则成了蔑称,因为对人直称"你",是很不客气的,只能对年少者、晚辈和下属用,泰文 muɯŋ、石家语 miŋ⁴、壮语 muɯŋ、德宏傣语 mauɯ²,都对汉语[某]＊mɯ'。此字在汉语中用作自称或不定指,在台语中则用作对称,这种词义变化在亲属语言间是不罕见的(比如,石家语代词一、三身就有对换的)。侗语的 maau⁶ 指"他","你"则说 ŋa²,正对汉语[汝]＊nja'。

石家语平辈之间称 ʔaj³,同泰文 ʔaaj'(是古语"长兄"之义)。上林壮语以 ʔai¹ 表成年男人,用来尊称人家丈夫,此皆对汉语[倚]＊qrai'/依＊qɯi,指可仗恃的人。其音跟哥＊kaai 也相近,虽"哥、姐"皆中古突厥借词,但这么快就风靡全国,还进入台语,跟原先汉台语的 ʔaaj 音义相近,好像也有点关系。

泰文 khɯa 有"你"和"朋友"两义,常用于诗歌,此可对汉语[友]＊gwɯ'(也有可能对[卿]＊khraŋ)。傣语 xiŋ² 是对不熟识的人为表尊敬而用的亲密称,石家语作 hiiŋ² 则用于平辈熟人之间(兼表"您"和"咱"),其音义跟汉语的"卿"尤相近似。泰文 giaŋ 表"并肩比邻"之义,不知是否同源。

壮语"你们"说 sou,泰文作 suu 表"您",此对汉语[叟]＊sru。《释名·释亲属》:"叟,老者称也。"这是对年龄大点的男人的尊称,所称男子其实并不一定很老,犹如越南语对成年男人称 ong"翁",古汉语还常称"公",都相当于"您"。《孟子·梁惠王上》"王曰:叟不远千里而来,亦将有以利吾国乎?"赵注:"叟,长老之称也,犹父云。"吴超强(1990)所举壮语例句"sou¹ dam¹ na² saat⁷ la"(你们种田完了吗),汉语依音可对为:"叟銤壤煞欤?"壮语的语言风格看起来够文的,因为汉台语分离的时代,汉语就正说着这样文的话。我们已经三引《孟子》,看来《孟子》的语言跟台语的关系格外深,孔孟之齐鲁语与台语的关系值得我们注意,那可能留有殷商东夷的底子。壮语 sou 表"你们",也可对"曹"。

3 他称

壮语称呼第三者作 te¹,又用于远指"那个",跟汉语[他]＊thai 相似(跟藏文 de"那个、它"音义也相近;布依语又说 ti¹,与汉语[底]＊tii'、[等]＊tɯɯ' 也似有联系)。

泰文 man 表蔑称,甚至指动物"它",石家语 man² 也用于比自己年纪小的人。傣语 man²、水语 man¹ 都是平声。此字虽也近汉语表晚辈的[晚]＊mon',但从根源上说,它可能跟"们"字关系更深。[们]＊mɯɯn 字原来的肥腻义,在泰文中还保留着,汉语"们"作人称复数义的来源虽有争论,但来自"物"＊mɯd、"民"＊min 的说法较为可信。注意,壮语左江土话"他"说 min²(如龙州话),跟"民"同音。说"物"、说"民"在古代都可能是贱称,上古"民"出身比"人"贱,所以用此词有自居人上的倨傲意味,傣语非敬称的"你"还用 tsau³ man²,是用"民"来冲淡"主"。

"他们",傣语作 xau¹,泰文为 khau"他",与此词同音的汉语共形词有"鸠(鸽)、觓(角)、丘(小山)"等,依音当对汉语尤韵巨鸠切的[仇/逑]＊gu"匹也"。《周南·兔罝》"赳赳武夫,公侯好仇","仇"也取同伴义。此跟汉语他称"渠"、藏文"他"kho 可能也有渊源。

石家语与此相当的 haw⁴ 却作"我"的亲密称"咱"用,反过来,平辈他称则说 raw⁵,这是其他台语用来表"我们、咱们"的词(前面已经说了对汉语"同僚"的[僚],相当于藏文 rogs"同伴")。两者正好对换,但"仇、僚"都表"同伴",语义基础相同,对换自然是可以的。

傣语敬称还有 taan⁶，此即泰文 daanh"阁下"，用于对称和他称，原是对身份尊贵者的敬称。此对汉语[殿]*dɯɯmh（汉语支的畲话此字也音 tan），日语也有类似用法。《越人歌》记为"澶"，用"昭澶"（cau' daanh）来称呼王子殿下，则其历史已经非常久远了。

4 亲属称谓

对称、他称在亲属间则多直接采用亲属称谓。以石家语为例，大多也与汉语相对当。汉语的对当词及其上古拟音写在方括号里（石家语调号已依侗傣语调号进行统一）：

phɔɔ⁶[父 *ba'],mee⁶[母 *mɯ'］、[孆 *me]《玉篇》"齐人呼母"，"祖父"Ɂooŋ⁶[翁 *Ɂooŋ]，"祖母"jaa⁶/泰文 jaah[娘 *njaŋ，"外祖母"Ɂaaj²/泰文 Ɂɯaj 大姊[姝 *Ɂɯɯ]，"外祖父"taa¹[妼 *taai]

Ɂɛɛŋ¹[兄 *qhwraŋ],cii³[姊 *Ɂsi'],"兄与姊"phii⁶/泰文 biih[比 *bih]，"弟、妹"nuaŋ⁴/泰文 nɔɔŋ'[孺 *njoh]

"子女"lik⁴[子 *Ɂljɯg']、[息 *slɯg],laan⁵/泰文 hlaan[孙 *sluun]，"婿"khwooj²/泰文 khəi[归 *klui]

女婿称"归"值得特别注意，《易·渐》"女归，吉"，《诗·周南·桃夭》"之子于归，宜其室家"，《说文》"归，女嫁也"。古称女子嫁人为"归"，因此称所嫁之人为"归"也是合乎词义变化的。台语以"归"称婿是承袭中华古礼的又一明证。

石家语在男孩名字前加 Ɂɛɛŋ¹ 即为"×兄"，在女孩名字前加 naaŋ² 即为"×娘"，naaŋ² 即[娘 *naŋ]。《玉篇》："娘，少女之号。"

壮语尊称人妻为 bɯk⁷"妇女"，即对汉语[妇 *bɯ']。吴超强（1990）所举的"bɯk⁷ bou³ jou⁵ raan² la"（你妻不在家吗），即对古汉语"妇不寓栏欤?"[*bɯ' pɯ ŋoh raan la]；石家话的"Ɂooŋ⁶ juu⁵ haa³"（外祖父在吗），即对汉语"翁寓乎?"[*qooŋ ŋoh fiaa]（台语 j 主要对汉语的日母、娘母，juu 对"寓"是根据泰文 h-jok 对"玉"）。这些例句还表明，它们的疑问语气词"欤、乎"也跟古汉语相同。

上面所举各词表明，汉台语相关词的关系是非常相近的，有些学者说汉台语不是亲属语言，若依这些先生随便用一句"全是借词"把它们全都否定，那么台语就几乎没有自己的代词和亲属词了。

5 近指

汉语对称用"汝、尔"，"尔"也用于近指，但台语专用于近指。

泰文近指代词为 niih，石家语为 nii²，壮语为 nei⁴，黎语为 nei²，侗水语为 naai⁶，此正对汉语[尔]*njei'。《诗·周颂·思文》"无此疆尔界，陈常于时夏"，《礼记·檀弓》记孔子赞丧礼，子贡问"夫子何善尔也?"，《世说新语·赏誉》"尔夜风恬月朗，乃共作曲室中语"，其中的"尔"也都表近指（在表"如此、这般"的时候更是多用"尔"，例多不赘）。又有"乃"亦是其变式，如"乃事、乃日"。现今汉语方言中的近指，除了粤语说 ni¹ 外，安徽徽语、吴语中有许多地方说自成音节的 n，也都是"尔"。

汉语此词不会是从台语借来的，因为它分布特别广，除了同是侗水语的拉珈语说 ni² 外，还有仡央语的仡佬语 ni³¹、拉基语 ne³、普标语 nai³⁵、布央语 ni⁴⁴。华澳语言中,该词的分布非常广泛,如:

苗瑶语如勉瑶语 naai³、金门话 nei³、唔奈话 ne¹³、滇东北苗语 ni³、湘西苗语 nen³;

孟高棉语如越南语 nay、高棉语 neeh、傣语 ni³、克木语 ŋiʔ、佤语 ʔin、布朗语甘塘话 ni³¹、德昂语茶叶箐话 nin³⁵;

南岛语如印度尼西亚语 ini、泰雅语 qani,塞德语 hini,萨斯特语 hiniʔ,邹语 eni,阿眉斯语 kuni,拉德语 nɛi、anɛi,回辉语 ni。

藏缅语中较少见,但藏文 nje 表"近,附近",景颇语 ni,怒苏、哈尼语 ŋi 表"近",缅文 nih "近"、anah"附近",阿昌语 ne"近"、ane"附近"。这些都和汉语的[迩]一样是近指"尔"的同源异式词。

所以"尔"表近指,可能是分布最广的华澳语系的典型性词汇之一。由于这是一个核心词,我们甚至可概称华澳语言为"尔"njei 语言。

参考文献

巴苹·玛诺迈韦奔(Manomaivibool,Prapin) 1975 《汉泰词汇对应研究》,博士论文。其中词例见王均译《汉语和泰语是不是亲属语言》,刊《民族语文研究情报资料集》第四集,1984。

白保罗 1975 《澳泰语言与文化》(*Austro-Thai Language and Culture*),HRAF Press。

陈国庆 2002 《克木语研究》,北京:民族出版社。

陈　康 1992 《台湾高山族语言》,北京:中央民族学院出版社。

刀世勋 1980 西双版纳傣文,《民族语文》(1)。

龚群虎 2002 《汉泰关系词的时间层次》,上海:复旦大学出版社。

黄布凡 1992 《藏缅语族语言词汇》,北京:中央民族学院出版社。

李方桂 1976 汉语和台语(Sino-Tai),王均译文刊《民族语文研究情报资料集》第四集,1984。

李方桂 1977 《台语比较手册》,火奴鲁鲁:夏威夷大学出版社。

梁　敏 1990 仡央语群的系属问题,《民族语文》(6)。

梁　敏、张均如 1996 《侗台语族概论》,北京:中国社会科学出版社。

罗常培、邢庆兰(公畹) 1950 《莲山摆彝语文初探》,北京大学出版部。

毛宗武、李云兵 1997 《巴哼语研究》,上海:上海远东出版社。

倪大白 2010 《侗台语概论》,北京:民族出版社。

王　均等 1984 《壮侗语族语言简志》,民族出版社。

威莱弯·哈尼莎塔婻塔 2003 石家语(上),杨光远译,《南开语言学刊》(2)。

闻　宥 1957 "台"语与汉语,《中国民族问题研究集刊》第六辑,中央民族学院研究部。

吴超强 1990 壮族的尊称谦称和昵称,《民族语文》(6)。

新谷忠彦、杨昭 1990 《海南岛门语分类词汇集》,日本东京外国语大学亚非言语文化研究所。

邢公畹 1999 《汉台语比较手册》,北京:商务印书馆。

颜其香、周植志 1995 《中国孟高棉语族语言与南亚语系》,北京:中央民族大学出版社。

杨光远 2007 《十三世纪傣泰语言的语音系统研究》,北京:民族出版社。

易家乐(Egerod,S.) 1961 泰语方言学研究(Studies in Thai Dialectology),张均如译文刊《民族语文研究

情报资料集》第三集,1984。

张元生、王伟　1990　壮侗语族语言和汉语的关系,《汉语与少数民族语关系研究》,《中央民族学院学报》增刊。

郑贻青　1997　《回辉话研究》,上海:上海远东出版社。

郑张尚芳　1991　Decipherment of Yue-Ren-Ge(《越人歌》解读),法国《东亚语言学报》(CLAO)第 20 卷第 2 册。孙琳、石锋译文刊《语言研究论丛》第七辑,北京:语文出版社。

郑张尚芳　1998　"蛮夷戎狄"语源考,《扬州大学中国文化研究所集刊》第一辑,南京:江苏古籍出版社。

郑张尚芳　2013　《上古音系》(第二版),上海教育出版社。

中央民族学院少数民族语言研究所第五研究室　1985　《壮侗语族语言词汇集》,北京:中央民族学院出版社。

中央民族学院苗瑶语研究室　1987　《苗瑶语方言词汇集》,北京:中央民族学院出版社。

十　南岛语与南亚语

（一）汉藏语系与南亚、南岛语系的同源关系

关于汉语与亲属语言的比较，以及如何判认其亲缘关系等问题，笔者曾在（1995、2003a、2004、2007）以及（2008）中进行了论述，提出要重视比较基本词汇中音义关联的平行词系，包括应该具备同源异式的同族词和异源共形词两个词系的例证。在词义比较上，强调不排除词义转移；在语词的语音结构上，强调词根对应而不要求所附冠音、韵尾全合，但要求古元音三角全部都能有对应。比如，藏汉两语鱼部的"鱼、五、雇、苦、狐、女、无、咀"都读 a，上古汉语读 ŋa 的"五、吾、语"都谐五声，而藏文"[五]lŋa、[吾]ŋa、[语]ŋag"的词根都是 ŋa。"妣、二、四、死"都读 i，"日、虱、节"都读 i 入声，"日、二"词根都是 nji。"九、肘、胞、苞、舅"都是 u，"六、笃、毒、昼"都读 u 塞尾；其中"九、肘""胞、苞"各为同族词系，而"九、宄、尻"汉语同为九声，而藏文"[九]dgu，[宄]rku 偷，[尻]dku 胯、rkub 臀"词根都是 ku。以上所列含有共形词根的就是共形词系。

上面方括号里的是对应汉字，下文例子中的方括号里还加有笔者的上古汉语拟音。

在南亚、南岛语言中，我们可以发现同样的词系分布。稍有不同的是，这些语言中有的有语音的后续变化，如低化、分裂、增减变换韵尾。比如，鱼部字孟文"吃"ca[咀 'sa']、"虎"kla[虎 qhlaa']，佤语"颊"s-ba[辅 ba]，元音都是 a。德昂语 ɹaaŋ 对[牙 ŋraa]，"房"giaŋ 对[家 kraa]，可比较藏文 khaŋ；又 m-braŋ 对[马 mraa']，可比较古藏文 rmaŋ。而脂、质部孟文 'ek[屎 qhli']、tŋee [日 njig]、cee [虱 srig]的 e 是 i 的低化，如克木语"日"还是 sŋi'，而佤语马散话"日、虱"都是 ɛi'，"虱"艾帅话还作紧 si'。佤语"狗"so'[嗾 soogs]、"帽"mhok[帽 muugs]，从"弟弟"pho'[褓 puu']在巴饶克方言中作 pu'，而在阿佤方言中作 phau' 来看，元音都可看为 u 低化作 o。越南京语"哺乳"bu⁵ 对[婔 phuud《集韵》"乳，母字"，表乳哺]（可比较白语"乳"pa⁵,⁸）、"吹气"phu² 对[哼 phuud]、"尘"bui⁶ 对[埲 buud]，又"肚子"buŋ 对[腹 pug]，皆属韵尾变换。

王敬骝、陈相木（1982、1983）对比了壮傣语与南亚、缅语的大量相关词汇，大多可信。潘悟云《对华澳语系假说的若干支持材料》"汉语、侗台语、南亚语的同源词比较"一节摘列王、陈（1982）中佤语与汉、泰、傣语比较词例 77 组，又再加佤语与其他台语、藏缅语、苗瑶语比较词例 7 组，其中"坚（硬）kian、魂 khuan、颊 kap、夹 s·giap、翼 pruik、屈（曲）kot、喉 ghɔ、蓝靛 kram、懒 gran、飞 pu、陆 rauk、牙 ŋa、洫（田）na、马 brɛ、雁 han、臆 ʔuk、雾 s·mɔk、寻 liam、驴 la、江 klɔŋ、铁 lek、杜（根）riah、长 laŋ、鹰 klaŋ、路 kraʔ"等都非常准确恰当，但其实还可再添

加更多的词例，比如"给 kup 足够、解 kaẖ、懈 gaẖ 松散"，尤其"解 kaẖ、懈 gaẖ"都正与汉语"解、懈"音义相对当。

马伯乐在《安南历史语音学研究》中认为，越南语虽是混合语，但有声调的主要形式是一种台语，对此，闻宥先生(1986)提出了质疑，指出马氏归南亚语的"ao 衣、lua⁵ 穀、chim² 鸟"，归台语的"nhip 缝、gao⁶ 米"，实也可对汉语的"袄、稑、禽、繺、耗"，所确认为南亚语源的"con 儿女、căm² 下颌、căp⁶ 夹子、năm 年岁"，也可对汉语的"昆、颔、夹、稔"，其实无意间比证了汉语与孟高棉语族的亲缘关系(只"袄、耗"古音不合，"袄"是中古借词，"耗"当改为"糇"或"穀")。

孟高棉语言冠音丰富，有的具有不止一重冠音，并见塞鼻冠音连用，使得一些词形成复杂的多音词面貌，但去掉冠音看后面的词根音节，往往与古汉语词根非常相似，如克木语"cə-ŋkhrɔʔ(蛋)壳、pə-rjɔŋ 龙"，高棉语"dɔ-mbɔŋ 棒、ʔɔ-ndaat 舌、ʔɔ-ŋguj 坐(对当'跪')、kɔ-ntuj 尾(对'脽')"，对应十分明显。

沙加尔先生主张汉语与南岛语具有同源关系，邢公畹先生和郑张尚芳很早就表示支持。而在王士元先生主编的《汉语的祖先》论集中，李壬癸先生曾质疑说，从谭波夫、戴恩等所构拟的原始南岛语看，"几乎没有几个比较词项能够说明它们具有共同的来源"。李氏还质疑说，他们所引的一些词的历史层次比构拟的低。其实，前人构拟时所依据的词形较少，并且不同人有不同的构拟形式(何大安先生所引原始南岛语 PAN 就有好些不同于李氏所引的 PAN 和 PMP，比如 R 用 g 表示，实属较晚变化)，因此构拟形式反不如具体语言容易复查比对。

下面，我们就依李壬癸所引词表进行分析，其中也有七八十条是可以对上的。依据沙氏的意见，以南岛语末音节对汉语，只有"首、白"等少数词兼及前冠音节，方括号内是所对汉语。

a 对[a]：盐 *siraq[卤 raa']，吐 *utaq[吐 thaa']，睹 *kita[睹 taa']，眼 *maCa[矑 raa](依石家语"眼 pla"，C 来自 pl-)，射＝箭 *panaq[弩 naa']，房 *Rumaq [庑 ma']，稻米 *bəRas[秎 m·rads]，岁 *kawaS[岁 sqhwads]，孩 *waNak[孥 naa]，血 *DaRaq[赤 khljaag](藏文 khrag)，足 *DapaN[蹯 ban]，蛇 SulaR[蛇 filaal、它 lhaal]，叶 *biRaq [lab]，放 *əkan'[缓 Gwaan']，银 *pirak[白 braag]，烫 *DaŋDaŋ[lhaaŋ]，湖 *Danaw[淖 naawGs]。"雨 *quZaN"何氏作 *qudal，则可对[沱 daal](藏文 thjar)。

i 对[i]：屎 *Caqi[qhli']，尿 *pipi [<牝 bil' 扶履切]，鸭 *bibiq[匹 phid 见《孟》]，天 *laŋiC[日 njig]，闭 *kupit[piids]，寻 *kiRim[ljɯm]，近 *d'aNih[迩 njel']，甜 *mamis[蜜 mlig/mlid]，这 *iniH[尔 njel']，刀 *takis[契 kheeds]，米饭 Səmay[米 mii']。

也有例外，如 əy 对[i]：死 *maCəy[hlji']，豕 *bəRək[hli']，尿 *isəq[私 slil]。还有一例"舌 *dilaq[filed]"，对的是[ə]。

[u]：肘 *siku[肘 klʔu']，首 *quluh[首 hlu']，脑 *punuq[脑 nuu']，脧 *butuq[州 tju 见《尔雅》]，火 *Sapuy[火 hwuul']，水 *DaNum[灆 rɯm]，饮 *inum[饮 'rɯm]，肠 siluH[膫 reew](藏文 rgju)，我 *aku[己 kɯ']。又"七 *pitu"可对藏文 bdun。

[>o]：乳 *nunuh[乳 njo']，门 *pintuh[甂 doos/dooh 田候切]，君主 *datu[主 tjo']，椓 *tutuh[椓 toog]，啄 *TukTuk[rtook]，坐 *DukDuk[住 djoh]，鸡 *manuk[鹜 mlog]，犬 *wasu[嗾 soogs]，卵 *qiCəlur[卵 roon']，睡 *tuDuR[djools]，臼 *Nəsuŋ[舂 hljooŋ]。

此外还有 a、ay 对［>ɯ］：手 *lima［拇 mɯ'］，田 *qumah［亩 mɯ'］，耳 *Caliŋa［耳 njɯ'］，胸 *tagəRaŋ［膺 lɯŋ］，脓 *naNaq［疒 rnɯɯg］，火把 *DamaR［烓 hmɯl'］，藤 *quway［菵 gwɯl'］，足 *qaqay［止 kljɯ'］，涎 *ŋalay［漦 rjɯ］，飞 *ləmbay［pɯl］。另外还有一例"给 *bəRəy［贻 lɯ］"。

ə、i 对［>ɯ］：塞 səŋsəŋ［塞 sɯɯg］，针 *d'aRum［针 kljɯɯm］，吞 *tələn［吞 hl'ɯɯn］，想 *nəmnəm［恁 njɯm'］，吃 *ka'ən［啃 龈 khɯɯn'］，洗 *busəq［洗 sɯɯl'］，话 *kaRi［辞 ljɯ］，来 *m-aRi［来 m·rɯɯ］，绳 *CaliS［丝 slɯ］，纺织 *hantiq［织 tjɯg］，立 *DiRih［立 rɯb］。

由此可见，南岛语与汉语的对应是成系列的，并非"没有几个"。笔者在 1990 年写信给沙加尔先生，表示和他同样持汉语、南岛语同源的观点，同时列出汉-马来语言同源的词三百余例（见下文）。

因此，应该认为南亚、南岛语都是华澳大语系的成员。上面虽然用古汉语来进行对比，但其实已经部分涉及了藏、侗台语言，从附注中就可以看出来。如果要对这些地方展开论述，可以列出更长的表。

（二）致沙加尔先生论南岛语书（1990）

沙加尔先生：

您好！您寄赠的大作 *Chinese and Austronesian are Genetically Related* 已经收到，非常感谢！并对此前所赠大作《赣方言与客方言的关系》《中国和东南亚的紧喉声调》一并致谢！拜读大作很令人兴奋，我以前只敢认为南亚语（孟高棉语）是与汉语同一起源的，这已与当前通行说法不同，不料您比我走得更远，肯定了南岛语与汉语的发生学关系，尊说与中国民族史家的南岛民族从中国大陆发源说正相表里。遗憾我对南岛语所知甚少，只是为 P. k. Benedict 先生坚持侗台、苗瑶语跟汉语不同源而只跟南岛语同源，才促使我去看一些印度尼西亚语、马来语词典，比较一下亲疏。一看倒发现好些印度尼西亚词跟汉语古音很接近，我也进行了一些初步比较，但觉得基本词还太少，对应规律还不够严格，故一直未敢示人。看到大作将南岛语与汉语的关系建立在严格的元音对应及韵尾与声调对应上，很是钦佩，像印度尼西亚语 banju(水) 对"濡"、ulaR 对"蛇"、dilat 对"舌"、ukuq 对"狗"都是确切无疑的妙对，而 kapas 对"布"则更令人拍案叫绝了（前人译之为"吉贝"，想不到还是我自己母语的古音）。因遇知音，我想把自己看到随手札记的一些印度尼西亚、马来语，以及埃德（Ede 或 Rhade）语的可比较词举出，以供参考、讨论。其中不加注的都是印度尼西亚文，可对应的汉字及我所构拟的卜古音（加星号）放在方头括号里（原作‖号）。（一）起大致依韵尾分排。其特点是分六种元音：

i 脂	ɯ 之	u 幽
e 支	a 鱼	o 侯

元音各分长短，长元音发展为一（四）、二等，短元音发展为三等。二等及重纽三等与不轻唇

化各韵喉牙音有 r 介音。除章系声母及麻三昔三外，三等字我不加 j 介音。入声尾是浊的-b、-d、-g，上声-ʔ，去声 s-(→h)。kl·、pl·，表结合紧的中古变单声母 t，不同于结合松的 kl、pl，kl、pl 中古变为 k、p。章系的拟音是"klj 章，khlj 昌，glj 禅，hlj/hnj 书，filj 船，ŋlj/nj 日（也有 ŋj 等）"。因之部是 ɯ，它可对应印度尼西亚语 a、u、i。

（一）全词对应（E/R 表 Ede/Rhade 埃德语，C 表 čam 占语）

ku/aku 我【己 *kŭʔ】| lang 鹰【鹰 *ʔrŭŋ】| E krong 河【江 *krōŋ】| nung～enung 宝宝【孺 *njō】| tōng 大桶，E thŭng【桶 *dōŋʔ/thōŋʔ】| E pŭ 抱【抱 *bū？】| kap 盖罩（爪哇语 kekeb 壶盖）【盖 *kābs】| E klam 扛【担 *kl·ām】| Rgrɔh 吠【号 *glāus】| karah 斑点，锈【瑕 *grā】| kara/karah 孤独的【孤 *kwlā、寡 *kwrāʔ】| karu/karau 搅，E krau 扰【搅 *krūʔ】| garam 盐【盐 *lam<figlăm】| kulum 含【含 *glūm】| garing 坚硬的，E khăŋ【*krē？ʔ 鲠】| kain 巾【巾 *krŭn】| kelam 阴暗的、malam 夜，E mlam 夜【阴 *ʔrŭm、暗 *ʔlŭms】| 针 djarum，E erŭm【针 *kljūm】| barut 涂抹【笔 *brŭd】| berak 银，E prăk 银【白 *brāg】| keras 坚硬【固 *klās】| kerung 洞孔【孔 *khlōŋʔ】| kawan 群，友伴【群 *gwŭn（台语：人）】| mari，C marai 来【*(m)rū】| C mrai 线【麻 mrāi】| C ao 衣【袄 *ū？】| C bara 肩，E mra 肩【髆 *blāg】| hulu 头【首 *hljū？】| ngarai 崖【崖 *ŋrē】| djari 指【指 *kljĭ？】（参看"针"）| E sŭn 蒜【蒜 *sōns】| E luic 遗失【遗 *lŭi】| E ʔdŭt 短【黜 *tōd】| E mlau 毛【*mau】| dahi 额【题 *dē】| pohen 树干，E phŭn 树干【本 *pūnʔ】| E waih 划（船）【*wrōi】

（二）末音节对应

Apa 那个，某某【夫 *pă（彼 *prăi）】| harga 价【价 *krās】| langkah 出发【去 *khăs】| huma/uma 田，E hma 田【亩 *mŭ？】| ada 存在，持有【持 *dŭ、在 *sdŭ？】| 耳 telinga，E kŋa【耳 *njŭ～ŋjŭ？】| dagu 颐，颔【颏 *gŭ】| kubu 堡垒【堡 *pū？】| sapu 扫帚【妇 *bŭ？】| maki 骂【讥 *kŭi】| tahi 粪【屎 *hljĭ？】| gigi 齿，E egei【齿 *khljū？】| kaki 足，C kakai 足【趾 kljū？】| misai 髭【髭 *tsě】| tjerai 离【*răi】| rimau/harimau 虎豹【猫 *mrāu】| djauh 远【*迢 dēu】| padi 稻【穧 *sdīs《诗·小雅·大田》"彼有不获穉(*filʔĭ sdīs)，此有不敛穧"/稊 *dī】| kakas 器具【器 *khr ŭs】| hamis 腥臭【昧 *mŭds→mɯs】habis 完毕【毕 *pĭd】| arus 水流【流 *rŭ】

以下调不合：

［-k：-ʔ］

adek/adik 弟妹，C adei【弟 *dī？】| anak 子女【女 *nă？（孥 *nā？）平、上二声】| nénék 祖【祢 *nē？】| bapak．pak 父【父 *bă？】| emak．mak 母【*mŭ？】| kapak 斧【斧 *pă？】| agak 估量【估 klā？"估"有上声】| pekak 罗网【罟公户切 *klā？】| benak 脑【脑 *nāu？】| C likuk．lakuk 以后【后 *gō？】| balik 里【里 rɯ？】

还有调变去声的：duduk 坐、住，E dok【住 *dŏh】| C takhauk 鞋【屦 *klŏh】

［ŋ：ŋ］

adang 阻挡【挡 *tāŋ？】| padang 旷场【场 *dăŋ】| tandang 浪游【荡、趤 *dāŋs】| bengkajang 胀【*kl·ăŋs】| pandjang 长【*gl·ăŋ→dăŋ】| terang 光亮【亮 *răŋs】| gepeng 平【平 *brĕŋ】| pating 钉【钉 *tēŋ】| asiŋ 陌生【生 *srĕŋ】| bokong 臀部【肛 *krōŋ】| bohong 骗【哄 *hōŋ？】| tanggong 背负，C cakong 抬，E kūng【扛 *krōŋ】| lesumg 臼【舂 *hljōŋ】|

kurung 监禁【栊 *rōŋ】| tembung 棍【棒 *brōŋʔ】| kampung 村,乡【邦 *prōŋ】| hubung 接合【缝 *bŏŋ】| tandjung 冢【冢 *tŏŋʔ】

以下尾不同：dagang/niaga 经商【贾 klāʔ】| keping 片【片 *phēns】| potong 切断【断 *dōnʔ】| C glaung 高【*kāu】

[-k：-g]

orak 脱落【落 *rāg】| pak 伯【*prāg】| sesak 窄【*tsrāg】| asak 塞【*sūg】| dɔhak 痰【喀 *khrāg】| tjérék 药罐,壶（马来语 cherek 锅釜）【鬲 *rēg】| patok 鸟嘴、patuk 啄【啄 *tŏg/tōg】| béngkok 弯,屈曲/pekuk 手足弯曲【曲 *khŏg】| épok 囊【袄 *bŭg、㡃 *bŏg】| tebug 穿孔,挖洞【覆 *bŭg】| siduk 杓【*hljāug→djāug】| sangkak 阻碍,抵抗【格 *krāg】| kosék 淘洗【淅 *sēg】| kéték 小的【滴 *tēg】| petik 摘【*trēg】

元音不合：minjak 油, C məɲək 油【肉 *njūg】

变去声：tambak 坝【*pāgs】| C gabak 走【步 bāgs】

[m：m]

siram 浇洒、djaram 冷水浇头【淋 *rŭm】| hitam 黑【黕 *tūmʔ】| dalam 深【深 *hljūm】| minum 饮（PAN danum 水）【*ʔrŭm】| djarum 针（已见（一））

尾变：asam 酸【酸 *sōn】

[-p：-b]

gedap 击打【揭 *tāb】| dakap 合抱,搂【匌 *kūb】| perap（毛发）竖立【立 *rŭb】| kilap 闪耀【熠羊入切 *lŭb】

[-n：-n]

awan 云【云 *wŭn】| makan 吃,食【唁、龈 *khūnʔ】| telan 吞, C luan, E elun【吞 hl·ūn】| enggan 拒绝,反对【扜 *gāns】| papan 板,盘【板 *prān、盘 *bān】| tambun 胖【胖 *phōns】| alun 波【沦 *rŭn】

[-t：-d]

rambut 发【*bŏd】| papat 割,截【别 *brĕd】| béngot 倾斜的【兀 *ŋūd】| gigit 吃,咬【啮吃 *khīd】| patjat 一种蛭【蛭 *kljid→tjid】| 爪哇语 ilat 舌【舌 filjēd】| ulat 虫【蜇、厉 *rād】| hangat 热【*njēd】| lengit 天【日 *njīd】

[-r -l：i]

tidur 睡【*djōis】| hampir 近【比 *pǐʔ】| panggar 架【架 *krāis】| ular 蛇【它 *hl·āi、蛇 *filjāi】| kekar 开【开 *khūi】| kidal 左【左 *stāiʔ】| C par~pər 飞, E phier【pŭi】| E war 园【园 *wǎn】

[-r -l：n]

pagar 篱笆,墙【干、韩《诗经》作"翰","大宗为翰""维周之翰" *gān】| kobar 燃烧【焚 *bŭn】| akar 根【根 *kūn】| bubur 坟【坟 *bŭn】| pupur 粉【粉 *pǔnʔ】| pungkur 臀、ekor 尾巴【髋 *khōn】| kebur 拌【拌 *bōnʔ】| telur 卵【*rōnʔ】| siar 散【散 *sāns】| damal 慢【慢 *māns】| kebul 烟尘【坌 *būns】| babil 辩【*brĕnʔ】| kenal 认识【认 *njīns】

（三）首音节对应

rimba 森林【林 *rŭm】| babi 猪【豝 *prā】| bangsal 草棚、bangta 帐幕、banglo 板屋【棚

*brūŋ、房 blăŋ】| kuali，E gŏ铁锅【锅 *klōi】| bagi 分开【擘 *prēg】| toki 敲(门)【毅 *tōg】| ngukngik 哭【*ŋhōg】

还有些词不但与汉语有关，也和藏文或其他汉藏语相关。以下方头括号里不加注明的是藏文的转写，汉语形式已见前(顺序同)：ku【kho-bo 我，自己】| E krong【klung 江河】| lang【缅文 langh 鹰鹫】| nung【nu 乳房，小孩】| tong【ldong 茶桶】| kap【ɦgab 遮羞】| karu【ɦkhrug 扰乱，搅乱】| garam【rgyam 岩盐】| bara【phrag 肩膊】| gigi/gigit【缅文 khē 咬，咬牙】| tahi【缅文 khjeih 屎】| kaki【缅文 khrei 脚】| benak【缅文 ū-hnɔk 脑】| duduk，E dok【ɦdug 住坐】| padang【thang 平原】| bengkajang【skrang 胀】| dagang 经商【gla 租雇，酬金】| épok【ɦbog 包袱】| pekik【khyog 弯曲】| kepuk 洞穴、tebuk 穿孔【bug 孔洞】| kéték 小的【tek 滴】| perap 竖立【缅文 rap 立】| enggan【ɦgal-ba 违抗】| rambut【phud 发髻】| C par~pər，E phier【ɦphur 飞】| kobar【ɦbar 燃烧，焚】| kubur 坟【ɦbur 坟起(动词)，独龙语 tɯ-pŭn 坟】| pupur 粉【phur 粉】| babi【phag 猪】| bangta/banglo【bang 棚，仓；brang 房】

前面未举的：ini 这【ni 者，(日喀则藏语)这(汉语"尔" *njē?)】| siku 肘，角隅【gru 肘，角隅(汉语"肘" *kl·ŭ?)】| puluh，C pluh【bcu← btju 十(汉语"十" *gljub)】| lagu【glu 歌曲(汉语"歈" *lo)】| nanah【rnag 脓】| tebus【blu(过去式，命令式 blus)赎(汉语"赎" *sɦlŏg)】| dan 和，与【dang 和，与(汉语"党" *tāŋ?同 *dōŋ。《方言》"懂"tōŋ? 写成"党"，可与之进行比较)】| boros 玩乐【藏文 brod 玩乐(汉语"说" *hljōd 失爇切、lŏd 弋雪切)】。

上面的 tebus、blu 等是否与汉语有关值得讨论，因为有些 b 声母在 l、r 之前的某些对应中，汉语常脱落或变成 h、ɦ，即变成书船二母，如对汉语词"容"loŋ、beras 米(E braih)【藏文 ɦbras 米、饭，汉语"粝"mras】。还可比较以下两个例子：藏文 bra 小鼠，汉语为"鼠" *hljā?，秦简"鼠"借为"予" *la?；藏文 ɦbreng 皮绳，汉语为"绳" *ɦljɯŋ。

我怀疑以下的词，南岛语可能是 m-、b-脱落的结果，但有待证实。

m-脱落：alang-alang 茅草【汉语"莽(舞)"mlāŋ? 模朗切、mlā? 莫补切，缅文 mrak 草，占语 rɐk】| orang，E arăng 人【汉语"氓" *mrāŋ，藏文 dmaŋs 人民】| halis 眉【汉语"眉" *mrĭ，藏文 smin 古汉语"眉""梨"通，温州方言"眉"叫"眼梨毛"】

b-脱落：rak 岩礁【藏文 brag 岩，汉语"石" *bljāg，"碧" *präg】

i~in：kumi 我们，朕【藏文 mi 人，汉语"民" *mǐn】

上古汉语 r 前 m 脱落常见：麦/来、命/令。

值得注意的是下面几对构词音变，它们在印度尼西亚语、汉语、藏文中有相对应的表现：

(1) langit 天(C langik，海南回辉话 ngi)【汉语"日" *njīd(《集韵》又"而力切" *njīg)，藏文 nji 日、太阳/njin 白昼】| hangat 热，ngit/ngat【汉语"热" *njēd】。汉语"日"母上古有三个来源，即 *nj、*ŋj、*ŋlj，从印度尼西亚语来看，也许应对 ŋj 或 *ŋlj，比较：telinga 耳【藏文 rna，壮 rɯ²，汉 *ŋljɯ?】/dengar 听【藏 njan(未来、过去式 mnjan)，汉"闻" *mŭn】

(2) hangu~hangus，angus 烧焦【藏文 rŋo 煎炒(过去、既事式 brŋos)；汉语"熬"(动词) *ŋāu，"鏊"(名词，烧器) *ŋaus】动词既事式转为名词是合例的(参梅祖麟关于去声别义的文章)。

(3) lidah 舌(爪哇语 ilat)/djilat 舔舐，两者形式很不相近，但与【藏文 ldag 舔/ltje 舌】形成有趣的对应。藏文 ld、lt 都是 l 的塞化形式，比较【缅文 ljak 舐/hlja 舌】可知。埃德语"elah 舌/lɛh 舐"的对应就相当明显了，汉语是"舐"*filjeʔ/"舌"*filjed。

（4）penat 疲惫/benah 病痛/nanah 脓（C lanah）【藏文 nad 病痛/na 害病/rnag 脓/mnar 痛楚；汉语"蚎"*nād（《广雅》"痛也""螫也"）/"蘫"*njāg（《集韵》"螫痛也"）/"难"*nāns；武鸣壮语 năt 酸痛；龙州壮语 naːi⁵ 疲，酸；侗语 nat⁷ 疖子】。

（5）panah 射，埃德语分为 mnah 射/hna 弓【汉语"笯"*nā 箭镞/"弩"*nāʔ；藏文 mdafi ← 缅文 hmrah】，比较埃德语 mnah【壮语 na² 箭】。

（6）tanah 地/ranah 洼地、沼泽地/bana'（班尼迪引）水洼地【汉语"壤"*njāŋʔ/"洳"*njā 湿地；藏文 rnang 田地/na 水草地；壮语 nām⁶ 土/na² 田；越南语 nà 河滩】。

（7）belah 分裂/perai 破碎、分解/tjerai 分离【汉语"破"*phlāis/"披"*phräi/"离"*räi；藏文 fibra 分散/ral 破裂】。

（8）keri 镰刀/keris 短刀【藏文 gri 刀剑；泰文 krɛ̄ʔ 刈、（泰南方言）镰刀/krīt 以利器刻、割；汉语"契"*khlēs 刻/"鍥"*klēd 镰】。

藏语浊母可对汉语清母，如 dgu【九 *ku】，故上面的比较对清浊不很计较，但鼻音和塞音是否可交替还未能确定，例如"印度尼西亚语 sungai【汉语"河"*gāi】| 印度尼西亚语 lengan 臂【汉语"肩"*kēn，壮语 ken¹ 臂】"，相互之间不知能否建立起对应关系。

以上看法，可供比较。能否成立，谨请指教。

对于大作，我非常佩服您的许多创见。在赞佩之余，略提几点不同的意见供参考：

（1）3.1.2.1 关于中缀-j-，(46)的五对例子非常精彩，但我认为 -j-是后起的，原先来自短元音，这五对也都可以解释为长短元音对立的变化。如"娘"只写 năŋ，以此对当 inaŋ 更近。

（2）kaki 对"基"不如对"趾"，甲骨文原作"止"，古代即是"脚"。gigi 对"麒"不如直接对"齿"，"齿"从"止"声，二音相近，古代章系字读 klj，今闽语"齿"仍读 khi。

（3）之部您拟 *ii，后面的-i 对"有、友、裘"等字变-u 尾不合适，而且日语以"止""已"表 to、ko 假名字母，也不宜有 i，故我只拟 *ɯ（近 ɨ）：分别入中古 *wŭ→ju 尤韵，*ŭ→ jɯ 之韵，*ŭ→əɯ → ʌi 哈韵。

（4）例(59)中，*ibu 对"婆""*bua"不合适，因"婆"是歌部字 *bai← **bal（唇音古不分开合，中古唇音后的-u-后起）。元音不合，韵尾不合。

（5）大作中的少许笔误：例(53)(42)中的"折"应作"拆"。"折"字古音是 *pljad。(48)"髓"是歌部合口字，我作 *slŏiʔ，后有-i，照您的拟法后应有-r，现作 s-j-waʔ；(52)"睡"*djŏis 亦同部，现作 d-j-waʔ，后面都少标了一个-r。(4c)"孥"古有"妻子也""子也"二解，"子"兼指男女孩子，不必加 male。

语词比较，有的还可与原始人的习俗相联系进行探讨。南岛语与汉藏语应是在原始时代分离的，比如，当时大家都使用"鬲"tjérɛk，南岛语与汉藏语中都还保留了这个词。再如，rusa 鹿【藏文 sja 鹿、肉，ru-ru 一种鹿、鹿叫】【汉语"腊"*sjag 干肉，"鹿"rōg】，鹿是原始人日常供应肉类的猎物，因此可作以上对比。独龙语 ça⁵⁵ 为"野兽""肉"二义，可作佐证。不知您以为然否？

　　由于会议较多,事务冗杂,前所说拙作尚未誊毕,劳盼望。接大作后又大感兴趣,对看自己的材料,写了这封信。我近与邢公畹先生讨论《越人歌》(《说苑》中记录的)的释读问题,我已释读成功,几乎能逐字对音还原成泰文。在上月的中国音韵学年会上(我被选为理事),遇到邢公畹先生的助手石锋博士,他说邢先生也收到您这篇大作,极感兴趣,准备写文章评介。石锋先生对此也很感兴趣,很想拜望您,他将于1991年8月去法国普罗旺斯大学参加第12届国际语音学会议。我本人也极愿与您合作,可以广泛合作研究,但如申请合作,以温州方言或浙南方言历史比较为题为好。因我虽对其他语言也比较感兴趣,但毕竟不是这些方面的专家。请向徐丹女士问好。顺祝

撰安!

1990年11月12日

参考文献

白保罗　1975　《澳泰语言和文化》(*Austro-Thai Language and Culture*),HRAF Press。

坂本恭章　1976　《MON 语语汇集》,日本东京外国语大学亚非言语文化研究所。

龚煌城　2002　《汉藏语研究论文集》,"中研院"语言学研究所。

何大安　1999　论原始南岛语同源词,《中国语言学的新拓展——庆祝王士元教授六十五岁华诞》,石锋、潘悟云编,香港:香港城市大学出版社。

黄树先　2010　《汉语核心词探索》,武汉:华中师范大学出版社。

江　荻　2002　《汉藏语言演化的历史音变模型》,北京:民族出版社。

金理新　2006　《汉藏基础词辨证》,博士后出站报告,中国社会科学院民族学与人类学研究所。

柯蔚南　1986　《汉藏语系词汇比较手册》(*A Sinologist's Handlist of Sino-Tibetan Lexical Comparisons*),《华裔学志丛书》第18种。

李壬癸　1995　汉语和南岛语有发生学联系吗?《中国语言学报》单刊8号。又见王士元编《汉语的祖先》,北京:中华书局,2005。

罗常培、周祖谟　1958　《汉魏晋南北朝韵部演变研究》,北京:科学出版社.

马提索夫　1976　澳泰语系和汉藏语系有关身体部分词接触关系的检验,王德温译,《民族语文研究情报资料集》第六集,中国社会科学院民族研究所语言室,1985。

梅祖麟　2000　《梅祖麟语言学论文集》,北京:商务印书馆。

潘悟云　2002　对华澳语系假说的若干支持材料,《著名中华语言学家自选集·潘悟云卷》,合肥:安徽教育出版社。

瞿霭堂　1991　《藏语韵母研究》,西宁:青海民族出版社。

全广镇　1996　《汉藏语同源词综探》,台北:台湾学生书局。

沙加尔　1990　论汉语、南岛语的亲属关系,第23届汉藏语言学会议论文,郑张尚芳、曾晓渝译文刊石锋编《汉语研究在海外》,北京:北京语言学院出版社,1995。

沙加尔　1999　*The Roots of Old Chinese*(《上古汉语的词根》),John Ben-jamins Publishing Company,龚群虎译,上海:上海教育出版社,2004。

施向东　2000　《汉语和藏语同源体系的比较研究》,北京:华语教学出版社。

王辅世　1979　《苗语方言声韵母比较》,中国社会科学院民族研究所油印。

王辅世　1994　《苗语古音构拟》,东京：亚非语言文化研究所。

王辅世、毛宗武　1995　《苗瑶语古音构拟》,北京：中国社会科学出版社。

王敬骝、陈相木　1982　《西双版纳老傣文五十六字母考释》,云南省民族研究所。

王敬骝、陈相木　1983　《傣语声调考》,云南省民族研究所语文研究室。

闻一多　1956　《神话与诗——闻一多全集选刊之一》,北京：古籍出版社。

闻　宥　1986　马伯乐所定越语词源考辨,《中华文史论丛增刊·语言文字研究专辑(下)》,上海：上海古籍出版社。

吴安其　2002　《汉藏语同源研究》,北京：中央民族大学出版社。

邢公畹　1991　关于汉语南岛语的发生学关系问题——L.沙加尔《汉语南岛语同源论》述评补证,《民族语文》(3)。

邢公畹　1999　《汉台语比较手册》,北京：商务印书馆。

薛才德　2001　《汉语藏语同源字研究》,上海：上海大学出版社。

颜其香、周植志　1995　《中国孟高棉语族语言与南亚语系》,北京：中央民族大学出版社。

俞　敏　1989　汉藏同源字谱稿,《民族语文》(1)(2)。

俞　敏　1999　《俞敏语言学论文集》,北京：商务印书馆。

郑张尚芳　1983　温州方言歌韵读音的分化和历史层次,《语言研究》(2)。

郑张尚芳　1993　澳泰语言根在汉藏(*The Root of Austro-Tai Languages is in Sino-Tibetan*),亚洲大陆和海岛语言关系研讨会论文,夏威夷大学。

郑张尚芳　1995　汉语与亲属语同源根词及附缀成分比较上的择对问题,《中国语言学报》单刊8号。又见王士元编《汉语的祖先》,北京：中华书局,2005。

郑张尚芳　1999　白语是汉白语族的一支独立语言,《中国语言学的新拓展——庆祝王士元教授六十五岁华诞》,石锋、潘悟云编,香港：香港城市大学出版社。

郑张尚芳　2002　汉语方言异常音读的分层及滞古层次分析,第三届国际汉学会议论文集《南北是非：汉语方言的差异与变化》,"中研院"语言学研究所。

郑张尚芳　2003a　《上古音系》,上海：上海教育出版社。

郑张尚芳　2003b　汉语与亲属语言比较的方法问题,《南开语言学刊》(2)。

郑张尚芳　2004　谈音义关联的平行词系比较法,《民族语文》(1)。

郑张尚芳　2006a　汉藏两语韵母异常对应,《语言研究》(2)。

郑张尚芳　2006b　古译名勘原辩讹五例,《中国语文》(6)。

郑张尚芳　2007　语言同源与接触的鉴别问题,《语言接触与语言比较》,薛才德编,上海：学林出版社。

郑张尚芳　2008　汉语藏语古元音三角韵字在苗瑶、侗台语言的对应,《南开语言学刊》(1)。

下编

汉藏缅泰同源字总谱

收词说明：

1. 全表先按笔者分韵字表（刊丁邦新、孙宏开主编《汉藏语同源词研究（四）——上古汉语侗台语关系研究》，广西民族出版社 2011，参见拙著《上古音系》第二版附录，上海教育出版社 2013）的次序排列所选汉字，分别比对藏、缅、泰文所择对的词根。

2. 每种语言皆以第一种词典为主要收词依据，然而并非是认为该词典较其他词典更优，而是因为这些词典最早购买，故而所摘卡片最多。本表所引商务印书馆的词典也较多，后标以 S，所引的《格西曲札藏文辞典》则标 G。

3. 表内所引古文字词语俱为词典所收录者，李方桂先生以藏文 zlan 对"涎"甚佳，但因未找到所据词典，也暂不录（或为 rlan 谓）。附列的今语方言则不受此限制。

4. 藏、缅、泰傣古文字皆以拉丁字母转写。藏文、缅文转写依据笔者《上古缅歌》所列转写方案，但原方案用大写字母的现改用下划线，如 h̲、n̲。泰文低组声母用浊声母转写，1 调加-h，2 调加-'。

5. 石家语声调原据泰文标作（1）A1、（2）C1、（3）B1、（4）A2、（5）C2、（6）B2，现依国内台语标调惯例进行统一，以便对照，即将原文的调号（2）改 5，（4）改 2，（5）改 6，（6）改 4。

6. 某些条目或有另种择对可能的，也在备注栏加注，以拓展比较的思路。

A 收喉各部

1 侯窦屋东

韵部	韵等	古汉语	对应语	语 词	意 义	备 注
侯	三短 O	驹 ko	藏	gu	表幼小词尾	
		句 ko、koo	藏	h̲khju	弯曲	
		俱 ko	泰	klua'	混杂、搅和	
		区 kho	藏	go	地方、区域	
			泰	khɔɔk	区、地区	或对"域"
		驱 kho	藏	h̲khju	跑	
		躯 kho	藏	sku	贵体（敬）	
			缅	k̲ouj kong	身躯 人畜身躯	又对"躬"
		貙 khl'o	藏	gung	草豹	
			嘉戎	khuŋ	虎	
			壮	kuk kuk-peu[5]	虎 豹	或对"狓"koog

195

韵部	韵等	古汉语	对应语	语 词	意 义	备 注
侯	三短 O	蚼 go、qhoo'	藏	grog-ma	马蚁	
		愚 ŋo	泰	ngooh	愚昧、愚蠢的	
		隅 ŋos	藏	ngos	侧面、旁边	又对"外"
		遇 ŋos	藏	ngos-	会晤、认识	
			缅	ngraah	遭逢	又对"晤"
		伛 qo'	泰	guu'	弯、驼	
		付 pos	藏	ḫbogs-pa,（将）dbog,（已）phog,（命）phogs	分给、赐与、传授	
		腐 bo'	泰	phu bɔɔd	腐烂、朽坏的 腐烂的	
		附 bos	泰	bɔɔk	粘附、附着	
		鮒 bos	泰	plaa	鱼	又《庄子·外物》"鲵鮒"《释文》音"蒲"
		诛 to	泰	ʔdaa ʔdu	责骂、诅咒 责备、叱责	
		株 to	泰	tɔɔ	桩、残株	
		拄 to'	泰	daaw'	支撑	
		住 dos	藏	ḫdug	住、停留、坐	又对"逗"
		需 sno	藏	njo-ba	购买	
		歈 lo	藏	glu	歌曲	
		俞 lo	藏	gru	舟船	
			泰	rɯa	舟船	
			壮	ru	舟船	
		窬 lo	藏	glo	窗、小门	
			泰	ruu	孔	
		逾、踰 lo	藏	rgju	通过	
		喻 los	藏	rgjus	了解	
			藏	rtog-pa	寻思、了解	又对"懂"
			藏	blo(-ba)	智慧、心计、理智	
			藏	rlong-ba,（将）brlong,（已）brlongs,（命）rlongs	了解、理解、熟习	

韵部	韵等	古汉语	对应语	语　词	意　　义	备　注
侯	三短 O	喻 los	泰	ruu'	知道、懂、晓	
		谕 lo	藏	zlo-ba， （将）bzlo， （已）bzlos， （命）zlos	谕、诰	
			藏	lung	教诫、教令	
		渝 lo《说文》"变污"	藏	ro（ma）	渣滓、残滓	
			泰	hrɔɔ	蚀损、磨损	
			泰	hlɔɔ	腐蚀的	
		觎 los	藏	bro、ro	尝味，冀欲 G	
		腴 lo	藏	bro ro	滋味，享用 滋味	又对"欲""觎"
			泰	roo	大腹便便	
		偻 ro'	藏	rug-pa	弯、曲	
		缕 ro'	缅	krouh	线、绳	又对"绺" rɯɯ'
		趋 sho	泰	cuuh	趋进、突进	
			缅	swaah	去往、走	
		聚 zo'	藏	tsho-ba	村庄	
			藏	gsog、sog	聚集、积蓄	
			缅	cu	聚集、收集	
	三短 j	姝 thjo	藏	hdjo-ba	美艳、俊俏	
		主 tjo'	藏	djo-bo adjo	主人、主宰 兄长、哥哥	
			缅	coo couh	君主（译音"诏"） 君主	
			泰	cau'	皇族、主、所有者	
			泰	cook	首领	
			泰	daaw'	君王	
		住 djoɕ	泰	caulɪ	静坐、静栖	
		注 tjos	藏	thju	水、河	包拟古对此，也可对"渎"
			藏	thjus	臽水	
			藏	ldug-pa， （已、命）bldugs	灌注	又对"酌"

韵部	韵等	古汉语	对应语	语 词	意 义	备 注
侯	三短 j	炷 tjos 主（灯中火主）字转注	藏	du-ba	火焰	"主""炷"与"烛"庭燎火烛同源
			藏	gdu，（已、命）gdus	烧、熬	
			藏	gdug-pa，（将）bdug，（已）bdugs，（命）thugs	烧、烟熏	又对"熟"
			藏	dugs zjugs	温暖、热熨 火（敬）	
			南华彝	atu⁵⁵	火	
			巍山彝	ato⁵⁵ to²¹	火 点火	
			泰	tau	火炉	
			水、毛南	taau³	烧（山）	仫佬同
			拉珈	tiiu⁴	烧（山）	邢公畹对"灼"
			勉瑶	tou⁴	火	
			养蒿苗	tu⁴	火	
			佤	tok⁵⁵	点火	
			布朗	tɔk	点火	
			高棉	dot	点火	
		铸 tjos	藏	hdju-ba	炼、熔化	
			藏	ldug-pa lugs	灌注、铸 G 铸、铸造	
		树 djos	藏	sdong-po	树、树干	
			泰	dum	树木	
		竖 djo'	泰	ʔdooh	高竖的、突耸的	
			缅	couk	竖立、树立	
			缅	thuu	竖立	
		濡 njo	藏	njog~	湿润	
			藏	snjug，（将）bsnjug，（已）bsnjugs，（命）snjugs	浸泡	

韵部	韵等	古汉语	对应语	语　词	意　义	备　注
侯	三短 j	孺 njos	藏	njog	小孩	
			藏	nu-bo nu-mo	弟弟 妹妹	
			缅	hnoongh	年幼、晚后的	
			缅	nu	幼、嫩	
			波拉	nauŋ	弟妹	
			泰	nɔɔng'	弟妹	
			武鸣壮	nuuŋ⁴	弟妹	
			靖西壮	nooŋ⁴	弟妹	
			石家	nɔj⁶	小孩,细小	
			石家	nuaŋ⁴	弟妹	
			印尼	nung	昵称小孩	
		乳 njo'	藏	nu-ma nu-ba, (已、命)nus	乳房、奶头 咂奶	
			缅	nou'	乳、乳房	
			波拉	nau	乳	
			独龙	nuŋ⁵⁵	奶、乳房	
			泰	nom	乳水、乳房	比较藏文"肘" gru-mo,错那门 巴语作 krum-
			武鸣壮	nau⁵	乳	
			靖西壮	nou⁴	乳	
			石家	nɔm²	乳汁	
	三短 r	刍 shro	藏	rtswa	草、干草	
			藏	sog-ma	秫秸、谷草、草茎	
		雏 zro	藏	tsha-bo	孙、侄、儿 G	
			缅	ɑɑh	儿了	或对"息""㑛" srɯɯ
	一长 O	钩、勾 koo	藏	kug	弯钩不直	
		钩 koo	泰	khɔɔ	钩子	
		勾 koo	藏	sgu	弯曲	
			泰	guu'	使弯、屈曲	

199

韵部	韵等	古汉语	对应语	语　词	意　　义	备　注
侯	一长 O	勾 koo、佝 qhoos	藏	dgu-ba	躬身、弯腰	
		笱 koo'	泰	khɔɔng'	筌、捕鱼器	
		狗 koo'	勉瑶	klo[3]	狗	
			吉卫苗	qwɯ[3]	狗	
			复员苗	qlei[3]	狗	
			孟	klə	狗	
		沟 koo	泰	guu	壕沟、沟	
		构 koos	泰	kɔɔh	建筑、建树	
		遘 koos	缅	krouk	遭逢、偶逢	
			缅	khouk	碰触、邂逅、到达	
		口 khoo'	藏	kha	口、嘴	
		寇 khoos	藏	dgra	仇敌	又对"虏"
		喉 goo	藏	lkog-ma	喉头	
			藏	og-ma	喉、下颏	
			泰	gɔɔ	颈	
		候 goos	藏	sgug-pa，（将）bsgug，（已）bagugs，（命）sgugs	等候	
			泰	grauh	等候	
		后 goo'	藏	hog-pa	首领、酋长、头人	又对"豪"
		吼 qhoo'	缅	hook	吼（狮）、鸣（鹿）	
		后 ɢoo'	藏	hog-ma	后者、末尾者、下	
			缅	ook	下、下面	
		瓯 qoo	泰	oo	瓯	
			缅	ouh	甕、锅	
		呕 qoo'	泰	uak	吐、呕	
		偶 ŋoo'	缅	naah	成婚、同居	
		头 doo	藏	tog	顶端、顶子、尖端	
			藏	thu-bo	首领、长者	
			藏	thog thog-ma	顶点、上头 首端、当初、来头	
			泰	hua<hr	头	

韵部	韵等	古汉语	对应语	语 词	意 义	备 注
侯	一长 O	鬭 toos	藏	ḥdu-ba, (已)ḥdus	聚集、集合	
			缅	touuk touuk-	攻击、攻打 战斗、斗争	
		逗 doos	藏	ḥdug	住、停留、坐	又对"住"
		豆 doos	藏	dog-pa	豆荚、荫、穗 G	
			嘉戎	tɐ-stok	豆子	
			泰	thuah	豆、豆类	
			武鸣壮	tu⁶	豆子	
			通什黎	ɯ³ tok⁷	豆子	
		窬 lo、l'oos	泰	ruu	孔	
			泰	pra-tuu	门	
		楼 roo	泰	hɔɔ< hr	楼台、阁	
		搂 roo	藏	rug-pa rug-rug-pa	聚拢、聚集 聚拢、搜集	
			泰	haa	寻找、寻求	
		髅 roo	藏	rus(pa)	骨	又对"骸"grɯɯ'
			藏	lus(po)	身体	
			缅	rouh	骨	
		篓 roo'	泰	ka'-looh blooh	筐 装鱼、米的篮篓	
		漏 roos	泰	ruah	漏	
		毚 roo 小兔,江东 呼兔子 羺 noo	泰 藏	hnuu rna	老鼠 青羊	
		陬 ʔsoo	泰	djhɔɔk	小隅、小巷、小缝	
		走 ʔsoo'	泰	cau³	逃走	借自汉语?
		薮 sloo'《说文》 "大泽也"	藏	mtsho	湖泊、海	
		嗾 soo'	泰	cɔɔ	发出声音指使狗	
			泰	cuu	多毛矮身狗	
			佤布朗	so̱¹	狗	
			越南	co	狗	
			占	asəu	狗	
			马来	asu	狗	
			菲律宾	aso	狗	

韵部	韵等	古汉语	对应语	语　词	意　义	备　注
侯	一长 O	鏉、锼 soo	藏	so	锋、刀	
		蘇 shoos《广雅》	藏	tshwa	盐	南人谓盐,此词或即借自藏缅语
			缅	chaah	盐	
	二长 r	掊、跑 broo	藏	bru-ba	挖	
窦	三短 O	赴 pogs	藏	spog-pa	迁移	
			藏	phjogs-pa	向着、朝向、转向	
			藏	hphro-ba	进行、前往	
		仆 pogs	藏	bog-pa hbog-pa	晕倒	
		雾 mogs	藏	rmugs-pa	浓雾	
			藏	smug-pa、smugs-pa	雾	
		雾 mogs	缅	mruu	雾	
			泰	hmɔɔk	雾	
		鷔 mogs 雏、鶩 moog《说文》"舒凫"	泰	nok	鸟	小鸟扩大指鸟,野鸭为古人常猎之禽
			拉珈	mlok[8]	鸟	
			侗	mok	鸟	
			壮	rok[8]	鸟	
			印尼	ma-nuk	鸟	
		务 mogs	缅	ahmu	事务	hmu 注重
		裕 logs	藏	longs	足、够	
			藏	lhug-po	丰富、奢侈、放逸	
			缅	look	足够、充分	
	三短 j					
	三短 r					
	一长 O	毂 kloogs	藏	grus	哺乳的牛	
		瞀 moogs	藏	rmugs-pa	糊涂、昏迷、愚昧	
		族 zoog 嗾 soogs、shoog	藏 藏	tsho zug(-pa) zus	村庄 狗吠 狗叫、吠(古)	
			泰	cɔɔ	发出声音指使狗	越南语 choh
		嘴 toogs	藏	mthju	嘴唇、鸟嘴	又对"味"
	二长 r	捉 sroog	藏	bzung-ba	执	

韵部	韵等	古汉语	对应语	语 词	意 义	备 注
屋	三短 O	曲 khog	藏	khjog-po ẖkhjog~	弯曲 弯曲	
			缅	kauk	不正、弯曲	
			缅	kook	弯曲	
		局 gog	藏	gug-pa	屈身	
			藏	gjog-pa	弯曲的	
		狱 ŋog	泰	grɔɔk	畜栏	
			泰	gɔɔk	(牛羊猪马等的)栏棚、监牢	
			石家	gɔɔk⁶	厩	
			泰	guk	监狱	
		玉 ŋog	泰	hjok	玉	借自汉语?
		幞 bog	藏	prog-zju	头饰、冠冕、盔	
		幞 bog 帕也	藏	aphrag	腰包、胸袋	
		目 mog	藏	mig	眼睛	
			缅	mjak	眼	
		斲 tog 斫 rtoog	藏	gtjog-pa, (已)btjag, (命)thjogs	劈断、破裂、削减	
			藏	tog-tse	镢、锄头	
			缅	tuuh	挖、掘	
			泰	cok cuak	挖掘、掏取、剁 剁、砍	
		绿 rog	藏	rog-po	青、黑	
		束 hlog	藏	ẖdogs-pa	束缚	
		欲 log 觍 los	藏	bro-ba brod	滋味、享受 尝、享用、冀欲 G 滋味、风味	
			藏	ro ro-drug ro-tsa-ba	味、滋味 六味 色欲、肉欲(古)	tsa 又 btsa,生字
			缅	lou hlu	欲、想 将、快要	

韵部	韵等	古汉语	对应语	语　词	意　义	备　注
屋	三短 O	足 ʔlog	藏	sug-po sug-pa	肢体 (猪牛羊)蹄、手、兽足 G	
		粟 sog	藏	so-ba	大麦、有壳谷米 G	
	三短 j	属 djog	藏	tjag	们(表人称复数)	
		属 tjog	藏	tjog	全、总共	
			藏	ltos	眷属	
		触 thjog	藏	thug-pa	触摸	
			泰	thuuk	触着	
		烛 tjog	藏	zjugs	火(敬)	
		俗 ljog	藏	lugs	风俗、习惯、规矩	
			缅	aljook	习惯、习性	
		续 ljog	藏	lhugs(pa)	继续	
	三短 r					
	一长 O	穀 kloog	藏	gro	麦	
			缅	kok kok-couk kok-hnjang	粳稻、稻 插秧 糯米	
			嘉戎	tə-rgok	粮食	
			佤 孟汞佤	ŋho̱ʔ go̱ʔ	稻谷	
		㲉 khoog、khroog	缅	u	蛋,鸟	《广韵》"卵"
		谷 kloog	藏	grog-po (-mo)	深谷 漩谷	
			缅	khjook	溪谷	
		谷、峪 loog	藏	rong-rong lung-pa/ba	山谷、深峡 山谷、山沟	
			缅	hljou	狭窄河谷	
			泰	glɔɔk	道路(古)	
		狱 koog《山海经》 "状如虎"	藏	gung	草豹	或对"躯"khlʼo
			壮	kuk kuk-peu[5]	虎 豹	
		哭 ŋhoog《说文》 "獄省声"	藏	ngu-ba	哭	
			缅	ngou	哭	

韵部	韵等	古汉语	对应语	语　词	意　　义	备　注
屋	一长 O	屋 qoog	泰	gɔɔk	畜棚	
		喔 qoog《说文》"鸡声"	泰	ook	鸡啼声	
		豚 toog	藏	mdjug	后部、尾	
			藏	stu	女阴	
			泰	ʔdaak	尻、直肠	
		独 doog	泰	duk	各、每一	
		髑 doog	泰	kra'-'duuk	骨头	
		读 l'oog	藏	klog-pa（命）lhogs	读、诵念	
		匵櫝 l'oog	藏	drog	包裹	
		渎 l'oog	藏	thju	河、水	或对"注""谷""水"
		牍 l'oog	藏	tho	册子	
		黩 l'oog	藏	rog	黑	
		鹿 roog	藏	ru-ru	一种鹿	
		录 roog	泰	lɔɔk	抄写、誊录	
		碌 roog	藏	rdo	石	又对"砾"
			缅	kjok	石、岩石	
		卜 poog	藏	pra-mo	占卜、预兆	
			藏	dpog-pa	推度、度量	
		墣 phoog 土块	泰	bok	土地、地	
			藏	hbug	牧场	
		木 moog	泰	ma-	果树	
		蔟 shoog	藏	tshogs htshogs-pa	众多、集会、聚会 集会、集合、召集	
			泰	djuk	盛多的	
	二长 r	角 kroog	藏	ɪwa	兽角	
			藏	hkhug-pa	战斗、争斗、口角	
			藏	khug	角隅	
			藏	gru(-ma)	角、边隅	
			泰	khau	兽角	又对"斛"gruɯw
			缅	khjou	角（读 gjou）	又对"斛"gruɯw

韵部	韵等	古汉语	对应语	语　词	意　义	备　注
屋	二长 r	壳 khroog	藏	kog-pa	封套	
			藏	skogs	皮壳	
			缅	khook akhook	（兽）皮 S 树皮	
		榷 khroog	泰	khook khlook	敲击 以杵槌击	
			缅	khook	敲击、敲打、叩门	
		岳 ŋroog	泰	gook	丘、高阜	
		剥 proog	泰	plɔɔk	剥皮	
			泰	lɔɔk	剥去、蜕皮	
		瞀 mroog	泰	mau	醉酒、晕醉	或对"酕"maaw#
			藏	mjos	醉、沉醉、迷醉	
			缅	muuh	醉、晕	
		啄 rtoog、toog	藏	hthu	啄	
			缅	thouh	（鸟）啄	
			印尼	patuk	啄	
		椓斀 rtoog	藏	rdung	敲击	
			泰	djok	以拳击	
			印尼	ketuk	敲击	
		欶 sroog	缅	sook	饮、吸（烟）	
		浞 zroog	泰	djhok	浸湿、湿透的	
东	三短 O	拱 koŋ	藏	gong~	拱形	
		栱 kloŋ'	藏	gzju	斗拱	
		拱 koŋ'	泰	koongh	抬高、耸起	
		拥 qoŋ'	藏	jongs	总括、环绕	
			泰	ɔɔm'	拥抱、环绕	
			泰	um'	抱、拥护	
		胸 qhoŋ	藏	glo-ba	肺	
			缅	rang-khoongh	胸	rang 胸 khongh 树洞
		凶 qhoŋ	泰	hoong	横死、惨死	

韵部	韵等	古汉语	对应语	语 词	意 义	备 注
东	三短 O	颂 sgloŋ	藏	sgrong	传奇、故事	
			藏	gsung	言语（敬）	或对"诵"
			泰	gloong	一种诗	
			泰	djhɔɔng	齐声歌颂	
		松 sgloŋ	藏	sgron-	油松、点燃	
			泰	son	松树	
		容、颂 loŋ	藏	gdong	脸、面部、鼻梁	
			泰	ʔdang'	鼻梁	又对"隆"
			石家	daŋ[1]	鼻子	
			泰	drong	形貌、外表、身材	
		重 doŋ	泰	dɔɔng'	妊娠、怀孕、肚腹	
		容 loŋ	泰	lɔɔng	内里部分	
			藏	long	闲暇、空闲	
			缅	hloong	贮藏、关进	
		镕 loŋ	泰	hlɔɔm	熔化、融解	
		榕 loŋ#	缅	ṇoong	榕树	
		甬 loŋ'	藏	sjung-sjung	小巷子	
		蛹 loŋ'	泰	ʔduang'	幼虫	又对"虫"
		涌 loŋ'	泰	blungh	沸滚的	
			藏	long-long	浮动、波动	
			缅	louɳgh	波浪	
		用 loŋs	藏	longs-	使受、受用	
		舂 hloŋ	缅	thoongh	春	
		从 zloŋ	藏	stong-pa bstongs-pa	结伴 友伴、助手	又对"党"
			藏	sdong-ba, （将）bsdong, （已）bsdongs, （命）sdongs	接伴、同行	又对"同"
		耸 sloŋ'	泰	ʔdoongh	高起、突起的	又对"隆"
			泰	suung	高的、高耸的	又对"崇"
			藏	srong-ba	使直、扶直	
			藏	slong-ba	竖起、扶起、唤起	

韵部	韵等	古汉语	对应语	语　词	意　　义	备　注
东	三短 O	龙 b·roŋ	藏	ẖbrug	龙	
		垅 roŋ'《说文》"丘垅也"	藏	rdung	小丘	或对"墩"
			藏	rong rong-ba	川地、低地、农区 农区	
			泰	rɔɔng	畦、壕沟	
		封 poŋ	藏	dpung-ba spung-ba, （已、命）spungs	堆、堆集之物 堆积	
		封 poŋ	藏	phung-po	堆、成堆	
			藏	sbung~	堆	
			泰	pluuk	种植	
		犎 poŋ	藏	ẖbrong	野牛	
			缅	proong	鬃犎、野牛	
		覂 poŋ'	泰	blam'	跌下	
		峰 phoŋ	藏	phung-po	峰、山丘	
		俸 boŋs	藏	phog	薪金、报酬	或对"报""禄"
		蜂 phoŋ	藏	bung-ba	蜂	
			泰	phɯɯng'	蜂	
		缝 boŋs	泰	plɔɔngh broong	孔、洞 洞、孔隙	
		奉 boŋ'	藏	ẖbrong-ba	伺候、服侍	
	三短 j	钟 tjoŋ	藏	tjong	钟、铃	
		锺 tjoŋ	泰	cong	钟意、蓄意	
		肿 tjoŋ'	藏	gtjong	痼疾、肿痛	
			泰	tung	胀大的	
		冲 thjoŋ	缅	chong'	冲撞、颠簸	
		茸 njoŋ	泰	nung	凌乱的	
		诵 ljoŋs	藏	zlo-ba, （将）bzlo, （已）bzlos, （命）zlos	讽诵、诵咒	
			泰	dɔɔng	诵读	

韵部	韵等	古汉语	对应语	语　词	意　义	备　注
东	三短 j	幒 shoŋ'	老挝	song³	裤子	用勇切"裈"
			石家	sooŋ³	裤子	
	三短 r	窗 shroŋ	泰	sɔɔngh	照、光线照射	
			石家	sɔɔŋ⁶	口、隙缝、洞眼	
	一长 O	功 kooŋ	藏	skong-ba	成功	
		空 khlooŋ	泰	klwaŋ	中空的	
		控 khloongs	缅	ong'	抑制	
		公 klooŋ	藏	gong-ma	尊长、首领、帝王	
			藏	gzjong	政府（官方、公家）	
			缅	khoongh	头、首领、村长	
			泰	lung	伯舅、老伯伯	
		孔 khlooŋ'	藏	khung	孔穴	
			缅	akhoongh	孔穴、洞	
			缅	kaloung	孔、穴	
			缅	khjouɯng'	窝、凹穴	
		鸿 glooŋ	藏	khrung~	雁、鹤	
		虹 glooŋ	泰	rung'	虹	又古巷切
		红 gooŋ	泰	hong	红	借自汉语？
		甕 qooŋs	泰	oongh	甕、大缸	
		篷 booŋ	缅	poong	车船的篷	方言南楚之外谓
		蒙 mooŋ	藏	rmong-pa	愚昧、蒙蔽、昏暗	
			泰	mung	荫蔽、覆盖、盖顶	
			缅	hmoong	昏暗、黑暗	
		矇 mooŋ	泰	hmɔɔng	暗淡、模糊的	
			缅	hmouɯngh	幽暗	
		挏 dooŋ'	藏	glong	搅动	
		恫 thooŋ《说文》"痛也"	藏	tjong-ba	痛苦、哀号	
		僮 dooŋ	藏	gtjung-po/mo	弟、妹	
			藏	thjung	幼小	或对"冲"

韵部	韵等	古汉语	对应语	语　词	意　义	备　注
东	一长 O	东 tooŋ 活东	藏	ltjong(-mo) ldjong-mo	蝌蚪	
		潼 tooŋs、toŋs 乳	藏	hdjo-ba	挤乳	
			藏	btung-ba	饮料、饮品	施向东对此
		懂 tooŋ'	藏	rtog-pa, （将）brtag, （已）brtags, （命）rtogs	寻思、了解	或对"喻",《方言》作"党"
				rtogs	领悟、了解	
		动 dooŋ'	藏	hdong-ba	去往、前进	
		眮 dooŋ	藏	mthong-ba	看见	
		筒 dooŋ	藏	dung	号角、螺壳	
			藏	dong-po	管、筒	
			泰	klɔɔŋ'	管、筒	
			泰	dɔɔh	管	
		铜 dooŋ	泰	dɔɔng dɔɔngdɛɛng	黄金 铜(金-红)	
		洞 dooŋs	藏	dong	洞穴、沟、坑道	
			缅	twangh	地洞、地穴	
			泰	lɔɔng	裂口、隙缝	
		同 dooŋ	藏	rdongs	同行	
		痛 lhooŋs	藏	dung~ gdung-ba	痛苦 使痛苦、烧痛	
		栋 tooŋs	藏	gdung(ma)	屋梁、栋梁	
			泰	tong	托梁	
			缅	touŋg	柱	
		巄 rooŋ	缅	mroong mroongh	狭长溪谷 沟渠	《说文》"大长谷也"
		送 slooŋs	藏	rdzong-ba	送行、遣送	
			泰	songh	送、递、发出	
		松 sqhlooŋs	缅	khjoong	松、松动	
		橺 sooŋ'、sooŋ	藏	zo-ba	桶	
	二长 r	江 krooŋ	藏	klung	江河、川谷	
			缅	khjoongh	溪、小河	
			孟	krung[krəŋ]	河川	

韵部	韵等	古汉语	对应语	语　词	意　义	备　注
东	二长 r	江 krooŋ 港 krooŋ'	泰	glɔɔng	水渠、港、河	
		腔 khroŋ	藏	khong-pa =khog	腹腔	
			缅	akhoongh	腔、中空、洞	
		肛 krooŋ	藏	gzjong	肛门	
		虹 krooŋs	藏	ẖkhrungs-bj ed	虹 G	
		虹 glooŋ	泰	rung'	虹	
		巷 grooŋs	藏	khrom	街道、市场	
			藏	grong	村镇	
			缅	kroongh	路、路程、路径	
			泰	glɔɔng glɔɔk	路道（泰汉） 道路（古）（泰汉）	
			孟	glong［gloŋ］	道路	
		讲 krooŋ'	泰	rɔɔng'	叫喊、唱、诉求	
			缅	khoo	呼喊、称、说、讲	又对"叫"
		撞 rdooŋs	藏	rdung-ba, （将）brdung, （已）brdungs, （命）rdungs	敲打	
			缅	athoongh	捣、舂、殴打	Thoong 也对"舂"
			泰	tɔɔng' thɔɔng dung'	碰、触 以肘击 击、撞	
		双 srooŋ	藏	zung	双、对	
			泰	sɔɔng	二、两	
		漴 zrooŋs	泰	srong	洗澡、浴	温州称冲洗为 "漴"
		邦 prooŋ	缅	pran	国、帝都	
		庞 brooŋ	泰	praang	颊	
		蚌 brooŋ'	泰	ka-bong	薄壳（贝）	
		棒 brooŋ'	泰	ta-ʔbɔɔng ta-bɔɔng blɔɔng	棒、棍 杆、棒 杖、棍子	

211

2 鱼暮铎阳

韵部	韵等	古汉语	对应语	语 词	意 义	备 注
鱼	三短O	举 kla'	藏	kjag	抬	
		车 kla	缅	ka	象舆	
		车 khljaa	缅	khjaah	纺车、风车	
		居 ka 家 kraa	藏	khang	房	
		锯 kas	泰	klaah	割开	
		去 khas	藏	kha-ning kha-nub	去年 昨晚	
			泰	klab	返回	
		祛 kha	泰	khab	驱除	
		呿 khas	缅	ha	张开(口)	
		渠 ga	藏	rka	水沟、渠	
		巨 ga'	藏	rgja	大	
		拒 ga'	缅	khaa	拒绝	
			藏	bgags	阻碍	
		虚 qhla	藏	mkha	天空	
			藏	hang	空、虚	
			缅	haa	空虚	
		语 ŋa'	藏	ngag	语言	
			缅	ngak	说、述	
		菩 ŋa	泰	ngaa	芝麻	又对"苏"sŋaa
		御 ŋas	藏	mngag mngag-pa, (已)mŋags, (命)rngogs	奴仆 派遣、委任	
			藏	mŋa-	管辖、统治	
			藏	mŋa-ba	占有、享有	
		许 hŋa'	藏	sngag-pa	赞许	包拟古对此
		鱼 ŋa	藏	nja(-mo)	鱼	巴尔蒂话 ŋja
			缅	nga ngaah	鱼	
		渔 ŋa	藏	nja-pa	渔人、渔夫	

韵部	韵等	古汉语	对应语	语　词	意　义	备　注
鱼	三短 O	惧 gwas	泰	klwa	恐惧	
			藏	skrag-pa	恐惧	
			缅	krook	惧怕	潘悟云对此
		于 Gwla	藏	hgro-ba	行走、前进	又对"往"或旅
		宇 Gwla'	缅	krwa	行走	
			泰	glwang	屋宇	
			泰	bvaa'	天	
		吁 Gwa	泰	wa waa'	表惊异叹词 表失望叹词	
		芋 Gwlas	藏	gro-ma	藏薯	
		羽 Gwla'	藏	sgro	羽毛	
			缅	hngak	鸟	或对"雇"（九雇/鳨）
		雨 Gwla'	壮	fɯ³	云	
			龙州壮	pha³	云	
			泰	pha³	浮膜、模糊不清 S	
			石家	via³	云、浮膜	
		雨 Gwlas	缅	rwaa	下（雨）	
			泰	haah	陈（雨）、群（牛）	
			壮	ra⁵	陈（雨）、群（牛）	
		虞 ŋwa	拉珈	ŋwaaŋ²	虎	
		肤 pa	藏	pags-pa lpags-pa	皮肤、皮子	
			泰	plɯak	皮壳、外皮、树皮	
			泰	pfaa'	薄膜	
			石家	plaak⁵	皮、壳	
		夫 pa	藏	spa-sjug	夫妻	sjug 妻
			藏	pha	那边、彼处	
			泰	phua	丈夫	
		铁 pa	泰	braa'	大刀、厚刀	

韵部	韵等	古汉语	对应语	语词	意　　义	备　注
鱼	三短 O	扶 pa 并四指	泰	pfaah	掌	
			石家	paa⁴	手掌	
			缅	lak-waah	手掌	lak 手
		赋 mpas	藏	dpja	赋税	
		斧 pa'	泰	ʔbaak	砍去、削去	
			印尼	kapak	斧	
		父 ba'	藏	pha apha、apa	父亲 父亲、阿爹	
			藏	pho	雄、公的	
			缅	bha	父亲	
			缅	pha phaah	雄性	
			泰	bɔɔh	父亲	
			印尼	bapak	父	
		釜 ba'	泰	ka'-'pa'	釜	
			印尼	tapak	釜	
		辅 ba'《说文》又从面旁,"颊也"。《左传·僖公五年》"辅车"孔疏:"口旁肌之名也"	泰	paak	口、嘴巴	《易·艮》"艮其辅,言有序","辅"必指口,方能言
			缅	paah	颊	
		（哎、哺）	印尼	papak	咀嚼	
		敷 pha	藏	spa-ba	装饰、打扮	
		枭 ba	藏	bja	禽、鸟	枭为古代常猎之禽
		武 ma'《淮南子·览冥训》"勇武"高诱注"武,士也"	藏 藏	mag-pa dmag	女婿 军队	
			缅	s-mak	女婿	
			藏	dmag	军队、士兵	
			缅	cac-mak	战争、战事	cac 战争、军事
		靺、芜 ma'	藏	mang-po/ba	众多	
			泰	maak	众多、许多的	
			缅	mjaah	多	
			缅	ma	大的	

韵部	韵等	古汉语	对应语	语　词	意　　义	备　注
鱼	三短 O	巫 ma	藏	mo-pa	占卜者	
			缅	s-maah	医生、师傅	
			泰	hmɔɔ hmɔɔ-phii	医生、医师 巫师、巫医	phii 鬼
		女 na'	藏	njag-mo nag	妇人 妻	
			泰	nong naang	女人、女性 女子、妇女	
			缅	nang nang'	你 你的	
		驴 ra'	藏	rta	马	
			泰	laa	驴	
			缅	mranh	驴	
		鑢 ras	缅	hlwa	锯	
			泰	luuajh	锯子	尾加 j,可对比缅 文"躯"
		旅 ra'	藏	hgro-ba	行走、前进	
		与 la	缅	ra	染(病)	
		誉 la、las	藏	grag-pa =grags-pa	名誉、声望	
			藏	la-rgja	声誉、名声	rgja 记号、印章
		除 l'a	藏	hdag-pa	清除、涤除	
			藏	rlag-pa rlag-mo	抛弃、丢掉、糟蹋 污秽、粪便、稀屎	
		余 la	藏	lhag-	多余	
			藏	ldas-pa	剩余	
		舒 hla	泰	raa raa	释放、放松 开放的	
		予 la'	缅	ra	得到、获得	
			藏	bdag	我、我自己	
		余 la、予 la'	藏	rang	自己	也对"阳"
			缅	rangh	名词后表自己的	
			泰	raa	我们、吾人	

韵部	韵等	古汉语	对应语	语　词	意　义	备　注
鱼	三短 O	念、豫 las	藏	rang-ba	喜悦、快乐	
			泰	raa-rəng	愉快、欢喜的	
		余（餘）la	藏	lhag（ma）	多余、剩余、盈余	
			泰	hlɔɔ hluɯ	剩余 剩余	
		序 lja'《说文》"东西墙也"	藏	ra-ba	篱、围墙、院落	
		鼠 hla'	藏	bra abra bra-ba=abra	小鼠 无尾鼠 地鼠 G	
		黍 hla'	藏	bra-bo	荞麦	
		侣 ra'	藏	zla-ba zla-bo	伴侣 帮助者	又对"助"
		吕 ra' 金文"玄镠肤吕"表铜锭	藏	rag	黄铜	
		庢 ʔsa《说文》"人相依"	藏	mdza-ba	亲爱、亲密、亲近	
		且 ʔsa、shjaa'	泰	caʔ	将、将要	又对"将"
		咀 za'	藏	za-ba	吃、进食	
			缅	caa caah	食物 吃	
	三短 j	处 khja'	缅	kja	处于	
		如 nja	藏	na	假如	
		洳 njas	藏	na	水草地	
			泰	naa	田、旷野	
			壮	na²	水田	
			印尼	tanah ranah	地 洼地、沼泽地	
		茹 njas	藏	gnjog-pa， （将）gnjag， （已）gnjags， （命）gnjogs	嚼	
		徐 lja	泰	djaa laah	迟慢的 迟慢的、后至的	

韵部	韵等	古汉语	对应语	语　词	意　义	备　注
鱼	三短 r	疋 sŋra《说文》"足也"	藏	njwa	腿肚	《管子·弟子职》"问疋何止"。疋又五下切(ŋraa')
		疏 sŋra	泰	djhaa	渐稀	
			藏	sla(ba/mo)	稀、薄	
		蔬 sŋra	藏	snga-sngo	蔬菜	
		楚 sŋhra'	藏	tsha	刺痛、辣	
		所 sqhra'	藏	sa	土、地、住所	也对"土"lhaa'/hl'aa'
		助 zras	藏	zla-bo	帮助者、合作者	又对"侣"
	一长 O	苦 khaa'	藏	kha-ba	味苦	
			藏	dka	困苦	
			缅	khaah	苦、苦味、嫌恶	
		胡 gaa	藏	ga、gang	什么	
		古 kaa'	藏	rga-ba	老年、变老	
		鸪 kaa	缅	khaa	鹧鸪	
		辜 kaa	泰	ghaah	杀死	
		姻 gaas	藏	dga	爱、喜欢	
		固 kaas	藏	krag	坚硬	
		估 kaa'	泰	ka'	估量、估计	
		姑 kaa	泰	aa	姑母、叔	
		贾 kaa'	泰	gaa'	贩卖、贸易	
			石家	khaa⁴	卖卖、经商	
			缅	kaah	贸易	
		虎 qhlaa'	泰	khlaa	虎	高棉语
			缅	kjaah	虎	
			仡佬	qa⁵⁵	虎	
			独龙	kaŋ	虎	
		呼 qhaa	藏	ha	气息、呼吸的气	
			泰	hooh	高呼、喝彩	

韵部	韵等	古汉语	对应语	语　词	意　义	备　注
鱼	一长O	晤 ŋaas	缅	ngraah	遭逢	又对"遇"
		妒 t-qaas	藏	sdo-ba	嫉妒	
		乌 qaa	泰	kaa	乌鸦	
		吾 ŋaa	藏	nga	我	
			缅	ngaah nga ngaa'	我 我的	
		五 ŋaa'	藏	lnga	五	
			缅	ngaah	五	
			泰	haa'	五	
		午 ŋaa'	藏	snga-po	早晨、上午	
		浒 hŋaa'	藏	ngogs	岸、水滨	
			藏	dngo	河岸、边沿	
		素 s(ŋ)aas	藏	dngos	原始的、固有的	
		苏 sŋaa 割草,鸟尾	藏	rnga-ba rnga-ma	刈割 尾巴	
			泰	haang	尾巴	
			藏	snja-lo rnja-lo	紫苏叶 紫苏叶 G	
		苏 sŋaa	泰	ngaa	芝麻	又对"荏" ŋa
		苏 sŋaa	藏	rnga-ma	尾巴	《史记·司马相如列传》"鹠苏",《集解》引徐广"苏,尾也"
		户 gwaa'	藏	sgo	门、入口	
			泰	grwa	家庭、家户、厨房	
			缅	tam-khaah	门(读 ta-gaah)	
		雇 kwaas	藏	gla	雇、工酬	又对"价"
			藏	rnja-ba	借入	
			缅	hngaa	借、租、雇请	
		雇、扇 Gwaa'	缅	hngak	鸟	或对"羽"
		妒 t-qaas	藏	sdo-ba	嫉妒	

韵部	韵等	古汉语	对应语	语　词	意　　义	备　　注
鱼	一长O	瓜 kwaa	泰	kwaa	瓜	
		狐 gwaa/	藏	wa(-mo)	狐狸	
		Gwaa	缅	khee-waa	狐	khee 难得
		觚 kwaa	藏	gwra	棱角	
			藏	gwra-pa	学僧	
		壶 gwlaa	泰	kaa	壶	
			缅	karaah	壶	
		股 kwlaa'	泰	khaa	脚、足	
			石家	kwaa[1]	腿	
			藏	rkang-ba	脚	与"脚""胻"也同源
		吴 ŋwaa	缅	ngwaah	巨大、巍峨	
		怖 phaas	藏	spa-pa	可畏、惊畏	
			藏	bag-pa	畏惧、惧怕	
		布 paas	藏	blas-pa	编织	
			泰	phaa'	布、巾	
		补 paa'	泰	pa	补、补缀	
			缅	phaa	补、修补、缀补	
		逋 paa	藏	ẖbros-pa	逃、遁	
			泰	plaat	逃逸	
			印尼	lepas	逃逸	
		痡 phaa	缅	phaah	疲劳	《诗·周南·卷耳》"我仆痡矣"
		匍 baa	藏	ẖphag-pa	爬行	
		蒲 baa	藏	brang	胸部	或对"膺""膀"
		鮒 baa《庄子·外物》"鲵鮒"《释义》音"蒲",称小鱼	泰	plaa	鱼	《墨子·公输》"无雉兔鮒鱼者也",以"鮒"对"鱼",而作小鱼通称
		蜅 baa#	缅	phaah	蛙	
		步 baas	泰	ʔbaad:	脚、基础	
		模 maa	藏	ẖbag	图像、面具、模子	

韵部	韵等	古汉语	对应语	语　词	意　义	备　注
鱼	一长O	莽 maa'、maaŋ'	泰	hmaa	狗、犬	《说文》"南昌谓犬善逐菟草中为莽"
			壮、傣	ma l	狗	
			侗	ma l	狗	
			水	ŋwa l'	狗	
			拉珈	khwõ<ŋhw-	狗	
			黎	pa l	狗	
		土 lhaa'/hl'aa'	藏	sa	土、地、住所	也对"所"sqhra'
			泰	hlaa'	世界、地上、大地	
		吐 lhaa'(-s)	泰	raak	吐、呕吐	
		杜 l'aa《方言》"荄,东齐曰杜"	泰	raak	根	《诗·豳风·鸱鸮》作"桑土"
			藏	rtsaɻsra	根	
			错那门巴	ra	根	
		肚 taa'、daa'	藏	lto-ba	肚、腹	
		徒 daa	藏	ḫdja-bo	步行的役夫	
		菟 daa《左传·宣公四年》"楚人谓虎於菟"	藏	stag	虎	《汉书·叙传》作"檡"(於檡),又对"泽"(白泽)
		涂 l'aa	藏	ḫdag-pa	泥	
			泰	taʔ daa	涂、贴上 涂抹、搽	
		途 l'aa	泰	daang	道路、径	又对"唐"
			藏	lam	道路	
			缅	lamh	道路、街	
		都 taa	泰	ʔdaa	繁多的、一起拥进	
		睹 taa'	藏	lta-ba,(将)blta,(已)bltas,(命)ltos	看、视察	
		赌 taa'	泰	daa'	挑战、挑斗	
		屠 daa	缅	thaah	刀(读 daah)	

韵部	韵等	古汉语	对应语	语 词	意 义	备 注
鱼	一长 O	㚷 naa	藏	mna-ma	儿媳	
			泰	naa¹	姨母	
			印尼	anak	孩子	
		弩 naa'	泰	hnaa'-mai'	弩(弩-木)	
			印尼	panah	射箭	
		怒 naa'	藏	brnag	忍受、忍耐	
		颅 raa	藏	ltag	后脑	也对"顸"
			藏	dpal-pa	额颅	
			泰	phaak	额	
			壮	-plaak⁷	额	
			拉珈	-plaak⁷	额	
			仫佬	-praak⁷	额	
			石家	phraak⁴	额头	
		卢、矑 raa	藏	rag-pa	黑褐色	
		矑 raa	藏	a-ḫbras	瞳人	
			泰	taa	眼睛	
			壮	ra¹	眼睛	
			石家	pra	眼睛	
			拉珈	pla	眼睛	
			印尼	mata	眼睛	
		纑 raa《说文》"布缕也"	藏	ras	布	
		虏 raa'	藏	gra(-bo) dgra(-bo)	敌人、仇敌	
		橹(樐) raa'	泰	looh	盾牌	
			缅	hlwaah	盾	
		橹 raa'	泰	loo'	摇橹	
		虘 zaa《广韵》又才都切	泰	suua	虎	后滞留读歌韵,昨何切,《玉篇》昨古切"虪"亦同
			藏	gsa、bsa	草豹、雪豹	

韵部	韵等	古汉语	对应语	语　词	意　义	备　注
鱼	二长 r	罅 qhraas	藏	gas-pa	裂缝	
			藏	grab	缺口、裂痕	
			藏	glags-pa	间隙	也对"隙"
			缅	kraah	空隙	
		稼 kraas	泰	klaa'	秧苗	《说文》"禾之秀实为稼"
		葭 kraa	泰	gaa	茅草	
		假 kraas	藏	rnja-ba	借入	
			缅	hngaah	借、租	
			嘉戎	ka-rŋa	借（工具）	
			嘉戎茶堡	mɣ ŋɯ	借（钱）	
		霞 graa	藏	bkra	彩色闪光	
		暇 graa	缅	ah	有闲、闲暇	
		骼 khraas 腰骨，见《素问》、《玉篇》又从段	缅	khaah	腰、腰部	又对"胯"khwraas
		价 kraas	藏	gla	代价、酬金	
			缅	kja	值（价）	
			缅	kha	工资、费	
			泰	gaah	价值、酬金、费用	
			石家	khaa[6]	价格	
		夏 graa'	藏	rgja	汉人、大	
		下 graa'	泰	khaa'	奴仆、奴隶、在下	可作自称
			泰	ɔɔk	生产、生子、发出	
			缅	kja kha	跌下、降下、生产 跌下	
			缅	khja＝khra	放下、使降下	
		哑 qraa'	缅	a a-a	哑、嘶哑 哑巴	
		牙 ŋraa	泰	ngaa	象牙	
		夸 khwraa	缅	kwraah	夸张、夸大	

韵部	韵等	古汉语	对应语	语词	意义	备注
鱼	二长 r	胯 khwraas《说文》"股也"	缅	khaah	腰、腰部	又对"髂"khraas
		跨 khwraas	缅	khwa	跨坐	
		华 Gwraa	藏	krag~	美丽	
			藏	bkra-ba	华丽、光华闪烁	
			藏	bkrag	光彩、光华闪烁	
			藏	khra	花纹斑斓	
		桦 Gwraa	藏	gro-ba	桦皮	
		茶 rlaa	藏	dja	茶	借自汉语
		笆 praa	藏	spa-ba	竹、竹竿	
		豝 praa	藏	phag(-pa)	猪	
			缅	wak	猪	
		帊 phraas 后作"帕"	泰	pha'	巾	
		爬 braa	藏	brad-pa	抓、搔 G	
		马 mraa'	泰	maa'	马	
			藏	rta<ra	马	
			古藏	rmang	马	
			门巴	kurta	马	
			缅	mrangh	马	
			嘉戎	mbro	马	
			景颇	kumra	马	
			古傣	mlaa⁴	马	
			格木	hmbraŋ	马	
			佤	brauŋ	马	
				brak	马	
		骂 mraas	藏	dmad-pa	诟骂、诅咒	或对"嵹"meed
	三长 j	车 khljaa、kla	缅	khjaah	纺车、风车	
		赭 tjaa'	缅	taa'	赤红	
		斜 ljaa	泰	djhee	倾斜的	
		褋 ljaas 吴人谓衣	泰	suɯa	衣衫	或对"缌"suɯ
		舍 hlaa'	泰	la、s-la	舍弃	
			藏	sjag	宅、卧室	或对"室"
		社 ɦlaa'>d'jaa'	藏	lha	神	或对"圣"

223

韵部	韵等	古汉语	对应语	语词	意　义	备　注
暮	三短 O	傅 pags	藏	bla-ma	上师、师长、喇嘛	
			缅	pra	讲授、教	
			泰	ʔbaa	师傅	
	三短 j					
	三短 r					
	一长 O	溯 sŋaags	藏	snga(-ma)	以前、早初、往昔	
		慕 maags	藏	mos-pa	渴望、要求、崇仰	
			缅	mak	贪求、垂涎	
			泰	mlak	爱	
			泰	mak	好、嗜好	
			藏	smag-rum	黑暗、傍晚	rum 阴暗
		度 daags	藏	ḫda-ba，(已)ḫdas	走过、超越、过去	
			泰	daah	姿态、姿势	
		渡 daags	泰	daah	码头、口岸	
		酢、醋 shaags	泰	saah	醇	
		护 gwaags	藏	ɦgog	禁防,拦	又对"阁"
	二长 r	霸 praags	藏	dbang-po	月亮、有势者	又对"魄"
			藏	dpa	英武、英勇、有力	
			藏	ḫbag-pa	抢夺、盗取	
		诈 sraags	藏	zog	虚伪、诡诈	
		榨 ʔsraags 本作醡	藏	tshag-pa	过滤、榨出	
		舴 zraag 筰 ʔsraag	藏	ḫdzag-pa	漏下、滴下	
			藏	zag-pa gzag-pa	漏 滴、漏	
		齚 zraag	藏	so	牙齿	
			缅	swaah	牙齿	
	三长 j	爹 tjaa 又"奢"，见《广雅》	泰	taa	祖父、公	
		射 hlaags	藏	mda(-mo)	箭	

韵部	韵等	古汉语	对应语	语 词	意 义	备 注
暮	三长 j	麝 hlaags	藏	gla-ba	麝	
		夜 laags	藏	zjag-po	夜间、一昼夜	
			缅	rak	一日、天	
		且 shjaa'	泰	ca? cak	将要	又对"将"
铎	三短 O	脚 kag	藏	rkang-ba	脚	与"股""胇"也同源
		虐 ŋag	缅	hnac	压榨、勒索、迫使	
		疟 ŋag	缅	hngag	瘴疟	
		钁 kwag	藏	rko-ma	锄头、镐	
			阿力克藏 嘉戎	kak kɐk	锄头 锄头	
			泰	kwak	挖出、掏出	
		攫 kwag	泰	kwaa'	攫取	
		着 tag	藏	thja-ba, (已、命)thjas	穿着（著）	
		略 rag	藏	rags-pa/mo hrags	粗略、大概	
			泰	luak	粗略的	
		散 shag	泰	saak	粗糙、不光滑的	
	三短 j	斫 tjag	泰	thaak	砍削	又对"磔"
		若 njag	泰	haak	如若	
		箬 njag	缅	hniih hniih-	篾 箬	
	三短 r	剧 grag	藏	gja-pa	衰损	
			泰	kraag	迅疾、冲进	
		隙 qhrag	藏	glags-pa	间隙	也对"罅"
			藏	hrag	罅隙、裂隙、裂缝	
		碧 prag	缅	praa	蓝色（名）	《说文》"石之青美者"
		斮 ʔsrag ʔsraag > oog《说文》"斩也"	藏	htshog-pa, (将)btsog, (已)btsogs, (命)tshogs	砍、斩	

225

韵部	韵等	古汉语	对应语	语　词	意　义	备　注
铎	一长 O	各 klaag	藏	khag	各个	
		胳 klaag	藏	lag	手	又对"亦"laag
			缅	lak	手	
		骼 klaag	缅	khrang	骼(动物骨)	
		咯 klaag#雉声	缅	krak	鸡	
		烙 g-raag	藏	krag-pa	烧烤	
			泰	glɔɔk	火烫、烧烤	
			泰	luak	火烫、烫伤	
		络 g-raag	藏	sgrags	结合	
		鞟 khwaag	藏	ko-ba	皮革	
		郭 khwag	藏	glo	附近、旁边	
		扩 khwaag	泰	gwaak	扩大、扩宽的	也对"廓"
		镬 gwaag	藏	khog-ma	砂锅	
		愕 ŋaag	藏	dngang-ba sngangs-pa	受惊、恐惧	
			泰	ngong ngak	惊骇、惊愕的 震颤、颤抖的	
		锷 ŋaag	藏	dngo	刀锋	
		咢 ŋaag 击鼓	藏	rnga	鼓	
		鄂、腭 ŋaag	泰	hngɯak	牙龈	
		髆 paag	藏	phrag-pa	肩头	
			缅	lak-prang	肩胛	lak 手
			泰	ʔbaah	肩部	
			泰	sa-ʔbak	肩胛骨	
			石家	vaa[6]	肩	
		搏 paag	泰	braah	夺取、攫夺	
		镈 paag	泰	bluah	铲	
		薄 baag	泰	ʔbaang	薄、单薄的	
			缅	paah	薄	
		泊 baag	泰	praah	无味、淡然的	
		莫 maag	藏	ma	勿、不要	

续　表

韵部	韵等	古汉语	对应语	语　词	意　义	备　注
铎	一长 O	瘼 maag	藏	rma rma-ba、 rmad-pa	疮、伤、伤疤 受伤	
			缅	amaa	疮疤	
		索 saag	藏	sngog-pa	翻找、挖出、揭发	
		度 daag	藏	thag	距离、里程	
			缅	taa	度量	
			缅	twak	计算、核算	
		诺 naag	藏	gnang-ba	允诺	
		驿 laag	藏	sbrag	驿站	
		怿 laag 悦也	泰	rak	爱、爱情	
		亦 laag 腋	藏	lag	手	又对"胳"klaag，皆转义
		酪 raag	藏	zjag	乳皮	
		落 raag	藏	ra-ba	篱笆	又对"篱"
			藏	lhags-pa	抵达、到	
			缅	rook	到达	
		略 raag	泰	hlɯak	瞭视	
		托 lhaag	藏	rag(-pa)	依赖	
		酢 zaag	藏	gzo-ba	报答、酬报	
		作 ?zaag	藏	bzo bzo-ba	工作、工艺 作、制造	
		错 shaag	泰	sak	刺花、文身、图腾	
	二长 r	格 kraag	藏	gra-ma	格子、架子	
		骼 kraag	缅	khrang	骨骼	
		额 ŋraag	藏	ngo	脸、面容	或对"元"
		赫 qhraag	藏	bkrag	光彩夺目	
		吓 qhraag	泰	hlɔɔk	恐吓、恫吓、哄骗	
		拍 phraag	藏	brgjag/b	(将、已)击打	
		百 praag	藏	brgja	百	
			缅	raa	百	"八"hrac 同无 p 冠

韵部	韵等	古汉语	对应语	语 词	意 义	备 注
铎	二长 r	伯 praag	泰	praa'	伯母及父母之姐	
			泰	bra	伯爵、御（王的）	
			藏	bra-ma	上流人、贵人	
			藏	pho-bo	兄	
		白 braag	泰	prak	银	
			泰	phɯak	白色的	
			缅	praa	雪白	
		坼 t-ŋhraag	藏	thjag	裂、破裂、断裂	
		拆 t-ŋhraag	藏	h̠thjag-pa	裂开、折断、破碎	
			藏	h̠thjeg-pa	劈开	
			泰	chɛɛk	分开的	
		迫 praag	泰	phlak	推、压力	
		魄 phraag	藏	bla	魂魄	
		霸、魄 phraag	藏	dbang-po	月亮	
		拍 phraag	泰	phaang	拍手	
		磔 rtaag	泰	thaak	砍削、切	
		乇 ʔr'aag	缅	rwak	叶、树叶	《说文》"草叶"
		硕 ʔr'aag	藏	ltag	后脑	或对"颅"
			缅	djak	颈、后颈 S	
			泰	phaak	额	"乇"作并母"亳"声符
			壮	-plaak⁷	额	
			拉珈	-plaak⁷	额	
			仫佬	-praak⁷	额	
			石家	phraak⁴	额头	
		虴 ʔr'aag	泰	tak³(-tɛɛn)	蚱蜢	tɛɛn 黄蜂
			佯黄	rjaak	蚱蜢	
			壮	rak⁷	蚱蜢	
			拉珈	plak⁷	蚱蜢	
			侗	tjak⁷	蚱蜢	
		择 rlaag	泰	lɯak	选择、挑选	

韵部	韵等	古汉语	对应语	语　词	意　义	备　注
铎	二长 r	蕠 hnaag	缅	naa anaa	病、伤害 伤口、疮口、疾病	又对"疒广"
		泎 zraag 笮 ʔsraag	藏	h̲dzag-pa	漏下、滴下	
			藏	zag-pa	漏	
	三长 j	赤 khljaag	藏	khrag	血	
			泰	thɯak	红的	
		尺 kh/thjaag	藏	mkhrig-ma	腕	
		射 ɢljaag	藏	rgjag/b	抛掷	
			藏	mdah̲-mo	箭	
			缅	hmraah	箭	
			错那	bla	射	
			景颇	pla	射	
			桑孔	mba	射	
			道孚	rʐə	箭	
		石 djaag	藏	brag	石、岩	
		夕 ljaag	藏	zla-ba	月亮	
			缅	la	月亮	
		席 ljaag	泰	rɯak	竹席	
		驿 laag	藏	sbrag	驿站	
		㦬 laag 悦也	泰	rak	爱、爱情	
		亦 laag 腋	藏	lag-pa	手、前肢	又对"胳"klaag, 皆转义
			缅	lak	手	
		腋 laag	藏	bzjag-h̲og	腋下	h̲og 下
			泰	rak-rɛɛ'	腋下、腋窝	
		掖 laag	泰	lak	偷盗	
		腊 sjaag	藏	sja	肉	
			缅	saah	肉	
		耤 zjaag	藏	slog-pa	翻转、耕	
		舄 sjaag	藏	sag-lham	皮制弯靴、皮鞋	lham 靴鞋

韵部	韵等	古汉语	对应语	语　词	意　义	备　注
阳	三短O	强 gaŋ	藏	khrang-ba mkhrangba hkhrangs	坚硬的、强健的 硬的、坚实的 硬的	又对"刚"klaaŋ
		胀 kl/taŋs	藏	skrang-ba	肿胀	
			藏	ḫgrang-ba	饱、充盈	又对"享"
		疆 kaŋ	缅	kraṉh	陆地	
		姜 kaŋ	藏	lga	姜	
			缅	khjangh	姜	
		享 qhaŋ	藏	ḫgrang-ba	饱食	
		央 qaŋ	泰	klaang	中间、中心	
		弶 glaŋs	泰	grɯang	器具、用具、机器	或对"械"grɯɯs
		仰 ŋaŋ'	泰	ngɯa'	举起、抬起	
			缅	naah	敬重、尊敬	
		况 khwaŋs	藏	khjag-pa、 ḫkhjags-pa	冰	
		筐 khwaŋ	缅	khrangh	篮、篓	
		狂 gwaŋ	泰	glangh	疯狂	
		往 Gwlaŋ'/s	藏	ḫgro-ba	行走、前进、往来	
			泰	glaa	行走、前往	
		枉 qwaŋ'	泰	glaa	失误、差误	泰文又作 glaad
		王 Gwaŋ 王母	藏	jang-ma jang-mes	祖母 曾祖	
		方 paŋ	藏	phjogs	方向、方位	
			泰	ʔbiang	方面	
		放 paŋs	泰	plong	安放、放置	
		芳 phaŋ	缅	pwang'	花朵	
			勉瑶	pjaŋ²	花	
			拉珈	plaaŋ¹	香(花香)	
			佯黄	laaŋ¹	香	
			壮	raaŋ¹	香	
			柳江壮	pjaaŋ¹	香	
			侗	taaŋ¹	香	

韵部	韵等	古汉语	对应语	语　词	意　义	备　注
阳	三短 O	纺 paŋ'	缅	wang'	纺(纱)	
		房 baŋ	藏	brang	居所、住处	
		防 baŋ	泰	ka'-'bang	防护物、遮蔽物	
			泰	ʔbang	遮蔽	
			泰	pɔɔng'	防卫	
		亡 mlaŋ	泰	m-laang	杀、杀戮	
		望 maŋs	泰	mɔɔng	看、视	
			缅	mrang	见	
			藏	mthong	看见	
		凉 fikraŋ	藏	grang	寒冷	
		谅 fikraŋs	藏	grang	该是、当	
			缅	khjang	欲要、想	
		量 fikraŋs	藏	grangs	数目	
		量 fikraŋ	藏	bgrang-ba	计数	
			藏	sgrang, （将）bsgrang, （已）bsgrangs, （命）sgrongs	计算、盘点	
			缅	khjang' khrang	量、度量、估量 度量	
		梁 raŋ	藏	zam(-pa)	桥梁	又对"槛"zraam
			缅	khrang	辅橼	
		良 raŋ	藏	drang(-po)	正直、公正、忠诚	龚煌城对此
			缅	mrang'	优良	
			缅	hrang	主人、法师	又对"郎"
		亮 raŋs	泰	rɯang	辉煌、发光的	
			缅	langh	明亮、光明	
		羊 laŋ	藏	ra	山羊	又对"羒"ljaa 野羊
		养 laŋ'	泰	liang'	养育、喂养	
		痒 laŋ'	藏	za	痒	
		阳 laŋ	藏	lho	南方	又对"融"

韵部	韵等	古汉语	对应语	语　词	意　义	备　注
阳	三短O	杨 laŋ	藏	ltjang-ma	杨柳	或对"柽"
		扬 laŋ	藏	lang-ba	起、升起	又对"升"
			泰	luıangh	流传、播扬	
		緉 laŋs《说文》"赤黑"，《集韵》"浅青"	藏	ldjang-ldjang-ba	绿色 青草、秧	
		旸 laŋ	藏	thang	晴朗	
		媵、阳 la《尔雅》"阳，予也"	藏	rang	自己	也对"余"
		场 daŋ	藏	thang	平原、平地、旷野	
		畅 thaŋs	藏	thang	健康	
		张 taŋ	藏	gdang-ba，（已）gdangs，（命）gdongs	张、张开	
			缅	tangh	拉紧、绷紧	
		鬯 thaŋs	藏	thjang	酒	
		襄 snaŋ《尔雅》"除也"	缅	hnang	驱逐、赶	又对"攘"
			缅	hnang'	与同、用、依	《书·皋陶谟》有"赞襄"
		匠 sbaŋ'	藏	bjang-ma	内行、熟练者	
			泰	djaangh	技匠、工艺家	
		将 ʔsaŋ	泰	caʔ cak	将、将要	又对"且" ʔsa、shjaa'
		将 ʔsaŋs	泰	caah	头目	
		相 slaŋs	缅	swang	容貌、形态	又对"状"
		湘 slaŋ	藏	slang	锅	《诗·召南·采蘋》"于以湘之"
		箱 slaŋ	藏	rdzang	箱	
	三短j	障 kjaŋs	泰	kang'	阻住	
		祥 ljaŋ	泰	raang laang	先兆、预兆 征兆、先兆、预兆	
			藏	g-jang	幸福、福气、吉祥	又对"幸"greeŋ'
		详 ljaŋ	缅	langh	详述、阐明	

韵部	韵等	古汉语	对应语	语　词	意　义	备　注
阳	三短 j	翔 ljaŋ	缅	ljang	快、疾、迅速	
			缅	lwang' hlwang'	远飞、飘散 飘去	
			苗	zjaŋ	飞	
			侎	ljaŋ	飞	
		象 ljaŋ'	藏	glang	象	
			缅	chang	象	
			泰	djaang'	象	
		庠 ljaŋ	藏	rwa	讲经院	
		像 ljaŋ'	泰	ʔdang	如、像	
		上 djaŋs	藏	dang-po	最高者、起始	
		掌 tjaŋ'	藏	hthjang-ba	执、握	
		瓤 njaŋ	藏	nang(-ma) nang-rtsi	内部、内里 瓤子、果核	
		嬢 njaŋ《说文》"烦扰也"	藏	nong-ba	烦闷、弄错	
		壤 njaŋ'	藏	rnang rnang-ma	田地、沟渠 田埂、阡陌	
			泰	naanh	地域	
			壮	naam⁶	土壤	
		攘 njaŋ'	泰	jɛɛngh	强抢、强夺	
			缅	hnang	驱逐、赶逐	又对"襄"snaŋ
		让 njaŋs	藏	gnang-ba	赐与、给	
			缅	hnangh	给、交给、颁给	卢斯对此
	三短 r	京 kraŋ 方仓	泰	glang	仓库	
		卿 khraŋ	缅	khang	对妻或情人的爱称	
			缅	khjangh akhjangh	近臣、近侍 亲切称呼平下辈	
		竞 graŋs	藏	hgran	较量、竞争、竞赛	又对"衡"
			泰	khɛɛngh	竞赛、竞争	
		永 Gwraŋ'	藏	hgjang-ba	迟延、远	
				rgjang brgjang	远 从远处呼	又可对"遐" 阜阳汉简《诗经》作"枘"

韵部	韵等	古汉语	对应语	语词	意义	备注
阳	三短 r	炳 praŋ'	泰	pleengh	照耀、光滑、发亮	
		柄 praŋs	藏	phjang-bzung	柄	
			藏	dbang	权柄、权力	
		病 braŋs	藏	bro	病 G	
			缅	phjah	病、生病	
			缅	pran̲	脓	
		明 mraŋ'	藏	rmang-pa	知道	
		盟 mraŋ	泰	mɯang	郡邑、国	
		孟 mraaŋs《说文》"长也"	缅	mrang'	高	或对"阆"raaŋs
		庄 ʔsraŋ	藏	srang	街道、巷道、村落	
			藏	srang-po	直的、不弯曲	
		装 ʔsraŋ	缅	chang	安装、装搭、装饰	
			缅	swangh	装入、放入	
		壮 ʔsraŋs	藏	sra-ba	坚硬、牢固	
		状 zraŋs	缅	changh	形貌、容貌	
			缅	swang	容貌、形态	又对"相"
		抢、闯 shraŋ'	泰	cuang'	急冲而进、猛刺	
		创 shraŋs	泰	sraang'	创造、制造	
		爽 sraŋ'	藏	sang sangs sangs-po	明天、清楚 觉醒、醒悟 清醒、洁净	《说文》"昧爽，旦明也"
			泰	saang	发射出晨光	
	一长 O	亢 kaaŋ《说文》"人颈也"、吭 gaaŋ 咽	泰	gaang	下巴	
		行 glaaŋ	藏	krang~	巷	
		犅 klaaŋ	藏	glang	黄牛	
		冈 klaaŋ	藏	sgang	山顶、山嘴	
			缅	khang	山冈、土岗丘陵 S	
		刚 klaaŋ	藏	mkhrang	坚强	又对"强"
		盎 qaaŋs	泰	aangh	盆	

韵部	韵等	古汉语	对应语	语词	意义	备注
阳	一长 O	胱 kwaaŋ	藏	lgang-bu	膀胱	
		广 kwaaŋ'	泰	kwaang'	广大、宽阔	
		旷 khwaaŋs	泰	waangh \-'	空的、空旷的	
		黄 ɢwaaŋ	泰	hlɯang	黄色的	
			缅	waa wangh	黄 鲜黄色	
		榜 paaŋ'	藏	pang-leb spang-leb	木板	
		膀 baaŋ《说文》"胁也"	藏	brang	胸部	或对"脯""膺"
		傍 baaŋs	泰	paang	濒于	
		莽、莽 maaŋ'	缅	mrak	草	
		当 taaŋ	藏	tang	中间	
		当 taaŋs	藏	gta-ba	抵押	质义见《左传·哀公八年》
			泰	taangh	代替、当	
		党 taaŋ'	藏	dang	和、及	
			泰	dang' daang'	与、同、全 与同（古）	
		党 taaŋ'	藏	stong-pa bstongs-pa	结伴 友伴、助手	又对"从"zloŋ
		倘 thaaŋ'	泰	thaa'	倘若、假如	
		唐 l'aaŋ	泰	daang	道路、径	又对"途"l'aa
			藏	lam	道路	又对"途"l'aa
			缅	lamh	道路、街	
		塘 l'aaŋ	藏	ɖang-la	水地、池沼	
		荡 l'aaŋ'	泰	laangh	洗涤	
		汤 lhaaŋ	藏	dwangs-ma	汤汁、汁	
			藏	rlangs-pa	蒸汽	
		烫 lhaaŋs	藏	lhangs	热气、热浪	
			泰	raang	炒	

韵部	韵等	古汉语	对应语	语　词	意　义	备　注
阳	一长O	帑 nhaaŋ'	藏	nang	内部、里面、家	
			藏	nang-ma	主妇	北朝以来才有"娘"
			缅	na̱n̲h	妻子(古)	
		囊 naaŋ	泰	hnang	薄皮、皮、膜	
			石家	naŋ⁵	皮	
		郎 raaŋ	藏	rang-po	未婚男子	
			缅	hrang	初出家男子、主人	又对"良"
			缅	lang	丈夫	
		朗 raaŋ'	藏	lhang-nge-ba	明亮、清朗	
			缅	hrangh	清楚、清理、解释明白	
		闾 raaŋs	缅	mrang' hmrang'	高 提高、使增高	或对"孟"mraaŋs
		仓 shaaŋ	泰	chaang	仓、粮仓	
		苍 shaaŋ	泰	sruang	天、苍天	
		藏 zaaŋs	藏	rtsang	寓、家、窝、巢穴	
			藏	gsang(ba)	隐藏、秘密	
		赃 ʔsaaŋ	藏	zang-zing	财物	
		臧 ʔsaaŋ	藏	bzang-po	佳美、善妙、良好	
		驵 ʔsaaŋ'市侩	藏	tshong tshong-pa	贸易、买卖 商贾	《说文》段注作"驵会",原应指马市,农业畜牧业时代非常重视马市交易
				h̲tshong-ba, (将)btsong, (已)btsongs, (命)tshong	出售	
		丧 sangs	泰	sraangh	消退、退散	
	二长r	鲠 kraaŋ'	泰	kaang'	鱼刺、鱼鲠	
		硬 ŋgraaŋs	泰	krɛɛngh	坚硬的	
			泰	khɛng	坚硬的、强硬的	
			藏	hrengs-pa = rengs-pa	强硬、僵硬、坚硬	

韵部	韵等	古汉语	对应语	语 词	意 义	备 注
阳	二长 r	羹 kraaŋ	泰	kɛɛng	羹汤	
		阮、坑 khraaŋ	缅	angh	池塘、鱼塘	
		骬 graaŋ 《说文》"胫尚也"	藏	rkang-ba	脚	
		骱 #graaŋ	藏	ang	臀部	《广韵》"牛脊后骨",《证类本草》写"尾罂"
		行 graaŋ	泰	glaa	行走、走动	又对"往"
		衡 graaŋ	藏	hgran	较量、竞争、竞赛	
		亨 qhraaŋ	缅	khjangh	贯通、贯穿	
		横 wraaŋ	泰	wɛɛng	横的、成列的	
		孟 mraaŋs	藏	ming-po	兄、哥哥(妹称)	
			缅	mangh	国王	
		孟 mraaŋs 《说文》"长也"	缅	mrang'	高	或对"阆"raaŋs
		氓、甿 mraaŋ	藏	dmangs	庶民、人民	《广韵》变耕韵
			缅	mang	你(称平辈、下辈)	
			泰	mɯɯng	你(蔑称)	
		虻 mraaŋ	缅	hmak	虻	
		掌 rthaaŋs	泰	thaang	张开	
		爽 sraaŋ'	藏	sang sangs sangs-po	明日、明天、清楚 觉醒、醒悟 清醒、洁净	《说文》"昧爽,旦明也"
			缅	cang	清洁、洁净	
			缅	hrwang	欢乐、快活、流通	
	三长 j					

3 支赐锡耕

韵部	韵等	古汉语	对应语	语 词	意 义	备 注
支	三短 O	攲 khes	泰	ke	歪斜的	也对"敧"khral
		歧 ge	藏	gje-ba	分开	

韵部	韵等	古汉语	对应语	语词	意　义	备　注
支	三短O	舓 ɕile'	藏	ldjags	舌(敬)	
			藏	ldag-pa,（将）bldag,（已）bldags,（命）ldogs	舐、吮	
			泰	lia	舐	石家语全同
			缅	ljak	舐(读 jak)	
		紫 ʔse'	泰	cεε⁴	深红的	
		觜、嘴 ʔse'、-we'	缅	cwaj	门齿	
		㹀 she	藏	rtsid-bu tshe~	小山羊 山羊	
			缅	chit	羊	
		跐 she'、ʔsre'	藏	rdzi-ba	踩、践踏	
		䶣 zes、ze	藏	zegs-pa gzeg	碎渣子、碎屑 碎粒、渣	
		胔 ze《玉篇》"人子肠"	泰	sai'	肠	
		斯 se	藏	gse-ba,（已、命）gses	分开、劈开	
		脾 be	泰	ʔdii<ʔblii	胆	
		敉 me'《说文》"抚也",安抚、持有义	泰	mii	有	或对"弥(瀰)"mel' 盈满
			拉珈	mi²	有	
			侗	me²	有	
			吉卫苗	me³¹	有	
			养蒿苗	mε⁵⁵	有	
			勉瑶	maai²	有	
	三短 j	氏 gje'	藏	rgjal-	国、王(-po)	又对"寰""畿"
			藏	rdje-bo	主子、尊者	
			藏	sde sde-ba sde-pa	部落、族 村落 长老、官长	
			泰	djhεεh	姓氏	

续　表

韵部	韵等	古汉语	对应语	语词	意　义	备　注
支	三短 j	舓 filje'	藏	ldjag ldag	舌（敬） 舐	福州闽语舓 lia'⁷ 建阳闽语舐 la⁷
			缅	ljak	舐	
			独龙	laʔ	舐	
			桑孔	mbja	舐	
			景颇	m-taʔ	舐	
			勉瑶	bje⁶	舐	
			标敏	bja⁴	舐	
			巴哼	lfie⁸	舐	
			巴那	lja⁴⁴	舐	
			宗地苗	ʐe⁸	舐	
			泰	lia	舐	福州闽语 liaʔ
			傣	le²	舐	
			傣雅	lie²	舐	
			水	ljaak⁷	舐	
			古占	ljah dalah	舐 舌	
			印尼	lidah	舌	
			孟	litak	舌	
			佤	da̱k	舌	
			克木	n-dak	舌	
		枝 kje/tje	泰	djhii	细条	借自汉语？
		儿 ŋje 麑 ŋee	藏	mngal	胎	
			缅	ngaj	细小、幼体、幼子	
			缅	n̠ii	弟弟	
		抵 tje' 侧击	泰	tii	打、击	
			布依	ti²	打	
		是 dje'	藏	de	那个、彼、即此	
			藏	hdi	这个、此、其	又对"时"
		褆 dje、dee	藏	bde(-ba) (-mo)	安乐、平安、康宁	
		蕲 se	藏	zi-ma	浮藻、水苔	

韵部	韵等	古汉语	对应语	语　词	意　义	备　注
支	三短 r					
	四长 O	鸡 kee	泰	kaih	鸡	
			缅	kjeih	鸟的总称,也专指鹦鹉	
		罳 kwees	泰	khaih	罗网	
		刲 khwee	缅	khwei	切开、分解、分裂	
		携 gwee	藏	bkris-pa	携带	
		霓 ŋee	缅	nii	红	
		醯 qhee	缅	khjann	酸	
		髀 bee'、be'	藏	dpji	臀胯	
		递 l'ees	藏	dje	渐渐、越……	
		题 dee	藏	zjal	脸、容貌(敬)	
		踶 dees	泰	te pa-te	踢、蹴	
		挤 ?sees	泰	cɛɛ	拥挤、紧密的	
	二长 r	佳 kree	藏	dge-ba	善吉、幸福、舒适	又对"幸"
		解 kree'	泰	kɛɛ'	解、松开、解除	
			泰	glii	开释、展开	
			缅	kai	救、拯救、解救	
		解 krees	藏	hges-pa	劈开、分开	
		鞋 gree	藏	krad-pa	鞋、皮鞋	
		豸 rdee'、de'	藏	gzig	豹	更对"狰"
			缅	sac	豹	
		捭 pree'	泰	?bɛ phaaj	裂开、分开的 张开、松开	
		箄 bree 见《方言》《广雅》	泰	bɛɛ	木排、筏	比《玉篇》"排"早
		牌 bree	泰	paaj	牌、牌匾	借自汉语?
赐	三短 O	臂 pegs	藏	phjag	手(敬)	
		譬 phegs	泰	phi	如若	
		避 begs	泰	phiik	避、逃避	
		易 legs	缅	lwai	容易	

韵部	韵等	古汉语	对应语	语　词	意　义	备　注
赐	三短 O	赐 slegs/hljegs	藏	legs	礼品	
		渍 zegs	藏	zegs-ma gzegs-ma	水花、水点 碎渣、水花	
	三短 j					
	三短 r					
	四长 O	系 geegs	藏	dkri-ba dkris-pa ẖkhig-pa （bkjig \ bkigs \khjigs）	缠绕 缠绕、缚 绑	
		缔 teegs	藏	thjag-pa	一束、一把	
		谛 teegs	藏	ẖdjags-pa	留意、记住、领悟	
			泰	dɛɛ'	真实的	
		帝 teegs	藏	gte-bo	首领、首脑	
			缅	thiih tkiih-nanh	首领 宫殿、王位	
		渧 teegs	藏	thigs	水滴	
		替 theeg	缅	thei（thai）	交换、交易	
		鬄 l'eegs	藏	ẖdreg-pa	剪、剃	
		刺 shegs	藏	rtse	尖、尖头、尖顶	
	二长 r	佳 kree	藏	dge-ba	善吉、幸福、舒适	又对"幸"
		解 krees	藏	ẖges-pa	劈开、分开	
		簰 bree 见《方言》 《广雅》	泰	bɛɛ	木排、筏	比《玉篇》"桴" 早
		豸 rdee'、de'	藏	gzig	豹	
		益 qleg	藏	leg	善、好	又对"懿"qrigs
		易 leg	藏	rdje-ba	交换	
			藏	hdre-ba	交换	
			藏	res	交换、更迭、轮流	
			缅	lee	交换、变换、转换	
			泰	lɛɛk	交换	
		役 Gweg	藏	g-jog g-jog-po	事务、役务 仆役	
			缅	wat	职务、职分	

韵部	韵等	古汉语	对应语	语　词	意　义	备　注
锡	三短O	辟 peg、peeg	藏	hphyag-pa, (将)phjag, (已)phyags, (命)phjogs	扫除、拂拭	
			泰	brɛɛk	隔离、离去	
		僻 pheg、beg	藏	bji-bo	淫乱者、奸淫者	
		闢 beg	泰	ʔbək	展开、启发	
		闢、辟 beg	泰	ʔbiak	分、分派	
		积 ʔseg	藏	rtseg-pa, (将)brtseg, (已)brtsegs, (命)rtsegs brtsegs-pa	堆、积蓄 层、叠	
		碛 sheg	藏	seg-ma gseg-ma	石砂、砂砾、石子 石子、砂砾	
		掷 deg	泰	ding' deeng'	抛弃 抛掉、抛弃	
	三短j	适 ʔleg、hleg 之 石、施只切	藏	khrig~	适宜	
		适 hleg	藏	rigs-pa	适合、适宜、理应	
	三短r	屐 greeg	泰	kɯak	鞋	又对"屩"。 "屐"则借 kiaʔ3
	四长O	墼 keeg	藏	kjig-rtse	砖坯、土坯	
		擊 keeg	泰	kriak	斫、斩	
			泰	kɛɛk³	击、击木	
			泰	khek	手指敲	
		敌 deeg	藏	djag djag-pa	抢劫 盗匪	
		获 deeg	藏	hdjag-ma	茅草	
		滴 teeg	藏	gtig-pa thig-pa hthig-pa	滴下 滴、点 滴下	
		踢 lheeg	藏	rdeg-pa	踢、打	
		髣 lheeg	藏	regs-pa	剃、剪毛(古)	
		锡 sleeg	藏	sja-tshe gsja(-tshe)	锡、镍、白铁 锡	借自汉语?

韵部	韵等	古汉语	对应语	语　词	意　　义	备　注
锡	四长 O	历 reeg	藏	re-mo reg-pa	轮流、依次 接触、触觉、感觉	
		绩 ʔseeg	藏	seg-ma	织的、编的 G	
				sle-ba	纽、编、织	
		析 seeg	泰	sɛɛk	分开的、中分线	
	二长 r	厄 qreeg	藏	keg、kag、skag	灾	
		呃 qreeg	泰	ek	鸡啼声	
		轭 qreeg	泰	ɛɛk	牛轭	
		嗝 sgreeg	藏	sgreg-pa	打嗝	
		隔 kreeg	泰	graak	分开、别离	
			缅	khraah'	分开、隔开、隔离	
		膈 kreeg	藏	mkhris	胆	
		责 ʔsreeg	藏	sdig-pa sdigs-pa	罪恶 指责	
			藏	rtsags-pa	罪恶、恶业（古）	
		簀 ʔsreeg	藏	seg-ma	竹席	
		策 shreeg	泰	djhɛɛh	鞭子	
			泰	sɛɛ'	鞭子	
耕	三短 O	颈 keŋ'	藏	ske	颈	
		劲 keŋs	泰	kiang	力量、善战	
		倾 khweŋ	泰	khiang	倾斜	
			泰	iang	倾斜的	
		营 Gweŋ	藏	gjang＝rgjang	墙	
			泰	wiang	城	
		桢 teŋ	泰	teng	一种硬木树	
		赪 theŋ	泰	ʔdɛɛng	红色	
		呈 l'eŋ	泰	ʔdɛɛ	献给	
		瀛 leŋ	藏	gling(-ma)	洲、岛	
		令 reŋs	泰	rengh	催促、加速	
		领 reŋ'	藏	mgrin-pa	颈、喉咙	
			藏	hdjing	脖颈 G	龚煌城对此
			缅	lan̲	颈（读 lai）、了解	

韵部	韵等	古汉语	对应语	语　词	意　　义	备　注
耕	三短 O	岭 reŋ'	藏	ri(-bo)	山	又对"陵"
		圣 hleŋs	藏	lha lha-pa	天、神 巫师	又对"社"
		柽 lheŋ	藏	ltjang-ma	杨柳	
		籯 leŋ	藏	rdjang	谷仓、箱	
		并 peŋ 北方州名	藏	pjang	北方	
		饼 peŋ'	泰	pεεng'	面粉、米粉	
		升 hleŋ	藏	bre	升子	
		名 meŋ	藏	ming mjing	名字	
			缅	man hman aman	称呼、命名 命名、取名 名字、名称	
		净 zeŋs	藏	gtsang-pa	洁净	
		井 skeŋ'	藏	rdzing	池、池塘	
		精 ʔseŋ	藏	sri	精灵、凶煞	
			藏	srin	精灵	
		清 sheŋ	藏	sing-po	稀薄、清淡、清明	
			藏	seng(po)	稀薄、透明、清洁、 松散、淡薄、稀疏	
			泰	cεεng'	清楚、分明的	
		圊 sheŋ	藏	bsjang-ba	排泄物、大便	
		晴 zleŋ	泰	lεεng'	无雨的、旱的	
		性 sleŋs	藏	zje	天性、心性、心意	
			藏	sems	心意、心灵、精神	又对"心"
	三短 j	整 kljeŋ'	藏	gling-pa	整个	
		声 qhjeŋ	泰	siang	声音、声响	
		正 tjeŋs	泰	diangh	正中的、中午	
			缅	tan'	正、直	
		城 djeŋ	泰	djiang	城	
			泰	diang	墙垣	
		盛 djeŋs	泰	cingh	满溢、充沛	

韵部	韵等	古汉语	对应语	语 词	意 义	备 注
耕	三短 r	惊 kreeŋ	泰	kreeng	惊恐	
		敬 kreeŋs	泰	greengh	严格、严肃、庄重	
		擎 greŋ	藏	sgreng-ba，（将）bsgreng，（已）sgrengs，（命）sgrengs	举起、竖起	
		荣 ɢwreŋ	泰	bvɯang	茂盛、繁荣	
		平 breŋ	缅	prei	平息、松开、解开	
		坪 breŋ	藏	spang	草坪	
		鸣 mreŋ	缅	mran̲	响、鸣叫	
		命 mreŋs	藏	smra，（已）smras，（命）smros。又 smreng-ba	说、讲话	《书·吕刑》"苗民弗用命"，或作"灵"，《墨子·尚同》引作"练"。
			缅	min'	命令、吩咐	
		甥 sreŋ	藏	sring-mo	妹妹	
		鼪 sreŋ	藏	bse-mo	一种鼬鼠 G	
	四长 O	馨 kheeŋs	泰	kliang'	精光、净尽、干净	
		胫 geeŋ'	泰	kheɛŋ'	外胫、小腿	
			石家	geeŋ[4]	脚	
		形 geeŋ	藏	h̲gjing-	体态、作姿态	
		萤 gweeŋ	泰	Hingh-hɔɔj'	萤火	
		筜 pheeŋ[*]	泰	phɛɛng	竹篾编的板	吴人用于养蚕、做舟篷。汉语借自泰文？
		聘 pleeŋs《尔雅·释言》"聘,问也"	藏	h̲dri-ba	询问	或对"质"
			错那门巴	bri	问	
			白	phiɛ[7]	问	
		冥 meeŋ	缅	man̲h	黑、暗黑（读 mee）	
		溟 meeŋ	缅	mrac	江河	或对"海"hmlɯɯ'
		蜢 meeŋ 蜢蛉	泰	mlɛɛng、mɛɛng	昆虫、飞虫	或对"蝇"

续　表

韵部	韵等	古汉语	对应语	语　词	意　义	备　注
耕	四长 O	定 deeŋs	藏	ḫdjags	稳定、安定	
			藏	ḫding-ba	奠定、铺展	又对"奠"
		顶 teeŋ'	藏	steng	上部、顶	
			藏	gteng-ba	抵押品	
		打 teeŋ'	泰	ʔdiang deeng	打、击 敲、击	
		铃 reeŋ	藏	dril-bu	铃	
			泰	kringh	铃	
		泠 reeŋ	泰	liang	凉快的	
		零 reeŋ	藏	breng	少许	
			藏	reng-bu	单一、孤单	
		挺 l'eeŋ'	藏	gdengs	扬起、高举	
			泰	ʔdeeng'	挺起	
		侹 lheeŋ'	藏	gdeng	英勇	
		艇 l'eeŋ'	泰	deeng'	平底船	
		锭 deeŋ'	泰	dɛɛngh	小块	
		定 deeŋs	藏	rling-ba	稳定	
		亭 deeŋ	藏	lding-khang	凉亭	
		宁 neeŋ	泰	ningh	静止不动的	
		青 shleeŋ	藏	sing-ba	漆黑	
		星 sleeŋ	泰	sɛɛng sɛɛngʔdaaw	光、光线 星光	
		惺 sleeŋ	泰	srɛɛng'	假装、假扮	
		腥 sleeŋ	泰	slɛɛng	有毒害、不卫生的	
		猩 sleeŋ	泰	ling	猴	
		醒 sleŋ'	藏	bseng-ba	唤醒	
	二长 r	茎 greeŋ	泰	kiing	枝、树杈	
			泰	kliang	草	
		幸 greeŋ'	藏	dge-ba	幸福、善吉、舒适	又对"佳"
			藏	g-jang	幸福、福气、吉祥	绵羊吉称,又对"祥"

韵部	韵等	古汉语	对应语	语 词	意 义	备 注
耕	二长 r	并 breeng'	泰	blaang	同时的	
		蚌 breeng' 蜯、蠯	泰	briang	一种蚌	
		抨 phreeŋ 弹也	藏	ḥphen-pa，（将）hphang，（已）hphangs，（命）phongs	投射	又或对"发"pad
		命 mreengs	缅	min'	命令、吩咐	
		冷 r-reeŋ'	藏	lhags-pa	冷风	
		争 ʔsreeŋ	藏	ḥdzing-ba	争论、争斗	
			藏	zing-pa zings	纷乱、动乱 扰乱、战斗	
			泰	djing	抢夺、争夺	
			缅	cac	战争、战事	
		狰 ʔsreeŋ、zeŋs 见《山海经》	藏	gzig	豹	或对"豸"rdee'、de'
			缅	sac	豹	
		铮 shreeŋ	藏	gseng-po	声音响亮、悠扬	

4 幽奥觉终（幽奥觉另有一部分在 B）

韵部	韵等	古汉语	对应语	语 词	意 义	备 注
幽	三短 O	肘 kl/tu'	藏	khru，gru-mo	肘	
		鸠 ku	藏	khu-bjug	杜鹃	
			缅	khou khjouh	鸽 鸠（读 gjouh）	
			泰	khau	鸽子	
		九 ku'	藏	dgu	九	
			缅	kouh	九	
			泰	kau'	九	
		究 kus	泰	khau'	进入、参入	
		龟 ku	泰	kriw	龟 S	
		臼 gu'	泰	grok	臼	

韵部	韵等	古汉语	对应语	语　词	意　义	备　注
幽	三短 O	舅 gu'	藏	khu-bo akhu	叔伯	
			缅	uuh	舅父、步父	
			缅	kaungh	舅	敏布方言
			泰	kuu	我（自负）	或对"己"kɯ'
		韭 ku'	藏	sgog-pa	蒜	
		休 qhu	藏	mgu-ba	愉悦、满足	又对"孝"
			缅	khjou	甜美、悦耳、和悦	
		鸺 qhu	藏	hug-pa	枭、猫头鹰	又对"鸮"
		求 gu	藏	hgugs	召请	或对"告"
			泰	khɔɔ	请求	
		逑 gu	泰	guuh	对、双	也对"仇"
		救 kus	泰	kuu'	救援、拯救	
			缅	kuu ku	帮助、援助 医治	
		麂 qu	藏	ju-mo	母鹿	
		缶 pu'	藏	phru-ba	罐、陶缸	
			泰	ʔbau'	坩埚、熔罐	
		浮 bu	泰	ʔbau	轻的	
			缅	po' phoo	轻 游时浮起、浮肿	
		秠 phuw	藏	phug-ma＝ phub-ma	糠秕、麸子	
		孚、孵 phuw	缅	pook	孵化、母兽产子	
		蜉 bu	藏	hbu	昆虫、虫子	
			缅	pouh	虫、蚕	
		烰 bu	缅	puu	热、热气	《说文》"烝也"
		阜 bu'	藏	hbog	小丘	
		矛 mu	藏	mdung	矛、长枪	
			泰	hlaaw	标枪、木枪	
		蟊 mu	藏	mug-pa	蠹虫	
		蝥 mu	藏	rmug-pa	叮、螫	

韵部	韵等	古汉语	对应语	语 词	意 义	备 注
幽	三短 O	螯 mu	泰	hmɔɔ	锅、罐	
			石家	mɔɔ³	锅	
		霿 mu、mus	缅	mouh	雨	
		筹 du	藏	djus	计策、谋划	
		俦 du	藏	do	二、两	又 对"雠"dju 双鸟
			藏	do-pa	助手、仆人	
			泰	du	二、两	或对"雠"dju
			缅	tou' atou'	表复数后附助字 我们（碑铭）	
		咮 tus、tjo	藏	mthju	唇、鸟喙	
			印尼	patok	鸟嘴	
		丑 nhu'	泰	chnuu	属牛之年	
		流 ru	泰	glaawh	流、川流、涌流	
			藏	rlug-pa lug-pa	泻、流出、下坠 泻出、流出、下坠	
		游 lu	藏	rgju	漫游	
		斿 lu	藏	ru	旗、翼、队	
		犹 lu	泰	raaw	好像、好似	
		酉 lu'	泰	hlau'	酒	
			藏	ru-ma	乳皮、酵、酵母	
		诱 lu'	泰	lɔɔh	引诱、诱导	
			藏	slu-ba， （将）bslu， （已）bslus， （命）slus	诱惑、引诱	
		首 hlu'	泰	klau' hau'	头、首	
			壮	rau³ kjau³	头	
			拉珈	kjɛu¹	头	
			侗	kaau³	头	
		仫佬		kɣo³	头	

韵部	韵等	古汉语	对应语	语　词	意　义	备　注
幽	三短O	首 hlu'	傣	ho¹	头	
			石家	hua¹	头	
		收 hlu 蓄 hlug	藏	sgrug-pa,（将）bsgrug,（已）bsgrugs,（命）sgrugs	收集、采收、蓄积	
	三短j	臭 khjus	泰	chuuh chooh	刺鼻的、臭的 臭味四溢	借自汉语？
		糗 khjus	泰	khaaw'	粟粒、米、饭	
			石家	gaw³	谷、米	
		洲 tju	泰	kɔʔ	岛屿	
		雔 dju 双鸟	藏	do	二、两	或对"侜"du
			泰	du	二、两	或对"侜"du
		稠 dju	藏	du	许多、若干	
		寿 djus	泰	djiiw	生命	
		揉 nju<mju	藏	njug-pa	轻擦、摩	
		柔 nju<mju	藏	njog~	柔软	
			缅	nuuh hnuuh	柔软 使柔软	
			泰	hju	柔软的	
	三短r	搜 sru	泰	sɔ	寻找	
		餿 sru#《玉篇》	缅	souh	馊臭	
		鏉 srus《说文》"利也"	藏	so	锋、刃	
	一长O	羔 kluuw	藏	gu	幼小词尾	
		尻 khwuu	藏	dku	胯	
		考 khluu'	藏	khogs-pa	老迈、陈旧	也可对"旧"
			缅	ou	年老、年迈	
			泰	kauh	老的、久远的	也可对"旧"
		橐 kuu'	藏	sgro-ba	皮袋、口袋	
		皓 guu'	泰	khaaw	白色的、纯白的	
		造 sguu'	缅	chook	建造、建筑	

韵部	韵等	古汉语	对应语	语 词	意 义	备 注
幽	一长 O	昊 guu'	泰	haaw	天空、空中	
		燺、爢 quu	藏	g-jo-ba	烹煮、炒	
		堡 puu'	藏	phru-ma	堡垒、军营	
			泰	ʔbau'	窠、窝	
		保、褓 puu'	藏	bu bu-gu bus-pa phrug	子、男孩 小孩 小孩、婴儿（古） 小孩	
			缅	pu-lu	婴儿	
		保 puu'	泰	ʔbaawh	仆役	
		抱 buu'	缅	pouk	紧抱	
			缅	pwei'	搂抱	
		猱 ml'uu	缅	mjook	猴	又曰沼切 mljiw'
		鋽 duu、tuu	泰	duuh	钝的、笨的	
		道 l'uu'	泰	luuh	路径、门路	
			泰	lauh	陈述、讲述	
		掏 l'uu 搯 lhuu	藏	hdru-ba， (已)drus， (命)phrus	挖、掏	
		蹈 l'uus	藏	bro	舞蹈	又对"媱"
		牢 ruu	泰	lau'	兽栏	
		老 ruu'	泰	haaw'	过熟的、粗重的	
		灶 ʔsuus	藏	sro-ba， (将)bsro， (已)bsros， (命)sros sro-khang	烤热、取暖 暖室、浴室	
		早 ʔsuu'	缅	coo	早	
		草 shuu'	藏	sog	草茎	
		蚤 ʔsuu'	藏	sro-ma	虮子	
		潃 suu	泰	su	洗濯	
		骚 suu	藏	srug-pa	动摇、拌乱、搅和	
		嫂 suu'	藏	sru-mo asru	嫂子、姨母 嫂子	

韵部	韵等	古汉语	对应语	语 词	意 义	备 注
幽	二长 r	搅 kruu'	藏	dkrug-pa dkrog-pa skrog-pa hkhrug	搅拌 搅扰 搅、击 扰乱	
			缅	khook	搅拌	
			泰	gruk	混和、交杂、搅拌	
				glau'	混和、混杂、搅拌	
		孝 qhruus	藏	mgu-ba	恭敬伺候	
		饱 pruu'	藏	bro	享用	
		苞 pruu	藏	hbu-ba	吐芽	
			缅	phuuh	叶芽、萌芽	
		泡 phruu	藏	dbu-ba lbu-ba	水泡、泡沫	
			印尼	lepuh	水泡	
			泰	pru	蓬松肿胀、松而多孔	
		脬 phruu	泰	ʔbau	便溺	
			缅	apo'	尿、小便(雅)	
		胞 phruu、 pruu	藏	phru-ba	胞衣	
			泰	phauh	族民、族系、后裔	
		炮 bruu	泰	phau	烧	
		匏 bruu	缅	buuh	葫芦	
		茅 mruu	藏	mjug-ma smjug-gu	竹子 芦管、笋	
		抓 ʔsruu'	泰	cuah	拘捕	
奥	三短 O	昼 tus 畫 thug,集韵丑 众切 thuŋs	藏 藏	gdugs mthiog, mtho, mthon	日、太阳、中午 高	又对"卓"
		就 zugs	藏	rdzugs-pa	完成、成就	
	三短 j	咒 tjugs	藏	mthu	咒	
	三短 r					
	一长 O	诰 kuugs	藏	sgo-ba, (将)bsgo, (已)bsgos, (命)sgos	命令、吩咐	

韵部	韵等	古汉语	对应语	语　词	意　　义	备　注
奥	一长 O	告 kuugs	藏	sgrog-pa， （将）bsgrog， （已）bsgrogs， （命）sgrogs	宣告、公布	
			泰	klaawh	说、说话	高本汉对此
			泰	khaawh	讯息	
		靠 khuugs	缅	kouh	倚靠、倚赖	
		澳 quugs	泰	aawh	湾、海湾	
		燠 quugs	泰	aaw'	郁热、闷热	
		报 puugs	藏	phog phogs	报酬、触犯 报酬、授给	
			缅	pou'	运送、呈递、祝福	
			缅	proo	说、言	
			泰	paawh	公布、广布	
		冒 muugs	缅	mouh	天空、遮盖	
		帽 muugs	藏	rmog	盔	
			缅	kha-mook mook-tou	笠帽 盔	tou 短
			泰	hmuak	帽子	
			傣仂	mook⁷	帽	
		纛 l'uugs	藏	gdugs	伞	
		捣 tuu'	缅	thu	捶击、捶打、捣碎	
		早 ʔsuu'	泰	djau'	朝、早晨	又对"朝"ʔr'ew
		蚤 ʔsuu'	泰	hau<hr-	蚤	
	二长 r	窖 kruugs	泰	kru	地下室、穴	
觉	三短 O	鞠 kug	藏	gug-po	驼背、弯身	
		趵 kug ≠《玉篇》"足"	藏	jug pə	脚、腿	
		腹 pug	藏	pho-ba	胃	
			藏	bru-ba	腹、肚（古）	
			缅	pouk	肚、腹	
			泰	bung	肚腹、肠	
			武鸣壮	-pong⁵	小腹	

韵部	韵等	古汉语	对应语	语词	意　义	备　注
觉	三短O	覆 phug、phugs	藏	blug-pa	倒、倾倒	
			藏	dbag-pa，（已）dbags	遮盖	
			泰	pok phok	覆蔽、遮盖 盖、覆	
		復 phug	藏	phug-pa	石洞、石窟	
			藏	bug、dbug	孔、洞、穴	
				sbug、sbugs	洞、穴	
			缅	apook	孔穴、口	
		馥 bug	藏	pog	烧的香	
			泰	'dɔɔk	花	
			龙州壮	'bjook<'bl-	花	
		复 bug	缅	pjook	病愈、消失	
		睦 mlug	藏	rogs	帮助、友助	又对"僚"
				rlug	信任、相信	广雅释诂:信也
		竹 tug	泰	tɔɔk	竹篾	
			柳江壮	tuk	竹篾	
			武鸣壮	ruk	竹篾	
			石家	pruk	竹篾	
			拉珈	pluk	竹篾	
		筑 tug	藏	hthjos	建筑	
			藏	dju-po	锤、杵	
			泰	cuk	塞入、塞子	俗作"埕"侧六切
		筑 tug	泰	tɯk	砖房	或对"塾"djug
			缅	touk	砖房	
		六 rug	藏	drug	六	
			缅	khrook	六	
			泰	hok	六	
		陆 m·rug	藏	dog-mo	大地	
			藏	hbrog	旷野、牧场	
		蹅 rug	藏	rdog-pa	踢G	

韵部	韵等	古汉语	对应语	语　词	意　　义	备　　注
觉	三短 O	育 lug	藏	rog	胞衣、胎胞	
			泰	rok	胞衣	
		道 lug 转也	藏	ldog-pa, (已、命) log	转回、反转 倒、反	或对"倒"
			藏	zlog-pa,为 ldog-pa 他 动式	使回转、退回	
		畜 lhug	藏	lug	绵羊	
		赎 filug	藏	blu-ba, (已、命) blus	赎回、赎买	
		儥 lug	藏	lhugs	不保留	
		鬻 lug	缅	roongh	卖、发售	
		宿 sug	藏	bzjugs	居住、停留、坐	
	三短 j	粥 ʔljug	藏	thug-pa	粥	
		喌 tjug《说文》 "呼鸡重言之"	泰	cok³ cok³	鸡声	
		熟 djug	藏	gdu	烧、熬	又对"炷"
			藏	gdug-pa	熏、烧	
			泰	suk	成熟的、煎熟的	
		墼 djug	泰	tɯk	砖房	或对"筑"
			缅	touk	砖房	
		肉 njug、njogs* 《集韵》"儒遇切,肌 肉也"	藏	snag	肌肉	
			泰	nɯa'	肉、肌肉	石家语 mlɔɔ³
	三短 r					
	一长 O	梏 kuug	藏	sgrog-ba	镣铐	也可对"镣"
		熇 khuug《说文》 "旱气也"	缅	khrook	干、干燥	
		笃 tuug	藏	gtjugs-pa	友爱、坚稳	
			藏	stug-po mthug-pa/o h̲thug-pa	厚密	
			缅	thu thuu	厚度 厚、不薄	

韵部	韵等	古汉语	对应语	语　词	意　义	备　注
觉	一长 O	笃 tuug 笃生	泰	tok tokluuk	跌落 产子	
			缅	thwak	出、出现、出产	
		毒 l'/duug	藏	dug	毒	
			藏	gdug-po	有毒、凶恶的	
			缅	took	有毒、中毒	
	二长 r	觉 kruug	藏	dkrog-pa go-ba	惊醒 知晓、听到	
		搙 rnuug	藏	njug-pa	轻擦、摩	或对"揉"
终	三短 O	中 kl/tuŋ	藏	klong	中心、中间	
			藏	dgung-mo	中央	
		宫 kuŋ	泰	krung	城、京都、郡	
			泰	gum'	王宫、宫殿	
			缅	kjongh	精舍、寺院、学校	又对"校"
		躬 kuŋ	藏	kum	弯曲	
			缅	koungh	向下弯垂、弯垂物	
			缅	kong	人畜身躯	又对"躯"
			泰	koong	弯曲的、驼背的	
			泰	glumh	凸、凸圆、穹形	
			泰	gɔɔmh gɔɔc' goong'	驼背的、弯腰的 屈身、低头 弯腰、躬身的	
		穷 guŋ	藏	gjung =gjong-bo gjong	亏损、干枯 贫乏	
			缅	khjoong	偏僻处、穷乡僻壤	
		穹 khuŋ	藏	dgung	天空	
			缅	khoong	最高处、绝高、远	
		融 luŋ	藏	zju-ba	融化、溶解	
			藏	rlung	风、空气	
			藏	lho	南方	又对"阳"
		虫 l'uŋ	泰	?duang'	幼虫	又对"蛹"

韵部	韵等	古汉语	对应语	语　词	意　　义	备　注
终	三短 O	隆 ruŋ	泰	ʔduŋ'	胀起、突出	
			泰	ʔdooŋh	高起、突起的	又对"耸"
			泰	ʔdaŋ'	鼻梁	又对"颡"
	三短 j	冲 thjuŋ 幼小,通"僮"	藏	gtjuŋ-po/mo	弟、妹	又对"僮"
			藏	thjuŋ	幼小	
		冲 thjuŋ	藏	gtjoŋ-ba	冲洗	
		终 tjuŋ	藏	stoŋ-pa	完尽、空虚	
			缅	chumh	终止、终结、死亡	
		众 tjuŋs	藏	stoŋ	千	
			缅	thooŋ	千	
	三短 r	崇 zruŋ	泰	suuŋ	高的、高耸的	又对"耸"
	一长 O	脓 nuuŋ	藏	snuŋ-ba	染病、病痛	
			泰	hnɔɔŋ	脓	
		疼 duuŋ	藏	duŋs	疼爱、爱恋	
		统 thuuŋs	藏	gduŋ	血统、遗骸	
		＜lhuuŋs	泰	grɔɔŋ	统治、治理、把持	
		宗 ʔsuuŋ	藏	sruŋ-ba	遵奉、遵守	
	二长 r	降 kruuŋs	藏	hkhruŋs-pa	降生	
			泰	loŋ	降、下、落	
			石家	lɔɔŋ²	下来	
		胮 phruuŋ	泰	buaŋh	胖大肥满的	
			泰	bɔɔŋ	肿胀、隆起、凸胀	

5　之代职蒸

韵部	韵等	古汉语	对应语	语　词	意　　义	备　注
之	三短 O	其 gɯ	藏	kho / khoŋ	他 / 他(敬)	
			泰	khau	他	
		基 kɯ	藏	gzji(-ma)	根基、地基、基础	
			缅	krei	根基、脚	又对"止"
		己 kɯ'	泰	kuu	我(自负)	或对"舅"gu'

韵部	韵等	古汉语	对应语	语 词	意 义	备 注
之	三短 O	纪 kɯ'	藏	h̲grig, (他动)sgrig	排列有序	
			藏	sgrig-pa, (将)bsgrig, (已)bsgrigs, (命)sgrigs	编排、整理、排列	白保罗对"史"
		记 kɯs	缅	khje	痣	
		其 gɯ	藏	kho	他	
			泰	khau<-u	他	
		嘻 qhɯ	缅	hii	大笑	《易·家人》"妇子嘻嘻"
		疑 ŋɯ	缅	ngeh	发呆、茫然	
		久 kwɯ'	缅	kraa	久、时间长	
		灸 kwɯs	泰	gu	燃烧、熏	
		龟 kwɯ	泰	kriw	龟 S	
		丘 khwɯ	泰	khau	山、小山	高本汉对此,马伯乐对 khua
		旧 gwɯs	藏	gog-po	破旧的	
			藏	khogs-pa	老迈、陈旧	也可对"考"
			泰	kauh	老的、远年的	又对"考"
			泰	kuug³	猫头鹰、鸮	
			泰	gau'	猫头鹰、枭	或对"鸮"firaw
			缅	dji-kwak	小鸮、鸺鹠 S	djih 又 djan̲h 胎儿
		牛 ŋwɯ	泰	gau goo	牛(古) 牛	
			泰	ngua wua	牛 黄牛、牛	高本汉对此
			藏	nor	牛	
			缅	nwaah	牛	
		有 gwɯ'	缅	hji/hri	有	
		又 gwɯs	藏	jang	又、也、或	
		友 gwɯ' 右 gwɯ'	藏	grogs	友伴、相助	
			藏	h̲grogs-pa	结友、帮助	
			泰	kləə	伙伴、好友、老友	

韵部	韵等	古汉语	对应语	语词	意　义	备　注
之	三短 O	友 Gwɯ'	泰	khɯa	朋友(诗)、你	
		右 Gwɯs	藏	g-jas	右、右边	
			缅	n̲aa(njaa) jaa	右边	
			泰	khwaa	右方的	
			石家	khwaa², khua²	右	
		不 pɯ'	泰	ʔba、ʔbah	不(古)	
			泰	paih	不、弗、非	
		紑 pɯ、phɯ	缅	phruu	白、洁白	又对"皫"phrew'
		箁 bɯ>bu	泰	ʔbɯ	叶子、薄片	
			缅	phak	叶	
		负 bɯ'	缅	pouh	负在背上	
		妇 bɯ'	藏	bag-ma	新妇、主妇 G	
			缅	pjou	少女,姜(自称)	
			壮	'bɯk⁷	女青年	
			水	'bjaak	女人	
		母 mɯ'	藏	ma ama	母亲 母亲、阿妈	
			缅	mo ma	雌、母的 母的	
		拇 mɯ'	藏	rmig-pa	蹄子	《集韵》"跱,足将指"
			泰	mɯɯ	手	
		亩 mɯ'	藏	rmod-pa, (将)rmo, (已、命)rnos。 Rmo-sa	耕种 田地	
			印尼	huma	田地	
		征 tɯ'	藏	rtags	预兆、特征	
		持 dɯ	藏	mtheg	支起、持 G	
		持 dɯ	藏	theg-pa h̲degs-pa	支持、扶持 举起、支起、称量	
			泰	thɯɯ	拿、把握住	

韵部	韵等	古汉语	对应语	语 词	意 义	备 注
之	三短 O	跱跱 dɯ' 待 dɯɯ'	藏	sdod	停留	
		牦(犛) rɯ	藏	hbri	母牦牛	
		嫠 rɯ	泰	hmaaj'	鳏寡	
		嫠 rɯ《说文》"微画也"	藏	hbri-ba, (将)bri, (已)bris, (命)phris	书写	
			缅	reih	写、画	
		里 hm-rɯ'	缅	mrou'	城镇	
		鲤 hm-rɯ'	泰	nai	鲤鱼	
		俚 rɯ'	泰	raaj'	性恶不良、坏人	
			泰	lɯɯ'	泰北摆夷、怒族	
		理 rɯ'	藏	hgrig-pa, (将)hgrig, (已)hgrigs	合适、理该	
			藏	ri-mo ris	花纹、图样 图样、图画	
			泰	laaj	条纹、花纹、迹痕	
			泰	sɯɯh	媒人、媒体	
		里 rɯ'	泰	lɯk	深的	
		颐 lɯ	泰	huu	耳朵	
			壮	rɯ²	耳朵	
			石家	rua²	耳朵	
			仫佬	khra¹	耳朵	
		已 lɯ'	泰	lək	停止、终止	又对"息"
		贻 lɯ	泰	hɯɯ' haɯ'	给予 给、予、使令	
		始 hlɯ'	泰	ri	开始、发端	
			泰	rɛɛk	最先的、原先的	
		治 l' ɯs	泰	thɯɯ	割、切	
		笞 lhɯ	藏	ltjag	鞭子	或对"扶"
		眙、瞪 lhɯɯs	泰	thlɯŋ	瞪眼	

韵部	韵等	古汉语	对应语	语　词	意　　义	备　注
之	三短 O	枲 sɯ' 胥里切	藏	so-ma	麻、麻子	
		滓 ʔsɯ'	藏	rtsigs-ma、tshigs-ma	渣滓	
		滋 ʔsɯ	藏	skje-ba、skjed-pa	生长、增殖产生、养育	
		慈 zɯ	藏	brtse-ba	慈爱	
			藏	za-za	母亲	
		字 zɯs	藏	btsa-ba	生育、分娩	
			藏	gso-ba	养育、抚养	
			泰	djɯɯh	名字	
		子、籽 sl'ɯ'、ʔljɯ'	藏	tshig-gu	果核	
			缅	cei'、acei'	籽、种子	
			缅	siih	果实、结果实	
			泰	djɯɯa	种子	
			泰	luuk	子女、小孩	
			武鸣壮	lɯɯk[8]	孩子	
		子 sl'ɯ'	泰	cai	纱之一束	量词见唐,可能来自昌里切的"紙"
		辞、词 zɯ	藏	rtsig	词、语、语句	
		伺 sɯ 息慈、相吏切	藏	so-pa	看守、侦察者、哨兵	
		思 snɯ	藏	snjing-po snjing	精神、心意、心心、心房	
			藏	snang-ba	意想、想象、感觉	
			缅泰	hnac<hnik ńɯk	心思黑、想	
		緦 sɯ	泰	sɯa	衣衫	或对"襰"ljaas 吴人谓衣
	三短 j	齿 kh/thjɯ'	藏	mthje-ba	犬齿、尖齿	
		止 k/tjɯ'	缅	khrei	根基、脚	又对"基"
		址 tjɯ'	泰	taɯ'	下面、底下	

韵部	韵等	古汉语	对应语	语　词	意　义	备　注
之	三短 j	志 tjɯs	藏	ɦdod	愿望	
			藏	do	需要	
			藏	thugs	心意	
			藏	ḫdod-pa	意愿、志愿、想望	
			泰	caɯ	心、心情	
		时 djɯ	藏	dus	时、时间、时期	
			藏	ḫdi	这个、此、其	又对"是"
		市 djɯ'	泰	djhɯɯ'	买、购买	布依语同此
			缅	jheih	市、市场	
		伺 djɯs	藏	ltos	侍从	
		似 ljɯ'	藏	ḫdra(-bo)	如、相似	
		嗣 ljɯs	藏	rigs	族裔、血统、子嗣	或对"裔"
		已 ljɯ'	缅	djih	动物胎儿、怀胎 S	
		祀 ljɯ'	藏	lo	年、载、岁	又对"腊"raab
		漦 rjɯ	泰	nam'-laaj	口水	nam' 水
			壮	mlaai²	口水	
		耳 njɯ'	藏	rna-ba	耳	
			缅	naah naa	耳朵 听	
			泰	ngia	倾耳听	
		饵 njɯs	藏	njod snjod-pa	食物 饲	
			泰	hjɯa	饵、诱饵	
	三短 r	龟 kwrɯ	泰	kriw	龟	
		圮 brɯ'	泰	buak bək	塌下 废弃、撤消	
			缅	pjak<plak phjak	毁坏、没落、堕落 破坏、毁坏、拆除	
			缅	phrou	使倒塌、摧毁	
		驶 srɯ'	缅	sii	驶过、掠过	
		士 zrɯ'	藏	bra-ma	君子、上流人	
			泰	djaaj	男人、男子	

韵部	韵等	古汉语	对应语	语　词	意　义	备　注
之	三短 r	事 zrɯs 使 srɯ'	泰	djɯ'	使用、利用	
			藏	las	工作、业、作为	
		倳、剚 ʔsrɯs	藏	hdzugs-pa	插入、刺入、树立	
	一长 O	培 bɯɯ	泰	bɔ	栽种、栽培	
			缅	phou'	填、堆垒、填土 S	
		灰 hmɯɯ	泰	khɔɔh	灰、灰烬	
		悔 hmɯɯ'	藏	mug	灾、灾害、灾荒	
		晦 hmɯɯs	缅	mwee	灰暗色、无光泽	又落魄、穷困
		海 hmlɯɯ'	缅	mrac	江河	或对"溟"meeŋ
		枚 mɯɯ	泰	mai'	柴木、树木	又对"卉"hmɯl'
		等 tɯɯ' （后作底）	藏	tji dji	何、什么	颜之推说是"何等"之省
			缅	atii	哪、哪里	
		耐 nɯɯs＝能	藏	nu-pa	能力、能够	
			泰	nak	行家、专家	
		耐 nɯɯs	藏	mnag-pa rnag-pa	忍耐、忍受	
			泰	naah	可能的、应该的	
		乃 nɯɯ'	缅	nou'	这样、若斯	
		腮 snɯɯ	藏	sna	鼻子	gdong 脸、鼻梁
			缅	hnaa mjak-hnaa	鼻子 面、面容	mjak-hnaa 目-鼻
			泰	hnaa'	脸、面	
		睐 rɯɯ 休耕地，后作"莱"	泰	grɯ	陈旧过时、不合时宜的	
		莱 rɯɯ	泰	raih	田园、田地	
			缅	lai	田	又对"地""田"
		来 m-rɯɯ	泰	maa	来	
			缅	laa	来	
		赍 rɯɯs	泰	haɯ'	给予、使命、授	
		载 ʔsɯɯ'	藏	tshe-lo	年载、寿命	lo 年

263

韵部	韵等	古汉语	对应语	语　词	意　义	备　注
之	一长 O	载 ʔsɯɯs	泰	saɯh	放进	或对"塞"sɯɯg
		哉 ʔsɯɯ	泰	si	动词后表命令式	往哉（去吧）
		猜 shlɯɯ	藏	tshod	推测、意料	或对"揣"
		菜 shɯɯs	藏	tshod-ma	蔬菜、青菜	
		彩 shɯɯ'	藏	tshos	颜料、油漆、水彩	
		材 zɯɯ	藏	rdzas	物质、材料、财物	
		财 zɯɯ	藏	zog zong	商品、货物 货物、商品	
		才 zɯɯ 在 zɯɯ'	藏 泰	gzod djhuk	方才 隐藏于	
	二长 r	痎 krɯɯ	泰	khai	热病、发烧	又对"疴"
		骇 grɯɯ'	藏	skrag-pa	惊骇、惧怕	
		骸 grɯɯ	藏	rus ro	骨 尸体、躯壳	又对"髅"roo
		埋 mrɯɯ	泰	hmok	埋藏	
			缅	hmrook	伏、俯伏、覆	
		豸 zrɯɯ	藏	mtsha-ma	豺	
		崽 srɯɯ 山皆切,方言	藏	sras sras-mo	公子、男孩（敬） 小姐、女孩（敬）	
			缅	saah	儿子	或对"雏""息"slɯg
代	三短 O	意 qɯgs	藏	jid	心意、心灵	
		富 pɯgs	藏	phjug phjugs	富、财富 牲畜	
		置 tɯgs	藏	hdjug-pa, （命）thjug	放入	
			缅	thaah	放置	
		值 dɯgs	藏	gtug-pa ＝ （将）,（已、命） gtugs	相逢、接触	
			藏	thug	直至、遇见	
			藏	thogs-pa	遇着	
			缅	thouk	值、适当、适合	

韵部	韵等	古汉语	对应语	语　词	意　义	备　注
代	三短 O	植 dɯgs	藏	gtjugs-pa	种植、栽培 G	"植"初文即"敊"
			缅	couk	种植	
		异 lɯgs	泰	plɛɛk	奇异的、有异的	
	三短 j	饲 sɦljɯgs	藏	h̲tsho-ba,（已、命）h̲tshos	饲养、养活、生活	
		漦 rjɯ	泰	nam'）-laaj	口水、涎	
	三短 r	糒 brɯgs	藏	brgjags	干粮	
			藏	bag-phje	面粉	phje 粉
		犕 brɯgs	藏	ba	黄牛	
	一长 O	阂 ŋgɯɯgs	藏	khegs-pa ɦgog bkag	阻碍 阻挡 障碍	也可对"碍"ŋɯɯs 又对"护"
			藏	ɦgegs-pa,（已）bgags-ba	阻碍、阻拦	
			藏	bgegs	阻碍、障碍	
			藏	mgag	阻碍、关隘	
		欬 khɯɯgs	泰	khaak	咳吐、咳痰	
			泰	aɯ	咳嗽	布依语同此
			缅	hak	咳（痰）	
		背 pɯɯgs	藏	phag	背后	
			泰	ʔbɛɛk	扛、负	
		贷 lhɯɯgs	泰	thaajh thaih	赎取 赎、赎回	
		袋 l'ɯɯgs	泰	thai'	长袋子	高本汉对此
		篗 sɯɯg 先代切	泰	djhai	鱼箔	
	二长 r	诫 krɯɯgs	藏	bka	训诫、命令	
		械 grɯɯgs	泰	grɯang	器具、用具、机器	或对"弢"glaŋs
职	三短 O	亟 kɯg	泰	gɯk	骚动、活跃、振奋	
		极 gɯg《说文》"栋也"	藏	ka-ba	柱子	
			泰	krək	极、甚	
		抑 qɯg	泰	hrɯɯ	抑或、或	
			泰	ad	压、迫	或对"遏"
			泰	ɯd	忍住、停止	

韵部	韵等	古汉语	对应语	语　词	意　义	备　注
职	三短O	肛、臆 qɯg	泰	ok	胸、胸部	
		陟 tɯg	藏	thug-pa	达到	
			缅	tak	登高、攀登、上升	
		救 thɯg	藏	hdja-sa	救命	
		直 dɯg	泰	djhɯɯh	正直、老实的	
		犆 dɯg	藏	thig、gtjig zjig	一 一。用于鼻流尾后	藏文也对"一" qlig
			缅	tac	一	
		匿 nɯg	藏	rnog-pa	隐匿、藏匿	
			缅	nak anak	深、暗黑 黑、深度	暗黑又对"涅" niig
			泰	hnii	逃避、逃走	
		力 rɯg	藏	drag	强力	
			藏	sjugs	力量、势力	
			泰	blang	气力、能力	
			泰	rɛɛng	力量、力气	
		杙 lɯg	泰	s-lak	楔、木栓	
			泰	hlak	橛、柱	
		翼 lɯg	藏	gsjog-pa	翅、翼、鳍	
			泰	piik	翼膀	
			邵	pali	翅膀	布嫩语 pani
			泰雅	paliʔ	翅膀	赛德语 palit 鲁凯语 aridi
			佤	pruɨk	翅膀	布朗关双话 pruik
		廙 lɯg《说文》"行屋也"	藏	ru-ba	帐圈	
		翌 lɯg	泰	rungh	光明、黎明的、翌	
		翌日 lɯg-njig	泰	brungh-nii'	明天	
		息 slɯg	藏	srog	气息、生命	
			缅	sak、asak	气息、生命	
		息 slɯg	泰	lək	停止、取消、废除	又对"已"
		息 slɯg	缅	saah	儿子	或对"雏""崽"

续 表

韵部	韵等	古汉语	对应语	语 词	意 义	备 注
职	三短 O	葍 pɯg《诗·小雅·我行其野》"我行其野,言采其葍",毛传"葍,恶菜"	泰	phak	菜、蔬菜	
		幅 pɯg	缅	prak	阔度	
			藏	phrug	细布、羊毛织物 G	
		服 bɯg	藏	phju-pa	衣服	
				hbog	一种上衣、包袄	
		鞴 bɯg	泰	pfak	荚、刀鞘	
	三短 j	食 filɯg	藏	rgjags	食品	
			藏	bzjes	食、饮	
		蚀 filɯg	泰	sɯk	消蚀	
		织 tjɯg	藏	thags	织物	
			藏	hthag-pa,(将)btag,(已)btags,(命)thogs	纺织	
			泰	thak	编织	
			缅	rak	编织	
		湜 djɯg	藏	dag-pa	清净	
		实(寔) djɯg	泰	djaɯh	是、然	
		识 hlɯg	藏	rig(-pa)	认识、知晓	
		式 hlɯg	藏	lugs	方法、形态	
	三短 r	馘 phrɯg	藏	rgjags-pa,(将)brgjag,(已)rgjags	饱	
		皂 prɯg	缅	pɛɛ	豆	《说文》或说"一粒",《通俗文》方力反,浙东豆粒为豆皂
		彧 qwrɯg	藏	jag-pa jag-ma	好、美、佳、善 好的、漂亮的	入突厥为 jaxshi 或对"懿"qrigs
		域 Gwrɯg	泰	khɔɔk	区、地区	或对"区"kho
		侧 ʔsrɯg	泰	djhiik	方面、部分	

267

韵部	韵等	古汉语	对应语	语 词	意 义	备 注
职	三短 r	测 shrɯg	缅	cha	估测	
		仄 ʔsrɯg	藏	seg	歪斜	
			藏	gseg-pa，（将）bseg，（已）bsegs，（命）gsogs	倾斜、歪	
		嗇 srɯg	藏	sri-ba	吝嗇、鄙吝、节省	
		濇 srɯg	藏	seg	涩、涩牙	
		色 srɯg	泰	sii	颜色、色	
	一长 O	餩 qɯɯg	泰	sa-ɯk	噎、呃逆	
		或 ɢɯɯg	缅	waa	或、或者	
		得 tɯɯg	藏	thjog	能够、可行、允许	
		得 tɯɯg	藏	bdog-pa	获得、有、是、在	
			泰	ʔdai	获得、能	
		忒 thɯɯg	藏	h̲thjug，（已）thɯɯgs	错	
		特 dɯɯg	藏	thug	种公羊，phag~ 种猪	
			泰	thɯg	青壮（兽）	
			锦	thak[8]	公的、雄的	
		德 tɯɯg	藏	thugs	精神（敬）	
		慝 nhɯɯg	缅	n̲ac	污秽、肮脏、歹恶	
		洳 rɯɯg	藏	phrag	间隙、裂缝 G	
		则 ʔsɯɯg	泰	slak	雕刻、镌	
		塞 sɯɯg	泰	saɯh	放进	或对"载"ʔsɯɯs
		墨 mɯɯg	泰	hmɯk	墨水、黑色的	或对"黑"hmlɯɯg
			缅	mang（hm-）	墨汁、墨水	
		黑 hmlɯɯg	藏	mog-pa	暗黑	
			缅	moɯk hmroɯk	暗黑 烧焦	

韵部	韵等	古汉语	对应语	语　词	意　义	备　注
职	二长 r	核 grɯɯg	藏	rag-tse	果核	
		疒 rnɯɯg	藏	rnag	脓	
			藏	na nad snad-pa	（害）病 疾病 使受伤	
			缅	naa	病	
			泰	hnaah	瘟疫	
		眊 rnɯɯg、njɯs	泰	hnuag	聋、重听的	
蒸	三短 O	矜 kɯŋ	藏	ẖging-ba	矜持、昂然	
			藏	sgren-po	赤贫、孤独无依者	
		兢 kɯŋ	藏	sgrin ＝（命）， （将、已）bsgrin	比较、竞赛	
		弓 kwɯŋ	藏	gzju	弓	
		澄 dɯŋ	藏	dang-ba	清净、纯洁	
		滕 b·lɯŋs、 ɦlɯŋs	藏	ẖbrang-ba	跟随	
		孕 b·lɯŋs、 ɦlɯŋs	藏	ẖbrang-ba	生、产（动物）	或作"脛"
			藏	sbrum-pa	怀孕、怀胎	
			藏	rum（ma）	胎、孕	
			藏	lhums	胎（敬）	
		绳 ɦlɯŋ	藏	ẖbreng-pa /ba	皮绳	
		蝇 lɯŋ	藏	sbrang-ma	苍蝇、蜂、虻 G	
			缅	jang	蝇	
			泰	mlɛɛŋ	昆虫、飞虫	或对"螟"
		升 hlɯŋ	藏	lang-ba	起、升起	又对"扬"laŋ
		陵 rɯŋ	藏	la la-po la-ka	山、山坡 高山、高峰 山岭、山顶	
			独龙	lɯ-ka	山	
			藏	ri（-bo）	山	又对"岭"reŋ'

续　表

韵部	韵等	古汉语	对应语	语　词	意　义	备　注
蒸	三短 j	蒸 kljɯŋ 麻秸	藏	gling(-me)	火炬	
		称 thjɯɯŋ	泰	djhəŋ	赞扬	
		承 glɯŋ >dj	藏	len-pa,（未）blang,（已）blangs,（命）longs	取、接受、承认	
			泰	djheeng	承接	
		乘 filɯŋ	藏	theg-pa	乘骑	
			藏	zjon-pa,（将）bzjon,（使）skjon	骑、乘	skjon 为黄布凡引古藏文
		仍 njɯŋ	藏	njing-tsha	曾孙	
			藏	rnjing(-pa)	旧的、陈的	
			泰	jang'	仍、还、永存	
			泰	hnak	重的、重量	
			泰	hnaa	厚的、厚度	
			缅	noongh	陈旧、长久	
	三短 r	鹰 qrɯŋ	藏	khra	鹞子	
			泰	rung'	鸢	
			泰	rɛɛng'ii-rɛɛng'	鹫兀鹰	
		膺 qrɯŋ	藏	brang	胸部	或对"脯""膀"
			缅	rang	胸	
		应 qrɯŋ	藏	jin	是、肯定	
			藏	lan(pa)	答复、回答	
			藏	len-pa,（将）blang,（已）blangs,（命）longs	受、应允、答应、握取	
		冰 prɯŋ	藏	(thjab)brom	冰	二 b 省一,故也说-rom
			藏	ba	霜	
		凝 ŋrɯŋ	藏	njung-	凝结	
		凭 brɯŋ	藏	dpang(-po)	见证	

韵部	韵等	古汉语	对应语	语词	意　义	备　注
蒸	三短 r	凭 brɯŋ	泰	ʔbɯŋ'	含怒、怒形于色	
			泰	priih	满满的	
			泰	bing ba-bing bɯng	倚、凭靠 斜靠 依靠、依赖	
			缅	pran'	满	
		冯 brɯŋ《说文》 "马行疾也"	藏	bang	马的脚力、跑、行	
			缅	preih	跑、行驶(舟车)	
	一长 O	亘 kɯɯŋs 月上弦	藏	gang-ba	月圆满	
		揯 kɯɯŋ	泰	kɯŋ	绷、拉紧、张挂	
		恒 gɯɯŋ	泰	gong	存在的、耐久永存	
		崩 pɯɯŋ	泰	bang	崩塌	
		堋 pɯɯŋs《说 文》"丧葬下土也"	泰	pfang	埋葬	
			龙州壮	phaŋ[1]	埋葬	
		梦 mɯɯŋs	藏	rmang	梦 G	
			缅	mak	梦	
			缅	hmang-	梦游	
		登 tɯɯŋ	泰	tang'	立在、竖立	
			泰	thɯng	达到、直至	
			缅	thoɯng	坐	
		凳 tɯɯŋs 见《字 林》	泰	tangh	凳	借自汉语?
		等 tɯɯŋ'	缅	tou'	表复数的助字	
		腾 l'ɯɯŋ	藏	ldangg-ba	升起、腾起	
		縢 l'ɯɯŋ	藏	rdang	拴绳 G	
		能 nɯɯŋ	缅	noɯng	能够、胜任	
		罷 nɯɯŋ	泰	hningh	一、儿分之一	见楚简
		憎 ʔsɯɯŋ	藏	sdang-ba	嫌恶、怀恨、瞋	
			泰	djang	憎恨、恶	
		层 zɯɯŋ	藏	gseng-pa	有缝、有罅隙	
			缅	chang' achang'	层、级	

韵部	韵等	古汉语	对应语	语词	意　义	备　注
蒸	二长 r	绷 pruɯɯŋ	藏	brgjang-ba	将张开	唐宋也写作"絣"
		棚 bruɯɯŋ	藏	bang-khri bang-ba	棚架 仓 G	
			泰	bəŋ	棚、披屋	
		籯 mruɯɯŋ#	缅	mjac hmjac	竹笋	也作"萌"mraaŋ
			壮	raaŋ²	竹笋	伴黄话同
			侗	naaŋ²	竹笋	
			石家	naaŋ²	竹笋	

6　脂至质真（豕谥节甶）（另有一部分在 C）

韵部	韵等	古汉语	对应语	语词	意　义	备　注
脂豕	三短 O	屒 khis	泰	hii	阴户	《说文》"屍也"
		屎 qhli'	藏	skjag-pa	大便、粪屎	
			藏	dri-ma	污垢、粪便	
			缅	khjeih	屎、粪（读 khjiih） 垢腻（读 gjih）	
			缅	aleih	大便、粪	
			墨脱门巴	khi	粪屎	
			义都珞巴	khri	粪屎	
			博嘎尔珞巴	ee	粪屎	
			怒苏	khri	粪屎	
			达让	klai	粪屎	
			景颇	khji	粪屎	
			浪速	khjik	粪屎	
			麻窝羌	qhʂə	粪屎	
			普米	xe	粪屎	
			傈僳	khi	粪屎	
			拉祜	qhɛɛ	粪屎	

韵部	韵等	古汉语	对应语	语　词	意　义	备　注
脂豙	三短O	屎 qhli'	浪速	khjik	粪屎	
			泰	khii'	粪屎	
			傣	xi³	屎	
			武鸣壮	hai⁴	粪屎	
			布依	ɛ⁴	粪屎	
			通什黎	haai³	粪屎	
			侗、水	qe⁴	粪屎	
			毛南	ce⁴	粪屎	
			拉珈	kwei³	粪屎	
			勉瑶	gai³	屎	
			标敏	kai³	粪屎	
			养蒿苗	qa³	屎	
			仫佬	cɛ³	粪屎	
			孟	ik	粪屎	
			德昂	iaŋ	粪屎	
			布朗	eak	粪屎	
			格木	iak	粪屎	
			雷德	eh	粪屎	
			印尼	tahi	粪屎	
		豙 hli'	格曼僜	li	猪	
			佤、布朗	lik	猪	
		矢 hli'	缅	leih	弓	
			门巴	li	弓	
			达让僜	alai	弓	
		雉 l'i'	藏	de-pho、ɯ-ɹɯ	野鸡	
		水 qhwli'	藏	gsjer-ba gsjor-pa	水、液体、潮湿 水道、水沟	
			墨脱	ri	水	
			缅	rei	水	
			缅	twii、tweih	水（古）	

韵部	韵等	古汉语	对应语	语 词	意 义	备 注
脂豕	三短 O	水 qhwli'	泰	huaj'	涧、小川	
			河池壮、土家、壮	vi³	小溪	
			武鸣壮	ri³	溪水	
			石家	rii³	山涧	
		蜑 ɢwis	泰	hwiih	蚋	
		妣 pi'	藏	phji-mo aphji	祖母 祖母	
			缅	bhi bhi-ma bheih bheih-ma	高祖父 高祖母 曾祖父 曾祖母	
		秕 pi'	缅	phwee	糠	
		纰 phi	泰	pid	错的	
		秕 bis	泰	pii	年、岁	
		枇、篦 bis	缅	bhiih	梳子	
		礼 ri	藏	ri	供神	
		枲 ti'	泰	ʔdaaj	线、小绳	
		第 ʔsi'、ʔsɯ'	泰	sɯah	席	
		姊 ʔsi'	藏	atse atsag sring-mo	阿姐、姐姐 姐姐 妹妹	
		次 shis	藏	gses	班次、等级	
	三短 j	嗜 gjis	藏	dgjes-pa	欢喜、爱好（敬）	
			缅	kjac	爱	
			泰	khii¹	爱好、嗜好	
			印尼	tagih	嗜好	
			孟	(cak)khɛ?	爱好	
		脂 kji	泰	khai	脂肪	
			石家	khaj¹	油脂	
		指 kjil'	泰	djii'	指向、指出	借自汉语？

续 表

韵部	韵等	古汉语	对应语	语 词	意 义	备 注
脂家	三短 j	二 njis> njih	藏	gnjis	二	
			缅	hnac<hnes	二	
			泰	jiih	二	
			泰	njib	二	
		死 hlji'	藏	hthji-ba sji-ba gsjin-po	死 死、熄灭 死者	与平声"尸"hli 同源
			缅	sei	死	
			泰	taaj haaj	死、毙命 不见、失去、没了	
		死 hlji'	石家	praai¹	死	
			拉珈	plei¹	死	
			壮	raai¹ 龙州 haai¹	死	
	三短 r	耆 gri	藏	bgre/ (已)bgres bgres-po	衰老 老者	
			泰	kɛɛh	老的、老年的	
		鳍 gri	泰	griib	鱼鳍	韵尾不同
	四长 O	翳 qii	藏	sgrib-ba	障蔽	
		黳 qii	泰	gai	垢、黑点	
		礼 rii'	藏	ri-mo	供献、供养、侍奉	文表以豊事神
			缅	aleih	敬礼	leih 敬重
		米 mii'	泰	mled、med	粒、种子、米粒	
			石家	mlɛk	核、仁、种子	
		迷 mii	缅	mei'	昏倒、遗忘	
		媞 dii	泰	'ɗi	好	
			武鸣壮	'dai	好	
	二长 r					
至谥	三短 O	膩 nis《玉篇》"垢膩也"	藏	snjigs-ma	污秽、渣滓	
	三短 j	至 tjigs	藏	mthji-ba	来、出现	

韵部	韵等	古汉语	对应语	语　词	意　义	备　注
至谥	三短 r	懿 qrigs	藏	jag-pa jag-ma	好、美、佳、善 好的、漂亮的	入突厥为 jaxshi 或 对 " 或 " qwrɯɡ
			藏	legs(pa/mo)	善、好、美	又对"益"qleg
			泰	ʔdii	好的、善的	
	四长 O	恎 diig	泰	ʔdiad	憎恶	
	二长 r					
质节	三短 O	一 qlig	藏	gtjig zjig	一 一。用于鼻流尾后	藏文 thig 也对 "犆"
			缅	tac ac	一	
			泰	eek、ee	独一的、单读的,第 一的	ed 一的。当为 汉语借词
		抶 lhig 鞭打	藏	ltjag	鞭子	或对"笞"
		抶 ʔl'ig《庄子》 "抶其背"	藏	rdigs、rdig-pa	打、击	
		魅 lhig、lhigs《说 文》"厉鬼"	藏	hdre	鬼魅	上海话"鬼"称 "魅老"
		慄 rig	藏	hdjigs-pa	恐惧、畏惧、害怕	龚煌城对此
		昵(暱) nig	藏	gnje-ba	求爱	
		衵、昵 njig	藏	snjid-po snid-mo	大伯、内兄弟 小姑、姨妹	
		漆 shig	藏	rtsi	漆、油漆	
			缅	cheih	油漆、颜料	
		塈 zig	藏	sigs-ma	灰烬、焚余、炭渣	
		塈、嫉 zig	藏	tshig-pa	愤怒、愤恨、生气	
			藏	htshig-pa	烧灼、烧焦、愤恨	
		噎 qiig、qig	藏	g-jigs	噎气	
			缅	ac	噎住	
		室 hlig	藏	sjag	房舍、卧室	又对"舍"

续　表

韵部	韵等	古汉语	对应语	语　词	意　　义	备　注
质节	三短 j	蛭 tjig《说文》"虮也"	藏	hdji-ba ldji-ba	蚤	
			缅	hlɛih	蚤	
		日 njig	藏	nji-ma njin	太阳、日子 日子、白天	
			缅	nei nei'	太阳 日、天	
	三短 r	密 mriig	藏	dmig(-pa)	洞穴	
			缅	mit	友爱、朋友	
		蔤 mrid<srig	缅	amrac	根	
		虱 srid<srig	藏	sjig	虱子	
			泰	rɯak	臭虫	
			缅	sanh	虱	
	四长 O	血 qhwliig	泰	lɯad	血	
			石家	luat6	血	
			缅	sweih	血	
			藏	ltjags	铁	
			泰	hlek	铁	
		跌 l'iig	藏	hdred-pa	足滑 G	
		啄 diig	泰	cik	（鸟）啄	
		涅 niig	藏	nag-po gnag-pa	黑 黑色	
			缅	nak	深、暗黑	又对"匿"
		捏 niig	缅	hnac	绞、榨,擤鼻涕	
		节 ʔsiig	藏	tshigs	节、关节	
			藏	sigs-ma	节	
			缅	chac	节、骨节 S	
	二长 r					
真元	三短 O	薪 siŋ	藏	sjing	树木	
			缅	sac	木材	
		新 siŋ	缅	sac	新、新颖	

续　表

韵部	韵等	古汉语	对应语	语　词	意　义	备　注
真黾	三短 j	臣 giŋ	藏	ging	仆人	
		信 hljiŋs	藏	spring-pa，（已、命）springs	传信	
	三短 r					
	四长 O	蠲 kwliiŋ	缅	kwei	免除、分离	
		甸 l'iiŋ	藏	sdings	平地、平原	
			泰	ʔdin	土壤、土地	
			泰	ʔdɛɛn	疆域、境界	
		奠 diins<diiŋs	藏	ɦdin-ba	奠定	又对"定"
		田 l'iiŋ	藏	zjing	田、田地	
			错那	leŋ	田地	
			缅	lai	田	又对"地""莱"
		畋 l'iiŋ	藏	lings lings-pa	罗网 猎人	
		年 niiŋ	缅	hnac	年	音同"二"
			独龙	aŋ-niŋ^{55}	年、岁	
			门巴	niŋ	年	
	二长 r					

B　收唇各部

7　宵豹药(夭暴沃)

韵部	韵等	古汉语	对应语	语　词	意　义	备　注
宵夭	三短 O					
	三短 j					
	三短 r	夭 qrow'	藏	jo-ba	歪斜、弯曲	
	一长 O					
	二长 r					

韵部	韵等	古汉语	对应语	语 词	意 义	备 注
豹暴	三短 O	籥 lowGS	藏	sgrog-pa, (命)sgrogs	呼唤、叫喊	
	三短 j					
	三短 r					
	一长 O	曝、暴 booGS	藏	phog hphro-ba	日光照射 G 照射、散布	
		暴 boowGS ＝虣 "强侵也"	藏	hphrog-pa, (将)dbrog, (已)hphrogs, (命)phrogs	抢夺、剥夺、夺取	
		凿 zoowG	藏	gzong	凿子	
			缅	chook	凿	
	二长 r	臕 broowG 见 《山海经》	缅	phu aphu	凸起、结节 疙瘩、疱疹	温州称蚊蚤疙瘩 为"bo"，阳入
药沃	三短 O	爤 lowG	藏	glog	电	
	三短 j					
	三短 r					
	一长 O	爆 poowG	缅	pook	走火、爆裂	
			缅	phook	使爆发、爆炸	
		曝 boowG	藏	hphog-pa, (已、命)phog	照射	
		闽南 phak[8]	泰	taak	晒、曝	老挝语、傣语 同此
			石家	praak[3]	晒	
			壮	raak	晒	
			龙州壮	phjaak	晒	
			布依	ta[5]	晒	
	二长 r					

8 宵豹药(高悼乐)

韵部	韵等	古汉语	对应语	语 词	意 义	备 注
宵高	三短 O	膫、脅 raw	藏	rgju-	肠	
		觝 khaws	泰	khew	偏的、歪的	

韵部	韵等	古汉语	对应语	语 词	意 义	备 注
宵高	三短 j	昭 tjaw《说文》"晢,昭晣(-tjed),明也"	泰	ʔdaaw ʔdaaw-ʔdi	星	
	三短 r	鸮 ɦiraw	泰	gau'	猫头鹰、枭	或对"旧" gwɯɯs
			泰	waawh hjiaw	纸鸢 鹰、隼	
			藏	ḫug-pa	枭、猫头鹰	或对"鸺" qhu
		枵 hraw	泰	hiw	饥饿的、渴望的	
		表 praw'	泰	phiw	外皮、表面	
	一长 O	缟 kaaws 古到切	藏	gos	衣服、缎	
		高 kaaw	藏	mgo	头、巅、顶	又对"颡"
		犒 khaaws	藏	mkho、mkhos	(供给)用品	
		豪 gaaw	藏	ḫgo-pa	首领、酋长、头人	又对"后"
		镐 gaaw' 温器	藏	khog	砂锅	
		熬 ŋaaw	藏	rngo-ba	炒、烘烤	也对"烧"
			泰	giawh	熬(糖、油)	
		号 ɦraaws	泰	hauh	犬吠	
			缅	au	叫喊、号叫、鸣叫	
		刀 taaw	泰	taaw	长刀	
		倒 taaws	藏	ldog-pa	颠倒、反转	或对"道"
		潦 raaw'	藏	lu-ma	潦池、沼泽	
		耄 maaw	藏	rno-bo	祖母、老奶奶	
		酕 maaw#	泰	mau	醉酒、晕醉	唐代产生,或源自"眊"
			藏	mjos	醉、沉醉、迷醉	
			缅	muuh	醉、晕	
		躁 ʔsaaws	缅	choo'	浮躁、淘气	
	二长 r	骹 kraaw 膝骨	泰	khauh	膝	
		教 kraaw/s	泰	gruu	教师	又 guru 来自巴利语
		敲 khraaw	泰	gɔ	轻敲	

韵部	韵等	古汉语	对应语	语　词	意　　义	备　注
宵高	二长 r	挠 rnaaw	泰	naaw'	弯挠	
		娋 sraaw《方言》"娋,姊也"	泰	saaw	少女、姑娘	《楚辞》作"嫂"so
		捎 sraaw	泰	saaw	拖曳、拉扯	
		筲 sraaw	藏	sro-ma	蒲篮、竹篮	
		哨（睄）sraaws#	藏	so-pa	放哨者	
豹悼	三短 O					
	三短 j					
	三短 r	踔 rthaawGS	缅	thuak	出去、突出、起程	
	一长 O					
	二长 r	乐 ŋraawGS 欲也	藏	sngo-ba	意欲、企图、祝祈	
药乐	三短 O	药 lawG	泰	hjuuk	药物、药品	
			藏	khrog	生药、矿药 G	
	三短 j					
	三短 r					
	一长 O	泺 p-qhlaawG	泰	ʔbɔɔ	井、池、泉	俗作"泊"
			泰	plak	沼泽	俗作"泊"
		熇、燺 今"烤" qhaawG	藏	khrog	火热、烤	《集韵》又苦浩切、口到切
	二长 r	驳 pkraawG	缅	prook	有斑点	
		卓 rtaawG	藏	mthjog	最胜、卓越	
			藏	mtho-ba	高	
			缅	cook	峻高、峻峭	

9　宵豹药（尧耀约）

韵部	韵等	古汉语	对应语	语　词	意　　义	备　注
宵尧	三短 O	腰 qew	泰	eew sa-eew	腰、腰部	
		要 qew/s	泰	au	拿、取	
			缅	juu	取、娶	
		漂 phew《说文》"浮也"	藏	hphjo-ba	漂浮	

韵部	韵等	古汉语	对应语	语词	意义	备注
宵尧	三短 O	飘 phew《说文》"回风也"	藏	ḫphjo-ba	飘荡、回旋、翱翔	
			泰	pliw	飞扬	
		熛 pew	泰	pleew	火焰	
		慓 phew	泰	piaw	不驯服的、野性的	
		猋 pew	泰	phleew	急速的、霎间的	
		嫋 lew	藏	bro	舞蹈	"蹑",《说文》"跳也"
		谣 lew	藏	lo	谣传、谣谚 G	
			泰	luɯ	谣传	
		遥 lew	泰	liwh	遥远的	
		朝 ʔr'ew	泰	djau'	朝、早晨	又对"早"
			泰	ʔdiaw4	一时、一会儿	
		消、肖 slew	泰	djhiaw	消瘦的	
		硝 sew#	藏	sjo-ra	硝石 G	
	三短 j	荛 ŋjew	藏	rngo-ba	割草	
		烧 hŋjew	藏	rngo-ba	炒、烘烤	也对"熬"ŋaaw
			缅	hrou'	焚烧、灼、烙	
	三短 r	骄 krew	藏	sgrob	骄傲	
		皫 phrew'《玉篇》"白色"	缅	phruu	白、洁白	又对"紑"pɯ、phɯ
		苗 mrew	藏	mjiu-gu	苗、秧	
		骁 k-ŋeew	泰	klɛɛw'	勇敢善战的	
		芍 gleew'	泰	hɛɛw'	荸荠	胡了切
		了 reew'	泰	lɛɛw'	已了、然后	
		料 reews	藏	rgju	材料	
		寮、僚 reew	泰	rau	我们、我（自信）	
			藏	rogs rogs-pa grogs	帮助、友助 朋友、伴侣、团队成员 伙伴	又对"睦"mlug 又对"友"
		迢 deew#	泰	caaw	迢远的	
		佻 deew	泰	diaw	行、来回行步	

韵部	韵等	古汉语	对应语	语　词	意　　义	备　注
宵尧	二长 r	交 kreew	泰	kɛɛw	交(阯、北越)人	
			缅	kjoo	交尾(牛马)	
		校 greews	缅	klaung	学校	又对"宫"
		咬 ŋgreew'	泰	khiaw'	犬齿、尖牙、兽牙	名动相应
		咬 ŋgraaw'	泰	giaw'	嚼	
			石家	khiw⁵	嚼	
		抛(摽) phreew	藏	ḥphro	放弃	
		誸(吵) smhreew	泰	chaaw	喧噪的	
		猫 mreew	泰	mɛɛw	猫、小猫	
豹耀	三短 O					
	三短 j					
	三短 r	轿 grewGS	藏	khjogs	轿、担架	
			泰	kiaw'	轿	
	四长 O	嗷 kleewGS	泰	kriaw	嘈杂、喧闹的	
		溺 neewGS	藏	njog-pa	污秽、迷乱、湿润	=尿
			缅	nook	污浊、浑浊	
			泰	jiawh	尿溺、小便	名动
			壮	ȵou⁶	尿	
			侗	ȵeu⁵	尿	
			毛南	ʔnɛu⁵	尿	
			仫佬	njaau⁵	尿	
	二长 r	棹(櫂) rdeewGS	泰	cɛɛw	划船、浆	
			缅	tak	桨、橹	
药约	三短 O	削 slewG	藏	gzjog-pa,(将)hẓjɔg,(已、命)bzjogs	削	
			泰	hlau	削、使尖利	
			缅	hljo'(hrjo')	减少、减价	
		爵 ʔsewG	泰	cɔk	麻雀、小杯	
		爵、雀 ʔsewG	缅	caa	麻雀	

韵部	韵等	古汉语	对应语	语词	意 义	备 注
药约	三短 O	屩 kewG《说文》"屐也"，《释名》"草屩也"	泰	kɯak	鞋	又对"屐"
			柳江壮	kɯək⁷	草鞋	
	三短 j	勺 . g/blewG	藏	skjogs	勺、瓢	
			缅	jook	勺子	
		酌 pljewG	藏	ldug-pa, (已、命)bldugs	灌注	
		弱 njewG	藏	njog njog~	疲乏、迷乱 小孩、柔软	
			缅	hnak	孱弱、个小	
	三短 r					
	四长 O	砾 reewG《说文》"小石也"	藏	rdo(-ba)	石头、石子	
			藏	bsjag-ma	砂砾、砾石	
			缅	kjok<klok	岩石、石头	
		溺 neewG	藏	njog	湿润、污浊	
	二长 r	擢 r'eewG	藏	hthog-pa, (将)btog, (已)btogs, (命)thogs	拔	

10 幽奥觉（攸啸肃）

韵部	韵等	古汉语	对应语	语词	意 义	备 注
幽攸	三短 O	杘 kɯw	缅	kou'	弯曲下垂	
		宄 kwɯw'	藏	rku-ba	偷盗	
			缅	khouh	偷盗、窃取	
		頯 kwɯw'、gwɯw	藏	mgo	头	《广韵》"小头"，《说文》"权（颧）也"。或对"高"
			缅	uuh	首、头	
		氿 kwɯw	泰	kriw	氿 S	
		稠 dɯw	藏	hthug-po/ mthug-po	稠、厚密 G	也对"笃"

韵部	韵等	古汉语	对应语	语　词	意　义	备　注
幽攸	三短 O	菽 nɯɯˈ	独龙	anɔʔ	豆	
			怒苏	nu̠	豆	
			浪速	nauk³¹	豆	
			彝	nu̠	豆	
			普米	ŋ̠o、、ŋ̠iu	豆	
			道孚	sn̠u	豆	
		悠 lɯw	泰	jaaw	长	
		修 slɯw	藏	gso-ba	修补、医治、恢复	
		由 lɯw	藏	rgju	缘由	
		油 lɯw	泰	hlew	液体的	
		卣 lɯw	柳江壮	liu⁶	缸	
		绺 rɯwˈ	缅	krouh	线、绳	又对"缕"
			泰	grau	须	汉语常用为"须"。量词
	三短 j	舟 kl/tjɯw	藏	gru	船、筏	也对"船""俞"
		收 qhljɯw	泰	kiau	收刈、刈割、收获	
		手 hnjɯwˈ	泰	niwˈ	手指	
			石家	niw²	指头	
			缅	hn̠ouˈ lak-hn̠ouh	拇指至食指的长度 食指	lak 手
			阿昌	lɔʔ-ŋ̠au	手指	lɔʔ 手
			浪速	lɔʔ-ŋjuk	手指	lɔʔ 手
			勉瑶	njiu³	爪	
			布努	njau³	爪	厦门闽语爪白读 niãu³
	三短 r	幽 qrɯw	泰	khiaw	青的、绿的	
		幼 qrɯws	泰	jau	年轻的、幼稚的	
			泰	aaw̠	叔父	
		休 qhrɯw 美也、和也	缅	khjou	甜、和蔼	
		觓 grɯw《说文》"角貌"	泰	khau	兽角	
			缅	khjou	角（读 gjou）	

韵部	韵等	古汉语	对应语	语　词	意　义	备　注
幽攸	三短 r	宄 kwɯw'	藏	rku-ba	偷盗	
			缅	khouh	偷窃、窃取	
		頯 kwɯw' gwɯw	藏	mgo	头	广韵小头,说文權(顴)也。或对高
			缅	uuh	首、头	
		龟 kwɯw	泰	kriw	龟 S	
		愁 zrɯw	藏	sdug(-pa)	痛苦、忧愁、烦恼	
			泰	djhau	快快不乐的	
	一四长 O	凋 tɯɯw	泰	?diaw	单独的、孤零的	
		条 l' ɯw	藏	ltjug(-pa)	嫩枝、嫩条	
			泰	liw'	长条纹、条片	
		醪 rɯɯw	泰	hlau'	酒	又对"酉"
		繇、徭 lɯɯw	缅	luu'	人	汉字表受役使者
	二长 r	勒 qrɯɯws	藏	ju-ba	靴腰	
		胶 krɯɯw	泰	kaaw	胶、黏胶	
			缅	koo	胶、浆糊	
奥啸	三短 O					
	三短 j					
	三短 r					
	一长 O					
	二长 r					
觉肃	三短 O	轴 l'ɯwɢ	藏	lhu	关节、骨节、部件	
		逐 l'ɯwɢ	缅	louk	追逐、追赶、追随	
	三短 j	淑 filjɯwɢ>dj	泰	sukh	安静	
	三短 r					
	一长 O					
	二长 r					

11 幽奥觉(叫吊怒)

韵部	韵等	古汉语	对应语	语词	意义	备注
幽叫	三短O	髟 piw 长发	泰	phau'	头发	"髟"二音,又音 priw
			藏	spu	毛	
	三短 j	扰 njiw'	藏	rnjog-pa	扰乱、搅浑、使浊	
			缅	hnook	扰乱、搅扰、搅浊	
	三短 r	髟 priw	泰	phau'	头发	
	四长O	叫 kiiws	缅	khoo	呼喊、称呼、讲说	又对"讲"
	二长 r					
奥吊	三短O					
	三短 j					
	三短 r					
	四长O					
	二长 r					
觉怒	三短O	怒 nliiwG	藏	rnu	痛苦	
	三短 j					
	三短 r					
	四长O					
	二长 r					

12 盖盍谈(会乏凡)

韵部	韵等	古汉语	对应语	语词	意义	备注
盖会	三短O					
	三短 j					
	三短 r					
	一长O	会 goobs	泰	ŋuah	并行、合并	
			泰	hwaɯ	能、能做	
		绘 goobs	泰	waad	绘画	
	二长 r	眨 sproob	泰	brab	眨眼	
盍乏	三短O					
	三短 j	折(摺) ʔljob	泰	ciib	折、叠	

续　表

韵部	韵等	古汉语	对应语	语　词	意　义	备　注
盍之	三短 r					
	一长 O					
	二长 r					
谈凡	三短 O	腌（醃）qom	泰	jam	腌渍	
		泛 phoms	藏	hphjams	游荡	
			藏	hbjam-pa（已）hbjams	泛滥、游荡	
		谄 lhom'	藏	gtjam-	谄媚	
		潜 zlom/s	泰	djhumh	埋伏、隐藏	
	三短 j	染 njom'	泰	jɔɔm'	染、染色	
		焊 ljom	藏	lums（pa）	温暖熨贴、熨疗	
			缅	lum	温暖	
	三短 r	阉 qrom'	藏	njug-rum	阉	
			缅	kwap	阉割、去势	
		掩 qrom'	泰	am	掩藏、遮蔽、隐匿	
		贬 prom'	藏	hpham-ba	败、输	
		窆 brom'	藏	bam	尸体、放尸处 G	
	一长 O	坎（埳）khloom'	泰	khum	孔穴	
		釂 koom'	泰	glum	掩盖遮蔽	
		歁 gloom'	藏	khams	嗜、欲	
		窞 l'oom'	藏	thams	洞穴、地洞（古）	
		菡 l'oom'	泰	tuum	含苞未放的	
		三 soom	泰	saam	三	
			缅	sum	三	
			藏	gsum	三	
	二长 r	陷、臽 grooms	缅	kwjam	陷入、陷下	
		彡 sroom	藏	sam-dal	髭	dal 缓慢、dar 丝
			藏	'og-tshom	胡须	og 下颏
			缅	cham	头发	
			勉瑶	sjaam 1	胡须	

13　盖盍谈（盖盍谈）

韵部	韵等	古汉语	对应语	语　词	意　　义	备　注
盖	三短 ǝ	去 khabs	泰	klab	返回	
	三短 j					
	三短 r					
	一长 ǝ	盖 kaabs	藏	gab-pa	遮蔽、躲藏	
				h̠gab-pa	覆盖、隐藏	
				sgab-pa	遮盖、盖覆	
			藏	h̠gebs-pa，（将）dgab，（已）bkab，（命）khob	遮盖、隐藏	
			缅	ka	遮盖、防卫	
			泰	krob	掩埋、遮蔽	
	二长 r					
盍	三短 ǝ	怯 khab	泰	khad	胆怯的	
		鬣 rab	藏	skra	头发	
			藏	ara	胡子、胡须	
			泰	grau	胡须	
		烨 ɢwrab	泰	wab-wab waab wɛɛb	闪烁的 闪烁的、光的 闪闪的、闪烁的	
			缅	hljap	电光（读 hrap）	
	三短 j					
	三短 r					
	一长 ǝ	嗑 gaab《易经》有"噬嗑"卦	泰	khob	咬、嚼	
		腊 raab	藏	lo	年、载、岁	又对"祀"
	二长 r	甲 kraab	藏	khrab =khra-ba	铠甲、鳞甲	
			缅	lkhjɑp	甲胄	
			泰	graab	爬虫表皮	
			泰	kab	叶鞘、苞片、皮壳	
			泰	leb	指甲、兽爪	
			石家	liip	指甲，蹄	对比石家语"匣"hiip[2]

韵部	韵等	古汉语	对应语	语 词	意 义	备 注
盖	二长 r	匣 graab	泰	ab	小匣、小盒	
			石家	hiip²	箱匣	"匣装鬼"表棺材
谈	三短 O	钳 gam	藏	skam、bkam-pa	钳子	
		针 gam 巨盐切	藏	khab	针	"针"共三读
			缅	ap	针	
		盐 g·lam	藏	rgjam	碱沙、硝	
		盐 g-lam	泰	klɯa	盐	
		严 ŋam	藏	rngam~rngam-pa	威严、辉煌施威	
		酽 ŋams	藏	rngams	深度、厚度	
		俨 ŋam'	藏	njams-	作态	
		俨 ŋam'《说文》"昂头也"	泰	ngaam'	伸出、突出的	
		氾 phams	泰	piam	充满的	
		范 bam'	缅	puɯ	形状、模型	卢斯对此
	三短 j					
	三短 r	脸 kram' 见《集韵》	藏	h̠gram-pa	颊、腮	h̠gram 岸边
			泰	kɛɛm'	颊	或对"颊"kleeb
		睑 kram'	缅	mjak-khamh	睑	mjak 目、khamh 岸边
		验 ŋrams	藏	njams-	检验、经验、考验	
	一长 O	敢 kaam'	泰	klaa'	敢、勇敢	《说文》从爪又、"古"声,金文从争、甘声
		泔 kaam	泰	graam̠	污水	
		譀 Glaams 诞	藏	khram-pa	诈谎者	
		滥 g-raams	藏	glam	潮湿	
			藏	h̠grams-pa	散开	
			缅	hlwamh	泛滥	
		蓝 g-raam	藏	rams	靛、靛青	
			泰	graam	靛青	

韵部	韵等	古汉语	对应语	语　词	意　义	备　注
谈	一长O	儋、担 taam	泰	haam haab	扛、抬 挑、担	
			缅	thamh	挑、担	
		胆 taam'	泰	tab	肝	转义
		黵 thaam'、 taam'	泰	ʔdaam	黑的	
		谈 l'aam	藏	gtam	话、言论	
			藏	lab-pa	谈、说	
		惭 zaam	藏	zem zem-pa	惭愧、畏怯 羞惭	
	二长r	监 kraam	缅	kran' kran'-hman	观看、监视 镜子	hman 镜子
			缅	krap	监督、督察	
		槛 graam'	泰	graam	屋宇	防栏义
			缅	khram	围篱、畜圈、园圃	
		嵌 khraam 衔 graam	泰	graamh	以金银镶嵌	此义后起,源于 "衔"
		衔(啣) graam	泰	gaab	用牙齿衔	
			石家	khaap[6]	咬、衔	
		岩 ŋraam 《说文》"岸也"	藏	hgram	岸、水滨	
			藏	ngam-pa	深谷、悬崖	
			泰	ngwam'	突出之岩石	
		攙 shraam	泰	djhɛɛm	插入、挤入	
		槧 zraam《字林》 "水门也"	藏	zam(-pa)	桥梁	也可对"梁"

14　盖盍谈（荔夹兼）

韵部	韵等	古汉语	对应语	语　词	意　义	备　注
盖荔	三短O	勩 lebs	藏	zed-po	磨损、侵蚀的	
		魇 qeb	缅	ip	睡	
		瘗 qrebs	藏	jab-pa jib-pa, (已、命)yibs	藏匿、隐藏 匿藏、隐匿	
		世 hlebs	藏	rabs	世代	

韵部	韵等	古汉语	对应语	语　词	意　义	备　注
盖荔	三短 j					
	三短 r					
	四长 O					
	二长 r					
盍夹	三短 O	鈮 teb	藏	h̲djab-	镊子	
		褶、襵 nteb	藏	lteb	衣褶、褶纹	
			藏	ldeb-pa	反折	
		箝、镊 neb、neeb	泰	hnib hnɛɛb	钳、挟 钳、钳子、夹子	
			缅	hnap	钳子、夹子	
		緤 neb	泰	jeb	缝、缝纫	
		叶 leb	藏	h̲dab(-ma)	叶子、花瓣、翅	
			藏	lo(mo) lo-h̲dab	叶子、树叶 叶子、树叶	
			独龙	lap	叶子	
		睫 skeb《说文》作"眹"	藏	rdzi-ma、 ze-ma、 gzi-ma	睫毛	
		接 ʔseb	缅	cip	紧密、密	
	三短 j	摄 hnjeb	藏	rnjabs-pa	攫、执	
		涉 djeb	藏	rab	渡口、码头	
	三短 r	緔 kreb	泰	krib	缝边	
	四长 O	颊 kleeb	泰	kɛɛm'	颊	或对"脸"kram'
		梜 kleeb	泰	ta-kiab	筷子	
		荚 kleeb	缅	khjap	瓣、层、片块	
		愜 khleeb	泰	kriim	心满意足	
		箧 kheeb	泰	ɛɛb	小匣、盒子、偷藏	
		谍 l'eeb	藏	h̲djab-pa, （将）bzjab, （已）bzjabs, （命）bzjob	隐藏、埋伏、侦察	

韵部	韵等	古汉语	对应语	语　词	意　义	备　注
盍夹	四长 O	牒 l'eeb	藏	deb sdeb	本子、簿册	
			藏	leb-mo	扁平	
			泰	hluɯɯb	薄层、层次	
			缅	lja	薄、纤弱、细小	
		蝶 l'eeb	藏	bjama-leb	蝴蝶	bja 飞鸟
			缅	lip-pra	蝴蝶、螟蛾、魂魄	
		呫 lheeb> theeb 尝	藏	hdjib-pa， （将）bzjib， （已）bzjbs， （命）hdjibs	吮吸、咂	
		谍 l'eeb	藏	hdjabs	已潜伏、窥探 G	
		蹀　l'eeb 履、 lheeb 蹈 *	藏	zjabs	足（敬）、底下	
		屧 sleeb	藏	lham	靴、鞋	
		浹 skeeb	藏	skabs	一段时间	
		摩 neeb	泰	naab	压、压住	
	二长 r	梜 kreeb	藏	glegs	书夹板	
		狭 greeb	泰	gab gɛɛb	狭小、狭窄 狭小的、狭窄	
			缅	kjap	窄紧	
		峡 greeb	缅	kjap	峡谷	
			缅	khjap	峡谷	
		压 qreeb	藏	gleb-pa， （已）glebs	使平、压扁	包拟古对此
		插 shreeb	泰	siab	插、刺	
		歃 sreeb	藏	sib-pa	吮吸、渗入	
谈兼	三短 O	餍 qems	泰	imh	饱足的、满足的	
		厌 qems	泰	iam	厌烦的、讨厌的	
		銛 slem《说文》 "锸属。读若'桸' 桑钦读若'镰'"， 《广雅》"利也"	泰	siam siam'	铲、镢 削尖、使尖锐	

韵部	韵等	古汉语	对应语	语词	意义	备注
谈兼	三短 O	銛 lheem'	泰	hlɛɛm	锐的、尖锐的	见《墨子》
		廉 rem	泰	hliamh	角、缘	
		镰 rem	泰	hlian	长柄镰刀	看韵尾似借自汉语？
		鐵 ʔsem	缅	sam̲	铁	
		纤 sem	缅	sim	细小	
	三短 j					
	三短 r					
	四长 O	兼 kleem	泰	kɛɛm	兼、混合、掺杂	
		兼 kleem	泰	khɛɛm geem gɛɛn	芦苇之类 芦笙 芦笙	
		黚 #kleems	藏	skem-pa	瘦	
		嫌 geem	泰	gɛɛm'	怨恨	
		阽 neem	泰	jiamh	造访	
		恬 l'eem	藏	ḥdjam-pa	柔和、柔滑、温存	
		銛 lheem'	泰	hlɛɛm	锐的、尖锐的	见《墨子》
	二长 r	杉 sreem	藏	som＝gsom	松树	

15　内缉侵（内纳枕）

韵部	韵等	古汉语	对应语	语词	意义	备注
内内	三短 O					
	三短 j					
	三短 r					
	一长 O	对 tuubs	藏	btub-pa	合适、相称	包拟古对此
			藏	thub-pa	能、匹敌、对当	包拟古对此（对"付"）
			藏	do	二、两	又对"俦""仸"
			泰	ʔduaj'	与、为	
		内 nuubs	泰	naɯ	内、里面的	

韵部	韵等	古汉语	对应语	语 词	意 义	备 注
内内	一长 O	退 nhuubs 古作 "讷"	藏	nud-pa nur-ba	向后移动 移动、退让	
			泰	thod thɔɔj	退、退缩 退回、后退	
	二长 r					
缉纳	三短 O	集 zub	泰	djum	集合、集结	
		十 gjub>djub	藏	btju	十	
			缅	chai	十	
			泰	sib	十	
		汁 tjub	藏	thjab	水	
			泰	djhub	汤、羹	
	三短 j	入 njub	藏	nub(-pa) nub-mo	沉下、没落、西方 晚、黄昏、日没	
			泰	jub	沉没、消沉、消散	
			缅	ngup	潜水、沉没、消失	
		习 ljub	藏	lobs-pa	熟悉、熟惯	
			藏	slob-pa, (将)bslab, (已)bslabs, (命)slobs	学习、教授	
	三短 r					
	一长 O	合 kuub、 kluub	泰	kab	与、同	或对"及"
			泰	gob	交友、交往	
			泰	pra-kɔɔb	组合	
		答 t-kuub	泰	tɔɔb	答、答应	
			缅	tum'	回答、报酬、报复	
		搋 ṯuuḻ	藏	ḫthab-mo	斗、打架	
			泰	tob	打、拍	
		沓 duub	藏	ldab	翻倍	
			藏	rub-pa	围拢、聚焦、联合	
			蔡家	ta³	二	
			泰	dob	折叠 倍数	李方桂对"折"

韵部	韵等	古汉语	对应语	语 词	意 义	备 注
缉纳	一长 O	鐠 thuub	藏	rub-pa	遮蔽、笼罩、封闭	
			藏	rlubs-pa	覆盖物、覆盖、藏	
		匼 ʔsuub	泰	cob	完讫、轮遍	
		啑 ʔsuub	泰	cub	口啜	又《说文》此音作"啑",又音 shuum'
			泰	cuub	接吻	
		噆 ʔsuub	缅	cab	肌肤刺痛、辛辣	温州刺痛也说"噆"
	二长 r	恰 #khruub	藏	skabs	时值	
侵枕	三短 O	沉 l'um	藏	dim-pa	沉没	
			泰	com	沉没	
			泰	ʔdaam	潜水、深沉	
			泰	lomh	沉、沉没	
		尤 lum《说文》"行貌"	藏	lam	路	又对"途""唐"
			缅	lamh hlamh	道路、街 跨步、行路	
		闯 lhɯms 丑禁切	泰	coom	冲进、突进	今读 chuang 是"抢"字训读
		风 plum	藏	phrum-bser	冷风	bser 凉风
			泰	lom	风、空气	
	三短 j	荏 njum	藏	snum	油	苏籽最早用来榨油
		寻 ljum	缅	lam	庹	
		燖 ljum*	藏	lums(pa)	温暖熨贴、熨疗	又音 ljom
			缅	lum	温暖	
	三短 r	参 srum	泰	soom	人参、洋参	借自汉语?
	一长 O	盦 quum	泰	hum'	遮蔽、披盖	《说文》"覆盖也"
			缅	up	遮盖、遮蔽	
		婪 ruum	藏	rlom-pa	贪求、迷惑	
		贪 lhuum	藏	hthjum-pa	贪图、贪婪	

韵部	韵等	古汉语	对应语	语 词	意 义	备 注
侵枕	一长 O	探 lhuum	泰	thaam	问	
		昙 duum#	泰	tom	昏暗	
		昙 duum# 密布的云气	缅	tim	云	与"霓久阴"同源
		坛 duum#	藏	dum	小盆	
			泰	tumh	缸	
			泰	tham' tham-djaa	罐、壶 茶坛	
		覃 l'uum	泰	laam	蔓延	
		燂 l'uum	泰	tom'	煎煮	
		潭 l'uum	缅	thumh	湖沼	
		禫 l'uum'	泰	ʔdaam'	宗神	
		窞 l'uum'	泰	hlum	地坑、阱	
		南 nuum	藏	gnam	天	
		男 nuum	泰	hnumh	少年的、年青男子	
		参 shuum	泰	sam	混杂	
		蚕 zluum	藏	sdom	蜘蛛	包拟古对此
	二长 r					

16 内缉侵（莅涩音）

韵部	韵等	古汉语	对应语	语 词	意 义	备 注
内莅	三短 O					
	三短 j					
	三短 r	位 Gwruubs	缅	arap	方向、地方、所至	
		莅（涖）ruubs	藏	sleb-pa, （将）bsleb, （已）bslebs, （命）slebs	到、来、抵达	
	一四长 O					
	二长 r					

韵部	韵等	古汉语	对应语	语　词	意　义	备　注
缉涩	三短O	执 tɯb	泰	cab	拘捕、把持	
		腯 dɯb	泰	ʔdib	生的、未熟的	
		立 rɯb	藏	grub,（他动）sgrub	成立	
			藏	sgrub-pa	实行、达成	
			缅	rap	停留、所有、站S	
		粒 rɯb	藏	hrob	块、粒	
			藏	h̲bru	颗、粒、谷	
		笠 g-rɯb	藏	h̲grib-pa	遮蔽	
			藏	ltjibs-pa	罩、遮护、遮蔽	
			泰	grɔɔb	遮盖、遮蔽	
	三短j	袭 ljɯb	泰	sɯɯb	续、传	
	三短r	及 grɯb	藏	khjab-pa	普及、波及	
			缅	kap	挨近、靠近、靠拢	
			泰	kab	与、同	或对"合"
		急 krɯb	藏	grim-pa	匆促	龚煌城对此
		级 krɯb	泰	kliib	层	
		汲 krɯb	缅	khap	汲水	
		泣 khrɯb	藏	khrab-khrab	哭泣者	
		吸 qhrɯb	藏	rŋub-pa	吸入	
			藏	hub	（一）呷、吸	
			缅	hruu	呼吸、吸入	
		浥 qrɯb	泰	əb	浸渍	
		涩 srɯb	缅	cap	辛辣	
	一四长O	叠 l'ɯɯb	藏	ldab-pa	重叠、重复	
			缅	thap	重叠、重复	
	二长r					
侵音	三短O	濂 grɯm'#	缅	khjamh	寒冷	
		熊 ɢwɯm	藏	dom<d-om	熊	
			缅	wam̲	熊	
		檩 b·rɯm'	藏	ltjam-phjam	橡子橡子	

韵部	韵等	古汉语	对应语	语　词	意　　义	备　注
侵音	三短O	廪 b·rɯm'	藏	hbrim-pa	分配	
		临 rɯm	藏	hgrim-pa,（已）hgrims	巡游、参与	
		灆 rɯm	泰	naam<rum	水、液汁	
			壮	ram⁴	水	
			布依	zam⁴	水	
			水	nam³	水	
			缅	krum	溪	<孟语
		赁 nɯms	泰	jɯɯm	借、贷	
		霖 rɯm	藏	zim-pa	细雨、霖雨	
		林 g·rɯm	泰	grɯm	森林	
			缅	khjum khrum	丛林 丛林（<孟语）	
		朕 l'ɯm'	泰	riam	我（诗词）、兄弟	
		心 slɯm	藏	sems	心意、心灵、精神	又对"性"
			藏	bsam(pa)	思想、心思、意识	
			缅	hn-lumh	心	
	三短j	针 kljɯm	藏	khab	针	又巨盐切
			泰	khem	针	
			石家	kim¹	针	
		袅、荏 njɯm'《说文》"弱也"	藏	njam-	衰弱、弱小	
			缅	nam'	柔软、（能力）低劣	
			缅	nwamh	凋谢、憔悴、疲弱	
		荏 njɯm'	缅	hnamh	芝麻、胡麻	
			藏	snum	油	
		恁 njɯms	藏	njams ɔnjɔm pa	思想、观念 想、思量、以为	也对"念"
		稔 njɯm'《说文》"谷孰也"	缅	hnam	穗	
		寻 ljɯm	藏	hdom、mdom	两臂伸直的长度	
	三短r	禁 krɯms	藏	khrims	法律	
			泰	gum	管制、控制	

韵部	韵等	古汉语	对应语	语 词	意 义	备 注
侵音	三短 r	禁 krɯms	藏	khrims	法律	
			泰	gum	管制、控制	
		金 krɯm	缅	kreih	铜	
		擒 grɯm	泰	kum	抓、扣押、逮捕	
		饮 qrɯm'	泰	ʔdɯɯmh	饮、喝	
		阴 qrɯm	泰	glum'	阴暗、阴晦的	
			藏	rum	黑暗、昏暗、背面	
			缅	um'	阴云密布	
		荫 qrɯms	藏	grib-ma	阴影、阴凉	
			缅	rip	荫	
		荫 qrɯms	泰	grum'	阴暗的、葱郁的	
			缅	um	掩蔽、遮蔽	
		荫 qrɯms	泰	romh	荫凉、荫影的、伞	
		窨 qrɯms 地室也	藏	khjim	家	
			缅	im	房屋、家	
		歆 qhrɯm	泰	hɔɔm	芬香的	
			龙州壮	hoom¹	香的	
		罧 srɯm《说文》"积柴水中以聚鱼"	泰	sum	集聚、结集	
				sumh	鸡罩、鱼罩	
		渗 srɯms	泰	djhɯm	渗漏	
			缅	cim'	渗漉	
		梣 sgrɯm 青皮木	缅	cimh	绿	
	一四长 o	籯 kɯɯm'	藏	sgam	箱子	
			藏	sgrom	箱子	
		绀 kɯɯms	泰	kraamh	深色、深浓色的	
		堪/勘 khɯɯm	缅	kham̠	耐久、忍受、负责	
		堪 khɯɯm	缅	khamh	边缘、河岸	后作"坎""墈"
			缅	kamh	岸	或对"干"
		含 gɯɯm	泰	om	含、衔	
		暗 qɯɯms	泰	glaam̠'	黯黑的、昏暗	
			泰	gaam̠h	夕、晚	

韵部	韵等	古汉语	对应语	语　词	意　义	备　注
侵音	一四长O	念 nɯɯms	藏	njams snjam-pa	思想、观念 想、思量、以为	
		淰 nɯɯm'《说文》"浊也"	缅	nu<u>m</u>h nwa<u>m</u>	淤泥 泥泞、泥淖、泥浆	
	二长r	减 krɯɯm'	藏	skum-pa	缩	
		咸 grɯɯm	泰	khom	苦味的	
			泰	gem	咸的	
		黬 qrɯɯm'	泰	glaam'	黬黑	
		㦴 hɯɯm'	泰	graam'	畏惧	

17　内缉侵（挚揖添）

韵部	韵等	古汉语	对应语	语　词	意　义	备　注
内挚	三短O	縶 tib	藏	<u>h</u>thebs-pa, （已）thebs	套住、被捉	
		缉 shib	泰	sɯɯb	侦察、侦查	
		茸 shib 覆也	藏	srib-pa	障蔽、黑暗	
	三短j					
	三短r					
	四长O					
	二长r					
缉揖	三短O					
	三短j	执 tjib	藏	<u>h</u>dju-ba	握、擒捉	
			藏	mtheb-mo	拇指	
			佤	ta<u>i</u>ʔ	手	
			越	tai[1]	手	
	三短r					
	四长O	垫 tiib	藏	rtib-pa rdib-pa	塌陷	
	二长r					

韵部	韵等	古汉语	对应语	语　词	意　义	备　注
侵添	三短 O	浸 sims	藏	stim-pa thim-pa	溶化、渗透	藏文又作 gtim
			泰	cimh cumh cim'	浸入 浸、蘸	
		寝 shim'	藏	gzim-pa, (已、命)gzims	睡、就寝(敬)	
	三短 j					
	三短 r					
	四长 O	甜 l'iim	藏	zjim-po	香甜、味美	
			泰	pa-lɛɛmh	甜的	
		添 lh/thiim	泰	thɛɛm	加上、附加	
	二长 r					

C　收　舌　各　部

18　歌祭月元(戈兑脱算)

韵部	韵等	古汉语	对应语	语　词	意　义	备　注
歌戈	三短 O	縋 dols	泰	ʔdɔɔj	捆绑	
		喂(餧) ʔnols	藏	snjod-pa	饲喂	
		委 ʔnols 委积	藏	nor	财物、资财、钱财	
		紮、累 rol'《说文》"紮,增也。紮,十黍之重也"	泰	rɔɔj'	百数的、成串	
		髓 slol'	藏	tshil	脂油	
			缅	chii	油、脂	
	三短 j	捶 tjol'	泰	ʔdɔɔj	以拳击	
			泰	tɔɔjh	击、打	
		垂 djol	藏	hdjol-ba	悬垂、下垂、拖曳	
			缅	twe	下垂、悬垂	
		随 ljol	藏	zjar	顺便、附带、跟随	
		瘥 njol	藏	snjun	病	

韵部	韵等	古汉语	对应语	语　词	意　义	备　注
	三短 r	揣 shrol'	藏	tshod	度量、推测	或对"猜"
		锅 klool	藏	khrol-mo	铁壶	
		涡 qlool	藏	hkhor	旋转、围绕、循环	
		过 klools	藏	hgo-	（病）传染	
		过 klools	藏	hgor-ba	迟误、耽搁	
		过 klools	藏	hgol-ba	分离、走错	
		过 klools	藏	rgal-pa	过渡、经过、越过	
			泰	luj	涉过、渡过	
		果 klool'	泰	kluaj'	香蕉	
			泰	ɔɔj'	甘蔗	
		媒 qool' 女侍，又古华切 krool	泰	khɔɔj'	在下、鄙人	与"宦"同根
歌戈	一长 O		泰	bvai	火	
			傣、壮	fai²	火	
			黎	fei l	火	
			水、毛南	vi l	火	
		火 qhwool' /qhwuul'	侗	pui¹	火	北部侗语 wi¹
			拉珈	puui¹	火	
			石家	vii²	火	
			阿昌	poi²¹	火	
			白	hui³	火	
			印尼	apui	火	
			藏	thu	涎沫	
		唾 thools	缅	thweih	吐、唾	
			泰	thuj	涎、唾	
		捼 nool	藏	gnon	压	
		溙 ʔnool'	藏	mnol-ba	污秽、受污	又对"浼"
		陸 hlol	藏	hthor-ba	脱落、散、洒	
		堕 l'ool'、lhool'	藏	hdrul-pa	坠落	
		朒 rool	泰	rɔɔj	痕迹	

303

韵部	韵等	古汉语	对应语	语　词	意　义	备　注
歌戈	一长 O	裸 rool'	藏	sgre-ba	裸体、光秃	
		螺 rool	泰	hɔɔj	贝类	
		骡 rool	藏	drel	骡子	
		坐 zool'	藏	sdod-pa	坐、停住	
		脞 shool'	泰	djhɔɔj	细切	
	二长 r	刿 krool'	缅	kwee	分裂、碎裂	
祭兑	三短 O	喙 hlods、lhjods	藏	sgros	鸟喙、嘴唇	
			藏	zjur	鸟兽长嘴、鼻	或对"唇"
		缀 tods	藏	rtod-pa	拴、系缚	
			藏	stod-pa	接续、连接	
		肺 pods	泰	pɔɔd	肺部	
	三短 j					
	三短 r					
	一长 O	兑 l'oods	泰	lɔɔd	通过、穿过	
	二长 r	外 ŋoods	藏	ngos	侧面、旁边、表面	又对"隅"
		拜 proods	缅	pwai	祭拜	
月脱	三短 O	蕨 kod	泰	kuud	蕨	
		撅 kod	缅	kut	撬起	
		月 ŋod	藏	nja-pa/ba njar	十五之满月 十五日 G	
			缅	n̠aa naann'	夜、夜间	
		辍 tod	藏	gtjod-pa	断、截、停止	
			藏	h̠thjad-pa	断、停止	
			泰	cɔɔd	停歇	
		绝 zod	泰	cɔɔd	死	
		说 hlod	藏	h̠thjad-pa，（命）sjod，（将、已）bsjad	说、讲	
		悦 lod	藏	h̠dod-pa	爱、贪欲	
			藏	brod-pa	快乐、愉快	
			藏	rol-ba	享乐、娱乐、享受	
			泰	luɯɯnh	欢乐、快乐的	

续　表

韵部	韵等	古汉语	对应语	语　词	意　义	备　注
月脱	三短 O	啜 tod、thjod	藏	mthjod	吃、喝、吸	
			泰	djhod	啜、呷	
				ʔduud	吸吮	
				tɔɔd	吞吃	
			壮、布依	ʔdot	啜	
		劣 rod	藏	zjel	低劣、恶劣	
			藏	rud-rud-po	粗糙、粗劣、崩坏	
			藏	lhad	杂质、掺假物	
		埒 rod	泰	laad	低地、坡地、区域	
		发 pod	藏	phud	发髻	
	三短 j					
	三短 r					
	一长 O	拔 bood	藏	ḥbud-pa	拉扯、拔根 G	
		废 bood《说文》"舍也"	泰	ʔbaan'	屋、住家 村寨(壮傣)	
		脱 lhood	藏	glod-pa＝lhod-pa lod-po＝lhod-po	放松、缓和	
			藏	rud	脱落、破碎、崩落	又对"队"
			藏	lhod(pa)	松、放松、缓和	
			缅	lwat hlwat	脱逃、释放、自由 释放、使自由	
			泰	thɔɔd	脱、解	
			泰	rɔɔd	逃脱	
			泰	hlud	脱、脱落、脱离	
		捋 rood	泰	ruud	扯去、剥去	
	二长 r	刮 krood	泰	khuud	刮、削	
			泰	gruud	磨擦、刮	
		刷 srood	藏	sjad-pa	梳、刷	
			藏	sjad-mo	梳子	
			缅	sut	揩抹、涂抹	

305

韵部	韵等	古汉语	对应语	语　词	意　义	备　注
元算	三短 O	圈 gon'	藏	skar-ba	牛羊栏	
		元 ŋon	藏	ḫgo	起首、首脑	
			藏	ngo	脸	或对"额"
		元(原) ŋon	藏	ngo-ma	原始的	
		员 Gon	泰	gon	人、人物	又对"群"
		宛 qon'	藏	jon-po	歪斜、弯曲	
			缅	jwan'	曲折、弯曲	
			泰	ɔɔc	委曲、屈就	
		婉 qon'	泰	ɔɔnh	柔软的、幼小的	
		冤 on《说文》"屈也"	藏	g-jon-pa g-jon-po	左边 弯曲、歪邪	
			缅	jwan'	曲折、弯曲	
		沿 lon 与专切	藏	rgjun	水流、绵延、持续、流传	
		船 filon	藏	gru	船、筏	
			藏	sjan	船	
		恋 ron	藏	zjen-pa	爱恋、贪恋	
			缅	lwamh	恋念、恋慕	
		联 ron	泰	grunh	缠绵不断的	
		缘 lon	藏	zur(-ma)	边、缘	
		悛 shlon	藏	sun-po/pa	厌倦、厌烦、摒弃	
		选 sqhon'	缅	san'	挑选、拣选	
	三短 j	穿 thjon	藏	thjur ḫthjur	穿进 G 穿入、穿过	
		舛 thjon'	藏	sjan	过失、错误、丑恶	
		软 njon'	藏	njar-njor	松软	
		蠕(蝡) njon'	泰	hnɔɔc	昆虫、虫	
	三短 r	卷 kron'	藏	ḫkhjor	弯曲	
		眷 krons	藏	ḫkhor	眷属	
		颧 gron	藏	khur-ba mkhur-ba	腮颊	
		圈 gron'	藏	skar-ba	牛羊栏	

续　表

韵部	韵等	古汉语	对应语	语　词	意　义	备　注
元算	三短 r	圆 Gron	藏	skor ḥkhor	圆的 圆形	
			藏	sgor-ma	圆形	
			缅	wanh	圆形、围绕	
			泰	wong	圈、圆形、圈起	
		弁 brons	藏	dpon(-po)	首领、官员	
			藏	blon-po	大臣	
			缅	wan	九卿、大臣	
		变 prons	藏	hphrul	变化、变幻	
			泰	plian plɛɛng phlɛɛng	变更 变更 变更、变成	
			缅	proogh	变更、改变	
		勉 mron'	泰	hmanh	勤勉	
		撰（譔）zrons 《说文》"专教也"	泰	nɔɔc	教、教训、教导	
			石家	sol³	教	
	一长 O	官、倌 koon	藏	khol-po	仆人	
		管 koon'	藏	kol	役使	
		涫 . koon'	藏	khol-pa	煮沸的	
		馆 koon'	藏	mgron-po	宾客	
			泰	kwaan'	馆舍、宅舍	
		棺 koon	缅	khoongh	棺材、木槽	
		罐 koons	藏	khol-ma.	罐	
			泰	khwad	罐、瓶	
		观 koons	缅	kwanh	行宫、神殿	
		灌 koons	缅	kwan'	充满、丰满	
		欢 qhoon	缅	kwan'	欢乐	
		冠 koon <k-ŋoon	泰	hngɔɔn	鸡冠	
		完 fiŋoon	藏	glon	修补	
			藏	dgun	冬季	
		贯、惯 koons	泰	kɔɔnh	先前的、旧时的	

韵部	韵等	古汉语	对应语	语　词	意　　义	备　　注
元算	一长 O	宽 khoon	泰	glɔɔn	松懈、松动	
		髋 khoon	泰	kon'	臀部、屁股	《说文》"髀上也"
		款 khloon'	泰	khɔɔn'	打击、捶	
		腕 qoons	缅	lag-kjanh	手腕	lak 手·kjanh 闩
		萑 ɢoon 从艸,又作"萑"	藏	hol-mo	益母草	
		萑 ɢoon 从隹,《说文》"鸱属"	藏	hol-ba	鸢、鹰	
		曼 moon	泰	mɔɔn	有趣、愉悦的	
		幔 moons	泰	maanh	布幕	
		敦 doon	藏	rtul-ba	聚集	《诗·大雅·行苇》"敦彼行苇"
		短 toon'	藏	thung-ba	短、矮小	
			泰	ʔduan'	短的、断的	又对"断"
			缅	tou	短	
		断 doon'	泰	ʔduan'	断了的、短的	又对"短"
			泰	dɔɔn	切去	
		段 doons	藏	thun	四小时、一天六分	
			泰	ʔdun' dɔɔnh	段、条 段、小长块	
		端 toon	藏	don	原因、事由、事	
		暖 noon'	缅	nweih	暖、温暖	
		銮 roon	泰	bruan	小铃、颈铃	
		㜷 roon	藏	rlon-pa	潮湿的、浸湿	
		乱 roons	藏	hkhrul	错乱	
		纂 ʔsoon'	藏	rtsom-pa	著作、撰写	也对"撰"sgroon'
			藏	slon-pa	整修、修补、补缀	
			泰	saan	编、编织	
		欑 zoon	藏	tshal	丛林、园林	
			泰	suan	园、园圃	

韵部	韵等	古汉语	对应语	语　词	意　义	备　注
元算	一长 O	钻 ?soon	藏	hdzul-ba	钻入、窜入	
			藏	sor gsor	钻子、手钻	
			泰	swaanh	钻子	
		钻 'soons	藏	sor	钻子	
		酸 sloon	藏	srul-ba srul-mo	使腐烂、腐臭 腐坏	
		算 sloons	泰	suan	测量、测度	
	二长 r	关 kroon	泰	krɔɔn	门闩	
			缅	kjan kjanh	闩 闩木、棒	
		惯 kroons《说文》 作"掼","习也"	藏	goms-pa	习惯、熟习	
			泰	gun'	熟悉、惯于	
			泰	kɔɔnh	先前的、旧时的	
		宦 groons	缅	kwjan	奴隶、奴、婢	又自称表仆
		豢 groons	缅	kwjeih	喂、饲养	
		撰 sgroon'	藏	rtsom-pa	著作、撰写	也对"纂"?soon'

19　歌祭月元(麻泰曷寒)

韵部	韵等	古汉语	对应语	语　词	意　义	备　注
歌麻	三短 O	瘸 gwal	藏	gjol-po gjol-ba	跛子 跛行	
		罴 pral	泰	hmii	熊	
		皮 bral	缅	rei	皮	
		离 ral 篱 ral	藏 藏	hbral-ba ra	别离、分离 篱笆	或对"披" 或对"落"
		移 lal	缅	rwei' hrwei'	移动、转移 移、迁移	
	三短 j	榹、籭 lal 籭:尔雅释文云 字林上支反 gljal	藏	kles	衣架	
		弛 hljal?	藏	hral thje-ba	松弛 大的	泰文 glaai 松开、 缓和(《音系》)
		侈 lhjal'	藏	thjen-po thjes-pa	大的、主要的 极大、增大	

韵部	韵等	古汉语	对应语	语　词	意　义	备　注
歌麻	三短 r	敧 khral	泰	ke khe	歪斜的	也对"攱"khes
		奇 kral	泰	gii	单独、单数的	
		义 ŋrals	藏	nges-pa	真实、必定	又对"劓"
		曦 hŋral	泰	ngaaj	清晨	
		蚁 ŋral'	缅	khra	白蚁	
		宜 ŋrals	藏	dngar(-ba)	甘美	
			藏	mŋar-ba/mo	香甜、美味	
			越南	ngon	甜	
		为 Gwral	泰	gwaaj	水牛	"为"原指象,转义。或对"犙"
			石家	vaj²	水牛	
			缅	kwjeih	水牛	
		疲 brals 罢 braal'	藏	brgjal	劳累、昏晕	
			缅	praj	变衰弱	
			泰	blia plɛɛ	疲乏的 疲乏的	
		彼 pral'	藏	phar	彼处、那边	《说文》"往,有所加也"
			藏	hbjer-ba	逃散、行走(《丁香帐》)	
			缅	preih	跑	
			泰	ʔbaajh pai	步、行 去、往	
			壮	pjaai³ pai¹	走 去	
		铍 phral	藏	phra-ma	针、两刃武器	
			泰	phlaa	枪、锐利的	
		披 phral	藏	ḥphral-pa	分开、分离、裂开	《左传·成公十八年》:"披其地"又对"离"
			泰	plɛɛ	披开、展开	
			缅	phe'	用手分开	

韵部	韵等	古汉语	对应语	语 词	意 义	备 注
歌麻	三短 r	靡 mral	泰	maih	不、非	
		靡、糜 mral《说文》"烂也"	缅	mran'	（果实）成熟	
			藏	smin-pa	成熟、黄熟	
		毁 hmral'	泰	m-laaj	毁坏、死	
			泰	muaj'	死亡	
			泰	waaj	毁灭、完结、消灭	
		毁（煅）hmral'	泰	hmai'	烧	又对"焜"
	一长 O	歌 kaal	藏	gar	舞	
			藏	dgjer-ba	咏唱	
			缅	ka	跳舞	
			泰	gaaj	歌	
		个 kaals	藏	kher-	单个	
			藏	sger	私人、个人	
			泰	an	个、块、件	也对"件"
		艐 khaals《说文》"船著（沙）不行也"	泰	keej	搁浅	
		柯 kaal	藏	ka-ba	桩，柱	又对"楬"
		何 gaal	藏	ga gare	什么	
		荷 gaal 负担	藏	khal khral	驮子 徭、税	又对"加"
			藏	sgal	驮子、脊背	
		苛 gaal	泰	gaaj	毛糙、刺痒、呕吐	
		疴 qaal	泰	khai'	病	高本汉对"害"
		呵 qhaal	藏	klal glal	呵欠	
			藏	g-jal g-jal-ba	呵欠 打呵欠	
		饿 ŋaals	藏	rngab-pa	饥饿	
			缅	ngat	饿、渴	

韵部	韵等	古汉语	对应语	语　词	意　义	备　注
歌麻	一长O	货 hŋwaals	藏	dngos-po	物、财产	张琨对此
			缅	hngaa	物品	
			泰	khaaj	卖、售	
		讹 ŋwaal	藏	rŋod-pa	诱骗	
		卧 ŋwaals	藏	njal-ba snjal/snjol-pa	卧、睡眠 使睡、卧放	巴尔蒂话 ŋjal、僜语 ŋui，声母为牙音
			藏	mnal， (命)mnol	卧、入睡(敬)	
			缅	naah	休息、憩息	
			泰	nɔɔn	卧、睡	
		罗 raal	藏	dra	罗网	
			泰	hɛɛ	网、罟	
		多 ʔl'aal	泰	hlaaj	多的	
			藏	lar	总之(古) 再更、重复 G	
			缅	lwei'	足够、众多、繁多	
		佗 lhaals 加倍	藏	thja	双、对、套	
			藏	do	二、两	
		驮 daal 马负物，由"佗"分化	藏	do-po dos-po	驮子 驮子、负荷物	
		沱 l'aal 大雨	藏	thjar	雨	可单用，《易·离》"出涕沱若"
		舵 l'aal'	泰	daaj'	后端、尾部	
		左 ʔsaal'	泰	djhaaj'	左的	
		佐 ʔsaals	藏	bsel	从人、侍从、护卫	
		娑 saal 舞也	泰	saajh	摇摆	
		磋 shlaal	藏	star-ba	磨光	
		嵯 zaal	藏	gzar-po	陡峭、险峻	
		那、娜 naal'	藏	nar	细长柔软	
		那	泰	nanh	那(远指)	"那"的远指义始于唐，由"若"转音

韵部	韵等	古汉语	对应语	语　词	意　义	备　注
歌麻	一长 O	播 paals	藏	spor-ba	迁移、搬徙	又对"般"
			藏	spro-ba	散开、辐射、照耀	
			泰	praaj	撒、散布	
		波 paal	藏	dpa	波涛	
			藏	rba	波浪	
		菠 paai	泰	puaj-hleeng	菠薐菜	与汉语同借此语
		跛 paal'	泰	pee[4]	跛足的	
		破 phaals	藏泰	phral phah	拆 破(竹)、切破	
			缅	phraa	劈(竹篾)、散开	
				pree	(衣)破、张裂	
		婆 baal《说文》"般声"	缅	bhwaah	祖母、老妇尊称	
		麻 maal	藏	mar	酥油、黄油	
			泰	man	油脂	古以麻子打油
	二长 r	嘉 kraal	藏	dga	喜乐	
		加 kraal	藏	khral	税、徭役、加罪	又对"荷"
		枷 kraal	泰	gaa	刑具	或是借词
		茄 kraal《说文》"芙蕖茎"	缅	kraa kraann	荷、莲 莲藕	
		架 kraals	泰	kaajh	架放、跨放、倚靠	也对"倚"qrals
		驾 kraals	缅	ka	驾(牛马)于车犁	
			藏	sga sga-sgron	马鞍 备鞍鞯	sgron 铺设
		蠵 qhwraal 后作"歪"	缅	jwe'	歪	
		化 hŋwraals	藏	hgjur-ba，(已、命)gjur	变化、转变、变换	
			藏	sgjur-ba	转变、变换、翻译	
			泰	klaaj	变	
		爹 rtaal	藏	rtas-pa	扩张、展开	
		差 shraal	泰	djhai	选择	

续　表

韵部	韵等	古汉语	对应语	语词	意　义	备　注
歌麻	二长 r	纱 sraal	藏	snal-ma	纱、线	
			泰	saaj	线、线索、带	
		沙 sraal	泰	draaj	沙	
			缅	see	沙	
	三长 j	蛇 filaal	藏	sbrul	蛇	
			缅	mrwei	蛇(读 mwei)	
			土瓦	bwii	蛇	
祭泰	三短 O	刈 ŋads	藏	rnga-ba	收割	又对"苏"
		粝 rads	藏	hbras	大米	
			缅	ca-paah	稻、谷	
			印尼	beras	米	
		疠 rads	藏	hbras	瘰疬	
			泰	rɯan'	麻风、恶性皮肤病	
			印尼	baras	麻风	
		岁 sqhwads	藏 道孚 缅 彝 泰	kjod、skjod kvo khu khu khuab	移动 年 年 年 年岁	
			泰	waj	龄、年岁	
			缅	khu	年、年份	
			彝	khu	年	
			道孚	kvo	年	
	三短 j					
	三短 r					
	一长 O	艾 ŋaaads	藏	ngad	香气、气味	
		太 thaads	藏	thal	过分、太甚	
			藏	de-po	极、甚	
		汏 l'aads《广雅》"波也"	藏	rlabs	浪、波涛	《楚辞》"齐吴榜以击汏"
		濑 raads	泰	haad	滩、沙滩	
		髻 kwaads 鬠 gwaads	藏	skra	头发	又对"鬣"

韵部	韵等	古汉语	对应语	语　词	意　　义	备　注
祭泰	二长 r	话 Gwraad	藏	gros	商议	龚煌城对此
			藏	skad	话	
			泰	waah	说道、曰	或对"曰"
			缅	ca-kaah	话、语、词语	
			缅	khwanh	话	
		败 braads	泰	blad	坠落、掉下	
			泰	baajh	失败、打败仗	借自汉语？
			泰	bɛɛ'	失败	
月曷	三短 O	越 Gwad	藏	bgod-pa	行进、越过	
			藏	sgrod-pa	走动、行动	白保罗对"率"
		钺 Gwad	泰	kwaan	斧	或对"斤"
			缅	khwan	长柄斧	
		曰 Gwad	泰	waah	说道、曰	或对"话"
		发 pad	藏	sprod-pa	交给、给付	
		发 pad	藏	hphen-pa,（将）hphang,（已）hphangs,（命）phongs	投射	或对"抨"
			泰	praad	突冲而进	
		伐 bad	泰	ʔbanh	砍伐	
			泰	praab	讨伐、征剿	
		罚 bad	泰	prab	罚、罚款	
	三短 j					
	三短 r	杰 grad	藏	khjad-pa	优胜杰出者	
			藏	gjad	力士	Bp
		楬 gad 砺 dads	藏 藏	ka-ba rdar-ba,（将、已）brdar,（命）rdor	桩,柱 磨砺	又对"柯"
	一长 O	遏 qaad	泰	gad	塞、止（血）	
			泰	ad	迫、压	或对"抑"
		末 maad	藏	smad	下部、低下、在后	
		袜 maad 或作"韎"	泰	mad	捆缚、束紧	

韵部	韵等	古汉语	对应语	语 词	意 义	备 注
月曷	一长 O	达 daad	缅	tat	通晓、懂、会、能	
		撒 saad	泰	saad	洒、泼水	
	二长 r					
元寒	三短 O	健 gans	缅	kjanh	强健、康健	
		献 hŋans	藏	rngan-pa	报酬	
			藏	brngan-pa	祀奉、供养、孝敬	
		垣 Gwan	藏	mkhar	城、墙	安多方言天峻话 mkhwar、化隆话 khwar
		喧 qhwan	缅	hwan	声喧、扬名	
		宣 sqhwan	藏	sgron	说、告诉	或对"云"
		旋 sGwan	藏	skor-ba	旋转	
			藏	sgor-ba	旋转	
			泰	won	旋转、环转	
			泰	wian	旋转、轮转	
			缅	wei	漩涡	
		缓 Gwan'	藏	figrol	解开	
			泰	hwaan	松弛的	
		援 Gwan、Gwans	藏	grol	释解、拯救	
			藏	sgrol-ba	释放、拯救	
		远 Gwan'	藏	jun-	长远、持久、永远	
			缅	wei	远	
		原 ŋwan	藏	sngan、sngon、sngar	先前	
		羱 ŋwan	藏	rnjan＝gnjan	羱羊、盘羊	
		筵 lan	藏	gdan、stan	座垫	
		旛 pan	藏	phan	幡、流苏	
		燔 ban	藏	sbar-ba、(命)sbor	燃烧	可比较台语"火"
		返 pan'	泰	phuan	回转	
			缅	pran	回来	
		万 mlans	泰	laan'	百万	
			泰	hmɯɯnh	万	借自汉语？

韵部	韵等	古汉语	对应语	语　词	意　　义	备　注
元寒	三短 j	饘 tjan	藏	thjan	米粥	
		旃 tjan	藏	dar	旗帜	
		涎 ljan	缅	ran swaah-ran	液体 口涎（读 sa-rei）	swaah 牙
	三短 r	件 gran'	泰	an	个、块、件	也对"个"
	一长 O	干 kaan	藏	kan	岸	
			缅	kamh	岸	
		干 kaan 扞 gaans	藏	hgal-ba	违背、矛盾、反抗	
			缅	kan'	反对、阻抗	
			泰	kan'	挡御，御防	
			泰	gaan'	反对	
		干（幹）kaans 秆 kaan'	泰	kaan'	枝干	
			缅	akan'	横木、横档儿	
			泰	gaan	扁担、杆子	
		悍 gaans	泰	kaanh	勇猛的	
		干（乾）kaan	藏	skam-po gar-po	干燥 凝结的	
			缅	khanh	干涸	
		豻 gaans	泰	khon	毛	《说文》"兽豪也"
		翰 gaans	藏	dkar-po	白色	
		看 khaans	缅	kran'	观看	
		寒 gaan	藏	khangs、gangs =kha-ba	雪	
		皔 gaan'	藏	dkar(-po)	白的、洁白的	
		鞍 qaan	泰	aan	鞍	借自汉语？
		按 qaans	泰	an'	抑制、限制	
		炭 t-ŋhaans	藏	thal-pa	灰、尘土	
			泰	thaanh	木炭、煤炭	邢公豌否定借自汉语
		丸 gwaan	藏	gong-po	小而呈球形	
		缓 gwaan'	藏	hgrol-ba/dgrol/bkrol\grol/khrol	解放、解脱	

韵部	韵等	古汉语	对应语	语　词	意　　义	备　注
元寒	一长O	鎄 gwraan	藏	ḥgron-bu	钱贝	
		般 paan	藏	spor-ba	迁移、搬迁	又对"播"
			藏	dbor-ba	搬运、运送	或对"搬"
		盘 baan	泰	baan	盘	借自汉语?
			缅	banh	托子	
		半 paans	藏	bar、dbar	中间、居中者	
			泰	ʔban'	半截	
		拌 baan' 后作"拚"	藏	ḥbor-ba	抛掷、舍弃	
		拌 baan' 原作"秤"	藏	spun-pa	掺合、混合	
		伴 baan'	藏	spun	弟兄	
			缅	pwanh	朋友	
			泰	bɯanh	朋友	
		满 maan'	缅	mwanh	充满、弥漫	
		嬗 than	藏	dal	慢	
		坛 daan	泰	laan	广场、坪	
		难 naans	藏	mnar-ba	苦楚、受苦	
		阑 raan	缅	ranh	隔、围	
		拦 raan	泰	kraan	制止	
		栏 raan	泰	rɯan	房屋、住宅	古代居所为干栏式建筑
		烂 raans	藏	ral-pa	破烂、烂的	
			藏	hral-ba	破烂、破裂、褴褛	
			藏	lad-pa	腐朽、腐烂、疲弱	
		澜 g·raan	泰	glɯɯnh	波浪	
		懒 raan'	泰	graan'	懒惰的	
			藏	lad-po	懒汉	又对"逸"
		戁 zaan* 《集韵》"鸷攫急疾貌"	藏	btsan-po	强力、猛烈、强悍、凶暴	称王译成赞普。戁,《广韵》侧板切 ʔsraan' 鸷飞
		散 saan'	藏	sal-sil	零零散散	
		餐 shaan	藏	htshal-ba	吃、食	
			藏	zan、gzan	食物	

续　表

韵部	韵等	古汉语	对应语	语　词	意　　义	备　　注
元寒	一长O	粲 shaans	缅	chan	米	
		燦 shaans	藏	gsal-ba	清朗、明亮、灿烂	
		残 zaan	藏	gzan gzan-po	伤害、残暴 强暴者、用坏的	
	二长r	菅 kraan	藏	ran-pa	茅草	
		雁 ŋraans	藏	ngang-ba	鹅、天鹅	
			缅	nganh	雁、鹅	
			泰	haanh	鹅	
		赝 ŋaans 伪物也	藏	ngan-pa	坏恶、下劣	
		颜 ŋraan	藏	ngam	容颜	
			藏	ngar	前部	
		瘝 #kwraan	藏	skran	痞肿	
		擐 gwraans	藏	gon-pa gjon-pa	穿着 穿着	
		圜 gwraan、 Gwran	藏	hkhor	圆形、围绕	
			泰	ta-wan'	太阳	
			泰	wɛɛnh	圆形薄片、镜子	
		环、镮 Gwran	泰	hwɛɛn	戒指、圆形物	
			缅	khweih	环、箍	
			缅	kwangh	环状、圆圈	
		还 gwraan	藏	glon	答复、偿还	
			泰	huan	回转、复原、回头	
		寰 gwraan	藏	rgjal-	国、王(-po)	又音"县"
		斑 praan	泰	paan	黑斑	
		版 praan'	藏	par	印版	
		板 praan'	藏	hphar	小板	
			泰	ʔbaan	板	
			泰	pɛɛn'	半板	
		颁 praan《说文》 "大头也"	藏	dbal dbu	顶、尖端 头(敬)	
			高棉	kbaal	头	
			侏	mbu³	头	
		栅 sraans	藏	sral-ba	堵挡、隔住、拦堵	或对"山"

20　歌祭月元（丽敝灭仙）

韵部	韵等	古汉语	对应语	语词	意　义	备　注
歌丽	三短 O	籹 mel'《说文》"抚也"，安抚、持有义	泰	mii	有	或对"弥"mel'，表盈满义
		弥（瀰）mel' 盈满	泰	mii	有	或对"籹"
			拉珈	mi²	有	
			勉瑶	maai²	有	
		孁 mel#	泰	mɛɛh	母、母亲	
			缅	mi mei	母亲	
	三短 j	尔 njel'	藏	njid	您（敬词）G	
			泰	nih	这、此	
			泰	pra-nii'	如此这般	
		迩 njel'	藏	nje	近	又对"尼"nil、"昵"nid
			藏	snje-ba	凭靠、依	
			缅	niih	近	
		地 l'jeels	泰	dii	地方、地点	借自汉语？
			缅	mrei	土地	
			缅	lai	田	又对"田"
	三短 r					
	四长 O	孁 meel#	泰	mɛɛh	母、母亲	《玉篇》"齐人呼母"，或借自东夷
			缅	mai mi mei	母亲	
		艫 reel	缅	hlei	舟	
	二长 r	晒 sreels	藏	srad-pa，（将、已）bsrad，（命）srod	晒、晒干	
祭敝	三短 O	篲 sGweds	藏	zed	刷子、帚	
		蔽 peds	藏	brid~	翳障	
			藏	sbed-pa，（将）spa，（已）sbas，（命）sbos	隐藏、遮盖	

韵部	韵等	古汉语	对应语	语　词	意　义	备　注
祭敝	三短 O	裔 leds	藏	rdjes	末后、后来、随后	
			藏	rigs	种姓、族裔、血统	或对"嗣"
	三短 j	制 kjeds	藏	dgjid-pa∥bgji/bgjis/gjis	制作	
	三短 r					
	四长 O	暳 qhweeds	藏	skar-ma	星	
			缅	krai	星	
		挈、契 kheeds	藏	gri	刀	又对"锲"kheed
		缺 khweed	泰	khaad	缺乏的、断缺的	
	二长 r	介 kreeds	泰	kled	鳞、鳞片	
		芥 kreeds	泰	kad	大蔬菜、芥菜	
月灭	三短 O	亵 sŋed	藏	snjen-pa	亲近	
		雪 sqhwed	藏	sad	霜、冻结、寒冷	
		列 red	藏	hgrad-pa	散布	
		舌 filed	藏	ltje	舌	
			门巴	le	舌	
			道孚	vʐa	舌	
			缅	hljaa	舌	
			泰	lin'（诗）mlin'	舌	
			标敏瑶	blin⁴	舌	
			长坪瑶	blet⁸	舌	
			罗香瑶	bjet⁸	舌	
			先进苗	mplai⁸	舌	
			高棉	ondat	舌	
			佤	lɛt	舐	
			印尼	djilat	舐	
		灭 med	藏	med-pa	消灭、不存在	
	三短 j	茶 njed 如列切	藏	ngal-ba mnjer-ba	疲乏、极疲劳 疲乏、劳累（敬）	
			藏	gnjid gnjid-mo	疲倦 瞌睡	

韵部	韵等	古汉语	对应语	语　词	意　义	备　注
月灭	三短 j	势 hŋjed	藏	sjed	力气、体力	
		褻 sŋjed	藏	snjen	亲近	
		折 ʔljed 折狱	藏	thjad-pa	处分、判决	
			缅	prat phrat	断、中断、断绝 斩断、切断、断绝 判决	
		晣 tjed	泰	ʔdɛɛd	太阳光	
	三短 r	孽 ŋred	藏	njes-pa	罪孽	
		蘖 ŋred	缅	anwan'	芽、苗、尖顶	
		别 bred	藏	phjed-pa	分别、分开	
			藏	hbjed-pa	分开、分裂、分别	
			泰	brad	分散、迷失	
	四长 O	鍥 kheed 镰	藏	gri	刀	
		鍥、契 keed	泰	kriid	以利器刻之	
			泰	khiid	刻画、铭刻、刮	
			缅	khrac	刻画 S	
		契 keed	缅	khjac	爱、爱情、情人	
		页 gleed	藏	klad-pa klad-ma	脑盖,脑 顶,上部	
		嚙 ŋeed	泰	ŋab	咬	
		蔑(衊) meed	藏	dmad-pa	诟骂、诅咒	或对"骂"
			藏	smad-pa	诽谤、斥骂	
		蠛 meed 细虫	泰	mod	蚂蚁	
		截 zeed	缅	chac	截断	
	二长 r	价 kreed《方言》"恨也"	泰	kriad	憎恶、憎恨	
		齾 ŋreed	藏	njag-pa	缺口、豁口	
		八 preed	藏	brgjad	八	
			缅	hrac	八	碑文 het
			泰	pɛɛd	八	
		察 shreed	藏	sad(pa)	探究、检验、察看	
			缅	chac	盘问、分析 S	

韵部	韵等	古汉语	对应语	语 词	意 义	备 注
月灭	二长 r	杀 sreed	藏	gsod-pa,（将）gsad,（已）bsad,（命）sod	杀、杀戮、杀害	
			缅	sat	杀	
		煞 sreed	藏	sad-ma	后者、在后、结尾	
			缅	sat	使停止	
元仙	三短 O	遣 khen'	藏	skjel-ba	遣、送	
		翩 phen 疾飞	泰	ʔbin	飞	又对"飞"
			壮	bin l	飞	
			傣	bin l	飞	
			黎	ben l	飞	
			缅	pjam	飞	
			墨脱	phen	飞	
		偏 phen	泰	ʔbinh	少缺不全的	
			泰	ʔbeen	转向	
		绵 men	藏	mer-ba	柔软、伸长	
		展 ten'	藏	gtjal-ba	展布、陈列	
			藏	thjal-ma	展开、铺开	
			藏	rdal-ba	展布、散布	龚煌城对此
		连 ren	藏	hbrel-ba	联系、连接、结合	
			缅	ljann	连续、继续	
		剪 ʔsen'	泰	cian	割、修剪	为"前"的转注字
		翦、戬 ʔsen'	藏	sel-ba	除去、消除	
		湔 ʔsen	藏	sel-ba	使洁	
		箭 ʔsens	缅	cann	镞	
		钱 zen	泰	sin	财产、银钱	
		线 sens	泰	sen'	线、线条、条列	
		鲜 sen	藏	sar-pa gsar-ba/pa	新鲜	
		迁 shen《说文段注》"罨,升高也"	藏	sjar（pa）	升起、出现	《诗·小雅·伐木》"迁于乔木"
			缅	hrwei'	迁移	又对"移"

续 表

韵部	韵等	古汉语	对应语	语 词	意 义	备 注
元仙	三短 j	涎 ljen	藏	mthjil-ma	口水、唾液	或对"津"
	三短 r	辩 bren'	藏	brgal-ba	辩论	
	四长 O	肩 keen	泰	khɛɛn	手臂、手	
		见 keens	藏	mkhjen-pa	知道、了解（敬）	白保罗对此
		显 hŋeen'	藏	mŋon-pa	显露、出现	
		燕 qeens	泰	ii-ɛɛn ɛɛn-lom naang-ɛɛn	燕子 燕 燕	lom 风 naang 女
		犬 khween'	藏	khji	狗	见 khwiin'
		悬 gween	藏	ḥgel-ba	悬挂、吊装	
			泰	khwɛɛn	挂、悬挂	
		缳 gween'	藏 缅	kjir kweih	环绕 环绕	
		寰 gweens 王者 畿内县也	藏	rgjal-	国、王(-po)	天子又称为"县官"。又或对"畿""氏"
		县 gweens	泰	khwɛɛng gwɛɛn'	区域、管辖区、地区 区域、地方、地区	
		扁 peen'	泰	ʔbɛɛn pɛɛn'	扁的 扁的、扁平的	
		猵、獱 peen	缅	phjam	獭、水獭	
		片 pheens	泰	phɛɛnh	片、薄片	
		靛 deens* <diiŋs	藏	mthiŋ	蓝靛	
		练 reens	泰	rian	学习、攻读	
		霰 sqheens 又作 "霓"，见声	藏	ser-ba	雹、冰雹	
	二长 r	间 kreen	泰	ganh	间隔	
			缅	kan'	间隔、隔开	
			缅	khanh	房间	
		拣 kreen'	泰	klanh	选择	
		瞷 green	缅	kran'	看、观	
		还 gwreen	泰	gwɛɛŋ'	旋转	

韵部	韵等	古汉语	对应语	语　词	意　　义	备　注
元仙	二长 r	幻 gwreens	泰	pfan	梦	
			傣	fan[1]	梦	
			龙州壮	phan[1]	梦	
			水、毛南	vjen[1]	梦	
			拉珈	hwεεn1-hep	梦	hep 睡
		盏 ?seen'	泰	can	盘、碟	
		划 ?seen'《通俗文》"攻板"	泰	caan	以尖器划	
		山 sreen	泰	san	脊、背、凸起线	
			藏	sral	堵挡、拦堵	又对"栅"

21　微队物文（畏队术谆）

韵部	韵等	古汉语	对应语	语　词	意　　义	备　注
微畏	三短 O	归 kul《说文》"女嫁也"	泰	khəi	婿、近亲之夫	
			石家	khwooj[2]	婿	
		鬼 kul'	藏	ku	妖魔	
		贵 kluls	藏	gus-pa bkur-ba	尊敬 敬、尊重	
		犩 ŋul	泰	gwaaj	水牛	也对"为"
		虺 hŋul'	泰	nguu	蛇	
		辉 qhul	藏	khrol-po	光耀	
			藏	hod	光、光亮	
		挥 qhul	泰	wii	挥、搧	
			藏	hur	投掷 G	
		椎、锤 djul	藏	tho-ba	锤	
			缅	tuu	锤	
		绥 snul	藏	nur、snur	退让、挪移	
		荽 snul	藏	snjod	茴香	或同借波斯语 gosniz 香菜
		累 rul	泰	hɔɔj'	悬吊、悬垂	
		嘴 sul' 遵诔切,鸟喙,今"嘴"实读此	藏	mtshul-pa	兽口鼻	

325

韵部	韵等	古汉语	对应语	语 词	意 义	备 注
微畏	三短 j	锥 tjul	藏	h̲djor mdjor-bu	钁头	
			藏	rtol-ba	穿孔、刺穿	
			缅	cuuh	锥子、穿孔锥	
			缅	tuu	锤	
		捼 njul、nuul	藏	snjod-pa	搓捻	
			泰	jɔɔj	使碎、破碎	
		狱 njul 草木垂实	藏	snje-ma	穗	
	三短 r	馈 gruls＝餽	藏	. skul-ba	赠礼、赠送、寄递	
		馈（餽）gruls	藏	bkur-ba	供养、递送	
		愧 kruls	泰	khwaj	惭愧的	
	一长 0	回 guul	藏	h̲or	次数	
		溃 gluuls	藏	gud-pa ＝h̲gud-pa ＝rgud-pa	衰颓	
		隈 quul	藏	jul	地方、区域、家乡	
		敦 tuul 迫	藏	tur~	急迫	
			泰	ʔduanh	快急	
		堆、塠 tuul	藏	thur	斜坡	
			泰	ʔdɔɔj	山	也对"垛"
			壮	ʔdoi[1]	山	
		礧、礌 ruuls	藏	h̲brul-ba	滚下	
			藏	sgre	滚动	
		跥 ruuls #《集韵》"足跌"	缅	lee	跌倒	
		浼 muul'	藏	mul-po	请求者、丐者	
			藏	mnol-ba	污秽、受污	又对"痿"
			藏	rme-ba＝ dme-ba sme-ba	痣、斑点、污痕 痣、雀斑	
		罪 zuul'	藏	h̲dzol-pa	过失、错误	
	二长 r	聩 ŋgruul	藏	h̲on-pa	聋子、聋	

韵部	韵等	古汉语	对应语	语 词	意 义	备 注
物队	三短 O	欤 ʔsud	泰	suud	吸入	又对"啐"ʔsuuds
		萃 zluds	藏	sdud-pa	搜集、收集	
	三短 j	彗 ljuds/sᴳwids	藏	sdud-ma	笤帚	
	三短 r					
	一长 O	悖 buuds	泰	ʔbuud	腐化不鲜、晦气的	
		頮＝沫 hmɯɯds	藏	h̲khru-ba、h̲khrud（将 bkru、已 bkrus、命 khrus）	洗、浴	
		队 l'uuds 坠 l'uds	藏	rud	脱落、滑落、崩落	又对"脱"
			泰	hlonh	坠落、跌下	
		啐 ʔsuuds	泰	suud	吸入	又对"欤"ʔsud
		桙 zuud《广韵》"以柄内孔"	藏	h̲shud-pa	置入、穿入、插入	
	二长 r					
物术	三短 O	屈 khud	泰	khod	弯卷	
			泰	goh gud	弯曲的 弯的、屈的	
		掘 gud	泰	khud	挖、掘	
		倔 gud	缅	kut	努力、奋力	
		郁 qud	泰	ud ɯɯd	闭塞 淤滞的、抑郁的	
		窜 tud 物在穴中	藏	thjud-pa	放入、插入、放置	
		述 filud	藏	rdjod-pa	述说	
		聿 lud	泰	rud	急赴	《吴都赋》吕向注"疾也"
		蔽、市 pud 蔽膝	藏	pus-mo	膝	
		坲 bud	缅	phut	微尘	
		焌 shlud、ʔsluuns、ʔsluns《说文》"然火也"	藏	h̲tshod-pa,（将）bsto,（已）btshos,（命）tshos	煮、烧烤	参 ʔsluuns
			泰	cud	点火、生火	

续　表

韵部	韵等	古汉语	对应语	语　词	意　　义	备　　注
物术	三短 O	卒 ʔsud	泰	sud	完尽、至尽	
			缅	sut	死亡、逝世	
		悴 zud	泰	slod	憔悴的	
	三短 j	出 khljud	缅	thud	取出、逐出、解雇	
	三短 r	率 srud	藏	srid	长度、宽度、政权	
	一长 O	鹃 guud	藏	rgod-po	鹫、雕	
		殁 muud	泰	mɔɔd	死亡、毁灭	
		没 muud	泰	mud	沉下、钻底	
			泰	hmod	完了、完尽、全无	
		豯 hmuud	泰	hmuu	猪、豕	
		突 duud 灶突	藏	dud-pa	火烟	
		突 duud	藏	dod-pa	突出、耸起	
			泰	tuud	突出的、臀	
			泰	ʔbɔɔd	闯入	
		猝 shuud	缅	sut	快疾、猝然	
	二长 r					
文谆	三短 O	君 klun	泰	khun	首领、男爵	
			泰	gunj	您	
		君 klun	藏	khjod / khjo	你 / 丈夫	
		群 gun	藏	khrod	一群、会集	
			泰	khon	人、人物	又对"员"
		郡 guns	藏	khul	区域	
		军 kun	藏	g-jul / g-jun-ba	战事、战争 / 作战、战斗	
		熏 qhun	泰	gwan	烟	
		熏 qhun	缅	hmweih	芳香、馥郁	
		运 Guns	藏	hkhur-ba	负、运	
			泰	khon	搬运	
		云 Gwun	藏	sgron	说、告诉	或对"宣"

续　表

韵部	韵等	古汉语	对应语	语　词	意　义	备　注
文谆	三短 O	霣 Gwun'	泰	pfon	雨、雨水	
			傣	fun¹	雨	
			壮	fɯn¹	雨	
			龙州壮	phən¹	雨	
			侗	pjən¹	雨	北部侗语 ljən¹
			仫佬	kwən¹	雨	
			石家	vɨn⁵	雨	
		伦 run	藏	hgran	比、比较	
			藏	srol	风俗、习惯、规矩	
			藏	zun	亲属	
			泰	gran	众、伙	
		沦 run 小波	泰	glɯɯnh	波浪	
		允 lun'	藏	rung-ba	可以、可行、适当	
		唇 filun	藏	zjur	鸟兽的长嘴鼻	或对"喙"
	三短 j	顺 Gljuns	缅	cun	顺流而下、顺风	
		驯 sGlun	藏	srun-pa／po，（将、已）bsrun，（命）run	驯服、驯顺、温顺	
		巡 sGlun	缅	hlan̠'	巡回、周游、旋转	
		稕 tjuns	藏	thjun-po	束为一捆、把 G	或对"囷"
		揗 ljun	藏	hthun hdjun-pa	制伏、驯服	
				gtjun-pa hthul-ba hdul-ba	驯服	
				thul-ba dul-mo	驯服的、驯顺的	
		耺 njuun《集韵》儒昆切，"使也"	藏	gnjer-pa gnjer-ba	管家、执事 经管、管家	
	三短 r					
	一长 O	髡 ŋhuun	泰	koon	剃、刮	
		謯 #kuuns	藏	skur-pa	侮骂	

329

韵部	韵等	古汉语	对应语	语　词	意　义	备　注
文谆	一长O	混 guun	藏	khrul	凌乱	
			泰	kwan	混杂	
			泰	gon	搅拌	
			泰	wunh	混乱的	
		溷 guun	泰	khunh	污浊、不洁的	
		棍 kuuns	泰	khɔɔn	木头、木段	或作"榾"guun'
		滚 kuun'	藏	sgul-ba	摆动	
		鲲、卵 kuun《尔雅》"鱼子"	藏	sgong/ sgo-nga	蛋、卵	《集韵》公浑切，"鲲"或作"卵"
		壸 kuun'	泰	hon	路径	
		温 quun	泰	unh	温的、温暖的	
		损 sqhuun	藏	skjung skjon gun-pa	减缩 过、误、残缺 亏损	
		遁 l'uuns	藏	hthjor，(已)sjor	逃、潜逃	
			泰	ʔdan'	逃遁	
		敦 tuun	藏	rton-pa	信托、信赖	
			藏	stun-pa mthun-pa/o	一致、顺从、和顺 一致、和谐、随顺	
			藏	rtun-pa， (将、已)brtun	勤力、勤劳	
			藏	lhur	虔诚、笃信	
			藏	dun-pa	勤勉、希望	
			泰	ʔduanh	快急的	
		敦、墩 tuun	藏	rdung	小土山、小丘J	全广镇对此，或对"垅"
			藏	lhun-po	小山、丘	
			泰	ʔdɔɔn	丘、丘陵	
			缅	toong	山	
		毃 tuun 见《字林》	泰	tɔɔn	阉割	
		噋 thuun	藏	dron-ma	温和、暖和	
		臀 duun	泰	tuud	臀、屁股	

韵部	韵等	古汉语	对应语	语　词	意　　义	备　注
文谆	一长 O	囤 duun	藏	thjun-po	捆、堆、积	
		钝 duuns	藏	rtul-po	（刀）钝、迟钝	
			缅	tum̱h	（刀）钝、不快	
		豚 l'uun	藏	rum-pa	猪	
		尊 ʔsuun	藏	btsun-pa	可敬者、尊者	
		寸 shuuns	藏	mtshon	食指	
			藏	sor sor-mo	手指 手指、寸 G	
		焌 ʔsluuns、 shlud	藏	sol-ba	炭、木炭	参 shlud
			藏	gsur	焦味	
		飧 suun	藏	gsol-ba	食物、饮、食	《说文》"餔也"， 从夕食
			缅	san	夜、夜间	
		孙 sluun	泰	hlaan	孙子、侄辈	
			藏	son	种子	
		逊 suuns	藏	srun-pa	谦逊、温和、温存	
		存 zuun	藏	gson gson-po	活的 生命、活的	
	二长 r	纶 kruun	藏	krun~	悬吊	

22　微队物文（衣气迄欣）

韵部	韵等	古汉语	对应语	语　词	意　　义	备　注
微衣	三短 O	饥 kɯl	藏	bkres-pa	饥饿	
		几 kɯl	泰	kii	几多、若干	
			泰	klɛɛh	几近、将近	
			泰	klaɯ'	近、靠近	或对"近"
		虮 kɯl'	泰	khaih	卵	
		畿 gɯl	藏	rgjal-	国、王（-po）	或对"氏"
		衣 qlɯl	泰	gruj	袍、长衣	
			藏	lwa-ba	衣服、褐衣	
			勉瑶	luui l	衣	

续　表

韵部	韵等	古汉语	对应语	语　词	意　　义	备　注
微_衣	三短 O	希 qhlɯl	藏	re-ba	希望、希求	
		唏 qhɯl	泰	haɯ'	啼哭	
		围 Gwɯl	藏	skor	巡绕、范围	
			泰	pfaaj	堤坝	
		违 Gwɯl	藏	hgal-ba	违反	也对"扞"han
		帏 Gwɯl	藏	jol-ba	帘、幔、幕	
				g-jor-mo	幕篷、帆	
		苇 Gwɯl	泰	hwaaj	藤	
			龙州壮	vai	藤	
		飞 pɯl	藏	hphur-ba 将已 命 phur spur-ba	飞 使飞	
			彝	by	飞	
			白	fv l	飞	
			泰	ʔbin	飞	又对"翩"phen
			石家	bïl、bïn	飞	
			芒	pal	飞	
			越南	bai l	飞	
			布朗	phɤr	飞	
			格木	pɯr	飞	
		肥 bɯl	泰	bii	肥大的、哥、姊	
		尾 mlɯl'	缅	mriih	尾巴	
		焜 hmɯl'	藏	me	火	
			缅	miih	火、灯火	
			泰	hmai'	燃烧、着火	又对"毁"hmral'
			德昂	ŋar	火	
			布朗	ŋualN	火	
			佤	ŋu	火	
		卉 hmɯl'	泰	mai'	柴木、树木	又对"枚"mɯɯ

韵部	韵等	古汉语	对应语	语　词	意　　义	备　注
微衣	三短O	微 mɯl	藏	dma-mo dman hmaɯ	小、少许、低微 低劣、卑下 或不	
			缅	hmwaah	微小	
			泰	mi	非、无	
		徽 hmɯl	泰	hmaɯh	新的、新艳的	
	三短j					
	三短r	美 mrɯl'	藏	smar-ba	善、妙	
			藏	rmad	优美、极佳、稀有	
			缅	mwei'	优雅、欢愉	
	一四长O	开 ŋhɯɯl	泰	khai	开启	
			泰	glaaj	松开、舒展、缓和	
		剀 ŋhɯɯl'	藏	nges-po	确切、真实的	或对"义"
		哀 qɯɯl	泰	hooj	哀哭	
		火 hwɯɯl'	泰	bvai	火	详见歌戈部 hwool' 条
		霉 mɯɯls	缅	hmou'	霉、菌	
		洗 sɯɯl'	藏	gsjal-ba	涮洗	
			藏	bsil-ba	洗涤(敬)	
			缅	cheih	洗净、洗涤	
			缅	sac	洗脸	
		栖 sɯɯl	藏	gze-ba	巢	
		细 snɯɯls	藏	sil-ma	碎片、微屑、散碎	
			缅	seih	细小	
	二长r	乖 krɯɯl	泰	klai	遥远的	又对"睽"khwiil
			缅	kwaa	歧异、歧别、分离	
队气	三短O	气 khɯɯds	泰	kliin	气味	
			泰	aɯ	气、气体	
		毅 ŋɯɯds	藏	ngar ngar-ba ngar-bo	威力、威猛 刚强、坚韧、勇猛 猛烈、大力、凶残	

韵部	韵等	古汉语	对应语	语 词	意 义	备 注
队气	三短 O	胃 Gwɯɯds	藏	grod-pa	胃、肚腹	
		谓 Gwɯɯds	藏	gros	谈话、商议	
		沸 pɯds	泰	pud	沸	
		痱(疿) pɯds	泰	phod	痱子	
	三短 j					
	三短 r					
	一四长 O	頮＝沬 hmɯɯds	藏	ẖkhru-ba、ẖkhrud（将 bkru、已 bkrus、命 khrus）	洗、浴	
		爱 qɯɯds	泰	graɯh	意欲、恋慕	
			缅	khjac<khjec	爱	
		戻 rɯɯds	缅	lwee	谬误、离开正途	
	二长 r					
物迄	三短 O	乞 khɯd	藏	ẖgjed-pa	给	
		吃 khɯd	藏	gad-mo	大笑	
		坲 pɯd、bɯd	藏	bud	尘烟、扬尘、尘霾	也对"埻" bɯɯd
			缅	phut	微尘	
		拂 pɯd	泰	pad	扫、扫除、清理	
		昒 mɯd	泰	mɯɯd	黑暗	也对"昏"
		欻 hmud	缅	hmut	口吹	《说文》"有所吹起"
	三短 j					
	三短 r					
	一四长 O	纥 glɯɯd《集韵》屑韵,"大丝"	藏	skud-pa	线	
		纥 gɯɯd 束	泰	khɔɔd	打结、结节	
		扢 kɯɯd	藏	skud-pa	擦抹	
			泰	khad	擦、磨	
		齕 gɯɯd 下没切,《说文》"啮也"	泰	kad	咬、啮	
	二长 r					

韵部	韵等	古汉语	对应语	语　词	意　义	备　注
文欣	三短 O	斤 kɯn	泰	kwaan	斧	当对"钺"
		近 gɯn'	藏	khad gan、gam	近 附近	
			缅	khjan<u>n</u>h	靠近、接近	
			泰	klaɯ'	近、靠近	或对"几"
		筋 kɯn	泰	en	筋腱	
		龈 ŋgɯn	藏	mgal-ba	牙床	
			藏	rnil	齿龈(古)	
		勤 gɯn	藏	sgrin-po	勤奋、伶俐	
		訚 ŋɯn	藏	mngan-pa	咒骂、指责	
		狺 ŋɯn	藏	njer-ba	吼叫	
		隐 qɯns	泰	ing	倚、倚靠、斜倚	
		耘 Gwɯn	藏	jur-ba	锄、铲除	
		氛 bɯn	藏	sprin	云彩	
			石家	bɨn[1]	天空	
		氛(雾) phɯn	藏	ban	雾气	
		粉 pɯn'	藏	phur-ma	粉末	
			藏	brul brul-pa	碎屑 碎屑、粉碎、破碎	
			泰	ponh	粉屑	
		分 pɯn	藏	hphral-ba	分开、分离	又对"披"
			藏	bjer-ba	分开、分离	
		分 pɯn 与也	藏	<u>h</u>bul-pa	给、奉献	
			泰	puun	分给、给予	
		芬 phɯn	缅	panh	花	
		坋 bɯn'	泰	pfunh	尘埃、粉末	
			缅	phu<u>m</u>	微尘	
		坟 bɯn	藏	bang-po	坟墓	
		愤 bɯn'	藏	<u>h</u>bar-ba	愤怒	
		焚 bɯn'	藏	<u>h</u>bar-ba	燃烧	
			泰	bvɯn	供烧之柴	

韵部	韵等	古汉语	对应语	语　词	意　义	备　注
文欣	三短 O	粪 pɯns	藏	bran	粪屎	
			泰	pɯan'	污秽的、脏的	
		奋 pɯns	泰	bon'	超越、摆脱	
			侗	pən³	飞	
			壮	pon⁵	飞	
			佤孟汞	pu̱n	飞	
			克篾	phɣn	飞	
		吻 mɯn'《说文》"口边也"	藏	mur-ba mur	咬嚼 边上 G	
			泰	bvan	牙齿	
		刎 mɯn	泰	bvan	砍、斩	
		文 mlɯn	缅	hmat	记下、记住、记录	
		蚊 mɯn	泰	hmad	蚤、虱	
		扪 mɯns	泰	bvanh	搓、捻	
		紊 mɯns	泰	bvanh	紊乱的	
		闻 mɯn <mn-	藏	njan-pa, (将、已)mnjan	听	
			藏	nom-pa, (将)mnom, (已)mnoms, (命)noms	嗅、闻	
			缅	namh	嗅、闻	
		问 mɯns	藏	mon-ba	洽谈、商议、商量	
			藏	rmed-pa, (将)rma, (已)rmas, (命)rmos	询问	
			缅	mranh	询问	
				mweih	询问、查询	
		珍 ʔl'ɯn	藏	rin	价值	
				rin-po-thje	珍宝、珍品	
		尘 rdɯn	藏	rdul	尘土	

韵部	韵等	古汉语	对应语	语　词	意　义	备　注
文欣	三短 j	忍 njɯn'	藏	gnjan-po	残忍	
			泰	jɯn	坚持、站立	
		认 njɯns	泰	jin	听、听从、允许	
		韧 njɯns	藏	mnen-po	柔韧	
		辰 djɯn	藏	brtan-pa	北极星	
			泰	ʔdɯan	月亮	
			泰	ʔbu-hlan	月亮	同印尼语
			壮	-ʔdɯɯn¹	月亮	
			龙胜壮	rəən¹	月亮	
			石家	blain¹	月亮	
		震 tjɯns	藏	hdar-ba	发抖、战栗	
	三短 r	银 ŋrɯn	藏	dŋul	银、钱	
			缅	ngwei	银、钱	
			泰	ngən	银、钱	
		馑 grɯns	藏	bkren-ba	饥饿、贫乏	
		慭 ŋrɯns 忧伤	藏	njen-pa njer	痛苦、苦害 忧苦 G	
		垽 ŋrɯns	缅	nanh	沉淀物、沉渣	
			藏	rŋul rŋul-ba， （已）brŋul	汗、汗水 出汗、流汗	
			泰	hŋɯa⁵	汗	
			龙州壮	hɯ⁵	汗	
		尘 rdɯn	藏	rdul	微尘、灰屑	
		贫 brɯn	藏	dbul-po dbul-ba	贫民、穷人 贫穷 G	
		敏 mrɯn'< mrɯ'	藏	mjur-ba	迅速、快疾	
			缅	mran	快捷、敏捷	
	一四长 O	艮 kɯɯns	泰	khɯɯn'	爬上、登山、升起	《易·艮》内容似乎是叙述与登山有关的事情
		根 kɯɯn	泰	goon	基础、底部、根部	

韵部	韵等	古汉语	对应语	语 词	意 义	备 注
文欣	一四长O	龈 khɯɯn' 今俗作"啃"	泰	kin	吃、食	
		恨 .gɯɯns	藏	khon ẖkhon-pa	怨恨、仇恨	
			藏	har-po	发怒	
			缅	khjann	憎恨、憎恶	
		很 gɯɯn'	泰	khɯɯn	拂逆、不从	
		狠 qhɯɯn'	泰	khɯɯnh	辛涩、苦辣的	
		喷 phɯɯn	泰	bonh	吹、喷	
		坟 bɯɯn'*	藏	ẖbur-po	凸起、鼓起	
		盆 bɯɯn	藏	phan-	小盆	
		本 pɯɯn'	泰	bɯɯn'	基本、底	
			缅	pang	树	
		笨 bɯɯn'	藏	bul	迟缓、慢	
			藏	blun-po	愚笨	
			缅	pranh	愚昧	
			缅	phun	蠢笨	
			泰	pən	笨拙的	
		闷 mɯɯns	藏	mjos	醉、沉醉、迷醉	
			缅	muuh	醉、晕	
			缅	mwanh hmwan	窒闷 窒息、闷塞	
		惛 mɯɯn	泰	munh	记挂、沉迷于	
		昏 hmɯɯn	藏	mun-pa	黑暗、无光	
			缅	minh hmin hmun	昏倒 光暗淡、褪色 模糊、阴暗	
			泰	mɯn	昏眩的	
			泰	mɯɯd	黑暗、昏晕	又对"昒"mɯd
			泰	hmonh	晦暗的、灰色的	
		惛 hmɯɯn	藏	dmun-pa smun-po	傻子、愚人	
			藏	smjon-pa	疯子、狂人	

韵部	韵等	古汉语	对应语	语　词	意　义	备　注
文欣	一四长 O	婚 hmɯɯn	藏	smjan	结亲	
			缅	hmanh-thimh thimh-hmanh thimh-mraah	订婚(打算-成婚) 订婚 成婚	
			泰	hman'	订婚	
		璊、虋 mɯɯn	藏	dmar	红	《说文》"玉梗色也,禾之赤苗谓之虋,言璊玉色如之"
		爅 smlɯɯn'	藏	smre-ba	痛苦、不幸	
		吞 qhl'ɯɯn	泰	klɯɯn	吞	
			泰	thun	吞吃	借自汉语?
			藏	hthung-ba	饮、喝	
		荐 sɯɯns	泰	djheenh	祭祀、祭献	
		荐 zɯɯns	泰	ncchɔ	垫于底下	
		洐、簂 zɯɯns 又徂闷切	藏	son-pa	至、到达	
		先 sɯɯn	缅	hrei' a-hrei' hreih	前面、先头 东方 从前	nook 表后面、西方
		铣 sɯɯn'	藏	gser	黄金	
			藏	ser-po	黄色	
			缅	hrwei	金	
			泰	sɛɛd	橙黄色	
	二长 r	扮 prɯɯns	藏	brgjan-pa	装饰	
		颁 prɯɯn	藏	dpral-ba	额	《说文》"大头也,一曰鬓也"
			藏	hphul-ba	给、献	
			泰	pan	分给、分派、给予	
		限 grɯɯn'	藏 门巴 藏	rked khren hkhrun	腰 腰 界限(《藏汉大辞典》)	

339

23 脂至质真(齐闭七因)

韵部	韵等	古汉语	对应语	语　词	意　义	备　注
脂齐	三短O	疕 pil',phel'	缅	pheih	生痂(伤口)	
		旎 nil	藏	snji-po	柔软、嫩	
		尼 nil	藏	snje-ba	凭靠、依	
		尼 nil 从后近之	缅	niih	近	又对"昵"nid、"迩"njel
		尼 nil《尔雅》"定也",郭注"止也"	缅	nei	住、留	
		夷 lil	藏	zji-ba	平静、安定	
		遅 l'il	藏	ltji-ba ltjid	重、坚实 使加重、重量	
				ldji	重、沉重	
			缅	leih	重、迟慢、敬重	
			泰	riih	停滞、延迟的	
			泰	saaj	迟的	
		犀 slil	泰	rɛɛd	犀牛	
			藏	bse	犀牛	
		次 slhils	藏	tshar	次、回、趟	
			藏	tshir	挨次	
			藏	gses	班次、等级	
		茨 zil	藏	tsher-ma	刺、荆棘	
		私 sil	藏	gtjid-pa, (将)gtji, (已、命)gtjis	撒尿、小便	
				gtjin-pa	尿	
			缅	chiih	尿、小便	
			缅	seih	尿(俗)	
			博嘎尔	içii	尿	
			嘉戎	ʃtʃi	尿	
			嘎卓	isɿ	尿	
		伊 qlil	缅	zɿ ii	尿 这(98页)	

韵部	韵等	古汉语	对应语	语　词	意　义	备　注
脂齐	三短 j	视 gljils	藏	gzigs-pa	视、观察、看	
	三短 r	饥 kril	藏	kres-pa	饥饿	
		肌 kril	藏	skji-mo	皮肤	
		几 kril'	藏	khri	座、椅	
			泰	kii⁴	几、小桌	或汉语借词
		麂 kril'	缅	khje（俗 gjii）	羌鹿、鹿	
		祁 gril	缅	kriih	大、广大	
		帷 ɢwril	藏	gur	帐篷	
			藏	sgar	帐篷、营房	
		眉 mril	藏	smin-ma	眉毛	又《集韵》民坚切"𪒮烧烟染眉"
	四长 O	瞟 khwiil	泰	klai	遥远的	又对"乖"krɯɯl
		抵 tiil'《说文》"挤也"	藏	gtjir-ba hthjir-ba	挤、压、夹 挤、压、榨	
		诋 tiil'	泰	ti	责其短处	
		涕 thiils 泪	藏	mthi-ma	眼泪	
		涕 thiils 鼻涕、痰	藏	mthil-ma	口水、唾液	
		弟 diil'	泰	ʔdek	儿童、孩子	
		悌 diils	藏	gtjes-pa	热爱、敬爱	
		睇 thiil、diils	泰	lɛɛ	看、望	
		梯 thiil	缅 泰	hlei-kaah ʔdai	楼梯 梯子	kaah 张开
		底 tiil'	藏	mthil	底、掌心	
			泰	tiin	脚、足、基	
		抵 tiil'	缅	tei'	接近、近	
		犁 rɯl	缅	thai	犁	
			泰	thai	耕	
		挤 ʔsiils	藏	htshir, （将）gtsir, （已）btsir, （命）tshir	挤压	
		妻 shiil	泰	stii	妻	

韵部	韵等	古汉语	对应语	语　词	意　　义	备　　注
脂齐	四长 O	凄 shiil	藏	bsil-ba bsel-mo	冷、凉快 冷	
			缅	chiih	霜	
		脐 zliil	藏	lte-ba	肚脐	
	二长 r	喈 kriil	泰	khan	鸡啼	
		阶 kriil	泰	khan'	阶层、阶段、级	
		锴 kriil* 白铁	缅	khee	铅、锡	
至闭	三短 O	畀 pids	藏	sbjin-pa, (已、命)bjin	赠品、赠与	
			缅	peih	给	
		痹 pids	藏	sbrid-pa	麻木	
			独龙	pit	麻痹	
			泰	pliaj'	麻痹、瘫痪	
			泰	phed	辛辣的	使发麻
			载瓦	phjik55	辣	
			浪速	phjak55	辣	
			巍山彝	phi55	辣	
			墨脱门巴	ber	辣	
			格曼僜	bat	辣	
		鼻 bids	藏	sbrid-pa	喷嚏	西门释为鼾声，对"鼻"
		寐 mids	藏	rmi-ba, (已)rmis	做梦	
			泰	mɔɔjh	瞌睡、半睡	
		利 rids	缅	rit	割(禾)	
		颲 rids 暴风	藏	rdzi	风	《说文》入声，读若"栗"
			缅	lei	风、空气	
		戌 smid	藏	med	消灭、无有	

韵部	韵等	古汉语	对应语	语　词	意　　义	备　注
至闭	三短 j	四 hljids>s-	藏	bzji	四	
			门巴	pli	四	
			缅	leih	四	
			泰	siih	四	
	三短 r					
	四长 O	计 kiids	泰	gid gled	思考、谋划、计算 计策、计谋	
			缅	kinh	数目、清点、数	
		闭 piids	泰	pid	关闭、遮盖	
			独龙	piit	关闭	
			缅	pit	关闭、闭塞	
		砌 shiids	藏	rtsig-pa	砌、筑	
	二长 r					
质七	三短 O	吉 klid	藏	skjid-pa	幸福快乐、吉利	
			缅	kinh	吉日、良辰	
		毕 pid	藏	phjid phjis	后来 最后	
			缅	priih	终、完成	
		弹 pid	缅	pac	发射、投掷	
		匹 phid《孟子》 "匹雏"	泰	ped	鸭	
			缅	bhee	鸭	
		匹 phid＝疋	缅	pit	棉布、布匹	
		昵 nid	缅	niih	近	又对"尼"ni
		匕 sɪnhid	独龙	s-ŋit	七	
			缅	khu-nac <-nec	七	
			泰	ced	七	
		逸 lid	泰	brəd	逃走	
			藏	lad-po	懒汉	又对"懒"
			缅	lac	闲空、溜走	

韵部	韵等	古汉语	对应语	语　词	意　义	备　注
质七	三短O	悉 sid	藏	sjes-pa	智慧、知晓、懂	
			缅	si	知道、知悉	
		疾 zid	藏	tshigs	困苦、困难	
			泰	ceb	伤痛、病	
	三短j	质 tjid	藏	hdri-ba	问、询问	门巴语 bri 或对"聘"
	三短r	虱 srid<srig	藏	sjig	虱子	
		蔤 mrid	缅	amrac	根	
	四长O	切 shiid	缅	chac	截断、切成段	
	二长r	黠 griid	藏	grin-po	聪敏	
真真	三短O	紧 kin'《说文》"缠丝急也"	藏	hgrin-ba，(他动)sgrin-ba，(将、已)bsgril	缠绕、包卷、卷拢	
			缅	kjannh	狭窄、缩小	潘悟云对此
		湮 qin、qiin	藏	jal-ba	消失、消散	
		均 kwin	藏	kun	全体	
		昀 Gwin 日光	泰	wan ta-wan	日、日子 太阳	或对"圜"
		摈 pins	藏	phjir	在外、撺出	
		宾 pin	藏	phji	外、外来	
		髌 bin'	藏	bjin-pa	胫、小腿	
		民 min	藏	mi	人	
		尽 zin'	藏	zin-pa	终结、终了	
			泰	sin'	完了、完尽	
		磷 rin	泰	hin	石	
			石家	riil²	石头	
			藏	ril-ma	丸、圆粒	
		獜 rins 见《山海经》	泰	nimh	穿山甲	
		真 ʔlin	藏	bden-pa	真实、真诚	
			缅	cac	真正、真实	比较"薪"
		螾 lin	藏	srin(bu)	虫、昆虫	bu＝hbu 虫
			藏	sril	蠹虫	

韵部	韵等	古汉语	对应语	语　词	意　　义	备　注
真真	三短 O	引 lin'	藏	ḫdren-pa	引导、拖拽	
			藏	ring(-po)	长、久、远	
			缅	hran	长、久（读 hrei）	
		伸 hlin	藏	sring-ba	伸长、延长、培育	
		神 filin	藏	srin(po)	恶鬼总名、罗刹	白保罗对此
		身 hlin	藏	lhen-pa	腹部、腹腔	
		讯 slins	藏	lon	信息、消息、音信	
		迅 slin'	缅	hrin	疾速	
			缅	sun	疾速（罕）	
		亲 shin	藏	gsjin-ma	亲善、友好	
				bsen	亲戚	
			缅	chwei	朋友、亲人	
		隼 sqhwin'	缅	cwan	鸢、纸鸢	
	三短 j	津 ʔljin	藏	mthjil-ma	口水、唾液	或对"涎"
		肾 djin' <gjin'	藏	mthjin-pa	肝	吴安其对此。白保罗对"辛"，不通
			缅	sanḫ	肝（读 see）	
		仁 njin《说文》 "亲也"	藏	gnen	亲属	
	三短 r	臻 ʔsrin	泰	ʔdən	行走	
	四长 O	坚 kiin	泰	keɛnh khɛɛn'	坚硬的 硬、坚硬的	
			缅	kjan̠	坚硬（古）	
		犬 khwiin'	藏	khji	狗	
			缅	khweiḫ	狗	
			土瓦	khwiiḫ	狗	
			曇师	kui	狗	
			格曼僜	kui	狗	
			羌	khuə	狗	
			彝	khɯ	狗	
			白	khuã³	狗	
			高棉	ch-kaai	狗	

韵部	韵等	古汉语	对应语	语 词	意 义	备 注
真真	四长O	舷 gwiin	泰	gɛɛm	边缘、船舷	韵尾交替
		眠 miin	缅	mjan̠h	瞌睡、困倦 S	潘悟云对此
		怜 riin	藏	drin	恩惠、慈爱	
			藏	brling-pa	爱惜	
			缅	ran̠h	昵爱、钟爱、爱恋	
		颠 ʔl'iin	藏	rting-pa/ba	端、末端	
		天 hl'iin	泰	thɛɛn	天空、天仙	借自汉语?
			藏	rlings	广大、无垠、无边	
		演 liin'	泰	leenh	游戏、演奏、演剧	
		千 snhiin	泰	sɛɛn	十万的	
			缅	sinh	十万	
	二长r	悭 khriin	藏	khren-pa	悭吝、贪 G	

本字谱所参考词典、词表如下：

（一）藏缅语族

1.《藏汉词典》，西北民族学院编，甘肃人民出版社，1979。

2.《格西曲札藏文辞典》，格西曲吉札巴著，法尊、张克强译，民族出版社，1957 年第一版，1981 年第三次印刷。

3.《藏汉词汇》，才旦夏茸编，青海人民出版社，1955。

4.《藏汉大辞典》，张怡荪主编，民族出版社，1985。

5.《汉藏对照词汇》，民族出版社编译，民族出版社，1976。

6.《汉藏对照词典》，《汉藏对照词典》协作编纂组，民族出版社，1991。

7. *A Tibetan English Dictionary*, H. Jäschke. Motilal Banarsidass Publishers, 2007。

8.《藏汉对照拉萨口语词典》，于道泉主编，民族出版社，1983。

9.《藏语安多方言词汇》，华侃主编，甘肃民族出版社，2002。

10.《阿里藏语》，瞿霭堂、谭克让，中国社会科学出版社，1983。

11.《藏语简志》，金鹏主编，民族出版社，1983。

12.《汉藏语系词汇比较手册》（*A Sinologist's Handlist of Sino-Tibetan Lexical Comparisons*），柯蔚南，"华裔学志丛书"第 18 种，1986。

13.《汉藏同源字谱稿》，俞敏，《俞敏语言学论文集》，商务印书馆，1999. 该谱稿为 1949 年燕京学报所刊《汉藏韵轨》增改全稿，原刊《民族语文》1989 年第 2、第 3 期。

14.《汉藏语同源词综探》，全广镇，台湾学生书局，1996。

15.《汉语和藏语同源体系的比较研究》，施向东，华语教学出版社，2000。

16.《汉语藏语同源字研究》，薛才德，上海大学出版社，2001。

17. 《藏缅语语音和词汇》,《藏缅语语音和词汇》编写组,中国社会科学出版社,1991。

18. 《藏缅语族语言词汇》,黄布凡主编,中央民族学院出版社,1992。

19. 《模范缅华大辞典》,陈孺性编,仰光:集美印务公司,1962。

20. 《华缅辞典》,萧凡编,仰光:《人民报》编辑室,1963。

21. 《缅汉辞典》,北京大学东方语言文学系编,商务印书馆,1990。

22. 《简明汉缅缅汉辞典》,北京大学东方学系编,北京大学出版社,1995。

23. 《汉缅大辞典》,王子崇编,云南教育出版社,1987。

24. 《古缅、汉、藏语对应词表》(*A Comparative Word-List of Old Burmese, Chinese and Tibetan*),卢斯(G. H. Luce),伦敦大学东方和非洲研究院,1981。

25. 《缅甸馆译语研究》,西田龙雄,东京:松香堂,1972。

26. 《汉缅语比较研究》,黄树先,华中科技大学出版社,2003。

(二)侗台语族

1. 《泰英中大辞典》,蔡文星编,曼谷:南美有限公司,1970。

2. 《实用中泰英辞典》,蔡文星编,曼谷:泰华编译社,1957年第一版,1958年增订版。

3. 《暹汉辞典》,萧元川编译,曼谷:中山有限公司,1934年第一版,1950年第七版。

4. 《泰华大辞典》(第二版),《泰华大辞典》编委会编纂出版,1946。

5. 《泰汉词典》,广州外国语学院编,商务印书馆,1990。

6. 《傣仂汉词典》,喻翠容、罗美珍,民族出版社,2004。

7. 《德宏傣语同音词典》,周耀文、方峰和、郗卫宁,民族出版社,2005。

8. 《僮汉词汇》,广西僮文工作委员会研究室编,广西民族出版社,1958年第一版,1960年第二版。

9. 《壮汉词汇》,广西壮族自治区少数民族语言文字工作委员会研究室编,广西民族出版社,1984。

10. 《壮语通用词与方言代表点词汇对照汇编》,广西区民语委研究室编,广西民族出版社,1998。

11. 石家语,威莱变·哈尼莎塔婻塔,杨光远译,《南开语言学刊》2003年第2期,2004年第3期。

12. "台"语与汉语,闻宥,《中国民族问题研究集刊》第六辑,中央民族学院研究部,1957。

13. 《台语比较手册》(*A Handbook of Comparative Tai*),李方桂,火奴鲁鲁:夏威夷大学出版,1977。

14. 《汉台语比较手册》,邢公畹,商务印书馆,1999。

15. 《壮侗语族语言简志》,王均等,民族出版社,1984。

16. 《壮侗语族语言词汇集》,中央民族学院少数民族语言研究所,中央民族学院出版社,1985。

17. 《汉泰关系词的时间层次》,龚群虎,复旦大学出版社,2002。

18. 《侗台语族概论》,梁敏、张均如,中国社会科学出版社,1996。

后　记

　　父亲的遗著《华澳语系同源词根研究》终于出版了。父亲这部书主要讨论的是汉语跟亲属语言的发生学关系，他希望通过探讨汉语跟亲属语言的同源词根，以证明他的华澳语系以及汉白语族等基本设想。

　　"华澳语系"这个名称是父亲提出来的。1990 年沙加尔先生提出汉语与南岛语同源论，父亲与邢公畹先生都主张把南岛语连同汉藏语系建立一个大语系，邢先生主张叫作"汉藏泰澳语系"，父亲主张叫作"华澳语系"。1991 年邢公畹先生《关于汉语南岛语的发生学关系问题》一文在提出"汉藏泰澳语系"主张的同时，特意注明了父亲"华澳语系"的主张，并认为这个名称"也很好"。父亲与邢先生常年保持通信，邢先生这篇文章中也提到父亲在通信中提到的一些例证，可见那时关于这个问题他们应有过很多讨论。我查了一下父亲的日记，仅在1990 年 8 月至 10 月间，父亲就给邢先生寄出了五封信。

　　1990 年的下半年，父亲与沙加尔先生、潘悟云先生也有过多次通信，我想信中也应该有不少关于"华澳语系"的内容。

　　父亲正式提出"华澳语系"的设想是在 1990 年左右，而这实际上是建立在他多年思考基础之上的。上世纪 50 年代，父亲在北京东安市场旧书店买到高本汉的《汉语词类》（张世禄译），从此激起了他对古音和汉藏比较的兴趣，开始了对民族语与汉藏比较的探索。后来父亲通过对王辅世先生一篇苗语论文的质疑而结识了王辅世先生。1959 年 10 月，父亲第一次给王先生写信，就在信中提出了越南语的系属问题、苗瑶语与孟吉蔑（高棉）的关系等问题。1960 年，父亲又将所撰关于独龙语的文章寄给王先生，王先生评价"从文章的题材、逻辑等方面来看，确是一篇内容充实，持论非常中肯的文章"，并推荐给金鹏先生。

　　从上世纪 50 年代开始，父亲就开始学习华澳语系内的藏、缅、泰、傣等文字，有意识地搜集了大量藏缅、侗台、苗瑶词汇资料。后来在调查多种汉语方言的同时，又调查了壮、瑶、畲等民族语言。他很早就认识到这些语言的亲属关系以及同源词根比较在语言研究中的重要性，在上古音研究中非常注重汉藏语言比较，尤其是汉台、汉苗及南亚南岛方面的比较研究。他翻烂了案头的民族语资料，尤其是十几部民族语词典、几十本中国少数民族语言简志，每部书上都是密密麻麻的批注。长期以来，将上古音研究与汉藏比较紧密连接，是父亲上古音拟音体系的基础，同时父亲又以此解开了《越人歌》《白狼歌》等民族古文献的谜团。

　　1995 年，父亲的《汉语与亲属语同源根词及附缀成分比较上的择对问题》一文，刊登在《中国语言学报》（JCL）单刊 8 号《汉语的源流》。文中明确指出，"将华澳语系视为包括汉藏语、南亚语、南岛语的上位语系是适宜的"，提出在亲属语言比较中最重要的是同源词根，并在附录中提供了一个"华澳语言比较三百核心词表"。在该文中，父亲还提出了"汉白语族"的设想,并于 1999 年在《白语是汉白语族的一支独立语言》一文中对"汉白语族"做了论证。该期《中国语言学报》单刊还刊出了潘悟云先生的《对华澳语系假说的若干支持材料》,列举了若干华澳语系的支持材料,并专文讨论了苗瑶语与汉藏语的同源关系。由此,华澳语系的基本框架确立起来。

父亲对华澳语系同源词的研究,是建立在自己的亲属语言同源关系的研究方法——"音义关联的平行词系比较法"之上的。该方法强调以语言中同族词及共形词(原始同音词)的平行词系证据判认亲缘关系,早在 1981 年的《上古音系表解》中即已形成,附文专门写了比较法,1993 年出版的王远新《中国民族语言学史》已将其列为同源词研究方法的一种。2003 年《汉语与亲属语言比较的方法问题》、2004 年《谈音义关联的平行词系比较法》等文中,该方法得到了进一步的明确。

2014 年,父亲主持的国家社会科学基金项目"汉语与同语系语言的同源词根研究及同源字总谱"历经八年正式结项。在这个课题里,父亲例证了数量可观、对应整齐的同源词,尤其是其中的《同源字总谱》,以汉语为中心,将汉语的基本字与藏文、缅文、泰文进行比较,是迄今为止最为完备的同源词词表,为华澳语系研究打下了坚实的基础。这也就是本书的雏形。

父亲原计划经过一些增补修改将书出版出来。只是 2015 年以后,父亲的身体就不太好,断断续续住了好几次医院。2017 年 12 月,在参加第 50 届国际汉藏语言暨语言学会议之后,父亲再度住进了医院。潘悟云先生携众弟子去医院探望。父亲自知身体已经无法支撑自己完成书稿的后续工作,郑重地将书稿托付给了黄树先先生。当时父亲发现书稿中尚有疏漏,总表中没有收录通论中出现的部分同源词,特别委托黄先生据原稿增补同源词词条。

接到书稿后,黄树先先生对书稿展开了细致的核校工作,在总表中增补了部分藏、缅、泰诸语言词条。词条先是增补到电子版上,用红色标记,又在校稿的纸本上注明当补词条,以便编辑根据纸本拷贝电子版上的词条。黄先生花费了大量心力,终使书稿达到了理想的面貌。

父亲原拟的书名是"汉藏语(华澳语)同源词根研究",黄树先先生建议修改,并与金理新、张维佳等先生进行了交流,最后潘悟云先生敲定了目前的书名。

本书的出版,终于了却父亲的一桩心愿。在此衷心感谢黄树先先生为书稿的付出;衷心感谢潘悟云先生对本书出版的持续推动,并为本书撰写序言;衷心感谢上海教育出版社为本书出版所做的精心工作。

郑任钊

2020 年 3 月谨记

图书在版编目（CIP）数据

华澳语系同源词根研究 / 郑张尚芳著. — 上海：上海教育出版社，2023.8
ISBN 978-7-5444-7681-2

Ⅰ.①华… Ⅱ.①郑… Ⅲ.①汉藏语系－词根－研究
Ⅳ.①H404

中国国家版本馆CIP数据核字(2023)第155543号

特约编辑　芮东莉
责任编辑　徐川山
封面设计　郑　艺

华澳语系同源词根研究
郑张尚芳　著

出版发行　上海教育出版社有限公司
官　　网　www.seph.com.cn
地　　址　上海市闵行区号景路159弄C座
邮　　编　201101
印　　刷　上海叶大印务发展有限公司
开　　本　787×1092　1/16　印张22.5　插页2
字　　数　533 千字
版　　次　2024年4月第1版
印　　次　2024年4月第1次印刷
书　　号　ISBN 978-7-5444-7681-2/H·0062
定　　价　88.00 元

如发现质量问题，读者可向本社调换　电话：021-64373213